COLLECTION
FOLIO CLASSIQUE

JEAN DE LA FONTAINE

Fables

Édition présentée,
établie et annotée
par Jean-Pierre Collinet

TEXTE INTÉGRAL

GALLIMARD

INTRODUCTION

La poésie des Fables *se laisse plus facilement sentir qu'analyser. Si l'on se fie au titre, elle se réduit à les mettre en vers : entreprise modeste, audacieuse pourtant par sa nouveauté, puisqu'elle heurte d'excellents juges, comme Patru. Selon lui, rien ne sert ici de se retrancher sur l'autorité de Phèdre : ce qui vaut pour le latin, langue concise, cesse pour la nôtre, où la versification, trop contraignante, risque d'ôter à l'apologue son mérite essentiel, la brièveté. La Fontaine montre, d'entrée, combien de telles appréhensions sont peu justifiées. Bien avant Baudelaire ou Mallarmé, il sait, le premier peut-être de toute notre littérature, si n'était déjà venu Malherbe, que le langage poétique, grâce aux ressources expressives de la mesure, de la rime et de la musique verbale, l'emporte en densité sur la prose. Il restera longtemps aussi le dernier, sinon le seul, à le prouver par son exemple. La poésie, après lui, entre pour près d'un siècle dans l'ère du soupçon : on lui reproche de mettre des entraves au discours de la raison.*

*Avec ce qu'il appelle, dans l'*Avertissement *de ses premiers contes, les « vers irréguliers », et que nous nommons moins bien vers libres, le poète s'est donné l'instrument le mieux adapté à ses propres besoins et à ceux du genre qu'il a choisi. Il n'aurait pu, sans lui, ni rendre si fidèlement les inflexions mêmes de sa voix, et les nuances changeantes de son âme inquiète, ni désencombrer son récit par d'élégantes ellipses et de brusques raccourcis.*

La Fontaine, s'il s'identifie si bien à la fable, le doit à l'adéquation qui s'établit entre l'auteur et le genre grâce à cet emploi des vers variés. Le système étonne par sa simplicité. Il consiste le plus souvent à mêler deux mètres, en général des alexandrins et des octosyllabes, parfois trois, quand intervient le décasyllabe, l'heptasyllabe, ou quelque vers plus court, rarement davantage. Il n'en faut pas plus pour obtenir une multitude presque infinie d'effets, un foisonnement de strophes parfaites ou ébauchées, aux profils diversement accidentés. Le fabuliste n'invente pas la formule : il l'emprunte, comme aussi bien ses sujets. Mais il se l'approprie et s'en sert plus subtilement qu'aucun de ses devanciers ou de ses contemporains, y compris Corneille, et le Molière d'*Amphitryon*. Cette versification d'apparence facile, née dans les ruelles précieuses et favorable aux grâces légères de l'impromptu ou de l'épigramme, devient ici l'expression même d'une diversité fondamentale.

Les vers dits réguliers ne sont du reste pas totalement exclus, et les pièces monométriques qui s'intercalent ici et là, de manière à rompre davantage encore la monotonie du recueil, se révèlent plus nombreuses qu'on ne tendrait de prime abord à le penser, même si la proportion reste bien moindre que dans les *Contes*. Elles forment une série un peu à part, elle-même très variée, puisque, tantôt courtes, tantôt longues, elles utilisent différents mètres, et diverses dispositions de rimes, depuis l'alexandrin à rimes plates ou le décasyllabe marotique, jusqu'au vers plus amenuisé de huit syllabes, ou de sept, plus sautillant, à rimes croisées ou embrassées. Exercices de virtuosité, elles dénotent un poète qui maîtrise également toutes les parties de son art.

Du versificateur, comme il s'en fabrique par centaines de son temps, l'auteur de *Clymène* prend soin de distinguer le vrai poète, héritier d'Amphion ou d'Orphée, qui parle la « langue des dieux ». A ces hautes inspirations, l'époque se montre peu propice. Ronsard déjà, au siècle précédent, n'avait tenté qu'artificiellement d'acclimater en terroir français la « fureur poétique » des Grecs. De Malherbe, qui l'avait détrôné, l'éloquence trop tendue avait à son tour passé de mode. Naguère florissantes, la poésie lyrique et l'héroïque, dont la vogue durait encore quand La Fontaine entreprit Le Songe de Vaux, étaient rapidement tombées depuis dans le décri. Chaque siècle maudit à sa manière ses poètes; peu leur furent, autant que le XVIIe, de plus en plus ingrats. De la poésie défunte, la Muse Uranie mène le deuil : « Cette princesse est morte, aucun ne s'en soucie. » Elle n'eût su, sans les Fables, où trouver un dernier refuge, et un alibi.

L'apologue, en effet, prosaïque par essence, au point qu'on a pu voir en lui l'origine même de toute prose, ne se prête pas seulement à recevoir une ornementation poétique : il peut devenir lui-même source de poésie. Narratif par le récit, dramatique par le dialogue, tirant de la nature une réflexion morale, il tient à la fois de l'épopée, de la comédie et du lyrisme, qui, toutes distinctions abolies, se concentrent en son microcosme. La Fontaine, à qui manque le souffle pour le poème héroïque, la vis comica pour le théâtre, la vigueur soutenue pour l'ode, trouve ici la récompense tardive de ses premiers essais, et la rançon inattendue de ses tentatives antérieures. Homère d'humbles personnages, il ouvre sa geste des animaux, non sans intention parodique, sur le ton dont débutent traditionnellement les rhapsodies épiques : « Je chante les héros dont Ésope est le père... » Mais, plus loin, il présente cet univers à triple étage où l'homme communique en haut avec les dieux, en bas avec les bêtes, comme un théâtre en liberté, ample comédie où tout fait quelque rôle. Et, parvenu au terme du « second recueil », il se donnera pour l'interprète orphique de tout ce que disent sous les cieux « Tant d'êtres empruntant la voix de la nature ».

Plus profondément, la fable entre dans l'apanage de la poésie en ce qu'elle est mensonge, c'est-à-dire fiction, ou « feinte », pour reprendre le mot si évocateur dont La Fontaine se sert parfois lorsqu'il veut désigner les vastes royaumes de l'imaginaire. Reposant sur le postulat d'une correspondance symbolique entre le macrocosme et le petit monde, qui est l'homme, elle s'apparente à la parabole, et présente la création dans son ensemble comme une vaste métaphore du monde moral. La vie même de son fonda-

teur, contée par La Fontaine, devient prétexte à parcourir, du langage des signes aux signes du langage, la grammaire complète de tout discours symbolique et figuré. Renvoyant au passé mythique où les bêtes parlaient, l'apologue apparaît à juste titre, en dépit des esprits chagrins, comme un enchantement, agit à la manière d'un charme qui rend l'âme attentive, ou plutôt la tient captive, « Nous attachant à des récits / Qui mènent à son gré les cœurs et les esprits », exerce par ses sortilèges une fascination magique. L'imagination s'y retrempe à ses sources vives : celle de l'enfance, qui prend à s'entendre conter Peau d'Âne un plaisir intense et toujours renouvelé; celle de l'âme populaire, surtout, car le répertoire fabuleux s'enracine dans le folklore, et véhicule une sagesse transmise du fond des âges par de mystérieuses migrations. Aussi La Fontaine parle-t-il aux enfants même à l'âge où, comme le veut Rousseau, ils récitent ses fables, à l'instar de leurs comptines, sans trop chercher à les comprendre, les enregistrant dans leur mémoire avant de s'ouvrir par elles à la réflexion. Par là également, cette œuvre si française qu'on se demande si un étranger peut en saisir toutes les nuances, a conquis hors de nos frontières son rayonnement universel. Ce n'est point le vain attrait de l'exotisme qui suscite en 1678 l'intérêt du fabuliste pour le fonds indien : ce voyage en Orient marque bien davantage le désir d'un retour aux origines du patrimoine commun et collectif. Nul n'entre mieux que La Fontaine en sympathie par l'imagination avec l'âme des simples et des petites gens : c'est en quoi réside pour une large part le secret de sa naïveté.

Et pourtant nul non plus ne hait davantage les pensers du vulgaire, n'enseigne un art de vivre plus individualiste, ne tire d'une littérature quasi anonyme œuvre plus exquisement personnelle. Perrault s'effacera, dans les Contes, *pour mieux écouter la voix sans visage qui les lui dicte; La Fontaine, au contraire, selon le mot de Chamfort, sait, à travers les* Fables, *« rendre son âme visible ». Le poète dit ses rêves, ses regrets, ses nostalgies, suggère, plutôt qu'il ne les exprime, les nuances d'une sensibilité délicate, et surtout mobile. Tantôt gai, tantôt triste, il aime à se jouer dans la zone moyenne, un peu indécise, où s'échangent, dans des états d'âme complexes, des valeurs instables. Si sa gaieté reste en deçà du rire, il sait donner un certain charme, un air agréable aux sujets les plus sérieux. Capable de goûter le « sombre plaisir d'un cœur mélancolique », il connaît aussi, en revanche, le désenchantement du bonheur, et la tentation permanente de l'ennui : son « inquiétude » ne se réduit pas toujours à l'insouciante « inconstance d'une âme en ses plaisirs légère », mais prend à l'occasion une teinte plus sombre, une résonance plus anxieuse. Son sourire protège son secret. L'amour, l'amitié, la mort, le sommeil et le songe, la nature obscurément vivante, le cosmos et son immensité, l'énigme de l'au-delà, celle de l'âme et de sa destinée, le problème du mal, celui de la fortune et de la providence, tous les thèmes dont s'alimente la poésie lyrique et philosophique sont tour à tour effleurés d'une touche d'autant plus impondérable que le genre exclut les longs développements, sans que la brièveté du trait nuise à la profondeur de l'intuition. Le fabuliste vit avec acuité par l'imagination sensorielle. Attentif aux jeux de la lumière et de l'ombre, il apparaît par prédilection comme le rêveur de l'onde et du vent. Sa palette est peu chargée ; mais il sait rendre les saveurs, et surtout peindre par les sons. Animalier, il saisit au vol des attitudes et des silhouettes, habile notamment à fixer d'un vers l'essor ou la plongée, la course ou le bond.*

Sa préférence pour la solitude ne le détourne pas de regarder vivre la société de son temps. Les vicissitudes de la guerre et de la paix, l'opposition de la richesse et de la misère, les progrès du commerce et du luxe, l'évolution générale des mœurs, le mouvement des idées trouvent dans les Fables *leur écho. De la politique internationale au plus fugace des faits divers, toute l'actualité se reflète en cette libre chronique d'un temps où il n'existe guère encore d'autre presse. Témoin du règne dans ses plus belles années,* La Fontaine *assiste, irrité parfois, plus souvent amusé, toujours curieux, à la transformation d'où sort lentement un monde nouveau. Douloureusement marqué par la chute de* Foucquet, *il dénonce avec âpreté l'arbitraire de la puissance royale, la lâche perfidie des courtisans, les dénis de justice, les abus. Parmi toutes les formes de poésie qui s'amalgament dans le creuset des fables, la satire ne tient pas la place la moins importante. Rejoignant Régnier plus qu'il ne concurrence Boileau, le poète supplée à ce qui peut lui manquer de force par les finesses d'une ironie dont l'efficacité s'avère tout aussi redoutable.*

*Des apologues ésopiques à ces fables si concertées, la distance apparaît en fin de compte incommensurablement plus grande qu'entre une épopée dite primitive comme l'*Iliade *et son imitation savante par Virgile dans son* Énéide. *Gide, en connaisseur, s'extasiait devant ce « miracle de culture ». Mais sa formule, juste et pénétrante, dit à la fois trop et trop peu. En La Fontaine, l'auteur des* Nourritures *devait apprécier surtout la disponibilité d'un esprit non prévenu, ouvert aux modernes comme aux anciens, aux étrangers comme aux Français, à ceux qui sont du Nord comme à ceux du Midi. Ses lectures, cependant, donnent l'impression d'être restées cursives, plus dispersées qu'approfondies, et plus variées que vastes. Il les mène en dilettante, au gré d'une curiosité aussi vite en éveil que prompte à se lasser. Il vénère l'Antiquité avec plus de discernement et de goût que d'érudition. Acquis sur le tard, son bagage classique demeure somme toute relativement léger. Il doit peu, semble-t-il, à ses études, et, pour rattraper le temps perdu, il lui a fallu mettre les bouchées doubles. On peut douter qu'il sache assez de grec pour lire Platon et Plutarque dans le texte. Jamais Homère, dont il sent d'instinct les beautés, ni les tragiques ne lui seront aussi directement accessibles et aussi familiers qu'à Racine. Après avoir pris pour guide un poète moderne et failli s'égarer en suivant ses traces, il s'est mis, sagement, sous la conduite d'Horace. Il lui a joint Térence, Ovide et quelques autres dont il s'est imprégné. Mais leur nombre ne dépasse guère celui des auteurs latins qu'un honnête homme de son temps, moyennement cultivé, se doit de ne point ignorer.*

*Il connaît, en revanche, toute la production littéraire de son siècle. C'est dans l'*Astrée *qu'il a véritablement fait ses classes. Il s'y abreuve depuis l'enfance et ne cesse d'y revenir comme à sa* source primordiale. Cette somme romanesque, où l'humanisme se décante en aimable fiction, a modelé son imagination et façonné sa sensibilité. La matière éparse du roman n'attend que d'être condensée pour se transmuer en poésie. Mais La Fontaine, avec la même passion, a dévoré toutes les œuvres-fleuves dont ses contemporains firent leurs délices. Il a particulièrement aimé le *Polexandre* de Gomberville. Cependant, il doit davantage encore, semble-t-il, au *Grand Cyrus* et à la *Clélie* : sans la théoricienne de la tendre amitié, il manquerait peut-être à l'élégie des *Deux Pigeons* l'une de ses nuances les plus délicates. Le fabuliste, au reste, a lu tout aussi bien les romans de Sorel et de Tristan, de Scarron, Furetière et Dassoucy. Dans le riche matériau des *Fables*, l'apport des romanciers entre comme une composante non négligeable. Autour de l'œuvre se devine un panorama romanesque familier au public du temps.

À plus forte raison résume-t-elle toute la tradition poétique d'un siècle qui a vu s'opposer, à Malherbe et à ses écoliers, Théophile et ses amis, puis la mode précieuse succéder à l'engouement pour le burlesque. Autant ou plus qu'aux anciens, c'est à Racan, Saint-Amant, Voiture, ou à l'auteur du *Virgile travesti* que La Fontaine emprunte les ornements dont il pare les apologues d'Ésope quand il les habille des livrées des Muses. Ici encore, d'une ample matière, il extrait la quintessence, et, fidèle à sa théorie d'originalité dans l'imitation, recrée tout ce qu'il touche. Venu le dernier, après une longue floraison de poètes, il lui appartenait de fermer derrière eux toutes les avenues. La poésie antérieure, transcendée, trouve dans les *Fables* son aboutissement. Réconciliant les tendances antagonistes, corrigeant l'un par l'autre les excès opposés, elles réussissent une difficile synthèse entre l'ordre classique et la fantaisie baroque, la fine élégance et le réalisme familier. Le poète joue en virtuose de ces différents registres, mêle les tons, tire de leur contraste des dissonances ou les enchaîne par de souples modulations. Une poésie s'invente, librement, qui semble résulter d'un constant défi aux lois de la poétique.

Ce qui vient d'être dit sur la culture littéraire de La Fontaine s'étend à ses connaissances philosophiques et scientifiques. Si l'épicurisme auquel il vient tardivement ne s'inspire pas moins de Lucrèce que de Gassendi ou de Bernier, le *Discours à Madame de La Sablière* dénote un esprit très attentif aux débats d'idées contemporains, et très averti des thèses qui s'affrontent. Le « second recueil » dans son ensemble se situe de propos délibéré à l'extrême pointe de la pensée libertine, dont il revendique discrètement l'héritage et apparaît tout entier nourri. Il élève les *Fables*, sans effort, au seuil de la poésie philosophique. La fable dernière, après la « conversion », change en ascèse une sagesse restée jusqu'alors toute profane, mais sans la renier : par un hardi syncrétisme, la poésie, une fois encore, sert de médiatrice entre les valeurs morales issues du paganisme antique et celles de la spiritualité chrétienne.

Le miracle des *Fables*, en effet, ne tient pas à une culture qui ne se distingue ni par l'étendue ni même par la diversité, et que La Fontaine partage avec l'élite lettrée de son temps, mais à la poésie qui lui permet d'en composer les éléments hétérogènes et disparates. Grâce à ce privilège qu'il possède à peu près seul, nulle œuvre ne donne du XVIIe siècle une image plus fidèle ni plus complète, et n'en exprime mieux l'âme dans toute sa complexité, avec ses conflits et ses contradictions.

Aucune non plus, peut-être, ne nous touche encore si directement. Jeune comme au premier jour, la poésie des *Fables* n'a rien perdu de sa grâce. La langue, pourtant, a vieilli : nous n'en percevons plus aujourd'hui toutes les valeurs, et sa limpidité nous tend à chaque pas d'invisibles pièges. Le sens de bien des allusions nous échappe, et il nous est devenu difficile d'en apprécier toujours l'exacte portée. Mais le poète lui-même tenait-il à se voir si bien compris? Ne cherche-t-il pas souvent à donner le change sur ses intentions? La multiplicité des sens entre dans la règle de son jeu. Chaque révolution de notre poésie l'a plutôt rapproché qu'éloigné de nous. Le romantisme nous a appris à mieux aimer sa sympathie pour la nature et le charme de ses confidences. Quand Baudelaire analyse le lyrisme de Banville, il éclaire en profondeur celui des *Fables*. Les symbolistes et leurs épigones se *sont montrés surtout sensibles à l'art exigeant et raffiné qui donne au vers de La Fontaine son harmonie mélodieusement fluide. Seuls les surréalistes l'ont honni, alors qu'ils exaltaient Grandville, son illustrateur. Mais il est resté, jusqu'à présent, plus à l'abri que Racine des querelles tapageuses. Il occupe tranquillement, depuis trois siècles, dans notre poésie, une situation centrale, dont il n'est pas près de se voir délogé. On ne le rouvre guère sans se demander s'il ne serait pas, encore aujourd'hui, le plus neuf de nos poètes.*

JEAN-PIERRE COLLINET.

NOTE SUR CETTE ÉDITION

Le texte suivi est, pour les six premiers Livres, celui de l'édition originale in-4° publiée en 1668. Toutefois, pour ne pas dérouter le lecteur, la fable de *L'Œil du Maître*, et celle de *L'Alouette et ses Petits* ont été laissées à leur place définitive, qu'elles n'occuperont qu'en 1678.

Pour les cinq Livres suivants, on a suivi le texte de l'édition parue en 1678-1679, sauf sur quelques points, signalés en note, et pour le dernier Livre le texte des *Fables choisies* imprimées en 1693, que nous donnons *in extenso*, y compris *Daphnis et Alcimadure*, imitation de Théocrite, les deux poèmes de *Philémon et Baucis* et des *Filles de Minée*, les deux contes de *La Matrone d'Éphèse* et de *Belphégor*.

Nous avons adopté pour les Livres la numérotation de I à XII, usuelle depuis l'édition Charpentier de 1709. Nous avons aussi, selon l'usage, à la fin du livre IX, numéroté *Le Milan et le Rossignol, Le Berger et son Troupeau*, mais non le *Discours à Madame de La Sablière* ni *Les deux Rats, le Renard et l'Œuf*.

L'orthographe a été systématiquement modernisée, sauf lorsque la mesure, la rime ou l'euphonie exigeaient le maintien de la graphie originelle. Quelques majuscules ont été retranchées, surtout dans le premier recueil, où elles prolifèrent.

La ponctuation a été également rajeunie. Pour faciliter la lecture, des guillemets et des tirets ont été introduits dans les parties dialoguées, bien que La Fontaine ne les utilise jamais.

L'annotation donne, pour chaque fable, la source principale et, s'il y a lieu, les sources annexes, qu'indique en début de note la mention : « SOURCE » ou « SOURCES », les variantes les plus importantes, annoncées par l'abréviation : « VAR. », l'explication des mots vieillis, empruntée en règle générale aux dictionnaires du temps, enfin un certain nombre de rapprochements avec des auteurs anciens ou modernes qui nous ont paru susceptibles d'éclairer le sens de l'œuvre ou sa portée et qui permettent d'en mieux apprécier l'originalité ou la valeur. La référence des éditions dans lesquelles ils sont cités n'est donnée que la première fois qu'elles sont mentionnées.

Nous avons laissé dans le texte les notes de La Fontaine, qu'on trouvera en bas de page. Les passages, les mots et les caractères qui, d'une édition à l'autre, ont été ajoutés ou supprimés ont été simplement mis entre crochets, sans être rejetés dans les variantes. Ils sont imprimés en italique s'il s'agit d'une addition ultérieure, en romain si, au contraire, ils ont été retranchés après la première édition.

FABLES CHOISIES
MISES EN VERS

À MONSEIGNEUR LE DAUPHIN

MONSEIGNEUR,

S'il y a quelque chose d'ingénieux dans la République des Lettres, on peut dire que c'est la manière dont Ésope a débité sa Morale. Il serait véritablement à souhaiter que d'autres mains que les miennes y eussent ajouté les ornements de la Poésie, puisque le plus sage des Anciens[1] a jugé qu'ils n'y étaient pas inutiles. J'ose, MONSEIGNEUR, vous en présenter quelques essais. C'est un entretien convenable à vos premières années. Vous êtes en un âge où l'amusement et les jeux sont permis aux Princes; mais en même temps vous devez donner quelques-unes de vos pensées à des réflexions sérieuses. Tout cela se rencontre aux Fables que nous devons à Ésope. L'apparence en est puérile, je le confesse; mais ces puérilités servent d'enveloppe à des vérités importantes.

Je ne doute point, MONSEIGNEUR, que vous ne regardiez favorablement des inventions si utiles, et tout ensemble si agréables : car que peut-on souhaiter davantage que ces deux points? Ce sont eux qui ont introduit les Sciences parmi les hommes. Ésope a trouvé un art singulier de les joindre l'un avec l'autre. La lecture de son Ouvrage répand insensiblement dans une âme les semences de la vertu, et lui apprend à se connaître sans qu'elle s'aperçoive de cette étude, et tandis qu'elle croit faire tout autre chose.

C'est une adresse dont s'est servi très heureusement celui[2] sur lequel Sa Majesté a jeté les yeux pour vous donner des instructions. Il fait en sorte que vous apprenez sans peine, ou, pour mieux parler, avec plaisir, tout ce qu'il est nécessaire qu'un Prince sache. Nous espérons beaucoup de cette conduite; mais, à dire la vérité, il y a des choses dont nous espérons infiniment davantage : ce sont, MONSEIGNEUR, les qualités que notre invincible Monarque vous a données avec la naissance; c'est l'exemple que tous les jours il vous donne. Quand vous le voyez former de si grands desseins; quand vous le considérez qui regarde sans s'étonner l'agitation de l'Europe et les machines qu'elle remue pour le détourner de son entreprise; quand il pénètre dès sa première démarche jusque dans le cœur d'une Province où l'on trouve à chaque pas des barrières insurmontables, et qu'il en subjugue une autre[3] en huit jours, pendant la saison la plus ennemie de la guerre, lorsque le repos et les plaisirs règnent dans les Cours des autres Princes; quand, non content de dompter les hommes, il veut triompher aussi des éléments et quand au retour de cette expédition, où il a vaincu comme un Alexandre, vous le voyez gouverner ses peuples comme un Auguste; avouez le vrai, MONSEIGNEUR, vous soupirez pour la gloire aussi bien que lui, malgré l'impuissance de vos années; vous attendez avec impatience le temps où vous pourrez vous déclarer son rival dans l'amour de cette divine maîtresse. Vous ne l'attendez pas, MONSEIGNEUR : vous le prévenez. Je n'en veux pour témoignage que ces nobles inquiétudes, cette vivacité, cette ardeur, ces marques d'esprit, de courage, et de grandeur d'âme, que vous faites paraître à tous les moments. Certainement c'est une joie bien sensible à notre Monarque; mais c'est un spectacle bien agréable pour l'Univers que de voir ainsi croître une jeune plante qui couvrira un jour de son ombre tant de Peuples et de Nations. Je devrais m'étendre sur ce sujet; mais, comme le dessein que j'ai de vous divertir est plus proportionné à mes forces que celui de vous louer, je me hâte de venir aux Fables, et n'ajouterai aux vérités que je vous ai dites que celle-ci : c'est, MONSEIGNEUR, que je suis, avec un zèle respectueux,

Votre très humble, très obéissant,
et très fidèle serviteur,

DE LA FONTAINE.

PRÉFACE

L'indulgence que l'on a eue pour quelques-unes de mes fables me donne lieu d'espérer la même grâce pour ce Recueil. Ce n'est pas qu'un des Maîtres de notre Éloquence[1] n'ait désapprouvé le dessein de les mettre en Vers. Il a cru que leur principal ornement est de n'en avoir aucun : que d'ailleurs la contrainte de la Poésie, jointe à la sévérité de notre Langue, m'embarrasseraient en beaucoup d'endroits, et banniraient de la plupart de ces récits la brèveté[2], qu'on peut fort bien appeler l'âme du Conte, puisque sans elle il faut nécessairement qu'il languisse. Cette opinion ne saurait partir que d'un homme d'excellent goût ; je demanderais seulement qu'il en relâchât quelque peu, et qu'il crût que les Grâces lacédémoniennes[3] ne sont pas tellement ennemies des Muses françaises, que l'on ne puisse souvent les faire marcher de compagnie.

Après tout, je n'ai entrepris la chose que sur l'exemple, je ne veux pas dire des Anciens, qui ne tire point à conséquence pour moi, mais sur celui des Modernes. C'est de tout temps, et chez tous les peuples qui font profession de Poésie, que le Parnasse a jugé ceci de son apanage. À peine les Fables qu'on attribue à Ésope virent le jour, que Socrate trouva à propos de les habiller des livrées des Muses. Ce que Platon en rapporte[4] est si agréable, que je ne puis m'empêcher d'en faire un des ornements de cette Préface. Il dit que, Socrate étant condamné au dernier supplice, l'on remit l'exécution de l'Arrêt, à cause de certaines Fêtes. Cébès l'alla voir le jour de sa mort. Socrate lui dit que les Dieux l'avaient averti plusieurs fois pendant son sommeil, qu'il devait s'appliquer à la Musique avant qu'il mourût. Il n'avait pas entendu d'abord ce que ce songe signifiait : car, comme la Musique ne rend pas l'homme meilleur, à quoi bon s'y attacher ? Il fallait qu'il y eût du mystère là-dessous ; d'autant plus que les Dieux ne se lassaient point de lui envoyer la même inspiration. Elle lui était encore venue une de ces Fêtes. Si bien qu'en songeant aux choses que le Ciel pouvait exiger de lui, il s'était avisé que la Musique et la Poésie ont tant de rapport, que possible[5] était-ce de la dernière qu'il s'agissait : il n'y a point de bonne Poésie sans harmonie ; mais il n'y en a point non plus sans fiction[s] ; et Socrate ne savait que dire la vérité. Enfin il avait trouvé un tempérament[6]. C'était de choisir des Fables qui continssent quelque chose de véritable, telles que sont celles d'Ésope. Il employa donc à les mettre en vers les derniers moments de sa vie.

Socrate n'est pas le seul qui ait considéré comme sœurs la Poésie et nos Fables. Phèdre a témoigné qu'il était de ce sentiment ; et par l'excellence de son ouvrage, nous pouvons juger de celui du Prince des Philosophes. Après Phèdre, Avienus[7] a traité le même sujet. Enfin les Modernes les ont suivis. Nous en avons des exemples, non seulement chez les Étrangers, mais chez nous. Il est vrai que lorsque nos gens y ont travaillé, la Langue était si différente de ce qu'elle est, qu'on ne les doit considérer que comme Étrangers. Cela ne m'a point détourné de mon entreprise ; au contraire, je me suis flatté de l'espérance que si je ne courais dans cette carrière avec succès, on me donnerait au moins la gloire de l'avoir ouverte.

Il arrivera possible que mon travail fera naître à

d'autres personnes l'envie de porter la chose plus loin. Tant s'en faut que cette matière soit épuisée, qu'il reste encore plus de fables à mettre en vers que je n'en ai mis. J'ai choisi véritablement les meilleures, c'est-à-dire celles qui m'ont semblé telles. Mais outre que je puis m'être trompé dans mon choix, il ne sera pas [bien] difficile de donner un autre tour à celles-là même que j'ai choisies, et si ce tour est moins long, il sera sans doute plus approuvé. Quoi qu'il en arrive, on m'aura toujours obligation; soit que ma témérité ait été heureuse, et que je ne me sois point trop écarté du chemin qu'il fallait tenir, soit que j'aie seulement excité les autres à mieux faire.

Je pense avoir justifié suffisamment mon dessein; quant à l'exécution, le Public en sera juge. On ne trouvera pas ici l'élégance ni l'extrême brèveté qui rendent Phèdre recommandable; ce sont qualités au-dessus de ma portée. Comme il m'était impossible de l'imiter en cela, j'ai cru qu'il fallait en récompense[8] égayer l'ouvrage plus qu'il n'a fait. Non que je le blâme d'en être demeuré dans ces termes : la langue latine n'en demandait pas davantage; et si l'on y veut prendre garde, on reconnaîtra dans cet Auteur le vrai caractère et le vrai génie de Térence. La simplicité est magnifique chez ces grands hommes; moi qui n'ai pas les perfections du langage comme ils les ont eues, je ne la puis élever à un si haut point. Il a donc fallu se récompenser d'ailleurs : c'est ce que j'ai fait avec d'autant plus de hardiesse, que Quintilien dit qu'on ne saurait trop égayer les Narrations[9]. Il ne s'agit pas ici d'en apporter une raison; c'est assez que Quintilien l'ait dit. J'ai pourtant considéré que, ces fables étant sues de tout le monde, je ne ferais rien si je ne les rendais nouvelles par quelques traits qui en relevassent le goût. C'est ce qu'on demande aujourd'hui. On veut de la nouveauté et de la gaieté. Je n'appelle pas gaieté ce qui excite le rire; mais un certain charme, un air agréable, qu'on peut donner à toutes sortes de sujets, même les plus sérieux[10].

Mais ce n'est pas tant par la forme que j'ai donnée à cet Ouvrage, qu'on en doit mesurer le prix, que par son utilité et par sa matière. Car qu'y a-t-il de recommandable dans les productions de l'esprit, qui ne se rencontre dans l'Apologue? C'est quelque chose de si divin, que plusieurs personnages de l'Antiquité ont attribué la plus grande partie de ces Fables à Socrate, choisissant pour leur servir de père celui des mortels qui avait le plus de communication avec les Dieux. Je ne sais comme ils n'ont point fait descendre du Ciel ces mêmes Fables, et comme ils ne leur ont point assigné un Dieu qui en eût la direction, ainsi qu'à la poésie et à l'éloquence. Ce que je dis n'est pas tout à fait sans fondement, puisque, s'il m'est permis de mêler ce que nous avons de plus sacré parmi les erreurs du Paganisme, nous voyons que la Vérité a parlé aux hommes par Paraboles; et la Parabole est-elle autre chose que l'Apologue, c'est-à-dire un exemple fabuleux, et qui s'insinue avec d'autant plus de facilité et d'effet qu'il est plus commun et plus familier? Qui ne nous proposerait à imiter que les maîtres de la Sagesse nous fournirait un sujet d'excuse; il n'y en a point quand des Abeilles et des Fourmis sont capables de cela même qu'on nous demande.

C'est pour ces raisons que Platon, ayant banni Homère de sa République, y a donné à Ésope une place très honorable. Il souhaite que les enfants sucent ces Fables avec le lait : il recommande aux Nourrices de les leur apprendre : car on ne saurait s'accoutumer de trop bonne heure à la sagesse et à la vertu; plutôt que d'être réduits à corriger nos habitudes, il faut travailler à les rendre bonnes pendant qu'elles sont encore indifférentes au bien ou au mal. Or quelle méthode y peut contribuer plus utilement que ces Fables? Dites à un enfant que Crassus, allant contre les Parthes, s'engagea dans leur pays sans considérer comment il en sortirait; que cela le fit périr, lui et son armée, quelque effort qu'il fît pour se retirer.

Dites au même enfant que le Renard et le Bouc descendirent au fond d'un puits pour y éteindre leur soif; que le Renard en sortit s'étant servi des épaules et des cornes de son Camarade comme d'une échelle; au contraire le Bouc y demeura pour n'avoir pas eu tant de prévoyance, et par conséquent il faut considérer en toute chose la fin. Je demande lequel de ces deux exemples fera le plus d'impression sur cet enfant. Ne s'arrêtera-t-il pas au dernier, comme plus conforme et moins disproportionné que l'autre à la petitesse de son esprit? Il ne faut pas m'alléguer que les pensées de l'enfance sont d'elles-mêmes assez enfantines, sans y joindre encore de nouvelles badineries. Ces badineries ne sont telles qu'en apparence; car dans le fond elles portent un sens très solide. Et comme, par la définition du point, de la ligne, de la surface, et par d'autres principes très familiers, nous parvenons à des connaissances qui mesurent enfin le ciel et la terre, de même aussi, par les raisonnements et [*les*] conséquences que l'on peut tirer de ces Fables, on se forme le jugement et les mœurs, on se rend capable des grandes choses.

Elles ne sont pas seulement morales, elles donnent encore d'autres connaissances. Les propriétés des Animaux et leurs divers caractères y sont exprimés; par conséquent les nôtres aussi, puisque nous sommes l'abrégé de ce qu'il y a de bon et de mauvais dans les créatures irraisonnables. Quand Prométhée voulut former l'homme, il prit la qualité dominante de chaque Bête. De ces pièces si différentes il composa notre espèce, il fit cet ouvrage qu'on appelle le petit monde. Ainsi ces fables sont un tableau où chacun de nous se trouve dépeint. Ce qu'elles nous représentent confirme les personnes d'âge avancé dans les connaissances que l'usage leur a données, et apprend aux enfants ce qu'il faut qu'ils sachent. Comme ces derniers sont nouveaux venus dans le monde, ils n'en connaissent pas encore les habitants; ils ne se connaissent pas eux-mêmes. On ne les doit laisser dans cette ignorance que le moins qu'on peut : il leur faut apprendre ce que c'est qu'un Lion, un Renard, ainsi du reste; et pourquoi l'on compare quelquefois un homme à ce Renard ou à ce Lion. C'est à quoi les Fables travaillent : les premières notions de ces choses proviennent d'elles.

J'ai déjà passé la longueur ordinaire des Préfaces; cependant je n'ai pas encore rendu raison de la conduite de mon ouvrage. L'Apologue est composé de deux parties, dont on peut appeler l'une le Corps, l'autre l'Âme. Le Corps est la Fable; l'Âme, la Moralité. Aristote n'admet dans la fable que les Animaux; il en exclut les Hommes et les Plantes[11]. Cette règle est moins de nécessité que de bienséance, puisque ni Ésope, ni Phèdre, ni aucun des Fabulistes, ne l'a gardée; tout au contraire de la Moralité, dont aucun ne se dispense. Que s'il m'est arrivé de le faire, ce n'a été que dans les endroits où elle n'a pu entrer avec grâce, et où il est aisé au lecteur de la suppléer. On ne considère en France que ce qui plaît. C'est la grande règle, et pour ainsi dire la seule. Je n'ai donc pas cru que ce fût un crime de passer par-dessus les anciennes Coutumes, lorsque je ne pouvais les mettre en usage sans leur faire tort. Du temps d'Ésope la fable était contée simplement, la moralité séparée, et toujours en suite. Phèdre est venu, qui ne s'est pas assujetti à cet ordre : il embellit la Narration, et transporte quelquefois la Moralité de la fin au commencement. Quand il serait nécessaire de lui trouver place, je ne manque à ce précepte que pour en observer un qui n'est pas moins important. C'est Horace qui nous le donne. Cet Auteur ne veut pas qu'un Écrivain s'opiniâtre contre l'incapacité de son esprit, ni contre celle de sa matière. Jamais, à ce qu'il prétend, un homme qui veut réussir n'en vient jusque-là : il abandonne les choses dont il voit bien qu'il ne saurait rien faire de bon.

Et quæ
Desperat tractata nitescere posse relinquit[12].

C'est ce que j'ai fait à l'égard de quelques Moralités du succès desquelles je n'ai pas bien espéré.

Il ne reste plus qu'à parler de la vie d'Ésope. Je ne vois presque personne qui ne tienne pour fabuleuse celle que Planude nous a laissée. On s'imagine que cet Auteur a voulu donner à son Héros un caractère et des aventures qui répondissent à ses Fables. Cela m'a paru d'abord spécieux; mais j'ai trouvé à la fin peu de certitude en cette critique. Elle est en partie fondée sur ce qui se passe entre Xantus et Ésope : on y trouve trop de niaiseries; et qui est le sage à qui de pareilles choses n'arrivent point? Toute la vie de Socrate n'a pas été sérieuse. Ce qui me confirme en mon sentiment, c'est que le caractère que Planude donne à Ésope est semblable à celui que Plutarque lui a donné dans son Banquet des sept Sages, c'est-à-dire d'un homme subtil, et qui ne laisse rien passer. On me dira que le Banquet des sept Sages est aussi une invention. Il est aisé de douter de tout; quant à moi, je ne vois pas bien pourquoi Plutarque aurait voulu imposer à la postérité dans ce traité-là, lui qui fait profession d'être véritable partout ailleurs, et de conserver à chacun son caractère. Quand cela serait, je ne saurais que mentir sur la foi d'autrui; me croira-t-on moins que si je m'arrête à la mienne? Car ce que je puis est de composer un tissu de mes conjectures, lequel j'intitulerai : Vie d'Ésope. Quelque vraisemblable que je le rende, on ne s'y assurera pas; et Fable pour Fable, le lecteur préférera toujours celle de Planude à la mienne.

LA VIE D'ÉSOPE LE PHRYGIEN

Nous n'avons rien d'assuré touchant la naissance d'Homère et d'Ésope[1]. À peine même sait-on ce qui leur eſt arrivé de plus remarquable. C'eſt dont[2] il y a lieu de s'étonner, vu que l'Hiſtoire ne rejette pas des choses moins agréables et moins nécessaires que celle-là. Tant de deſtructeurs de Nations, tant de Princes sans mérite, ont trouvé des gens qui nous ont appris jusqu'aux moindres particularités de leur vie, et nous ignorons les plus importantes de celle[*s*] d'Ésope et d'Homère, c'eſt-à-dire des deux personnages qui ont le mieux mérité des Siècles suivants. Car Homère n'eſt pas seulement le Père des Dieux, c'eſt aussi celui des bons Poètes. Quant à Ésope, il me semble qu'on le devait mettre au nombre des Sages dont la Grèce s'eſt tant vantée; lui qui enseignait la véritable Sagesse, et qui l'enseignait avec bien plus d'art que ceux qui en donnent des définitions et des règles. On a véritablement recueilli les vies de ces deux grands hommes; mais la plupart des Savants les tiennent toutes deux fabuleuses; particulièrement celle que Planude a écrite. Pour moi, je n'ai pas voulu m'engager dans cette critique. Comme Planude vivait dans un siècle où la mémoire des choses arrivées à Ésope ne devait pas être encore éteinte, j'ai cru qu'il savait par tradition ce qu'il a laissé[3]. Dans cette croyance, je l'ai suivi, sans retrancher de ce qu'il a dit d'Ésope que ce qui m'a semblé trop puéril, ou qui s'écartait en quelque façon de la bienséance.

Ésope était Phrygien, d'un Bourg appelé Amorium. Il naquit vers la cinquante-septième Olympiade, quelque deux cents ans après la fondation de Rome. On ne saurait dire s'il eut sujet de remercier la Nature, ou bien de se plaindre d'elle : car en le douant d'un très bel esprit, elle le fit naître difforme et laid de visage, ayant à peine figure d'homme, jusqu'à lui refuser presque entièrement l'usage de la parole. Avec ces défauts, quand il n'aurait pas été de condition à être Esclave, il ne pouvait manquer de le devenir. Au reste son âme se maintint toujours libre et indépendante de la fortune.

Le premier Maître qu'il eut l'envoya aux champs labourer la terre; soit qu'il le jugeât incapable de toute autre chose, soit pour s'ôter de devant les yeux un objet si désagréable. Or il arriva que ce Maître étant allé voir sa maison des champs, un Paysan lui donna des figues : il les trouva belles, et les fit serrer fort soigneusement, donnant ordre à son Sommelier, appelé Agathopus, de les lui apporter au sortir du bain. Le hasard voulut qu'Ésope eut affaire dans le logis. Aussitôt qu'il y fut entré, Agathopus se servit de l'occasion, et mangea les figues avec quelques-uns de ses camarades; puis ils rejetèrent cette friponnerie sur Ésope, ne croyant pas qu'il se pût jamais justifier, tant il était bègue, et paraissait idiot. Les châtiments dont les Anciens usaient envers leurs esclaves étaient fort cruels, et cette faute très punissable. Le pauvre Ésope se jeta aux pieds de son Maître; et se faisant entendre du mieux qu'il put, il témoigna qu'il demandait pour toute grâce qu'on sursît de quelques moments sa punition. Cette grâce lui ayant été accordée, il alla quérir de l'eau tiède, la but en présence de son Seigneur, se mit les doigts dans la bouche, et ce qui s'ensuit, sans rendre autre chose que cette eau seule. Après s'être ainsi justifié, il fit signe qu'on obligeât les autres d'en faire autant.

Chacun demeura surpris : on n'aurait pas cru qu'une telle invention pût partir d'Ésope. Agathopus et ses camarades ne parurent point étonnés. Ils burent de l'eau comme le Phrygien avait fait, et se mirent les doigts dans la bouche; mais ils se gardèrent bien de les enfoncer trop avant. L'eau ne laissa pas d'agir, et de mettre en évidence les figues toutes crues encore et toutes vermeilles. Par ce moyen Ésope se garantit; ses accusateurs furent punis doublement, pour leur gourmandise et pour leur méchanceté.

Le lendemain, après que leur Maître fut parti, et le Phrygien étant à son travail ordinaire, quelques Voyageurs égarés (aucuns disent que c'étaient des Prêtres de Diane) le prièrent au nom de Jupiter Hospitalier qu'il leur enseignât le chemin qui conduisait à la Ville. Ésope les obligea premièrement de se reposer à l'ombre; puis leur ayant présenté une légère collation, il voulut être leur guide, et ne les quitta qu'après qu'il les eut remis dans leur chemin. Les bonnes gens levèrent les mains au Ciel, et prièrent Jupiter de ne pas laisser cette action charitable sans récompense. À peine Ésope les eut quittés, que le chaud et la lassitude le contraignirent de s'endormir. Pendant son sommeil il s'imagina que la Fortune était debout devant lui, qui lui déliait la langue, et par même moyen lui faisait présent de cet Art dont on peut dire qu'il est l'Auteur. Réjoui de cette aventure, il s'éveilla en sursaut; et en s'éveillant : « Qu'est ceci? dit-il; ma voix est devenue libre; je prononce bien un râteau, une charrue, tout ce que je veux. »

Cette merveille fut cause qu'il changea de Maître. Car, comme un certain Zénas, qui était là en qualité d'Économe, et qui avait l'œil sur les Esclaves, en eut battu un outrageusement pour une faute qui ne le méritait pas, Ésope ne put s'empêcher de le reprendre, et le menaça que ses mauvais traitements seraient sus. Zénas, pour le prévenir, et pour se venger de lui, alla dire au Maître qu'il était arrivé un prodige dans sa maison, que le Phrygien avait recouvré la parole, mais que le méchant ne s'en servait qu'à blasphémer, et à médire de leur Seigneur. Le Maître le crut, et passa bien plus avant; car il lui donna Ésope avec liberté d'en faire ce qu'il voudrait. Zénas de retour aux champs, un Marchand l'alla trouver, et lui demanda si pour de l'argent il le voulait accommoder de quelque Bête de somme. « Non pas cela, dit Zénas, je n'en ai pas le pouvoir; mais je te vendrai, si tu veux, un de nos Esclaves. » Là-dessus ayant fait venir Ésope, le Marchand dit : « Est-ce afin de te moquer que tu me proposes l'achat de ce personnage? On le prendrait pour un[*e*] outre. » Dès que le marchand eut ainsi parlé, il prit congé d'eux, partie murmurant, partie riant de ce bel objet. Ésope le rappela, et lui dit : « Achète-moi hardiment : je ne te serai pas inutile. Si tu as des enfants qui crient et qui soient méchants, ma mine les fera taire : on les menacera de moi comme de la Bête. » Cette raillerie plut au Marchand. Il acheta notre Phrygien trois oboles, et dit en riant : « Les Dieux soient loués; je n'ai pas fait grande acquisition à la vérité; aussi n'ai-je pas[4] déboursé grand argent. »

Entre autres denrées, ce Marchand trafiquait d'Esclaves; si bien qu'allant à Éphèse pour se défaire de ceux qu'il avait, ce que chacun d'eux devait porter pour la commodité du voyage fut départi selon leur emploi et selon leurs forces. Ésope pria que l'on eût égard à sa taille; qu'il était nouveau venu, et devait être traité doucement. « Tu ne porteras rien, si tu veux », lui repartirent ses camarades. Ésope se piqua d'honneur, et voulut avoir sa charge comme les autres, on le laissa donc choisir. Il prit le panier au pain; c'était le fardeau le plus pesant. Chacun crut qu'il l'avait fait par bêtise; mais dès la dînée le panier fut entamé, et le Phrygien déchargé d'autant; ainsi le soir, et de même le lendemain; de façon qu'au bout de deux jours il marchait à vide. Le bon sens et le raisonnement du personnage furent admirés.

Quant au Marchand il se défit de tous ses Esclaves, à la réserve d'un Grammairien, d'un Chantre et d'Ésope, lesquels il alla exposer en vente à Samos. Avant que de les mener sur la place, il fit habiller les deux premiers le plus proprement qu'il put, comme chacun farde sa marchandise. Ésope, au contraire, ne fut vêtu que d'un sac, et placé entre ses deux compagnons, afin de leur donner [le] lustre. Quelques acheteurs se présentèrent, entre autres un Philosophe appelé Xantus. Il demanda au Grammairien et au Chantre ce qu'ils savaient faire : « Tout », reprirent-ils. Cela fit rire le Phrygien, on peut s'imaginer de quel air. Planude rapporte qu'il s'en fallut peu qu'on ne prît la fuite, tant il fit une effroyable grimace. Le Marchand fit son Chantre mille oboles; son Grammairien trois mille; et en cas que l'on achetât l'un des deux, il devait donner Ésope par-dessus le marché. La cherté du Grammairien et du Chantre dégoûta Xantus. Mais pour ne pas retourner chez soi sans avoir fait quelque emplette, ses disciples lui conseillèrent d'acheter ce petit bout d'homme, qui avait ri de si bonne grâce : on en ferait un épouvantail; il divertirait les gens par sa mine. Xantus se laissa persuader, et fit prix d'Ésope à soixante oboles. Il lui demanda, devant que de l'acheter, à quoi il lui serait propre, comme il l'avait demandé à ses camarades. Ésope répondit : « À rien », puisque les deux autres avaient tout retenu pour eux. Les Commis de la Douane remirent généreusement à Xantus le sol pour livre, et lui en donnèrent quittance sans rien payer[5].

Xantus avait une femme de goût assez délicat, et à qui toutes sortes de gens ne plaisaient pas; si bien que de lui aller présenter sérieusement son nouvel Esclave, il n'y avait pas d'apparence[6]; à moins qu'il ne la voulût mettre en colère, et se faire moquer de lui. Il jugea plus à propos d'en faire un sujet de plaisanterie, et alla dire au logis qu'il venait d'acheter un jeune Esclave le plus beau du monde et le mieux fait. Sur cette nouvelle, les filles qui servaient sa femme se pensèrent battre à qui l'aurait pour son serviteur ; mais elles furent bien étonnées quand le personnage parut. L'une se mit la main devant les yeux, l'autre s'enfuit, l'autre fit un cri. La Maîtresse du logis dit que c'était pour la chasser qu'on lui amenait un tel monstre ; qu'il y avait longtemps que le Philosophe se lassait d'elle. De parole en parole, le différend s'échauffa jusqu'à tel point que la femme demanda son bien, et voulut se retirer chez ses parents. Xantus fit tant par sa patience, et Ésope par son esprit, que les choses s'accommodèrent. On ne parla plus de s'en aller, et peut-être que l'accoutumance effaça à la fin une partie de la laideur du nouvel Esclave.

Je laisserai beaucoup de petites choses où il fit paraître la vivacité de son esprit : car quoi qu'on puisse juger par là de son caractère, elles sont de trop peu de conséquence pour en informer la postérité. Voici seulement un échantillon de son bon sens et de l'ignorance de son Maître. Celui-ci alla chez un Jardinier se choisir lui-même une salade. Les herbes cueillies, le Jardinier le pria de lui satisfaire l'esprit sur une difficulté qui regardait la Philosophie aussi bien que le Jardinage. C'est que les herbes qu'il plantait et qu'il cultivait avec un grand soin ne profitaient point, tout au contraire de celles que la terre produisait d'elle-même, sans culture ni amendement. Xantus rapporta le tout à la Providence, comme on a coutume de faire quand on est court. Ésope se mit à rire ; et ayant tiré son Maître à part, il lui conseilla de dire à ce Jardinier qu'il lui avait fait une réponse ainsi générale, parce que la question n'était pas digne de lui ; il le laissait donc avec son garçon, qui assurément le satisferait. Xantus s'étant allé promener d'un autre côté du Jardin, Ésope compara la terre à une femme, qui ayant des enfants d'un premier mari en épouserait un second qui aurait aussi des enfants d'une autre femme : sa nouvelle Épouse ne manquerait pas de concevoir de l'aversion pour ceux-ci, et leur ôterait la nourriture, afin que les siens en profitassent. Il en était ainsi de la terre, qui n'adoptait qu'avec peine les productions du travail et de la culture, et qui réservait toute sa tendresse et tous ses bienfaits pour les siennes seules ; elle était marâtre des unes, et mère passionnée des autres. Le Jardinier parut si content de cette raison, qu'il offrit à Ésope tout ce qui était dans son Jardin.

Il arriva quelque temps après un grand différend entre le Philosophe et sa Femme. Le Philosophe, étant de festin, mit à part quelques friandises, et dit à Ésope : « Va porter ceci à ma bonne Amie. » Ésope l'alla donner à une petite Chienne qui était les délices de son Maître. Xantus de retour ne manqua pas de demander des nouvelles de son présent, et si on l'avait trouvé bon. Sa femme ne comprenait rien à ce langage. On fit venir Ésope pour l'éclaircir. Xantus, qui ne cherchait qu'un prétexte pour le faire battre, lui demanda s'il ne lui avait pas dit expressément : « Va-t'en porter de ma part ces friandises à ma bonne amie. » Ésope répondait là-dessus que la bonne amie n'était pas la femme, qui pour la moindre parole menaçait de faire un divorce : c'était la chienne qui endurait tout, et qui revenait faire caresses après qu'on l'avait battue. Le Philosophe demeura court ; mais sa femme entra dans une telle colère qu'elle se retira d'avec lui. Il n'y eut parent ni ami par qui Xantus ne lui fît parler, sans que les raisons ni les prières y gagnassent rien. Ésope s'avisa d'un stratagème. Il acheta force gibier comme pour une noce considérable, et fit tant qu'il fut rencontré par un des domestiques de sa Maîtresse. Celui-ci demanda pourquoi tant d'apprêts. Ésope lui dit que son Maître, ne pouvant obliger sa femme de revenir, en allait épouser une autre. Aussitôt que la Dame sut cette nouvelle, elle retourna chez son Mari, par esprit de contradiction, ou par jalousie. Ce ne fut pas sans la garder bonne[7] à Ésope, qui tous les jours faisait de nouvelles pièces à son Maître, et tous les jours se sauvait du châtiment par quelque trait de subtilité. Il n'était pas possible au Philosophe de le confondre.

Un certain jour de marché, Xantus qui avait dessein de régaler quelques-uns de ses Amis, lui commanda d'acheter ce qu'il y aurait de meilleur, et rien autre chose. Je t'apprendrai, dit en soi-même le Phrygien, à spécifier ce que tu souhaites, sans t'en remettre à la discrétion d'un Esclave. Il n'acheta que des langues, lesquelles il fit accommoder à toutes les sauces. L'entrée, le second[8], l'entremets, tout ne fut que langues. Les conviés louèrent d'abord le choix de ce mets; à la fin, ils s'en dégoûtèrent. « Ne t'ai-je pas commandé, dit Xantus, d'acheter ce qu'il y aurait de meilleur? – Et qu'y a-t-il de meilleur que la Langue? reprit Ésope. C'est le lien de la vie civile, la Clef des Sciences, l'Organe de la Vérité et de la Raison. Par elle on bâtit les Villes et on les police; on instruit; on persuade; on règne dans les Assemblées; on s'acquitte du premier de tous les devoirs, qui est de louer les Dieux. – Hé bien (dit Xantus, qui prétendait l'attraper), achète-moi demain ce qui est de pire : ces mêmes personnes viendront chez moi; et je veux diversifier. » Le lendemain Ésope ne fit [encore] servir que le même mets, disant que la Langue est la pire chose qui soit au monde. C'est la Mère de tous débats, la Nourrice des procès, la Source des divisions et des guerres. Si l'on dit qu'elle est l'organe de la Vérité, c'est aussi celui de l'Erreur, et qui pis est de la Calomnie. Par elle on détruit les Villes, on persuade de méchantes choses. Si d'un côté elle loue les Dieux, de l'autre elle profère des blasphèmes contre leur puissance. Quelqu'un de la compagnie dit à Xantus que véritablement ce valet lui était fort nécessaire; car il savait le mieux du monde exercer la patience d'un Philosophe. « De quoi vous mettez-vous en peine? reprit Ésope. – Et trouve-moi, dit Xantus, un homme qui ne se mette en peine de rien. »

Ésope alla le lendemain sur la Place, et voyant un Paysan qui regardait toutes choses avec la froideur et l'indifférence d'une statue, il amena ce Paysan au logis : « Voilà, dit-il à Xantus, l'homme sans souci que vous demandez. » Xantus commanda à sa femme de faire chauffer de l'eau, de la mettre dans un bassin, puis de laver elle-même les pieds de son nouvel Hôte. Le Paysan la laissa faire quoiqu'il sût fort bien qu'il ne méritait pas cet honneur; mais il disait en lui-même : « C'est peut-être la coutume d'en user ainsi. » On le fit asseoir au haut bout; il prit sa place sans cérémonie. Pendant le repas, Xantus ne fit autre chose que blâmer son cuisinier; rien ne lui plaisait : ce qui était doux, il le trouvait trop salé; et ce qui était trop salé il le trouvait doux. L'Homme sans souci le laissait dire, et mangeait de toutes ses dents. Au dessert on mit sur la table un gâteau que la femme du Philosophe avait fait : Xantus le trouva mauvais, quoiqu'il fût très bon. « Voilà, dit-il, la pâtisserie la plus méchante que j'aie jamais mangée; il faut brûler l'Ouvrière; car elle ne fera de sa vie rien qui vaille : qu'on apporte des fagots. – Attendez, dit le Paysan, je m'en vais querir ma femme; on ne fera qu'un bûcher pour toutes les deux. » Ce dernier trait désarçonna le Philosophe, et lui ôta l'espérance de jamais attraper le Phrygien.

Or ce n'était pas seulement avec son Maître qu'Ésope trouvait occasion de rire et de dire de bons mots. Xantus l'avait envoyé en certain endroit; il rencontra en chemin le Magistrat, qui lui demanda où il allait. Soit qu'Ésope fût distrait, ou pour une autre raison il répondit qu'il n'en savait rien. Le Magistrat, tenant à mépris et irrévérence cette réponse, le fit mener en prison. Comme les Huissiers le conduisaient : « Ne voyez-vous pas, dit-il, que j'ai très bien répondu ? Savais-je qu'on me ferait aller où je vas ? » Le Magistrat le fit relâcher, et trouva Xantus heureux d'avoir un Esclave si plein d'esprit.

Xantus de sa part voyait par là de quelle importance il lui était de ne point affranchir Ésope, et combien la possession d'un tel Esclave lui faisait d'honneur. Même un jour, faisant la débauche[9] avec ses disciples, Ésope, qui les servait, vit que les fumées leur échauffaient déjà la cervelle, aussi bien au Maître qu'aux Écoliers. « La débauche de vin, leur dit-il, a trois degrés : le premier de volupté, le second d'ivrognerie, le troisième de fureur. » On se moqua de son observation, et on continua à vider les pots. Xantus s'en donna jusqu'à perdre la raison et à se vanter qu'il boirait la Mer. Cela fit rire la compagnie. Xantus soutint ce qu'il avait dit, gagea sa maison qu'il boirait la Mer tout entière, et pour assurance de la gageure il déposa l'anneau qu'il avait au doigt. Le jour suivant, que les vapeurs de Bacchus furent dissipées, Xantus fut extrêmement surpris de ne plus trouver son anneau, lequel il tenait fort cher. Ésope lui dit qu'il était perdu, et que sa maison l'était aussi, par la gageure qu'il avait faite. Voilà le Philosophe bien alarmé. Il pria Ésope de lui enseigner une défaite. Ésope s'avisa de celle-ci.

Quand le jour que l'on avait pris pour l'exécution de la gageure fut arrivé, tout le peuple de Samos accourut au rivage de la Mer pour être témoin de la honte du Philosophe. Celui de ses Disciples qui avait gagé contre lui triomphait déjà. Xantus dit à l'Assemblée : « Messieurs, j'ai gagé véritablement que je boirais toute la Mer, mais non pas les Fleuves qui entrent dedans : c'est pourquoi que celui qui a gagé contre moi détourne leurs cours ; et puis je ferai ce que je me suis vanté de faire. » Chacun admira l'expédient que Xantus avait trouvé pour sortir à son honneur d'un si mauvais pas. Le Disciple confessa qu'il était vaincu, et demanda pardon à son Maître. Xantus fut reconduit jusqu'en son logis avec acclamations.

Pour récompense, Ésope lui demanda la liberté. Xantus la lui refusa, et dit que le temps de l'affranchir n'était pas encore venu : si toutefois les Dieux l'ordonnaient ainsi, il y consentait; partant, qu'il prît garde au premier présage qu'il aurait étant sorti du logis : s'il était heureux, et que par exemple deux Corneilles se présentassent à sa vue, la liberté lui serait donnée; s'il n'en voyait qu'une, qu'il ne se lassât point d'être Esclave. Ésope sortit aussitôt. Son Maître était logé à l'écart, et apparemment vers un lieu couvert de grands arbres. À peine notre Phrygien fut hors, qu'il aperçut deux Corneilles qui s'abattirent sur le plus haut. Il en alla avertir son Maître, qui voulut voir lui-même s'il disait vrai. Tandis que Xantus venait, l'une des Corneilles s'envola. « Me tromperas-tu toujours? dit-il à Ésope : qu'on lui donne les étrivières. » L'ordre fut exécuté. Pendant le supplice du pauvre Ésope on vint inviter Xantus à un repas : il promit qu'il s'y trouverait. « Hélas! s'écria Ésope, les présages sont bien menteurs! moi qui ai vu deux Corneilles je suis battu; mon Maître qui n'en a vu qu'une eſt prié de noce[*s*] ». Ce mot plut tellement à Xantus, qu'il commanda qu'on cessât de fouetter Ésope; mais quant à la liberté, il ne se pouvait résoudre à la lui donner; encore qu'il la lui promît en diverses occasions.

Un jour ils se promenaient tous deux parmi de vieux monuments, considérant avec beaucoup de plaisir les inscriptions qu'on y avait mises. Xantus en aperçut une qu'il ne put entendre, quoiqu'il demeurât longtemps à en chercher l'explication. Elle était composée des premières lettres de certains mots. Le Philosophe avoua ingénument que cela passait son esprit. « Si je vous fais trouver un Trésor par le moyen de ces lettres, lui dit Ésope, quelle récompense aurai-je? » Xantus lui promit la liberté, et la moitié du Trésor. « Elles signifient, poursuivit Ésope, qu'à quatre pas de cette Colonne nous en rencontrerons un. » En effet, ils le trouvèrent, après avoir creusé quelque peu dans terre[10]. Le Philosophe fut sommé de tenir parole; mais il reculait toujours. « Les Dieux me gardent de t'affranchir, dit-il à Ésope, que tu ne m'aies donné avant cela l'intelligence de ces lettres : ce me sera un autre trésor plus précieux que celui lequel nous avons trouvé. – On les a ici gravées, poursuivit Ésope, comme étant les premières lettres de ces mots : 'Ἀποβὰς βήματα, etc. ; c'est-à-dire : *Si vous reculez quatre pas, et que vous creusiez, vous trouverez un trésor.* – Puisque tu es si subtil, repartit Xantus, j'aurais tort de me défaire de toi : n'espère donc pas que je t'affranchisse. – Et moi, répliqua Ésope, je vous dénoncerai au Roi Denys ; car c'est à lui que le trésor appartient, et ces mêmes lettres commencent d'autres mots qui le signifient. » Le Philosophe intimidé dit au Phrygien qu'il prît sa part de l'argent, et qu'il n'en dît mot ; de quoi Ésope déclara ne lui avoir aucune obligation, ces lettres ayant été choisies de telle manière qu'elles enfermaient un triple sens et signifiaient encore : *En vous en allant, vous partagerez le trésor que vous aurez rencontré.* Dès qu'ils furent de retour, Xantus commanda que l'on enfermât le Phrygien, et que l'on lui mît les fers aux pieds, de crainte qu'il n'allât publier cette aventure. « Hélas ! s'écria Ésope, est-ce ainsi que les Philosophes s'acquittent de leurs promesses ? Mais faites ce que vous voudrez, il faudra que vous m'affranchissiez malgré vous. » Sa prédiction se trouva vraie.

Il arriva un prodige qui mit fort en peine les Samiens. Un Aigle enleva l'anneau public (c'était apparemment quelque sceau que l'on apposait aux délibérations du Conseil), et le fit tomber au sein d'un Esclave. Le Philosophe fut consulté là-dessus, et comme étant Philosophe, et comme étant un des premiers de la République. Il demanda temps, et eut recours à son Oracle ordinaire : c'était Ésope. Celui-ci lui conseilla de le produire en public ; parce que, s'il rencontrait bien, l'honneur en serait toujours à son Maître ; sinon, il n'y aurait que l'Esclave de blâmé. Xantus approuva la chose, et le fit monter à la Tribune aux Harangues. Dès qu'on le vit, chacun s'éclata de rire, personne ne s'imagina qu'il pût rien partir de raisonnable d'un homme fait de cette manière. Ésope leur dit qu'il ne fallait pas considérer la forme du vase, mais la liqueur qui y était enfermée. Les Samiens lui crièrent qu'il dît donc sans crainte ce qu'il jugerait de ce prodige. Ésope s'en excusa sur ce qu'il n'osait le faire. La fortune, disait-il, avait mis un débat de gloire entre le Maître et l'Esclave : si l'Esclave disait mal, il serait battu ; s'il disait mieux que le Maître, il serait battu encore. Aussitôt on pressa Xantus de l'affranchir. Le Philosophe résista longtemps. À la fin le Prévôt de ville le menaça de le faire de son office, et en vertu du pouvoir qu'il en avait comme Magistrat : de façon que le Philosophe fut obligé de donner les mains. Cela fait, Ésope dit que les Samiens étaient menacés de servitude par ce prodige ; et que l'Aigle enlevant leur sceau ne signifiait autre chose qu'un Roi puissant, qui voulait les assujettir.

Peu de temps après, Crésus, Roi des Lydiens, fit dénoncer[11] à ceux de Samos qu'ils eussent à se rendre ses tributaires ; sinon, qu'il les y forcerait par les armes. La plupart étaient d'avis qu'on lui obéît. Ésope leur dit que la Fortune présentait deux chemins aux hommes ; l'un de liberté, rude et épineux au commencement, mais dans la suite très agréable ; l'autre d'esclavage, dont les commencements étaient plus aisés, mais la suite laborieuse. C'était conseiller assez intelligiblement aux Samiens de défendre leur liberté. Ils renvoyèrent l'Ambassadeur de Crésus avec peu de satisfaction. Crésus se mit en état de les attaquer. L'Ambassadeur lui dit que tant qu'ils auraient Ésope avec eux, il aurait peine à les réduire à ses volontés, vu la confiance qu'ils avaient au bon sens du personnage. Crésus le leur envoya demander, avec promesse de leur laisser la liberté s'ils le lui livraient. Les Principaux de la Ville trouvèrent ces conditions avantageuses, et ne crurent pas que leur repos leur coûtât trop cher quand ils l'achèteraient aux dépens d'Ésope. Le Phrygien leur fit changer de sentiment, en leur contant que les Loups et les Brebis ayant fait un traité de paix, celles-ci donnèrent leurs Chiens pour otages. Quand elles n'eurent plus de défenseurs, les Loups les étranglèrent avec moins de peine qu'ils ne faisaient. Cet Apologue fit son effet : les Samiens prirent une délibération toute contraire à celle qu'ils avaient prise.

Ésope voulut toutefois aller vers Crésus, et dit qu'il les servirait plus utilement étant près du Roi, que s'il demeurait à Samos. Quand Crésus le vit, il s'étonna qu'une si chétive créature lui eût été un si grand obstacle. « Quoi ! voilà celui qui fait qu'on s'oppose à mes volontés ! » s'écria-t-il. Ésope se prosterna à ses pieds. « Un homme prenait des Sauterelles, dit-il ; une Cigale lui tomba aussi sous la main. Il s'en allait la tuer comme il avait fait les Sauterelles. "Que vous ai-je fait ? dit-elle à cet homme : je ne ronge point vos blés ; je ne vous procure aucun dommage ; vous ne trouverez en moi que la voix, dont je me sers fort innocemment." Grand Roi, je ressemble à cette Cigale : je n'ai que la voix, et ne m'en suis point servi pour vous offenser. » Crésus, touché d'admiration et de pitié, non seulement lui pardonna, mais il laissa en repos les Samiens à sa considération.

En ce temps-là, le Phrygien composa ses Fables, lesquelles il laissa au Roi de Lydie, et fut envoyé par lui vers les Samiens, qui décernèrent à Ésope de grands honneurs. Il lui prit aussi envie de voyager, et d'aller par le monde, s'entretenant de diverses choses avec ceux que l'on appelait Philosophes. Enfin il se mit en grand crédit près de Lycérus, Roi de Babylone. Les Rois d'alors s'envoyaient les uns aux autres des problèmes à soudre [12] sur toutes sortes de matières, à condition de se payer une espèce de tribut ou d'amende, selon qu'ils répondraient bien ou mal aux questions proposées : en quoi Lycérus, assisté d'Ésope, avait toujours l'avantage, et se rendait illustre parmi les autres, soit à résoudre, soit à proposer.

Cependant notre Phrygien se maria; et, ne pouvant avoir d'enfants, il adopta un jeune homme d'extraction noble, appelé Ennus. Celui-ci le paya d'ingratitude, et fut si méchant que d'oser souiller le lit de son bienfaiteur. Cela étant venu à la connaissance d'Ésope, il le chassa. L'autre, afin de s'en venger, contrefit des lettres par lesquelles il semblait qu'Ésope eût intelligence avec les Rois qui étaient émules de Lycérus. Lycérus, persuadé par le cachet et par la signature de ces lettres, commanda à un de ses officiers nommé Hermippus, que sans autre enquête[13], il fît mourir promptement le traître Ésope. Cet Hermippus étant ami du Phrygien lui sauva la vie, et à l'insu de tout le monde le nourrit longtemps dans un Sépulcre, jusqu'à ce que Nectenabo, Roi d'Égypte, sur le bruit de la mort d'Ésope, crut à l'avenir rendre Lycérus son tributaire. Il osa le provoquer, et le défia de lui envoyer des Architectes qui sussent bâtir une Tour en l'air, et par même moyen un homme prêt à répondre à toutes sortes de questions. Lycérus ayant lu les lettres et les ayant communiquées aux plus habiles de son État, chacun d'eux demeura court; ce qui fit que le Roi regretta Ésope; quand Hermippus lui dit qu'il n'était pas mort, et le fit venir. Le Phrygien fut très bien reçu, se justifia, et pardonna à Ennus. Quant à la lettre du Roi d'Égypte, il n'en fit que rire, et manda qu'il enverrait au Printemps les Architectes et le Répondant à toutes sortes de questions.

Lycérus remit Ésope en possession de tous ses biens, et lui fit livrer Ennus pour en faire ce qu'il voudrait. Ésope le reçut comme son enfant, et pour toute punition lui recommanda d'honorer les dieux et son Prince; se rendre terrible à ses ennemis, facile et commode aux autres; bien traiter sa femme, sans pourtant lui confier son secret; parler peu, et chasser de chez soi les Babillards; ne se point laisser abattre aux malheurs ; avoir soin du lendemain, car il vaut mieux enrichir ses ennemis par sa mort, que d'être importun à ses amis pendant son vivant ; surtout n'être point envieux du bonheur ni de la vertu d'autrui, d'autant que c'est se faire du mal à soi-même. Ennus, touché de ces avertissements et de la bonté d'Ésope comme d'un trait qui lui aurait pénétré le cœur, mourut peu de temps après.

Pour revenir au défi de Nectenabo, Ésope choisit des Aiglons, et les fit instruire (chose difficile à croire) ; il les fit, dis-je, instruire à porter en l'air chacun un panier, dans lequel était un jeune enfant. Le Printemps venu, il s'en alla en Égypte avec tout cet équipage ; non sans tenir en grande admiration et en attente de son dessein les peuples chez qui il passait. Nectenabo, qui, sur le bruit de sa mort, avait envoyé l'énigme, fut extrêmement surpris de son arrivée. Il ne s'y attendait pas et ne se fût jamais engagé dans un tel défi contre Lycérus, s'il eût cru Ésope vivant. Il lui demanda s'il avait amené les Architectes et le Répondant. Ésope dit que le répondant était lui-même, et qu'il ferait voir les Architectes quand il serait sur le lieu. On sortit en pleine campagne, où les Aigles enlevèrent les paniers avec les petits enfants, qui criaient qu'on leur donnât du mortier, des pierres, et du bois. « Vous voyez, dit Ésope à Nectenabo, je vous ai trouvé les ouvriers ; fournissez-leur des matériaux. » Nectenabo avoua que Lycérus l'emportait[14]. Il proposa toutefois ceci à Ésope : « J'ai des Cavales en Égypte qui conçoivent sur le seul hannissement[15] des Chevaux qui sont devers Babylone : qu'avez-vous à répondre là-dessus ? » Le Phrygien remit sa réponse au lendemain ; et retourné qu'il fut au logis, il commanda à des enfants de prendre un chat, et de le mener fouettant par les rues. Les Égyptiens qui adorent cet Animal se trouvèrent extrêmement scandalisés du traitement que l'on lui faisait. Ils l'arrachèrent des mains des enfants, et allèrent se plaindre au

Roi. On fit venir en sa présence le Phrygien. « Ne savez-vous pas, lui dit le Roi, que cet animal est un de nos Dieux? pourquoi donc le faites-vous traiter de la sorte? – C'est pour l'offense qu'il a commise envers Lycérus, reprit Ésope : car la nuit dernière il lui a étranglé un Coq extrêmement courageux, et qui chantait à toutes les heures. – Vous êtes un menteur, repartit le Roi; comment serait-il possible que ce chat eût fait en si peu de temps un si long voyage? – Et comment est-il possible, reprit Ésope, que vos Juments entendent de si loin nos Chevaux hannir, et conçoivent pour les entendre? »

En suite de cela le Roi fit venir d'Héliopolis certains personnages d'esprit subtil, et savants en questions énigmatiques. Il leur fit un grand régal où le Phrygien fut invité. Pendant le repas, ils proposèrent à Ésope diverses choses, celle-ci entre autres : « Il y a un grand Temple qui est appuyé sur une Colonne entourée de douze Villes, chacune desquelles a trente Arcs-boutants; et autour de ces Arcs-boutants se promènent, l'une après l'autre, deux Femmes, l'une blanche, l'autre noire. – Il faut renvoyer, dit Ésope, cette question aux petits enfants de notre pays. Le Temple est le Monde; la Colonne, l'An; les Villes, ce sont les Mois; et les Arcs-boutants, les Jours, autour desquels se promènent alternativement le Jour et la Nuit. »

Le lendemain Necténabo assembla tous ses amis. « Souffrirez-vous, leur dit-il, qu'une moitié d'homme, qu'un avorton soit la cause que Lycérus remporte le prix, et que j'aie la confusion pour mon partage? » Un d'eux s'avisa de demander à Ésope qu'il leur fît des questions de choses dont ils n'eussent jamais entendu parler. Ésope écrivit une cédule par laquelle Necténabo confessait devoir deux mille talents à Lycérus. La cédule fut mise entre les mains de Necténabo toute cachetée. Avant qu'on l'ouvrît, les amis du Prince soutinrent que la chose contenue dans cet écrit était de leur connaissance. Quand on l'eut ouverte, Nectenabo s'écria : « Voilà la plus grande fausseté du monde : je vous en prends à témoin tous tant que vous êtes. – Il est vrai, repartirent-ils, que nous n'en avons jamais entendu parler. – J'ai donc satisfait à votre demande », reprit Ésope.

Nectenabo le renvoya comblé de présents, tant pour lui que pour son Maître. Le séjour qu'il fit en Égypte est peut-être cause que quelques-uns ont écrit qu'il fut Esclave avec Rhodopé, celle-là qui des libéralités de ses amants fit élever une des trois Pyramides qui subsistent encore, et qu'on voit avec admiration ; c'est la plus petite, mais celle qui est bâtie avec le plus d'art.

Ésope à son retour dans Babylone fut reçu avec de grandes démonstrations de joie et de bienveillance : ce Roi lui fit ériger une statue. L'envie de voir et d'apprendre le fit renoncer à tous ces honneurs. Il quitta la cour de Lycérus, où il avait tous les avantages qu'on peut souhaiter, et prit congé de ce Prince pour voir la Grèce encore une fois. Lycérus ne le laissa point partir sans embrassements et sans larmes, et sans le faire promettre sur les autels qu'il reviendrait achever ses jours auprès de lui.

Entre les Villes où il s'arrêta, Delphes fut une des principales : les Delphiens l'écoutèrent fort volontiers, mais ils ne lui rendirent point d'honneurs. Ésope, piqué de ce mépris, les compara aux bâtons qui flottent sur l'onde. On s'imagine de loin que c'est quelque chose de considérable ; de près on trouve que ce n'est rien. La comparaison lui coûta cher. Les Delphiens en conçurent une telle haine et un si violent désir de vengeance (outre qu'ils craignaient d'être décriés par lui) qu'ils résolurent de l'ôter du monde. Pour y parvenir, ils cachèrent parmi ses hardes[16] un de leurs vases sacrés, prétendant que par ce moyen ils convaincraient Ésope de vol et de sacrilège, et qu'ils le condamneraient à la mort. Comme il fut sorti de Delphes, et qu'il eut pris le chemin de la Phocide, les Delphiens accoururent comme gens qui étaient en peine. Ils l'accusèrent d'avoir dérobé leur vase. Ésope le nia avec des serments : on chercha dans son équipage, et il fut trouvé. Tout ce qu'Ésope put dire n'empêcha point qu'on ne le traitât comme un criminel infâme. Il fut ramené à Delphes chargé de fers, mis dans des cachots, puis condamné à être précipité. Rien ne lui servit de se défendre avec ses armes ordinaires, et de raconter[17] des Apologues; les Delphiens s'en moquèrent. « La Grenouille, leur dit-il, avait invité le Rat à la venir voir. Afin de lui faire traverser l'onde, elle l'attacha à son pied. Dès qu'il fut sur l'eau, elle voulut le tirer au fond, dans le dessein de le noyer, et d'en faire ensuite un repas. Le malheureux Rat résista quelque peu de temps. Pendant qu'il se débattait sur l'eau, un Oiseau de proie l'aperçut, fondit sur lui, et l'ayant enlevé avec la Grenouille, qui ne se put détacher, il se reput de l'un et de l'autre. C'est ainsi, Delphiens abominables, qu'un plus puissant que nous me vengera : je périrai; mais vous périrez aussi. » Comme on le conduisait au supplice, il trouva moyen de s'échapper, et entra dans une petite Chapelle dédiée à Apollon. Les Delphiens l'en arrachèrent. « Vous violez cet Asile, leur dit-il, parce que ce n'est qu'une petite Chapelle; mais un jour viendra que votre méchanceté ne trouvera point de retraite sûre, non pas même [de]dans les Temples. Il vous arrivera la même chose qu'à l'Aigle, laquelle, nonobstant les prières de l'Escarbot, enleva un Lièvre qui s'était réfugié chez lui. La génération de l'Aigle en fut punie jusque dans le giron de Jupiter. » Les Delphiens peu touchés de tous ces exemples, le précipitèrent.

Peu de temps après sa mort, une peste très violente exerça sur eux ses ravages. Ils demandèrent à l'Oracle par quels moyens ils pourraient apaiser le courroux des Dieux. L'Oracle leur répondit qu'il n'y en avait point d'autre que d'expier leur forfait, et satisfaire aux Mânes d'Ésope. Aussitôt une Pyramide fut élevée. Les Dieux ne témoignèrent pas seuls combien ce crime leur déplaisait; les hommes vengèrent aussi la mort de leur Sage. La Grèce envoya des Commissaires pour en informer, et en fit une punition rigoureuse.

À MONSEIGNEUR LE DAUPHIN

Je chante les Héros dont Ésope est le Père :
Troupe de qui l'Histoire, encor que mensongère,
Contient des vérités qui servent de leçons.
Tout parle en mon Ouvrage, et même les Poissons .
Ce qu'ils disent s'adresse à tous tant que nous sommes. 5
Je me sers d'Animaux pour instruire les Hommes.
ILLUSTRE REJETON D'UN PRINCE aimé des Cieux,
Sur qui le Monde entier a maintenant les yeux,
Et qui, faisant fléchir les plus superbes Têtes,
Comptera désormais ses jours par ses conquêtes, 10
Quelque autre te dira d'une plus forte voix
Les faits de tes Aïeux et les vertus des Rois.
Je vais t'entretenir de moindres Aventures,
Te tracer en ces vers de légères peintures :
Et si de t'agréer je n'emporte le prix, 15
J'aurai du moins l'honneur de l'avoir entrepris.

Livre premier

FABLE I

LA CIGALE ET LA FOURMI[1]

La Cigale, ayant chanté
Tout l'Été,
Se trouva fort dépourvue
Quand la Bise fut venue.
Pas un seul petit morceau 5
De mouche ou de vermisseau.
Elle alla crier famine
Chez la Fourmi sa voisine,
La priant de lui prêter
Quelque grain pour subsister 10
Jusqu'à la saison nouvelle.
« Je vous paierai, lui dit-elle,
Avant l'Août[2], foi d'animal,
Intérêt et principal[3]. »
La Fourmi n'est pas prêteuse : 15
C'est là son moindre défaut[4].
« Que faisiez-vous au temps chaud ?
Dit-elle à cette emprunteuse.
— Nuit et jour à tout venant
Je chantais, ne vous déplaise. 20
— Vous chantiez ? j'en suis fort aise :
Eh bien ! dansez maintenant. »

FABLE II

LE CORBEAU ET LE RENARD[1]

Maître Corbeau, sur un arbre perché,
Tenait en son bec un fromage.
Maître Renard, par l'odeur alléché,
Lui tint à peu près ce langage :
5 « Et bonjour, Monsieur du[2] Corbeau.
Que vous êtes joli ! que vous me semblez beau !
Sans mentir, si votre ramage
Se rapporte à votre plumage,
Vous êtes le Phénix des hôtes de ces Bois. »
10 À ces mots le Corbeau ne se sent pas de joie :
Et pour montrer sa belle voix,
Il ouvre un large bec, laisse tomber sa proie.
Le Renard s'en saisit, et dit : « Mon bon Monsieur,
Apprenez que tout flatteur
15 Vit aux dépens de celui qui l'écoute.
Cette leçon vaut bien un fromage sans doute. »
Le Corbeau honteux et confus[3]
Jura, mais un peu tard, qu'on ne l'y prendrait plus.

FABLE III

LA GRENOUILLE QUI SE VEUT FAIRE AUSSI GROSSE QUE LE[1] BŒUF[2]

Une Grenouille vit un Bœuf
Qui lui sembla de belle taille.
Elle qui n'était pas grosse en tout comme un œuf,
Envieuse s'étend, et s'enfle, et se travaille[3]
5 Pour égaler l'animal en grosseur,

Disant : « Regardez bien, ma sœur,
Est-ce assez ? dites-moi : n'y suis-je point encore ?
— Nenni[4]. — M'y voici donc ? — Point du tout. — M'y
[voilà ?
— Vous n'en approchez point. » La chétive pécore
S'enfla si bien qu'elle creva. 10
Le monde est plein de gens qui ne sont pas plus sages :
Tout Bourgeois veut bâtir comme les grands Seigneurs,
Tout petit Prince a des Ambassadeurs,
Tout Marquis veut avoir des Pages.

FABLE IV

LES DEUX MULETS[1]

Deux Mulets cheminaient ; l'un d'avoine chargé ;
L'autre portant l'argent de la Gabelle.
Celui-ci, glorieux d'une charge si belle,
N'eût voulu pour beaucoup en être soulagé.
Il marchait d'un pas relevé, 5
Et faisait sonner sa sonnette ;
Quand, l'ennemi se présentant,
Comme il en voulait à l'argent,
Sur le Mulet du fisc une troupe se jette,
Le saisit au frein, et l'arrête. 10
Le Mulet [*en*] se défendant
Se sent percer de coups : il gémit, il soupire.
« Est-ce donc là, dit-il, ce qu'on m'avait promis ?
Ce Mulet qui me suit du danger se retire ;
Et moi j'y tombe, et je péris. 15
— Ami, lui dit son camarade,
Il n'est pas toujours bon d'avoir un haut emploi :
Si tu n'avais servi qu'un Meunier, comme moi,
Tu ne serais pas si malade[2]. »

FABLE V

LE LOUP ET LE CHIEN[1]

Un Loup n'avait que les os et la peau ;
Tant les Chiens faisaient bonne garde.
Ce Loup rencontre un Dogue aussi puissant que beau,
Gras, poli, qui s'était fourvoyé par mégarde.
5 L'attaquer, le mettre en quartiers,
Sire Loup l'eût fait volontiers.
Mais il fallait livrer bataille ;
Et le Mâtin était de taille
À se défendre hardiment.
10 Le Loup donc l'aborde humblement,
Entre en propos, et lui fait compliment
Sur son embonpoint qu'il admire.
« Il ne tiendra qu'à vous, beau Sire,
D'être aussi gras que moi, lui repartit le Chien.
15 Quittez les bois, vous ferez bien :
Vos pareils y sont misérables,
Cancres[2], haires[3], et pauvres diables,
Dont la condition est de mourir de faim.
Car quoi ? Rien d'assuré ; point de franche lippée[4] ;
20 Tout à la pointe de l'épée.
Suivez-moi ; vous aurez un bien meilleur destin. »
Le Loup reprit : « Que me faudra-t-il faire ?
— Presque rien, dit le Chien ; donner la chasse aux gens
Portant bâtons, et mendiants ;
25 Flatter ceux du logis, à son Maître complaire ;
Moyennant quoi votre salaire
Sera force reliefs de toutes les façons :
Os de poulets, os de pigeons ;
Sans parler de mainte caresse. »
30 Le Loup déjà se forge une félicité
Qui le fait pleurer de tendresse.

Chemin faisant il vit le col du Chien pelé : [de chose.
« Qu'est-ce là ? lui dit-il. – Rien. – Quoi ? rien ? – Peu
– Mais encor ? – Le collier dont je suis attaché
De ce que vous voyez est peut-être la cause. 35
– Attaché ? dit le Loup ; vous ne courez donc pas
Où vous voulez ? – Pas toujours, mais qu'importe ?
– Il importe si bien, que de tous vos repas
Je ne veux en aucune sorte,
Et ne voudrais pas même à ce prix un trésor. » 40
Cela dit, maître Loup s'enfuit, et court encor.

FABLE VI

LA GÉNISSE, LA CHÈVRE ET LA BREBIS, EN SOCIÉTÉ AVEC LE LION[1]

La Génisse, la Chèvre, et leur sœur la Brebis,
Avec un fier Lion, Seigneur du voisinage,
Firent société, dit-on, au temps jadis,
Et mirent en commun le gain et le dommage.
Dans les lacs de la Chèvre un Cerf se trouva pris ; 5
Vers ses associés aussitôt elle envoie.
Eux venus, le Lion par ses ongles[2] compta,
Et dit : « Nous sommes quatre à partager la proie » ;
Puis en autant de parts le Cerf il dépeça ;
Prit pour lui la première en qualité de Sire ; 10
« Elle doit être à moi, dit-il, et la raison,
C'est que je m'appelle Lion :
À cela l'on n'a rien à dire.
La seconde par droit me doit échoir encor :
Ce droit, vous le savez, c'est le droit du plus fort. 15
Comme le plus vaillant je prétends la troisième.
Si quelqu'une de vous touche à la quatrième,
Je l'étranglerai tout d'abord. »

FABLE VII

LA BESACE[1]

Jupiter dit un jour : « Que tout ce qui respire
S'en vienne comparaître aux pieds de ma grandeur.
Si dans son composé quelqu'un trouve à redire,
Il peut le déclarer sans peur :
5 Je mettrai remède à la chose.
Venez, Singe; parlez le premier, et pour cause.
Voyez ces animaux; faites comparaison
De leurs beautés avec les vôtres :
Êtes-vous satisfait? – Moi? dit-il, pourquoi non?
10 N'ai-je pas quatre pieds aussi bien que les autres?
Mon portrait jusqu'ici ne m'a rien reproché;
Mais pour mon frère l'Ours, on ne l'a qu'ébauché :
Jamais, s'il me veut croire, il ne se fera peindre. »
L'Ours venant là-dessus, on crut qu'il s'allait plaindre.
15 Tant s'en faut; de sa forme il se loua très fort;
Glosa sur l'Éléphant; dit qu'on pourrait encor
Ajouter à sa queue, ôter à ses oreilles:
Que c'était une masse informe et sans beauté.
L'Éléphant étant écouté,
20 Tout sage qu'il était, dit des choses pareilles :
Il jugea qu'à son appétit
Dame Baleine était trop grosse.
Dame Fourmi trouva le Ciron trop petit,
Se croyant, pour elle, un colosse.
25 Jupin les renvoya s'étant censurés tous :
Du reste, content[s] d'eux; mais, parmi les plus fous,
Notre espèce excella; car tout ce que nous sommes,
Lynx envers nos pareils, et Taupes envers nous,
Nous nous pardonnons tout, et rien aux autres hommes :
30 On se voit d'un autre œil qu'on ne voit son prochain.
Le Fabricateur souverain

Nous créa Besaciers tous de même manière ;
Tant ceux du temps passé que du temps d'aujourd'hui.
Il fit pour nos défauts la poche de derrière,
Et celle de devant pour les défauts d'autrui. 35

FABLE VIII

L'HIRONDELLE ET LES PETITS OISEAUX[1]

Une Hirondelle en ses voyages
Avait beaucoup appris. Quiconque a beaucoup vu
Peut avoir beaucoup retenu.
Celle-ci prévoyait jusqu'aux moindres orages,
Et devant qu'ils fussent éclos, 5
Les annonçait aux Matelots.
Il arriva qu'au temps que la[2] chanvre se sème,
Elle vit un Manant en couvrir maints sillons.
« Ceci ne me plaît pas, dit-elle aux Oisillons.
Je vous plains : car pour moi, dans ce péril extrême, 10
Je saurai m'éloigner, ou vivre en quelque coin.
Voyez-vous cette main qui par les airs chemine ?
Un jour viendra, qui n'est pas loin,
Que ce qu'elle répand sera votre ruine.
De là naîtront engins à vous envelopper, 15
Et lacets pour vous attraper ;
Enfin mainte et mainte machine
Qui causera dans la saison
Votre mort ou votre prison ;
Gare la cage ou le chaudron. 20
C'est pourquoi, leur dit l'Hirondelle,
Mangez ce grain, et croyez-moi. »
Les Oiseaux se moquèrent d'elle,
Ils trouvaient aux champs trop de quoi.

25 Quand la chènevière fut verte,
L'Hirondelle leur dit : « Arrachez brin à brin
Ce qu'a produit ce maudit grain ;
Ou soyez sûrs de votre perte.
– Prophète de malheur, babillarde, dit-on,
30 Le bel emploi que tu nous donnes !
Il nous faudrait mille personnes
Pour éplucher[3] tout ce canton. »
La chanvre étant tout à fait crue,
L'Hirondelle ajouta : « Ceci ne va pas bien ;
35 Mauvaise graine est tôt venue ;
Mais puisque jusqu'ici l'on ne m'a crue en rien,
Dès que vous verrez que la terre
Sera couverte[4], et qu'à leurs blés
Les gens n'étant plus occupés
40 Feront aux oisillons la guerre ;
Quand reginglettes[5] et réseaux
Attraperont petits oiseaux,
Ne volez plus de place en place ;
Demeurez au logis, ou changez de climat :
45 Imitez le Canard, la Grue et la Bécasse.
Mais vous n'êtes pas en état
De passer comme nous les déserts et les ondes,
Ni d'aller chercher d'autres mondes ;
C'est pourquoi vous n'avez qu'un parti qui soit sûr :
50 C'est de vous renfermer aux trous de quelque mur. »
Les Oisillons, las de l'entendre,
Se mirent à jaser aussi confusément
Que faisaient les Troyens quand la pauvre Cassandre
Ouvrait la bouche seulement.
55 Il en prit aux uns comme aux autres :
Maint Oisillon se vit esclave retenu.
Nous n'écoutons d'instincts que ceux qui sont les nôtres,
Et ne croyons le mal que quand il est venu.

FABLE IX

LE RAT DE VILLE ET LE RAT DES CHAMPS[1]

Autrefois le Rat de ville
Invita le Rat des champs,
D'une façon fort civile,
À des reliefs d'Ortolans.

Sur un tapis de Turquie 5
Le couvert se trouva mis :
Je laisse à penser la vie
Que firent ces deux amis.

Le régal fut fort honnête,
Rien ne manquait au festin ; 10
Mais quelqu'un troubla la fête,
Pendant qu'ils étaient en train.

À la porte de la Salle
Ils entendirent du bruit ;
Le Rat de ville détale, 15
Son camarade le suit.

Le bruit cesse, on se retire :
Rats en campagne aussitôt ;
Et le citadin de dire :
« Achevons tout notre rôt. 20

– C'est assez, dit le Rustique ;
Demain vous viendrez chez moi ;
Ce n'est pas que je me pique
De tous vos festins de Roi.

25 Mais rien ne vient m'interrompre;
Je mange tout à loisir.
Adieu donc; fi du plaisir
Que la crainte peut corrompre. »

FABLE X

LE LOUP ET L'AGNEAU[1]

La raison du plus fort est toujours la meilleure;
Nous l'allons montrer tout à l'heure[2].
Un Agneau se désaltérait
Dans le courant d'une onde pure.
5 Un Loup survient[3] à jeun qui cherchait aventure,
Et que la faim en ces lieux attirait.
« Qui te rend si hardi de troubler mon breuvage?
Dit cet animal plein de rage;
Tu seras châtié de ta témérité.
10 — Sire, répond l'Agneau, que votre Majesté
Ne se mette pas en colère;
Mais plutôt qu'elle considère
Que je me vas désaltérant
Dans le courant,
15 Plus de vingt pas au-dessous d'Elle,
Et que par conséquent en aucune façon,
Je ne puis troubler sa boisson.
— Tu la troubles, reprit cette bête cruelle,
Et je sais que de moi tu médis l'an passé.
20 — Comment l'aurais-je fait, si je n'étais pas né?
Reprit l'Agneau; je tette encor ma mère.
— Si ce n'est toi, c'est donc ton frère.
— Je n'en ai point. — C'est donc quelqu'un des tiens :
Car vous ne m'épargnez guère,
25 Vous, vos Bergers, et vos Chiens.

On me l'a dit : il faut que je me venge[4]. »
Là-dessus au fond des forêts
Le Loup l'emporte, et puis le mange
Sans autre forme de procès.

FABLE XI

L'HOMME ET SON IMAGE[1]

POUR M. L. D. D. L. R.[2]

Un Homme qui s'aimait sans avoir de rivaux[3]
Passait dans son esprit pour le plus beau du monde :
Il accusait toujours les miroirs d'être faux,
Vivant plus que content dans son erreur profonde.
Afin de le guérir, le Sort officieux 5
Présentait partout à ses yeux
Les Conseillers muets dont se servent nos Dames :
Miroirs dans les logis, miroirs chez les Marchands,
Miroirs aux poches des Galands,
Miroirs aux ceintures des femmes. 10
Que fait notre Narcisse ? Il se va confiner
Aux lieux les plus cachés qu'il peut s'imaginer,
N'osant plus des miroirs éprouver l'aventure.
Mais un canal[4] formé par une source pure
Se trouve en ces lieux écartés : 15
Il s'y voit, il se fâche ; et ses yeux irrités
Pensent apercevoir une Chimère vaine :
Il fait tout ce qu'il peut pour éviter cette eau.
Mais quoi, le canal est si beau
Qu'il ne le quitte qu'avec peine. 20
On voit bien où je veux venir :
Je parle à tous ; et cette erreur extrême
Est un mal que chacun se plaît d'entretenir.
Notre âme c'est cet Homme amoureux de lui-même ;
Tant de miroirs, ce sont les sottises d'autrui ; 25

Miroirs de nos défauts les Peintres légitimes;
Et quant au Canal, c'est celui
Que chacun sait, le Livre des Maximes.

FABLE XII

LE DRAGON À PLUSIEURS TÊTES, ET LE DRAGON À PLUSIEURS QUEUES[1]

Un Envoyé du Grand Seigneur
Préférait, dit l'Histoire, un jour chez l'Empereur,
Les forces de son Maître à celles de l'Empire.
Un Allemand se mit à dire :
5 Notre Prince a des Dépendants
Qui de leur chef sont si puissants
Que chacun d'eux pourrait soudoyer une armée.
Le Chiaoux[2], homme de sens,
Lui dit : « Je sais par renommée
10 Ce que chaque Électeur peut de monde fournir;
Et cela me fait souvenir
D'une aventure étrange, et qui pourtant est vraie.
J'étais en un lieu sûr, lorsque je vis passer
Les cent têtes d'un[e] Hydre au travers d'une haie :
15 Mon sang commence à se glacer,
Et je crois qu'à moins on s'effraie.
Je n'en eus toutefois que la peur sans le mal.
Jamais le corps de l'animal
Ne put venir vers moi, ni trouver d'ouverture.
20 Je rêvais à cette aventure,
Quand un autre Dragon, qui n'avait qu'un seul chef,
Et bien plus d'une queue, à passer se présente :
Me voilà saisi derechef
D'étonnement et d'épouvante.
25 Ce chef passe, et le corps, et chaque queue aussi;

Rien ne les empêcha ; l'un fit chemin à l'autre.
Je soutiens qu'il en est ainsi
De votre Empereur et du nôtre. »

FABLE XIII

LES VOLEURS ET L'ÂNE[1]

Pour un Âne enlevé deux Voleurs se battaient :
L'un voulait le garder ; l'autre le voulait vendre.
Tandis que coups de poing trottaient,
Et que nos champions songeaient à se défendre,
Arrive un troisième Larron 5
Qui saisit Maître Aliboron.
L'Âne, c'est quelquefois une pauvre Province.
Les Voleurs sont tel ou tel Prince,
Comme le Transylvain, le Turc, et le Hongrois[2].
Au lieu de deux j'en ai rencontré trois : 10
Il est assez de cette marchandise.
De nul d'eux n'est souvent la Province conquise :
Un quart[3] Voleur survient, qui les accorde net
En se saisissant du Baudet.

FABLE XIV

SIMONIDE PRÉSERVÉ PAR LES DIEUX[1]

On ne peut trop louer trois sortes de personnes :
Les Dieux, sa Maîtresse, et son Roi.
Malherbe le disait ; j'y souscris quant à moi :
Ce sont Maximes toujours bonnes.
La louange chatouille, et gagne les esprits : 5

Les faveurs d'une Belle en sont souvent le prix.
Voyons comme les Dieux l'ont quelquefois payée.
    Simonide[2] avait entrepris
L'éloge d'un Athlète, et, la chose essayée,
10 Il trouva son sujet plein de récits tout nus.
Les parents de l'Athlète étaient gens inconnus,
Son père, un bon Bourgeois, lui sans autre mérite ;
    Matière infertile et petite.
Le Poète d'abord parla de son Héros :
15 Après en avoir dit ce qu'il en pouvait dire,
Il se jette à côté ; se met sur le propos
De Castor et Pollux ; ne manque pas d'écrire
Que leur exemple était aux Lutteurs glorieux,
Élève leurs combats, spécifiant les lieux
20 Où ces frères s'étaient signalés davantage :
    Enfin l'éloge de ces Dieux
    Faisait les deux tiers de l'Ouvrage.
L'Athlète avait promis d'en payer un talent ;
    Mais quand il le vit, le Galant
25 N'en donna que le tiers, et dit fort franchement
Que Castor et Pollux acquittassent le reste.
« Faites-vous contenter par ce couple céleste ;
    Je vous veux traiter cependant :
Venez souper chez moi, nous ferons bonne vie.
30   Les Conviés sont gens choisis,
    Mes parents, mes meilleurs amis ;
    Soyez donc de la compagnie. »
Simonide promit. Peut-être qu'il eut peur
De perdre, outre son dû, le gré de sa louange.
35   Il vient, l'on festine, l'on mange.
    Chacun étant de belle humeur,
Un domestique accourt, l'avertit qu'à la porte
Deux hommes demandaient à le voir promptement
    Il sort de table, et la cohorte
40   N'en perd pas un seul coup de dent.
Ces deux hommes étaient les Gémeaux de l'Éloge.

Tous deux lui rendent grâce, et pour prix de ses Vers,
Ils l'avertissent qu'il déloge,
Et que cette maison va tomber à l'envers.
La prédiction [en] fut vraie ; 45
Un pilier manque ; et le plafonds,
Ne trouvant plus rien qui l'étaie,
Tombe sur le festin, brise plats et flacons ;
N'en fait pas moins aux Échansons.
Ce ne fut pas le pis ; car, pour rendre complète 50
La vengeance due au Poète,
Une poutre cassa les jambes à l'Athlète,
Et renvoya les Conviés
Pour la plupart estropiés.
La Renommée eut soin de publier l'affaire. 55
Chacun cria miracle ; on doubla le salaire
Que méritaient les vers d'un homme aimé des Dieux.
Il n'était fils de bonne mère
Qui, les payant à qui mieux mieux,
Pour ses Ancêtres n'en fît faire. 60
Je reviens à mon Texte[3] ; et dis premièrement
Qu'on ne saurait manquer[4] de louer largement
Les Dieux et leurs pareils ; de plus, que Melpomène
Souvent sans déroger trafique de sa peine ;
Enfin qu'on doit tenir notre Art en quelque prix. 65
Les Grands se font honneur dès lors qu'ils nous font grâce[5] :
Jadis l'Olympe et le Parnasse
Étaient frères et bons amis.

FABLE XV

LA MORT ET LE MALHEUREUX

FABLE XVI

LA MORT ET LE BÛCHERON[1]

Un Malheureux appelait tous les jours
La Mort à son secours.
« Ô Mort, lui disait-il, que tu me sembles belle !
Viens vite, viens finir ma fortune cruelle. »
5 La Mort crut en venant l'obliger en effet.
Elle frappe à sa porte, elle entre, elle se montre.
« Que vois-je ! cria-t-il, ôtez-moi cet objet ;
Qu'il est hideux ! que sa rencontre
Me cause d'horreur et d'effroi !
10 N'approche pas ô Mort ; ô Mort, retire-toi. »
Mécénas fut un galant homme[2] :
Il a dit quelque part : « Qu'on me rende impotent,
Cul-de-jatte, goutteux, manchot, pourvu qu'en somme
Je vive, c'est assez, je suis plus que content. »
15 Ne viens jamais, ô Mort ; on t'en dit tout autant[3].

Ce sujet a été traité d'une autre façon par Ésope, comme la Fable suivante le fera voir. Je composai celle-ci pour une raison qui me contraignait de rendre la chose ainsi générale. Mais quelqu'un[4] me fit connaître que j'eusse beaucoup mieux fait de suivre mon original, et que je laissais passer un des plus beaux traits qui fût dans Ésope. Cela m'obligea d'y avoir recours. Nous ne saurions aller plus avant que les Anciens : ils ne nous ont laissé pour notre part que la gloire de les bien suivre. Je joins toutefois ma Fable à celle d'Ésope ; non que la mienne le mérite ; mais à cause du mot de Mécénas, que j'y fais entrer, et qui est si beau et si à propos que je n'ai pas cru le devoir omettre.

Un pauvre Bûcheron tout couvert de ramée,
Sous le faix du fagot aussi bien que des ans
Gémissant et courbé marchait à pas pesants,
Et tâchait de gagner sa chaumine[5] enfumée.
Enfin, n'en pouvant plus d'effort et de douleur, 5
Il met bas son fagot, il songe à son malheur :
Quel plaisir a-t-il eu depuis qu'il est au monde ?
En est-il un plus pauvre en la machine ronde ?
Point de pain quelquefois, et jamais de repos.
Sa femme, ses enfants, les soldats, les impôts, 10
Le créancier, et la corvée
Lui font d'un malheureux la peinture achevée.
Il appelle la Mort ; elle vient sans tarder,
Lui demande ce qu'il faut faire.
« C'est, dit-il, afin de m'aider 15
À recharger ce bois ; tu ne tarderas guère[6]. »

Le trépas vient tout guérir ;
Mais ne bougeons d'où nous sommes :
Plutôt souffrir que mourir,
C'est la devise des hommes. 20

FABLE XVII

L'HOMME ENTRE DEUX ÂGES, ET SES DEUX MAÎTRESSES[1]

Un homme de moyen âge[2],
Et tirant sur le grison[3],
Jugea qu'il était saison
De songer au mariage.
Il avait du comptant, 5
Et partant

De quoi choisir : toutes voulaient lui plaire ;
En quoi notre Amoureux ne se pressait pas tant :
Bien adresser[4] n'est pas petite affaire.
10 Deux Veuves sur son cœur eurent le plus de part :
L'une encor verte, et l'autre un peu bien mûre,
Mais qui réparait par son art
Ce qu'avait détruit la Nature.
Ces deux Veuves, en badinant,
15 En riant, en lui faisant fête,
L'allaient quelquefois testonnant[5] ;
C'est-à-dire ajustant sa tête.
La Vieille à tous moments de sa part emportait
Un peu du poil noir qui restait,
20 Afin que son Amant en fût plus à sa guise.
La Jeune saccageait les poils blancs à son tour :
Toutes deux firent tant que notre tête grise
Demeura sans cheveux, et se douta du tour.
« Je vous rends, leur dit-il, mille grâces, les Belles,
25 Qui m'avez si bien tondu :
J'ai plus gagné que perdu ;
Car d'Hymen, point de nouvelles.
Celle que je prendrais voudrait qu'à sa façon
Je vécusse, et non à la mienne.
30 Il n'est tête chauve qui tienne ;
Je vous suis obligé, Belles, de la leçon. »

FABLE XVIII

LE RENARD ET LA CIGOGNE[1]

Compère le Renard se mit un jour en frais,
Et retint à dîner commère la Cigogne.
Le régal fut petit, et sans beaucoup d'apprêts :
Le Galant pour toute besogne

Avait un brouet[2] clair (il vivait chichement). 5
Ce brouet fut par lui servi sur une assiette.
La Cigogne au long bec n'en put attraper miette ;
Et le Drôle eut lapé le tout en un moment.
Pour se venger de cette tromperie,
À quelque temps de là, la Cigogne le prie : 10
« Volontiers, lui dit-il, car avec mes amis
Je ne fais point cérémonie. »
À l'heure dite il courut au logis
De la Cigogne son hôtesse ;
Loua très fort la politesse[3], 15
Trouva le dîner cuit à point.
Bon appétit surtout ; Renards n'en manquent point.
Il se réjouissait à l'odeur de la viande
Mise en menus morceaux, et qu'il croyait friande.
On servit pour l'embarrasser 20
En un vase à long col et d'étroite embouchure.
Le bec de la Cigogne y pouvait bien passer,
Mais le museau du Sire était d'autre mesure.
Il lui fallut à jeun retourner au logis,
Honteux comme un Renard qu'une Poule aurait pris, 25
Serrant la queue, et portant bas l'oreille.
Trompeurs, c'est pour vous que j'écris :
Attendez-vous à la pareille.

FABLE XIX

L'ENFANT ET LE MAÎTRE D'ÉCOLE[1]

Dans ce récit je prétends faire voir
D'un certain Sot la remontrance vaine.
Un jeune enfant dans l'eau se laissa choir,
En badinant sur les bords de la Seine.
Le Ciel permit qu'un Saule se trouva 5

Dont le branchage, après Dieu, le sauva.
S'étant pris, dis-je, aux branches de ce saule,
Par cet endroit passe un Maître d'École ;
L'enfant lui crie : « Au secours, je péris. »
10 Le Magister, se tournant à ses cris,
D'un ton fort grave à contretemps s'avise
De le tancer : « Ah le petit babouin[2] !
Voyez, dit-il, où l'a mis sa sottise !
Et puis prenez de tels fripons le soin.
15 Que les parents sont malheureux, qu'il faille
Toujours veiller à semblable canaille !
Qu'ils ont de maux ! et que je plains leur sort ! »
Ayant tout dit il mit l'enfant à bord.
Je blâme ici plus de gens qu'on ne pense.
20 Tout babillard, tout censeur, tout pédant,
Se peut connaître au discours que j'avance :
Chacun des trois fait un peuple fort grand ;
Le Créateur en a béni l'engeance.
En toute affaire ils ne font que songer
25 Aux moyens d'exercer leur langue.
Hé mon ami, tire-moi de danger ;
Tu feras après ta harangue.

FABLE XX

LE COQ ET LA PERLE[1]

Un jour un Coq détourna
Une Perle qu'il donna
Au beau premier Lapidaire :
« Je la crois fine[2], dit-il ;
5 Mais le moindre grain de mil
Serait bien mieux mon affaire. »

Un ignorant hérita
D'un manuscrit qu'il porta
Chez son voisin le Libraire.
« Je crois, dit-il, qu'il eﬆ bon; 10
Mais le moindre ducaton
Serait bien mieux mon affaire. »

FABLE XXI

LES FRELONS ET LES MOUCHES À MIEL[1]

À l'œuvre on connaît l'Artisan.
Quelques rayons de miel sans maître se trouvèrent:
Des Frelons[2] les réclamèrent.
Des Abeilles s'opposant,
Devant certaine Guêpe on traduisit la cause. 5
Il était malaisé de décider la chose.
Les témoins déposaient qu'autour de ces rayons
Des animaux ailés, bourdonnants, un peu longs,
De couleur fort tannée et tels que les Abeilles,
Avaient longtemps paru. Mais quoi! dans les Frelons 15
Ces enseignes étaient pareilles.
La Guêpe, ne sachant que dire à ces raisons,
Fit enquête nouvelle, et pour plus de lumière
Entendit une fourmilière;
Le point n'en put être éclairci, 15
« De grâce, à quoi bon tout ceci?
Dit une Abeille fort prudente,
Depuis tantôt six mois que la cause eﬆ pendante,
Nous voici comme aux premiers jours;
Pendant cela le miel se gâte. 20
Il eﬆ temps désormais que le Juge se hâte :
N'a-t-il point assez léché l'Ours[3]?
Sans tant de contredits et d'interlocutoires[4],

Et de fatras, et de grimoires,
25 Travaillons, les Frelons et nous :
On verra qui sait faire avec un suc si doux
Des cellules si bien bâties[5]. »
Le refus des Frelons fit voir
Que cet art passait leur savoir :
30 Et la Guêpe adjugea le miel à leurs parties.
Plût à Dieu qu'on réglât ainsi tous les procès !
Que des Turcs en cela l'on suivît la méthode !
Le simple sens commun nous tiendrait lieu de Code,
Il ne faudrait point tant de frais :
35 Au lieu qu'on nous mange, on nous gruge,
On nous mine par des longueurs ;
On fait tant à la fin que l'huître est pour le Juge,
Les écailles pour les plaideurs.

FABLE XXII

LE CHÊNE ET LE ROSEAU[1]

Le Chêne un jour dit au Roseau :
« Vous avez bien sujet d'accuser la Nature ;
Un Roitelet pour vous est un pesant fardeau.
Le moindre vent qui d'aventure
5 Fait rider la face de l'eau,
Vous oblige à baisser la tête :
Cependant que mon front, au Caucase pareil,
Non content d'arrêter les rayons du Soleil,
Brave l'effort de la tempête.
10 Tout vous est Aquilon ; tout me semble Zéphir.
Encor si vous naissiez à l'abri du feuillage
Dont je couvre le voisinage ;
Vous n'auriez pas tant à souffrir :
Je vous défendrais de l'orage ;

Mais vous naissez le plus souvent 15
Sur les humides bords des Royaumes du vent.
La Nature envers vous me semble bien injuste.
— Votre compassion, lui répondit l'Arbuste,
Part d'un bon naturel ; mais quittez ce souci.
Les vents me sont moins qu'à vous redoutables. 20
Je plie et ne romps pas. Vous avez jusqu'ici
Contre leurs coups épouvantables
Résisté sans courber le dos ;
Mais attendons la fin. » Comme il disait ces mots
Du bout de l'horizon accourt avec furie 25
Le plus terrible des enfants
Que le Nord eût portés jusque-là dans ses flancs.
L'Arbre tient bon ; le Roseau plie :
Le vent redouble ses efforts,
Et fait si bien qu'il déracine 30
Celui de qui la tête au Ciel était voisine,
Et dont les pieds touchaient à l'empire des morts.

Livre deuxième

FABLE I

CONTRE CEUX QUI ONT LE GOÛT DIFFICILE[1]

Quand j'aurais en naissant reçu de Calliope
Les dons qu'à ses amants cette Muse a promis,
Je les consacrerais aux mensonges d'Ésope :
Le Mensonge et les Vers de tout temps sont amis.
5 Mais je ne me crois pas si chéri du Parnasse
Que de savoir orner toutes ces fictions.
On peut donner du lustre à leurs inventions :
On le peut, je l'essaie ; un plus savant le fasse.
Cependant jusqu'ici d'un langage nouveau
10 J'ai fait parler le Loup, et répondre l'Agneau.
J'ai passé plus avant ; les Arbres et les Plantes
Sont devenus chez moi créatures parlantes[2] :
Qui ne prendrait ceci pour un enchantement ?
« Vraiment, me diront nos Critiques,
15 Vous parlez magnifiquement
De cinq ou six contes d'enfant.
— Censeurs, en voulez-vous qui soient plus authen-
[tiques
Et d'un style plus haut ? En voici. Les Troyens,

Après dix ans de guerre autour de leurs murailles,
Avaient lassé les Grecs, qui, par mille moyens, 20
Par mille assauts, par cent batailles,
N'avaient pu mettre à bout cette fière Cité :
Quand un cheval de bois par Minerve inventé
D'un rare et nouvel artifice,
Dans ses énormes flancs reçut le sage Ulysse, 25
Le vaillant Diomède, Ajax l'impétueux,
Que ce Colosse monstrueux
Avec leurs Escadrons devait porter dans Troie,
Livrant à leur fureur ses Dieux mêmes en proie :
Stratagème inouï, qui des fabricateurs 30
Paya la constance et la peine.
— C'est assez, me dira quelqu'un de nos Auteurs,
La période est longue, il faut reprendre haleine ;
Et puis votre Cheval de bois,
Vos Héros avec leurs Phalanges, 35
Ce sont des contes plus étranges
Qu'un Renard qui cajole un Corbeau sur sa voix.
De plus, il vous sied mal d'écrire en ce[3] haut style.
— Eh bien, baissons d'un ton. La jalouse Amarylle
Songeait à son Alcippe, et croyait de ses soins 40
N'avoir que ses Moutons et son Chien pour témoins.
Tircis, qui l'aperçut, se glisse entre des Saules ;
Il entend la bergère adressant ces paroles
Au doux Zéphire, et le priant
De les porter à son Amant. 45
— Je vous arrête à cette rime,
Dira mon Censeur à l'instant :
Je ne la tiens pas légitime,
Ni d'une assez grande vertu.
Remettez, pour le mieux, ces deux Vers à la fonte. » 50
Maudit Censeur, te tairas-tu ?
Ne saurais-je achever mon conte ?
C'est un dessein très dangereux
Que d'entreprendre de te plaire :

55 Les délicats sont malheureux;
Rien ne saurait les satisfaire.

FABLE II

CONSEIL TENU PAR LES RATS[1]

Un Chat nommé Rodilardus[2]
Faisait de Rats telle déconfiture
Que l'on n'en voyait presque plus,
Tant il en avait mis dedans la sépulture.
5 Le peu qu'il en restait, n'osant quitter son trou,
Ne trouvait à manger que le quart de son soû[3];
Et Rodilard passait, chez la Gent misérable,
Non pour un Chat, mais pour un Diable.
Or un jour qu'au haut et au loin
10 Le Galant alla chercher femme,
Pendant tout le sabbat qu'il fit avec sa Dame,
Le demeurant des Rats tint Chapitre en un coin
Sur la nécessité présente.
Dès l'abord leur Doyen, personne fort prudente,
15 Opina qu'il fallait, et plus tôt que plus tard,
Attacher un grelot au cou de Rodilard;
Qu'ainsi, quand il irait en guerre,
De sa marche avertis ils s'enfuiraient sous terre :
Qu'il n'y savait que ce moyen.
20 Chacun fut de l'avis de Monsieur le Doyen;
Chose ne leur parut à tous plus salutaire.
La difficulté fut d'attacher le grelot.
L'un dit : « Je n'y vas point, je ne suis pas si sot »;
L'autre : « Je ne saurais. » Si bien que sans rien faire
25 On se quitta. J'ai maints Chapitres vus,
Qui pour néant se sont ainsi tenus :
Chapitres non de Rats, mais Chapitres de Moines,
Voire Chapitres de Chanoines.

Ne faut-il que délibérer,
La Cour en Conseillers foisonne; 30
Est-il besoin d'exécuter,
L'on ne rencontre plus personne.

FABLE III

LE LOUP PLAIDANT CONTRE LE RENARD PAR-DEVANT LE SINGE[1]

Un Loup disait que l'on l'avait volé :
Un Renard, son voisin, d'assez mauvaise vie,
Pour ce prétendu vol par lui fut appelé[2].
Devant le Singe il fut plaidé,
Non point par Avocats, mais par chaque Partie. 5
Thémis n'avait point travaillé,
De mémoire de Singe, à fait plus embrouillé[3].
Le Magistrat suait en son lit de Justice[4].
Après qu'on eut bien contesté,
Répliqué, crié, tempêté, 10
Le Juge, instruit de leur malice,
Leur dit : « Je vous connais de longtemps, mes amis;
Et tous deux[5] vous paierez l'amende :
Car toi, Loup, tu te plains, quoiqu'on ne t'ait rien pris;
Et toi, Renard, as pris ce que l'on te demande. » 15
Le Juge prétendait qu'à tort et à travers
On ne saurait manquer condamnant un pervers[6].

Quelques personnes de bon sens ont cru que l'impossibilité et la contradiction qui est dans le Jugement de ce Singe était une chose à censurer; mais je ne m'en suis servi qu'après Phèdre, et c'est en cela que consiste le bon mot, selon mon avis.

FABLE IV

LES DEUX TAUREAUX ET UNE GRENOUILLE[1]

Deux Taureaux combattaient à qui posséderait
Une Génisse avec l'empire.
Une Grenouille en soupirait.
« Qu'avez-vous? se mit à lui dire
5 Quelqu'un du peuple croassant[2].
— Et ne voyez-vous pas, dit-elle,
Que la fin de cette querelle
Sera l'exil de l'un; que l'autre le chassant
Le fera renoncer aux campagnes fleuries?
10 Il ne régnera plus[3] sur l'herbe des prairies,
Viendra dans nos marais régner sur les Roseaux,
Et, nous foulant aux pieds jusques au fond des eaux,
Tantôt l'une, et puis l'autre, il faudra qu'on pâtisse
Du combat qu'a causé Madame la Génisse. »

15 Cette crainte était de bon sens;
L'un des Taureaux en leur demeure
S'alla cacher à leurs dépens :
Il en écrasait vingt par heure.

Hélas! on voit que de tout temps
20 Les petits ont pâti des sottises des grands[4].

FABLE V

LA CHAUVE-SOURIS ET LES DEUX BELETTES[1]

Une Chauve-souris donna tête baissée
Dans un nid de Belette ; et sitôt qu'elle y fut,
L'autre envers les Souris de longtemps courroucée
Pour la dévorer accourut.
« Quoi ! vous osez, dit-elle, à mes yeux vous produire, 5
Après que votre race a tâché de me nuire !
N'êtes-vous pas Souris ? parlez sans fiction.
Oui vous l'êtes, ou bien je ne suis pas Belette.
— Pardonnez-moi, dit la Pauvrette,
Ce n'est pas ma profession. 10
Moi Souris ! des méchants vous ont dit ces nouvelles :
Grâce à l'Auteur de l'Univers,
Je suis Oiseau : voyez mes ailes ;
Vive la Gent qui fend les airs ! »
Sa raison plut, et sembla bonne. 15
Elle fait si bien qu'on lui donne
Liberté de se retirer.
Deux jours après, notre étourdie
Aveuglément se va fourrer
Chez une autre Belette aux Oiseaux ennemie. 20
La voilà derechef en danger de sa vie.
La Dame du logis avec son long museau
S'en allait la croquer en qualité d'Oiseau,
Quand elle protesta qu'on lui faisait outrage :
« Moi, pour telle passer ! vous n'y regardez pas : 25
Qui[2] fait l'Oiseau ? c'est le plumage.
Je suis Souris ; vivent les Rats !
Jupiter confonde les Chats ! »
Par cette adroite repartie
Elle sauva deux fois sa vie. 30

Plusieurs se sont trouvés qui d'écharpe[3] changeants
Aux dangers, ainsi qu'elle, ont souvent fait la figue.
Le Sage dit selon les gens :
« Vive le Roi », « vive la Ligue ».

FABLE VI

L'OISEAU BLESSÉ D'UNE FLÈCHE[1]

Mortellement atteint d'une flèche empennée[2],
Un Oiseau déplorait sa triste destinée,
Et disait, en souffrant un surcroît de douleur :
« Faut-il contribuer à son propre malheur ?
5 Cruels humains, vous tirez de nos ailes
De quoi faire voler ces machines mortelles.
Mais ne vous moquez point, engeance sans pitié :
Souvent il vous arrive un sort comme le nôtre.
Des enfants de Japet[3] toujours une moitié
10 Fournira des armes à l'autre. »

FABLE VII

LA LICE ET SA COMPAGNE[1]

Une Lice étant sur son terme,
Et ne sachant où mettre un fardeau si pressant,
Fait si bien qu'à la fin sa Compagne consent
De lui prêter sa hutte, où la Lice s'enferme.
5 Au bout de quelque temps sa Compagne revient.
La Lice lui demande encore une quinzaine.
Ses petits ne marchaient, disait-elle, qu'à peine.
Pour faire court, elle l'obtient.

Ce second terme échu, l'autre lui redemande
Sa maison, sa chambre, son lit. 10
La Lice cette fois montre les dents, et dit :
« Je suis prête à sortir avec toute ma bande,
Si vous pouvez nous mettre hors. »
Ses enfants étaient déjà forts.

Ce qu'on donne aux méchants, toujours on le regrette. 15
Pour tirer d'eux ce qu'on leur prête,
Il faut que l'on en vienne aux coups ;
Il faut plaider, il faut combattre :
Laissez-leur prendre un pied chez vous,
Ils en auront bientôt pris quatre. 20

FABLE VIII

L'AIGLE ET L'ESCARBOT[1]

L'Aigle donnait la chasse à Maître Jean Lapin,
Qui droit à son terrier s'enfuyait au plus vite.
Le trou de l'Escarbot se rencontre en chemin :
Je laisse à penser si ce gîte
Était sûr ; mais où mieux ? Jean Lapin s'y blottit. 5
L'Aigle fondant sur lui nonobstant cet asile,
L'Escarbot intercède et dit :
« Princesse des Oiseaux, il vous est fort facile
D'enlever malgré moi ce pauvre malheureux ;
Mais ne me faites pas cet affront, je vous prie. 10
Et puisque Jean Lapin vous demande la vie,
Donnez-la-lui de grâce, ou l'ôtez à tous deux :
C'est mon voisin, c'est mon compère. »
L'Oiseau de Jupiter, sans répondre un seul mot,
Choque de l'aile l'Escarbot, 15
L'étourdit, l'oblige à se taire,

Enlève Jean Lapin. L'Escarbot indigné
Vole au nid de l'Oiseau, fracasse en son absence
Ses œufs, ses tendres œufs, sa plus douce espérance :
20 Pas un seul ne fut épargné.
L'Aigle étant de retour et voyant ce ménage,
Remplit le ciel de cris, et, pour comble de rage,
Ne sait sur qui venger le tort qu'elle a souffert.
Elle gémit en vain, sa plainte au vent se perd.
25 Il fallut pour cet an vivre en mère affligée.
L'an suivant elle mit son nid en lieu plus haut.
L'Escarbot prend son temps, fait faire aux œufs le saut :
La mort de Jean Lapin derechef est vengée.
Ce second deuil fut tel que l'Écho de ces Bois
30 N'en dormit de plus de six mois.
L'Oiseau qui porte Ganymède
Du Monarque des Dieux enfin implore l'aide,
Dépose en son giron ses œufs, et croit qu'en paix
Ils seront dans ce lieu, que pour ses intérêts
35 Jupiter se verra contraint de les défendre :
Hardi qui les irait là prendre.
Aussi ne les y prit-on pas.
Leur ennemi changea de note,
Sur la robe du Dieu fit tomber une crotte :
40 Le dieu la secouant jeta les œufs à bas.
Quand l'Aigle sut l'inadvertance,
Elle menaça Jupiter
D'abandonner sa Cour, d'aller vivre au désert,
[De quitter toute dépendance][2]
Avec mainte autre extravagance.
45 Le pauvre Jupiter se tut :
Devant son Tribunal l'Escarbot comparut,
Fit sa plainte, et conta l'affaire :
On fit entendre à l'Aigle enfin qu'elle avait tort;
Mais les deux ennemis ne voulant point d'accord,
50 Le Monarque des Dieux s'avisa, pour bien faire,
De transporter le temps où l'Aigle fait l'amour

En une autre saison, quand la race escarbote
Est en quartier d'hiver, et comme la Marmotte
Se cache et ne voit point le jour.

FABLE IX

LE LION ET LE MOUCHERON[1]

« Va-t'en, chétif Insecte, excrément de la terre[2]. »
C'est en ces mots que le Lion
Parlait un jour au Moucheron.
L'autre lui déclara la guerre.
« Penses-tu, lui dit-il, que ton titre de Roi 5
Me fasse peur, ni me soucie ?
Un Bœuf est plus puissant que toi,
Je le mène à ma fantaisie. »
À peine il achevait ces mots
Que lui-même il sonna la charge, 10
Fut le Trompette et le Héros.
Dans l'abord il se met au large[3],
Puis prend son temps[4], fond sur le cou
Du Lion, qu'il rend presque fou.
Le Quadrupède écume, et son œil étincelle ; 15
Il rugit ; on se cache, on tremble à l'environ ;
Et cette alarme universelle
Est l'ouvrage d'un Moucheron.
Un avorton de Mouche en cent lieux le harcelle
Tantôt pique l'échine, et tantôt le museau, 20
Tantôt entre au fond du naseau.
La rage alors se trouve à son faîte montée.
L'invisible ennemi triomphe, et rit de voir
Qu'il n'est griffe ni dent en la Bête irritée
Qui de la mettre en sang ne fasse son devoir. 25
Le malheureux Lion se déchire lui-même,

Fait résonner sa queue à l'entour de ses flancs,
Bat l'air qui n'en peut mais, et sa fureur extrême
Le fatigue, l'abat ; le voilà sur les dents.
30 L'Insecte du combat se retire avec gloire :
Comme il sonna la charge, il sonne la victoire,
Va partout l'annoncer, et rencontre en chemin
L'embuscade d'une Araignée ;
Il y rencontre aussi sa fin.
35 Quelle chose par là nous peut être enseignée ?
J'en vois deux, dont l'une est qu'entre nos ennemis
Les plus à craindre sont souvent les plus petits ;
L'autre, qu'aux grands périls tel a pu se soustraire,
Qui périt pour la moindre affaire.

FABLE X

L'ÂNE CHARGÉ D'ÉPONGES, ET L'ÂNE CHARGÉ DE SEL[1]

Un Ânier, son sceptre à la main,
Menait, en Empereur romain,
Deux Coursiers à longues oreilles.
L'un d'Éponges chargé marchait comme un Courrier ;
5 Et l'autre se faisant prier
Portait, comme on dit, les bouteilles :
Sa charge était de Sel. Nos gaillards Pèlerins,
Par monts, par vaux, et par chemins,
Au gué d'une Rivière à la fin arrivèrent,
10 Et fort empêchés se trouvèrent.
L'Ânier qui tous les jours traversait ce gué-là
Sur l'Âne à l'Éponge monta,
Chassant devant lui l'autre Bête,
Qui voulant en faire à sa tête,
15 Dans un trou se précipita,

Revint sur l'eau, puis échappa :
Car au bout de quelques nagées,
Tout son sel se fondit si bien
Que le Baudet ne sentit rien
Sur ses épaules soulagées. 20
Camarade Épongier prit exemple sur lui,
Comme un Mouton qui va dessus la foi d'autrui.
Voilà mon Âne à l'eau : jusqu'au col il se plonge,
Lui, le Conducteur, et l'Éponge.
Tous trois burent d'autant : l'Ânier et le Grison[2] 25
Firent à l'Éponge raison[3].
Celle-ci devint si pesante,
Et de tant d'eau s'emplit d'abord,
Que l'Âne succombant ne put gagner le bord.
L'Ânier l'embrassait dans l'attente 30
D'une prompte et certaine mort.
Quelqu'un vint au secours : qui ce fut, il n'importe ;
C'est assez qu'on ait vu par là qu'il ne faut point
Agir chacun de même sorte.
J'en voulais venir à ce point. 35

FABLE XI

LE LION ET LE RAT

FABLE XII

LA COLOMBE ET LA FOURMI[1]

Il faut, autant qu'on peut, obliger tout le monde :
On a souvent besoin d'un plus petit que soi.
De cette vérité deux Fables feront foi,

Tant la chose en preuves abonde.
5 Entre les pattes d'un Lion,
Un Rat sortit de terre assez à l'étourdie :
Le Roi des animaux, en cette occasion,
Montra ce qu'il était, et lui donna la vie.
Ce bienfait ne fut pas perdu.
10 Quelqu'un aurait-il jamais cru
Qu'un Lion d'un Rat eût affaire ?
Cependant il avint qu'au sortir des forêts
Le[2] Lion fut pris dans des rets,
Dont ses rugissements ne le purent défaire.
15 Sire Rat accourut, et fit tant par ses dents
Qu'une maille rongée emporta tout l'ouvrage.
Patience et longueur de temps
Font plus que force ni que rage.

L'autre exemple est tiré d'Animaux plus petits.
20 Le long d'un clair ruisseau buvait une Colombe,
Quand sur l'eau se penchant une Fourmis y tombe;
Et dans cet Océan l'on eût vu la Fourmis
S'efforcer, mais en vain, de regagner la rive.
La Colombe aussitôt usa de charité;
25 Un brin d'herbe dans l'eau par elle étant jeté,
Ce fut un promontoire où la Fourmis arrive.
Elle se sauve; et là-dessus
Passe un certain Croquant qui marchait les pieds nus
Ce Croquant par hasard avait une arbalète;
30 Dès qu'il voit l'Oiseau de Vénus,
Il le croit en son pot, et déjà lui fait fête.
Tandis qu'à le tuer mon Villageois s'apprête,
La Fourmis le pique au talon.
Le Vilain retourne la tête.
35 La Colombe l'entend, part, et tire de long[3].
Le soupé du Croquant avec elle s'envole :
Point de Pigeon pour une obole.

FABLE XIII

L'ASTROLOGUE QUI SE LAISSE TOMBER DANS UN PUITS[1]

Un Astrologue un jour se laissa choir
Au fond d'un puits. On lui dit : « Pauvre bête,
Tandis qu'à peine à tes pieds tu peux voir,
Penses-tu lire au-dessus de ta tête ? »

Cette aventure en soi, sans aller plus avant, 5
Peut servir de leçon à la plupart des hommes.
Parmi ce que de gens sur la terre nous sommes,
Il en est peu qui fort souvent
Ne se plaisent d'entendre dire
Qu'au Livre du Destin[2] les mortels peuvent lire. 10
Mais ce Livre qu'Homère et les siens ont chanté,
Qu'est-ce que[3] le Hasard parmi l'antiquité,
Et parmi nous la Providence ?
Or du hasard il n'est point de science :
S'il en était, on aurait tort 15
De l'appeler hasard, ni fortune, ni sort,
Toutes choses très incertaines.
Quant aux volontés souveraines
De celui qui fait tout, et rien qu'avec dessein,
Qui les sait que lui seul ? comment lire en son sein ? 20
Aurait-il imprimé sur le front des Étoiles
Ce que la nuit des temps enferme dans ses voiles ?
À quelle utilité ? pour exercer l'esprit
De ceux qui de la Sphère et du Globe ont écrit ?
Pour nous faire éviter des maux inévitables ? 25
Nous rendre dans les biens de plaisir[s] incapables ?
Et causant du dégoût pour ces biens prévenus[4],
Les convertir en maux devant qu'ils soient venus ?
C'est erreur, ou plutôt c'est crime de le croire.

30 Le Firmament se meut; les Astres font leur cours;
Le Soleil nous luit tous les jours,
Tous les jours sa clarté succède à l'ombre noire,
Sans que nous en puissions autre chose inférer
Que la nécessité de luire et d'éclairer,
35 D'amener les saisons, de mûrir les semences,
De verser sur les corps certaines influences.
Du reste, en quoi répond au sort toujours divers
Ce train toujours égal dont marche l'Univers?
Charlatans, faiseurs d'Horoscope,
40 Quittez les Cours des Princes de l'Europe;
Emmenez avec vous les souffleurs tout d'un temps[5].
Vous ne méritez pas plus de foi que ces gens.
Je m'emporte un peu trop; revenons à l'histoire
De ce Spéculateur[6] qui fut contraint de boire.
45 Outre la vanité de son art mensonger,
C'est l'image de ceux qui bayent aux chimères
Cependant qu'ils sont en danger,
Soit pour eux, soit pour leurs affaires.

FABLE XIV

LE LIÈVRE ET LES GRENOUILLES[1]

Un Lièvre en son gîte songeait
(Car que faire en un gîte, à moins que l'on ne songe?);
Dans un profond ennui ce Lièvre se plongeait :
Cet animal est triste, et la crainte le ronge.
5 « Les gens de naturel peureux
Sont, disait-il, bien malheureux :
Ils ne sauraient manger morceau qui leur profite.
Jamais un plaisir pur; toujours assauts divers :
Voilà comme je vis : cette crainte maudite
10 M'empêche de dormir, sinon les yeux ouverts.

Corrigez-vous, dira quelque sage cervelle.
Et la peur se corrige-t-elle?
Je crois même qu'en bonne foi
Les hommes ont peur comme moi. »
Ainsi raisonnait notre Lièvre, 15
Et cependant faisait le guet.
Il était douteux[2], inquiet;
Un souffle, une ombre, un rien, tout lui donnait la fièvre.
Le mélancolique Animal,
En rêvant à cette matière, 20
Entend un léger bruit : ce lui fut un signal
Pour s'enfuir devers sa tanière.
Il s'en alla passer sur le bord d'un Étang :
Grenouilles aussitôt de sauter dans les ondes;
Grenouilles de rentrer en leurs grottes profondes. 25
« Oh! dit-il, j'en fais faire autant
Qu'on m'en fait faire! ma présence
Effraie aussi les gens! je mets l'alarme au camp!
Et d'où me vient cette vaillance?
Comment! des Animaux qui tremblent devant moi! 30
Je suis donc un foudre de guerre?
Il n'est, je le vois bien, si poltron sur la terre,
Qui ne puisse trouver un plus poltron que soi. »

FABLE XV

LE COQ ET LE RENARD[1]

Sur la branche d'un arbre était en sentinelle
Un vieux Coq adroit et matois.
« Frère, dit un Renard, adoucissant sa voix,
Nous ne sommes plus en querelle :
Paix générale cette fois. 5
Je viens te l'annoncer; descends que je t'embrasse;

Ne me retarde point de grâce :
Je dois faire aujourd'hui vingt postes sans manquer.
Les tiens et toi pouvez vaquer
10 Sans nulle crainte à vos affaires :
Nous vous y servirons en frères.
Faites-en les feux[2] dès ce soir.
Et cependant viens recevoir
Le baiser d'amour fraternelle.
15 — Ami, reprit le Coq, je ne pouvais jamais
Apprendre une plus douce et meilleure nouvelle
Que celle
De cette paix.
Et ce m'est une double joie
20 De la tenir de toi. Je vois deux Lévriers,
Qui, je m'assure, sont courriers
Que pour ce sujet on envoie.
Ils vont vite, et seront dans un moment à nous.
Je descends; nous pourrons nous entrebaiser tous.
25 — Adieu, dit le Renard : ma traite est longue à faire.
Nous nous réjouirons du succès de l'affaire
Une autre fois. » Le Galant aussitôt
Tire ses grègues, gagne au haut[3],
Mal content de son stratagème;
30 Et notre vieux Coq en soi-même
Se mit à rire de sa peur;
Car c'est double plaisir de tromper le trompeur.

FABLE XVI

LE CORBEAU VOULANT IMITER L'AIGLE[1]

L'Oiseau de Jupiter enlevant un Mouton,
Un Corbeau témoin de l'affaire,
Et plus faible de reins, mais non pas moins glouton,

En voulut sur l'heure autant faire.
Il tourne à l'entour du troupeau, 5
Marque entre cent Moutons le plus gras, le plus beau,
Un vrai Mouton de sacrifice :
On l'avait réservé pour la bouche des Dieux.
Gaillard Corbeau disait, en le couvant des yeux :
« Je ne sais qui fut ta nourrice; 10
Mais ton corps me paraît en merveilleux état:
Tu me serviras de pâture. »
Sur l'Animal bêlant, à ces mots, il s'abat.
La moutonnière créature
Pesait plus qu'un fromage; outre que sa toison 15
Était d'une épaisseur extrême,
Et mêlée à peu près de la même façon
Que la barbe de Polyphème[2].
Elle empêtra si bien les serres du Corbeau
Que le pauvre Animal ne put faire retraite : 20
Le Berger vient, le prend, l'encage bien et beau,
Le donne à ses enfants pour servir d'amusette.
Il faut se mesurer[3], la conséquence est nette.
Mal prend aux Volereaux de faire les Voleurs.
L'exemple est un dangereux leurre : 25
Tous les mangeurs de gens ne sont pas grands Seigneurs :
Où la Guêpe a passé, le Moucheron demeure.

FABLE XVII

LE PAON SE PLAIGNANT À JUNON[1]

Le Paon se plaignait à Junon :
« Déesse, disait-il, ce n'est pas sans raison
Que je me plains, que je murmure;
Le chant dont vous m'avez fait don
Déplaît à toute la Nature : 5

Au lieu qu'un Rossignol, chétive créature,
Forme des sons[2] aussi doux qu'éclatants,
Eſt lui seul l'honneur du Printemps. »
Junon répondit en colère :
10 « Oiseau jaloux, et qui devrais te taire,
Eſt-ce à toi d'envier la voix du Rossignol ?
Toi que l'on voit porter à l'entour de ton col
Un arc-en-ciel nué[3] de cent sortes de soies ;
Qui te panades[4], qui déploies
15 Une si riche queue, et qui semble à nos yeux
La Boutique d'un Lapidaire[5].
Eſt-il quelque Oiseau[6] sous les Cieux
Plus que toi capable de plaire ?
Tout Animal n'a pas toutes propriétés.
20 Nous vous avons donné diverses qualités :
Les uns ont la grandeur et la force en partage ;
Le Faucon eſt léger, l'Aigle plein de courage,
Le Corbeau sert pour le présage,
La Corneille avertit des malheurs à venir :
25 Tous sont contents de leur ramage.
Cesse donc de te plaindre, ou bien pour te punir
Je t'ôterai ton plumage. »

FABLE XVIII

LA CHATTE MÉTAMORPHOSÉE EN FEMME[1]

Un homme chérissait éperdument sa Chatte ;
Il la trouvait mignonne, et belle, et délicate,
Qui miaulait d'un ton fort doux :
Il était plus fou que les fous.
5 Cet homme donc, par prières, par larmes,
Par sortilèges et par charmes,

Fait tant qu'il obtient du Destin
Que sa Chatte en un beau matin
Devient femme, et le matin même
Maître sot en fait sa moitié. 10
Le voilà fou d'amour extrême,
De fou qu'il était d'amitié.
Jamais la Dame la plus belle
Ne charma tant son Favori
Que fait cette Épouse nouvelle 15
Son hypocondre[2] de Mari.
Il l'amadoue, elle le flatte;
Il n'y trouve plus rien de Chatte,
Et poussant l'erreur jusqu'au bout,
La croit femme en tout et par tout, 20
Lorsque quelques Souris qui rongeaient de la natte
Troublèrent le plaisir des nouveaux mariés.
Aussitôt la Femme est sur pieds :
Elle manqua son aventure.
Souris de revenir, Femme d'être en posture. 25
Pour cette fois elle accourut à point;
Car ayant changé de figure,
Les Souris ne la craignaient point.
Ce lui fut toujours une amorce,
Tant le naturel a de force. 30
Il se moque de tout, certain âge accompli.
Le vase est imbibé, l'étoffe a pris son pli[3].
En vain de son train ordinaire
On le veut désaccoutumer.
Quelque chose qu'on puisse faire, 35
On ne saurait le réformer.
Coups de fourche[4] ni d'étrivières
Ne lui font changer de manières;
Et, fussiez-vous embâtonnés[5],
Jamais vous n'en serez les Maîtres. 40
Qu'on lui ferme la porte au nez,
Il reviendra par les fenêtres.

FABLE XIX

LE LION ET L'ÂNE CHASSANT[1]

Le roi des Animaux se mit un jour en tête
De giboyer. Il célébrait sa fête.
Le gibier du Lion, ce ne sont pas Moineaux,
Mais beaux et bons Sangliers, Daims et Cerfs bons et [beaux.
5 Pour réussir dans cette affaire,
Il se servit du ministère
De l'Âne à la voix de Stentor.
L'Âne à Messer Lion fit office de Cor.
Le Lion le posta, le couvrit de ramée,
10 Lui commanda de braire, assuré qu'à ce son
Les moins intimidés fuiraient de leur maison.
Leur troupe n'était pas encore accoutumée
À la tempête de sa voix ;
L'air en retentissait d'un bruit épouvantable :
15 La frayeur saisissait les hôtes de ces bois.
Tous fuyaient, tous tombaient au piège inévitable
Où les attendait le Lion.
« N'ai-je pas bien servi dans cette occasion ?
Dit l'Âne, en se donnant tout l'honneur de la chasse.
20 – Oui, reprit le Lion, c'est bravement crié :
Si je ne connaissais ta personne et ta race,
J'en serais moi-même effrayé. »
L'Âne, s'il eût osé, se fût mis en colère,
Encor qu'on le raillât avec juste raison :
25 Car qui pourrait souffrir un Âne fanfaron ?
Ce n'est pas là leur caractère.

FABLE XX

TESTAMENT EXPLIQUÉ PAR ÉSOPE[1]

Si ce qu'on dit d'Ésope eſt vrai,
C'était l'Oracle de la Grèce,
Lui seul avait plus de sagesse
Que tout l'Aréopage. En voici pour essai[2]
Une hiſtoire des plus gentilles, 5
Et qui pourra plaire au Lecteur.

Un certain homme avait trois Filles,
Toutes trois de contraire humeur :
Une buveuse, une coquette,
La troisième avare parfaite. 10
Cet homme par son teſtament
Selon les Lois municipales,
Leur laissa tout son bien par portions égales,
En donnant[3] à leur Mère tant,
Payable quand chacune d'elles 15
Ne posséderait plus sa contingente part[4].
Le Père mort, les trois Femelles
Courent au teſtament sans attendre plus tard.
On le lit ; on tâche d'entendre
La volonté du Teſtateur ; 20
Mais en vain ; car comment comprendre
Qu'aussitôt que chacune[5] sœur
Ne possédera plus sa part héréditaire,
Il lui faudra payer sa Mère ?
Ce n'eſt pas un fort bon moyen 25
Pour payer, que d'être sans bien.
Que voulait donc dire le Père ?
L'affaire eſt consultée[6] ; et tous les Avocats,
Après avoir tourné le cas
En cent et cent mille manières, 30

Y jettent leur bonnet, se confessent vaincus,
Et conseillent aux Héritières
De partager le bien sans songer au surplus.
« Quant à la somme de la Veuve,
35 Voici, leur dirent-ils, ce que le Conseil treuve :
Il faut que chaque Sœur se charge par traité[7]
Du tiers, payable à volonté[8],
Si mieux n'aime la Mère en créer une rente
Dès le décès du Mort courante. »
40 La chose ainsi réglée, on compose[9] trois Lots :
En l'un, les maisons de bouteille[10],
Les buffets dressés sous la treille,
La vaisselle d'argent, les cuvettes, les brocs[11],
Les magasins de Malvoisie,
45 Les Esclaves de bouche[12], et, pour dire en deux mots,
L'attirail de la Goinfrerie ;
Dans un autre celui de la Coquetterie :
La maison de la Ville et les meubles exquis,
Les Eunuques et les Coiffeuses,
50 Et les Brodeuses,
Les joyaux, les robes de prix.
Dans le troisième Lot, les fermes, le ménage,
Les Troupeaux et le pâturage,
Valets et bêtes de labeur.
55 Ces Lots faits, on jugea que le sort pourrait faire
Que peut-être pas une Sœur
N'aurait ce qui lui pourrait plaire.
Ainsi chacune prit son inclination[13] ;
Le tout à l'estimation.
60 Ce fut dans la ville d'Athènes
Que cette rencontre arriva[14].
Petits et grands, tout approuva
Le partage et le choix. Ésope seul trouva
Qu'après bien du temps et des peines
65 Les Gens avaient pris justement
Le contre-pied du testament.

« Si le Défunt vivait, disait-il, que l'Attique
Aurait de reproches de lui !
Comment ! ce peuple qui se pique
D'être le plus subtil des peuples d'aujourd'hui 70
A si mal entendu la volonté suprême
D'un Testateur ! » Ayant ainsi parlé
Il fait le partage lui-même,
Et donne à chaque sœur un lot contre son gré.
Rien qui pût être convenable, 75
Partant rien aux sœurs d'agréable.
À la Coquette l'attirail
Qui suit les personnes buveuses.
La Biberonne eut le bétail.
La Ménagère eut les coiffeuses. 80
Tel fut l'avis du Phrygien,
Alléguant qu'il n'était moyen
Plus sûr pour obliger ces Filles
À se défaire de leur bien,
Qu'elles se marieraient dans les bonnes familles, 85
Quand on leur verrait de l'argent,
Paieraient leur Mère tout comptant ;
Ne posséderaient plus les effets de leur Père ;
Ce que disait le testament.
Le Peuple s'étonna comme il se pouvait faire 90
Qu'un homme seul eût plus de sens
Qu'une multitude de Gens.

Livre troisième

FABLE I

LE MEUNIER, SON FILS[1] ET L'ÂNE[2]

À. M. D. M.[3]

L'invention des Arts étant un droit d'aînesse,
Nous devons l'Apologue à l'ancienne Grèce.
Mais ce champ ne se peut tellement moissonner
Que les derniers venus n'y trouvent à glaner[4].
5 La Feinte[5] est un pays plein de terres désertes :
Tous les jours nos Auteurs y font des découvertes.
Je t'en veux dire un trait assez bien inventé.
Autrefois à Racan Malherbe l'a conté.
Ces deux rivaux d'Horace, héritiers de sa Lyre,
10 Disciples d'Apollon, nos Maîtres pour mieux dire,
Se rencontrant un jour, tout seuls et sans témoins
(Comme ils se confiaient leurs pensers et leurs soins),
Racan commence ainsi : « Dites-moi, je vous prie,
Vous qui devez savoir les choses de la vie,
15 Qui par tous ses degrés avez déjà passé,
Et que rien ne doit fuir[6] en cet âge avancé,
À quoi me résoudrai-je ? Il est temps que j'y pense.
Vous connaissez mon bien, mon talent, ma naissance :
Dois-je dans la Province établir mon séjour,

Prendre emploi dans l'Armée? ou bien charge à la Cour? 20
Tout au monde est mêlé d'amertume et de charmes :
La Guerre a ses douceurs, l'Hymen a ses alarmes.
Si je suivais mon goût, je saurais où buter[7];
Mais j'ai les miens, la Cour, le Peuple, à contenter. »
Malherbe là-dessus : « Contenter tout le monde! 25
Écoutez ce récit avant que je réponde.

J'ai lu dans quelque endroit qu'un Meunier et son Fils,
L'un vieillard, l'autre enfant, non pas des plus petits,
Mais garçon de quinze ans, si j'ai bonne mémoire,
Allaient vendre leur Âne un certain jour de Foire. 30
Afin qu'il fût plus frais et de meilleur débit,
On lui lia les pieds, on vous le suspendit;
Puis cet Homme et son Fils le portent comme un lustre;
Pauvres gens, idiots, couple ignorant et rustre.
Le premier qui les vit de rire s'éclata. 35
« Quelle farce, dit-il, vont jouer ces gens-là?
Le plus Âne des trois n'est pas celui qu'on pense. »
Le Meunier à ces mots connaît son ignorance.
Il met sur pieds sa Bête, et la fait détaler.
L'Âne, qui goûtait fort l'autre façon d'aller, 40
Se plaint en son patois. Le Meunier n'en a cure.
Il fait monter son Fils, il suit, et d'aventure
Passent trois bons Marchands. Cet objet[8] leur déplut.
Le plus vieux au Garçon s'écria tant qu'il put :
« Oh là oh! descendez, que l'on ne vous le dise, 45
Jeune homme qui menez Laquais à barbe grise.
C'était à vous de suivre, au vieillard de monter.
— Messieurs, dit le Meunier, il vous faut contenter. »
L'enfant met pied à terre, et puis le Vieillard monte,
Quand, trois filles passant, l'une dit : « C'est grand'honte 50
Qu'il faille voir ainsi clocher ce jeune fils,
Tandis que ce nigaud, comme un Évêque assis,
Fait le veau sur son Âne, et pense être bien sage.

— Il n'est, dit le Meunier, plus de Veaux à mon âge.
55 Passez votre chemin, la Fille, et m'en croyez. »
Après maints quolibets coup sur coup renvoyés,
L'Homme crut avoir tort, et mit son Fils en croupe.
Au bout de trente pas, une troisième troupe
Trouve encore à gloser. L'un dit : « Ces gens sont fous,
60 Le Baudet n'en peut plus ; il mourra sous leurs coups.
Hé quoi, charger ainsi cette pauvre Bourrique !
N'ont-ils point de pitié de leur vieux domestique ?
Sans doute qu'à la Foire ils vont vendre sa peau.
— Parbieu, dit le Meunier, est bien fou du cerveau
65 Qui prétend contenter tout le monde et son Père[9] :
Essayons toutefois, si par quelque manière
Nous en viendrons à bout. » Ils descendent tous deux.
L'Âne, se prélassant, marche seul devant eux.
Un Quidam les rencontre, et dit : « Est-ce la mode
70 Que Baudet aille à l'aise, et Meunier s'incommode ?
Qui de l'Âne ou du Maître est fait pour se lasser ?
Je conseille à ces Gens de le faire enchâsser.
Ils usent leurs souliers, et conservent leur Âne.
Nicolas au rebours ; car quand il va voir Jeanne
75 Il monte sur sa bête, et la chanson[10] le dit.
Beau trio de Baudets ! » Le Meunier repartit :
« Je suis Âne, il est vrai, j'en conviens, je l'avoue ;
Mais que dorénavant on me blâme, on me loue ;
Qu'on dise quelque chose, ou qu'on ne dise rien ;
80 J'en veux faire à ma tête. » Il le fit, et fit bien.

Quant à vous suivez Mars, ou l'Amour, ou le Prince ;
Allez, venez, courez, demeurez en Province ;
Prenez Femme, Abbaye, Emploi, Gouvernement :
Les Gens en parleront[11], n'en doutez nullement.

FABLE II

LES MEMBRES ET L'ESTOMAC[1]

Je devais par la Royauté
Avoir commencé mon Ouvrage.
À la voir d'un certain côté,
Messer Gaster* [2] en est l'image.
S'il a quelque besoin, tout le corps s'en ressent. 5
De travailler pour lui les Membres se lassant,
Chacun d'eux résolut de vivre en Gentilhomme,
Sans rien faire, alléguant l'exemple de Gaster.
« Il faudrait, disaient-ils, sans nous, qu'il vécût d'air :
Nous suons, nous peinons, comme bêtes de somme. 10
Et pour qui? Pour lui seul : nous n'en profitons pas.
Notre soin n'aboutit qu'à fournir ses repas.
Chômons : c'est un métier qu'il veut nous faire
[apprendre. »
Ainsi dit, ainsi fait. Les Mains cessent de prendre,
Les Bras d'agir, les Jambes de marcher. 15
Tous dirent à Gaster qu'il en allât chercher.
Ce leur fut une erreur dont ils se repentirent.
Bientôt les pauvres gens tombèrent en langueur;
Il ne se forma plus de nouveau sang au cœur :
Chaque Membre en souffrit; les forces se perdirent; 20
Par ce moyen, les Mutins virent
Que celui qu'ils croyaient oisif et paresseux,
À l'intérêt commun contribuait plus qu'eux.
Ceci peut s'appliquer à la grandeur royale :
Elle reçoit et donne, et la chose est égale. 25
Tout travaille pour elle, et réciproquement
Tout tire d'elle l'aliment.
Elle fait subsister l'Artisan de ses peines,

* L'Estomac.

Enrichit le Marchand, gage[3] le Magistrat,
30 Maintient[4] le Laboureur, donne paye au Soldat,
Distribue en cent lieux ses grâces souveraines;
Entretient seule tout l'État.
Ménénius le sut bien dire.
La Commune[5] s'allait séparer du Sénat :
35 Les mécontents disaient qu'il avait tout l'Empire,
Le pouvoir, les trésors, l'honneur, la dignité;
Au lieu que tout le mal était de leur côté,
Les tributs, les impôts[6], les fatigues de guerre.
Le peuple hors des murs était déjà posté,
40 La plupart s'en allaient chercher une autre terre,
Quand Ménénius leur fit voir
Qu'ils étaient aux Membres semblables,
Et par cet Apologue insigne entre les Fables
Les ramena dans leur devoir.

FABLE III

LE LOUP DEVENU BERGER[1]

Un Loup qui commençait d'avoir petite part
Aux Brebis de son voisinage,
Crut qu'il fallait s'aider de la peau du Renard[2]
Et faire un nouveau personnage.
5 Il s'habille en Berger, endosse un Hoqueton[3],
Fait sa Houlette d'un bâton,
Sans oublier la Cornemuse.
Pour pousser jusqu'au bout la ruse,
Il aurait volontiers écrit sur son chapeau :
10 « C'est moi qui suis Guillot, berger de ce troupeau. »
Sa personne étant ainsi faite
Et ses pieds de devant posés sur sa Houlette,

Guillot le sycophante* approche doucement.
Guillot, le vrai Guillot, étendu sur l'herbette,
Dormait alors profondément. 15
Son Chien dormait aussi, comme aussi sa Musette.
La plupart des Brebis dormaient pareillement.
L'Hypocrite les laissa faire,
Et pour pouvoir mener vers son fort les Brebis,
Il voulut ajouter la parole aux habits; 20
Chose qu'il croyait nécessaire.
Mais cela gâta son affaire,
Il ne put du Pasteur contrefaire la voix.
Le ton dont il parla fit retentir les Bois,
Et découvrit tout le mystère. 25
Chacun se réveille à ce son,
Les Brebis, le Chien, le Garçon.
Le pauvre Loup, dans cet esclandre,
Empêché par son Hoqueton,
Ne put ni fuir ni se défendre. 30
Toujours par quelque endroit Fourbes se laissent prendre :
Quiconque est Loup agisse en Loup;
C'est le plus certain de beaucoup.

FABLE IV

LES GRENOUILLES QUI DEMANDENT UN ROI[1]

Les Grenouilles, se lassant
De l'état démocratique,
Par leurs clameurs firent tant
Que Jupin les soumit au pouvoir monarchique.

* Trompeur.

5 Il leur tomba du Ciel un Roi tout pacifique :
Ce Roi fit toutefois un tel bruit en tombant
Que la Gent marécageuse,
Gent fort sotte et fort peureuse,
S'alla cacher sous les eaux,
10 Dans les joncs, dans les roseaux,
Dans les trous du Marécage,
Sans oser de longtemps regarder au visage
Celui qu'elles croyaient être un géant nouveau :
Or c'était un soliveau,
15 De qui la gravité fit peur à la première
Qui de le voir s'aventurant
Osa bien quitter sa tanière.
Elle approcha, mais en tremblant :
Une autre la suivit, une autre en fit autant,
20 Il en vint une fourmilière ;
Et leur troupe à la fin se rendit familière,
Jusqu'à sauter sur l'épaule [2] du Roi.
Le bon Sire le souffre, et se tient toujours coi.
Jupin en a bientôt la cervelle rompue :
25 « Donnez-nous, dit ce peuple, un Roi qui se remue. »
Le Monarque des Dieux leur envoie une Grue,
Qui les croque, qui les tue,
Qui les gobe à son plaisir,
Et Grenouilles de se plaindre ;
30 Et Jupin de leur dire : « Eh quoi ! votre désir
À ses lois croit-il nous astreindre ?
Vous avez dû [3] premièrement [4]
Garder votre Gouvernement ;
Mais, ne l'ayant pas fait, il vous devait suffire
35 Que votre premier Roi fût débonnaire et doux :
De celui-ci contentez-vous,
De peur d'en rencontrer un pire. »

FABLE V

LE RENARD ET LE BOUC[1]

Capitaine Renard allait de compagnie
Avec son ami Bouc des plus haut encornés.
Celui-ci ne voyait pas plus loin que son nez ;
L'autre était passé maître en fait de tromperie.
La soif les obligea de descendre en un puits. 5
Là chacun d'eux se désaltère.
Après qu'abondamment tous deux en eurent pris,
Le Renard dit au Bouc : « Que ferons-nous, Compère ?
Ce n'est pas tout de boire ; il faut sortir d'ici.
Lève tes pieds en haut, et tes cornes aussi : 10
Mets-les contre le mur : le long de ton échine
Je grimperai premièrement ;
Puis sur tes cornes m'élevant,
À l'aide de cette machine
De ce lieu-ci je sortirai, 15
Après quoi je t'en tirerai.
— Par ma barbe, dit l'autre, il[2] est bon ; et je loue
Les gens bien sensés comme toi.
Je n'aurais jamais, quant à moi,
Trouvé ce secret, je l'avoue. » 20
Le Renard sort du puits, laisse son Compagnon,
Et vous lui fait un beau sermon
Pour l'exhorter à patience.
« Si le Ciel t'eût, dit-il, donné par excellence
Autant de jugement que de barbe au menton, 25
Tu n'aurais pas à la légère
Descendu dans ce puits. Or adieu, j'en suis hors ;
Tâche de t'en tirer, et fais tous tes efforts ;
Car, pour moi, j'ai certaine affaire
Qui ne me permet pas d'arrêter en chemin. » 30
En toute chose il faut considérer la fin.

FABLE VI

L'AIGLE, LA LAIE ET LA CHATTE[1]

L'Aigle avait ses Petits au haut d'un arbre creux,
La Laie au pied, la Chatte entre les deux;
Et sans s'incommoder, moyennant ce partage,
Mères et Nourrissons faisaient leur tripotage[2].
5 La Chatte détruisit par sa fourbe l'accord.
Elle grimpa chez L'Aigle, et lui dit : « Notre mort
(Au moins de nos enfants, car c'est tout un aux mères)
Ne tardera possible guères.
Voyez-vous à nos pieds fouir incessamment
10 Cette maudite Laie, et creuser une mine?
C'est pour déraciner le Chêne assurément,
Et de nos Nourrissons attirer la ruine.
L'arbre tombant ils seront dévorés :
Qu'ils s'en tiennent pour assurés.
15 S'il m'en restait un seul, j'adoucirais ma plainte. »
Au partir de ce lieu, qu'elle remplit de crainte,
La perfide descend tout droit
À l'endroit
Où la Laie était en gésine[3] :
20 « Ma bonne amie et ma voisine,
Lui dit-elle tout bas, je vous donne un avis.
L'Aigle si vous sortez fondra sur vos Petits :
Obligez-moi de n'en rien dire;
Son courroux tomberait sur moi. »
25 Dans cette autre famille ayant semé l'effroi,
La Chatte en son trou se retire.
L'Aigle n'ose sortir, ni pourvoir aux besoins
De ses Petits; La Laie encore moins :
Sottes de ne pas voir que le plus grand des soins,
30 Ce doit être celui d'éviter la famine.
À demeurer chez soi l'une et l'autre s'obstine

Pour secourir les siens dedans l'occasion :
L'Oiseau royal en cas de mine,
La Laie en cas d'irruption.
La faim détruisit tout : il ne resta personne 35
De la Gent marcassine et de la Gent aiglonne,
Qui n'allât de vie à trépas ;
Grand renfort[4] pour Messieurs les Chats.

Que ne sait point ourdir une langue traîtresse
Par sa pernicieuse adresse ! 40
Des malheurs qui sont sortis
De la boîte de Pandore,
Celui qu'à meilleur droit tout l'Univers abhorre,
C'est la fourbe, à mon avis.

FABLE VII

L'IVROGNE ET SA FEMME[1]

Chacun a son défaut où toujours il revient :
Honte ni peur n'y remédie.
Sur ce propos, d'un Conte il me souvient :
Je ne dis rien que je n'appuie
De quelque exemple. Un suppôt de Bacchus 5
Altérait sa santé, son esprit, et sa bourse.
Telles gens n'ont pas fait la moitié de leur course,
Qu'ils sont au bout de leurs écus.
Un jour que celui-ci plein du jus de la treille,
Avait laissé ses sens au fond d'une bouteille, 10
Sa Femme l'enferma dans un certain tombeau.
Là les vapeurs du vin nouveau
Cuvèrent à loisir. À son réveil il treuve
L'attirail de la mort à l'entour de son corps,
Un luminaire[2], un drap des morts. 15

« Oh ! dit-il, qu'est ceci ? Ma Femme est-elle veuve ? »
Là-dessus, son Épouse, en habit d'Alecton,
Masquée et de sa voix contrefaisant le ton,
Vient au prétendu Mort, approche de sa bière,
20 Lui présente un chaudeau[3] propre pour Lucifer.
L'Époux alors ne doute en aucune manière
Qu'il ne soit citoyen d'Enfer.
« Quelle personne es-tu ? dit-il à ce fantôme.
— La Cellerière[4] du royaume
25 De Satan, reprit-elle ; et je porte à manger
À ceux qu'enclôt la tombe noire. »
Le Mari repart sans songer :
« Tu ne leur portes point à boire ? »

FABLE VIII

LA GOUTTE ET L'ARAIGNÉE[1]

Quand l'Enfer eut produit la Goutte et l'Araignée :
« Mes filles, leur dit-il, vous pouvez vous vanter
D'être pour l'humaine lignée
Également à redouter.
5 Or avisons aux lieux qu'il vous faut habiter.
Voyez-vous ces cases[2] étrètes,
Et ces Palais si grands, si beaux, si bien dorés ?
Je me suis proposé d'en faire vos retraites.
Tenez donc ; voici deux bûchettes :
10 Accommodez-vous, ou tirez[3].
— Il n'est rien, dit l'Aragne[4], aux cases qui me plaise. »
L'autre, tout au rebours, voyant les Palais pleins
De ces gens nommés Médecins,
Ne crut pas y pouvoir demeurer à son aise.
15 Elle prend l'autre lot, y plante le piquet[5],
S'étend à son plaisir sur l'orteil d'un pauvre homme,

Disant : « Je ne crois pas qu'en ce poste je chomme,
Ni que d'en déloger et faire mon paquet
Jamais Hippocrate me somme. »
L'Aragne cependant se campe en un lambris, 20
Comme si de ces lieux elle eût fait bail à vie;
Travaille à demeurer : voilà sa toile ourdie;
Voilà des moucherons de pris.
Une servante vient balayer tout l'ouvrage.
Autre toile tissue; autre coup de balai : 25
Le pauvre Bestion[6] tous les jours déménage.
Enfin après un vain essai,
Il va trouver la Goutte. Elle était en campagne,
Plus malheureuse mille fois
Que la plus malheureuse Aragne. 30
Son hôte la menait tantôt fendre du bois,
Tantôt fouir, houer. Goutte bien tracassée
Est, dit-on, à demi pansée.
« Oh! je ne saurais plus, dit-elle, y résister :
Changeons ma sœur l'Aragne. » Et l'autre d'écouter. 35
Elle la prend au mot, se glisse en la cabane :
Point de coup de balai qui l'oblige à changer.
La Goutte d'autre part, va tout droit se loger
Chez un Prélat qu'elle condamne
À jamais du lit ne bouger. 40
Cataplasmes, Dieu sait. Les Gens n'ont point de honte
De faire aller le mal toujours de pis en pis.
L'une et l'autre trouva de la sorte son compte;
Et fit très sagement de changer de logis.

FABLE IX

LE LOUP ET LA CIGOGNE[1]

Les Loups mangent gloutonnement.
Un Loup donc étant de frairie[2],
Se pressa, dit-on, tellement
Qu'il en pensa perdre la vie.
5 Un os lui demeura bien avant au gosier.
De bonheur pour ce Loup, qui ne pouvait crier,
Près de là passe une Cigogne ;
Il lui fait signe, elle accourt.
Voilà l'Opératrice[3] aussitôt en besogne.
10 Elle retira l'os ; puis pour un si bon tour
Elle demanda son salaire.
« Votre salaire ? dit le Loup :
Vous riez, ma bonne Commère.
Quoi ! ce n'est pas encor beaucoup
15 D'avoir de mon gosier retiré votre cou ?
Allez, vous êtes une ingrate ;
Ne tombez jamais sous ma patte. »

FABLE X

LE LION ABATTU PAR L'HOMME[1]

On exposait une Peinture,
Où l'Artisan[2] avait tracé
Un Lion d'immense stature
Par un seul homme terrassé.
5 Les regardants en tiraient gloire.
Un Lion en passant rabattit leur caquet.
« Je vois bien, dit-il, qu'en effet

On vous donne ici la victoire.
Mais l'Ouvrier[3] vous a déçus :
Il avait liberté de feindre. 10
Avec plus de raison nous aurions le dessus,
Si mes Confrères savaient peindre. »

FABLE XI

LE RENARD ET LES RAISINS[1]

Certain Renard gascon, d'autres disent normand,
Mourant presque de faim, vit au haut d'une treille
Des Raisins mûrs apparemment[2]
Et couverts d'une peau vermeille.
Le Galant en eût fait volontiers un repas; 5
Mais comme il n'y pouvait atteindre :
« Ils sont trop verts, dit-il, et bons pour des Goujats. »
Fit-il pas mieux que de se plaindre?

FABLE XII

LE CYGNE ET LE CUISINIER[1]

Dans une Ménagerie[2]
De volatiles remplie,
Vivaient le Cygne et l'Oison :
Celui-là destiné pour les regards du Maître,
Celui-ci pour son goût; l'un qui se piquait d'être 5
Commensal du jardin, l'autre de la maison.
Des fossés du Château faisant leurs galeries,
Tantôt on les eût vus côte à côte nager,
Tantôt courir sur l'onde, et tantôt se plonger,

10 Sans pouvoir satisfaire à leurs vaines envies[3].
Un jour le Cuisinier ayant trop bu d'un coup[4]
Prit pour Oison le Cygne; et le tenant au cou,
Il allait l'égorger, puis le mettre en potage.
L'Oiseau, prêt à[5] mourir, se plaint en son ramage.
15 Le Cuisinier fut fort surpris,
Et vit bien qu'il s'était mépris.
« Quoi? je mettrais, dit-il, un tel Chanteur en soupe!
Non, non, ne plaise aux Dieux que jamais ma main coupe
La gorge à qui s'en sert si bien. »

20 Ainsi, dans les dangers qui nous suivent en croupe[6]
Le doux parler ne nuit de rien.

FABLE XIII

LES LOUPS ET LES BREBIS[1]

Après mille ans et plus de Guerre déclarée,
Les Loups firent la Paix avecque les Brebis.
C'était apparemment le bien des deux partis :
Car, si les Loups mangeaient mainte bête égarée,
5 Les Bergers de leur peau se faisaient maints habits.
Jamais de liberté, ni pour les pâturages,
Ni d'autre part pour les carnages :
Ils ne pouvaient jouir qu'en tremblant de leurs biens.
La Paix se conclut donc; on donne des otages :
10 Les Loups leurs Louveteaux, et les Brebis leurs Chiens.
L'Échange en étant fait aux formes ordinaires,
Et réglé par des Commissaires,
Au bout de quelque temps que Messieurs les Louvats[2]
Se virent Loups parfaits et friands de tuerie,
15 Ils vous prennent le temps que dans la Bergerie
Messieurs les Bergers n'étaient pas,

Étranglent la moitié des Agneaux les plus gras,
Les emportent aux dents, dans les Bois se retirent.
Ils avaient averti leurs gens secrètement.
Les Chiens, qui sur leur foi reposaient sûrement, 20
Furent étranglés en dormant.
Cela fut si tôt fait qu'à peine ils le sentirent.
Tout fut mis en morceaux; un seul n'en échappa.
Nous pouvons conclure de là
Qu'il faut faire aux méchants guerre continuelle. 25
La Paix est fort bonne de soi :
J'en conviens; mais de quoi sert-elle
Avec des ennemis sans foi?

FABLE XIV

LE LION DEVENU VIEUX[1]

Le Lion, terreur des forêts,
Chargé d'ans, et pleurant son antique prouesse[2],
Fut enfin attaqué par ses propres sujets
Devenus forts par sa faiblesse.
Le Cheval s'approchant lui donne un coup de pied, 5
Le Loup un coup de dent, le Bœuf un coup de corne.
Le malheureux Lion languissant, triste, et morne,
Peut à peine rugir par l'âge estropié.
Il attend son Destin, sans faire aucunes plaintes,
Quand voyant l'Âne même à son antre accourir[3] : 10
« Ah! c'est trop, lui dit-il : je voulais bien mourir;
Mais c'est mourir deux fois que souffrir tes atteintes. »

FABLE XV

PHILOMÈLE ET PROGNÉ[1]

Autrefois Progné l'Hirondelle
De sa demeure s'écarta,
Et loin des Villes s'emporta
Dans un Bois où chantait la pauvre Philomèle.
5 « Ma sœur, lui dit Progné, comment vous portez-vous?
Voici tantôt mille ans que l'on ne vous a vue :
Je ne me souviens point que vous soyez venue
Depuis le temps de Thrace habiter parmi nous.
Dites-moi, que pensez-vous faire?
10 Ne quitterez-vous point ce séjour solitaire?
— Ah! reprit Philomèle, en eſt-il de plus doux? »
Progné lui repartit : « Eh quoi! cette musique
Pour ne chanter qu'aux animaux
Tout au plus à quelque ruſtique?
15 Le désert eſt-il fait pour des talents si beaux?
Venez faire aux cités éclater leurs merveilles.
Aussi bien, en voyant les bois,
Sans cesse il vous souvient que Térée autrefois
Parmi des demeures pareilles
20 Exerça sa fureur sur vos divins appas.
— Et c'eſt le souvenir d'un si cruel outrage
Qui fait, reprit sa sœur, que je ne vous suis pas :
En voyant les hommes, hélas!
Il m'en souvient bien davantage. »

FABLE XVI

LA FEMME NOYÉE[1]

Je ne suis pas de ceux qui disent : « Ce n'est rien :
C'est une femme qui se noie. »
Je dis que c'est beaucoup; et ce sexe vaut bien
Que nous le regrettions, puisqu'il fait notre joie.
Ce que j'avance ici n'est point hors de propos, 5
Puisqu'il s'agit en cette Fable[2],
D'une femme qui dans les flots
Avait fini ses jours par un sort déplorable.
Son Époux en cherchait le corps,
Pour lui rendre en cette aventure 10
Les honneurs de la sépulture.
Il arriva que sur les bords
Du Fleuve auteur de sa disgrâce
Des gens se promenaient ignorant l'accident.
Ce Mari donc leur demandant 15
S'ils n'avaient de sa femme aperçu nulle trace :
« Nulle, reprit l'un d'eux; mais cherchez-la plus bas;
Suivez le fil de la Rivière. »
Un autre repartit : « Non, ne le suivez pas;
Rebroussez plutôt en arrière. 20
Quelle que soit la pente et l'inclination[3]
Dont l'eau par sa course l'emporte,
L'esprit de Contradiction
L'aura fait flotter d'autre sorte. »
Cet homme se raillait assez hors de saison. 25
Quant à l'Humeur contredisante[4],
Je ne sais s'il avait raison.
Mais que cette Humeur soit, ou non,
Le défaut du Sexe et sa pente,
Quiconque avec elle naîtra 30
Sans faute[5] avec elle mourra,

Et jusqu'au bout contredira,
Et, s'il peut, encor par-delà.

FABLE XVII

LA BELETTE ENTRÉE DANS UN GRENIER[1]

Damoiselle Belette, au corps long et flouët[2],
Entra dans un Grenier par un trou fort étret :
Elle sortait de maladie.
Là, vivant à discrétion[3],
5 La Galande fit chère lie[4],
Mangea, rongea ; Dieu sait la vie,
Et le lard qui périt en cette occasion.
La voilà pour conclusion
Grasse, maflue[5], et rebondie.
10 Au bout de la semaine, ayant dîné son soû[6],
Elle entend quelque bruit, veut sortir par le trou,
Ne peut plus repasser, et croit s'être méprise.
Après avoir fait quelques tours,
« C'est, dit-elle, l'endroit, me voilà bien surprise ;
15 J'ai passé par ici depuis cinq ou six jours. »
Un Rat qui la voyait en peine
Lui dit : « Vous aviez lors la panse un peu moins pleine :
Vous êtes maigre entrée, il faut maigre sortir.
Ce que je vous dis là, l'on le dit à bien d'autres[7].
20 Mais ne confondons point, par trop approfondir,
Leurs affaires avec les vôtres. »

FABLE XVIII

LE CHAT ET UN VIEUX RAT[1]

J'ai lu chez un conteur de Fables,
Qu'un second Rodilard[2], l'Alexandre des Chats,
L'Attila, le fléau des Rats,
Rendait ces derniers misérables.
J'ai lu, dis-je, en certain Auteur, 5
Que ce Chat exterminateur,
Vrai Cerbère, était craint une lieue à la ronde :
Il voulait de Souris dépeupler tout le monde.
Les planches qu'on suspend sur un léger appui,
La mort aux Rats, les Souricières[3], 10
N'étaient que jeux au prix de lui.
Comme il voit que dans leurs tanières
Les Souris étaient prisonnières,
Qu'elles n'osaient sortir, qu'il avait beau chercher,
Le Galand fait le mort, et du haut d'un plancher[4] 15
Se pend la tête en bas. La Bête scélérate
À de certains cordons se tenait par la patte.
Le peuple des Souris croit que c'est châtiment,
Qu'il a fait un larcin de rôt ou de fromage,
Égratigné quelqu'un, causé quelque dommage, 20
Enfin qu'on a pendu le mauvais Garnement.
Toutes, dis-je, unanimement
Se promettent de rire à son enterrement,
Mettent le nez à l'air, montrent un peu la tête ;
Puis rentrent dans leurs nids à rats ; 25
Puis ressortant font quatre pas ;
Puis enfin se mettent en quête :
Mais voici bien une autre fête.
Le pendu ressuscite ; et sur ses pieds tombant
Attrape les plus paresseuses. 30
« Nous en savons plus d'un, dit-il en les gobant :

C'est tour de vieille guerre; et vos cavernes creuses
Ne vous sauveront pas; je vous en avertis;
    Vous viendrez toutes au logis. »
35 Il prophétisait vrai : notre maître Mitis[5]
Pour la seconde fois les trompe et les affine[6],
    Blanchit sa robe, et s'enfarine,
    Et de la sorte déguisé
Se niche et se blottit dans une huche[7] ouverte.
40 Ce fut à lui bien avisé :
La Gent trotte-menu s'en vient chercher sa perte.
Un Rat sans plus s'abstient d'aller flairer autour.
C'était un vieux routier; il savait plus d'un tour;
Même il avait perdu sa queue à la bataille.
45 « Ce bloc enfariné ne me dit rien qui vaille,
S'écria-t-il de loin au Général des Chats :
Je soupçonne dessous encor quelque machine.
    Rien ne te sert d'être farine;
Car quand tu serais sac, je n'approcherais pas. »
50 C'était bien dit à lui; j'approuve sa prudence.
    Il était expérimenté,
    Et savait que la méfiance
    Est mère de la sûreté[8].

Livre quatrième

FABLE I

LE LION AMOUREUX[1]

À MADEMOISELLE DE SÉVIGNÉ[2]

Sévigné de qui les attraits
Servent aux Grâces de modèle,
Et qui naquîtes toute belle,
À votre indifférence près,
Pourriez-vous être favorable 5
Aux jeux innocents d'une Fable,
Et voir sans vous épouvanter
Un Lion qu'Amour sut dompter?
Amour est un étrange[3] maître.
Heureux qui peut ne le connaître 10
Que par récit, lui ni ses coups!
Quand on en parle devant vous,
Si la vérité vous offense,
La Fable au moins se peut souffrir.
Celle-ci prend bien l'assurance 15
De venir à vos pieds s'offrir,
Par zèle et par reconnaissance.
Du temps que les bêtes parlaient,
Les Lions entre autres voulaient

20 Être admis dans notre alliance.
Pourquoi non? puisque leur engeance
Valait la nôtre en ce temps-là,
Ayant courage, intelligence,
Et belle hure[4] outre cela.
25 Voici comment il en alla.
Un Lion de haut parentage[5],
En passant par un certain pré,
Rencontra Bergère à son gré.
Il la demande en mariage.
30 Le Père aurait fort souhaité
Quelque Gendre un peu moins terrible
La donner lui semblait bien dur;
La refuser n'était pas sûr :
Même un refus eût fait possible[6]
35 Qu'on eût vu quelque beau matin
Un mariage clandestin.
Car outre qu'en toute manière
La Belle était pour les gens fiers,
Fille se coiffe volontiers
40 D'amoureux à longue crinière.
Le Père donc ouvertement
N'osant renvoyer notre Amant,
Lui dit : « Ma fille est délicate;
Vos griffes la pourront blesser
45 Quand vous voudrez la caresser.
Permettez donc qu'à chaque patte
On vous les rogne; et pour les dents,
Qu'on vous les lime en même temps.
Vos baisers en seront moins rudes,
50 Et pour vous plus délicieux;
Car ma fille y répondra mieux,
Étant sans ces inquiétudes. »
Le Lion consent à cela
Tant son âme était aveuglée!
55 Sans dents ni griffes le voilà,

Comme place démantelée.
On lâcha sur lui quelques Chiens :
Il fit fort peu de résistance.
Amour, amour, quand tu nous tiens,
On peut bien dire : Adieu prudence. 60
[Par tes conseils ensorcelants
Ce Lion crut son adversaire :
Hélas! comment pourrais-tu faire
Que les bêtes devinssent gens,
Si tu nuis aux plus sages têtes 65
Et fais les gens devenir bêtes?]

FABLE II

LE BERGER ET LA MER[1]

Du rapport d'un Troupeau dont il vivait sans soins[2]
Se contenta longtemps un voisin d'Amphitrite.
Si sa fortune était petite,
Elle était sûre tout au moins.
À la fin les trésors déchargés sur la plage 5
Le tentèrent si bien qu'il vendit son Troupeau,
Trafiqua de l'argent, le mit entier sur l'eau[3] ;
Cet argent périt par naufrage.
Son Maître fut réduit à garder les Brebis ;
Non plus Berger en chef, comme il était jadis, 10
Quand ses propres Moutons paissaient sur le rivage :
Celui qui s'était vu Corydon ou Tircis,
Fut Pierrot et rien davantage.
Au bout de quelque temps il fit quelques profits,
Racheta des bêtes à laine : 15
Et comme un jour les vents retenant leur haleine
Laissaient paisiblement aborder les vaisseaux :
« Vous voulez de l'argent, ô Mesdames les Eaux,

Dit-il, adressez-vous, je vous prie, à quelque autre
20 Ma foi, vous n'aurez pas le nôtre. »

Ceci n'est pas un Conte à plaisir inventé.
Je me sers de la vérité
Pour montrer par expérience
Qu'un sou quand il est assuré
25 Vaut mieux que cinq en espérance;
Qu'il se faut contenter de sa condition;
Qu'aux conseils de la Mer et de l'Ambition
Nous devons fermer les oreilles.
Pour un qui s'en louera, dix mille s'en plaindront.
30 La Mer promet monts et merveilles;
Fiez-vous-y, les vents et les voleurs viendront.

FABLE III

LA MOUCHE ET LA FOURMI[1]

La Mouche et la Fourmi contestaient de leur prix.
« Ô Jupiter! dit la première,
Faut-il que l'amour-propre aveugle les esprits
D'une si terrible manière,
5 Qu'un vil et rampant Animal
À la fille de l'air ose se dire égal!
Je hante les Palais; je m'assieds à ta table :
Si l'on t'immole un bœuf, j'en goûte devant toi[2];
Pendant que celle-ci chétive et misérable
10 Vit trois jours d'un fétu qu'elle a traîné chez soi.
Mais ma Mignonne, dites-moi,
Vous campez-vous jamais sur la tête d'un Roi,
D'un Empereur, ou d'une Belle?
Je le fais; et je baise un beau sein quand je veux :
15 Je me joue entre des cheveux;
Je rehausse d'un teint la blancheur naturelle;

« De quand sont vos jambons? Ils on
— Monsieur, ils sont à vous. —
Je les reçois, et de bon cœur. »
35 Il déjeune très bien, aussi fait sa famil
Chiens, chevaux, et valets, tous gens
Il commande chez l'Hôte, y prend de
Boit son vin, caresse sa fille.
L'embarras des Chasseurs succède au
40 Chacun s'anime et se prépare :
Les trompes et les cors font un tel tir
Que le bon homme est étonné[10].
Le pis fut que l'on mit en piteux équ
Le pauvre potager : adieu planches, c
45 Adieu chicorée et porreaux;
Adieu de quoi mettre au potage.
Le Lièvre était gîté dessous un maîtr
On le quête; on le lance[11]; il s'enfui
Non pas trou, mais trouée, horrible
50 Que l'on fit à la pauvre haie
Par ordre du Seigneur : car il eût été
Qu'on n'eût pu du jardin sortir tout
Le bon homme disait : « Ce sont là
Mais on le laissait dire; et les chiens
55 Firent plus de dégât en une heure d
Que n'en auraient fait en cent a
Tous les Lièvres de la Province

Petits Princes, videz vos débat
De recourir aux Rois vous seriez de
60 Il ne les faut jamais engager dans vo
Ni les faire entrer sur vos terre

Et la dernière main
Une femme alla
C'est un ajustement
Puis allez-moi r
De vos greniers
Lui répliqua la
Vous hantez les Pala
Et quant à goûte
De ce qu'on sert
Croyez-vous qu'
Si vous entrez partou
Sur la tête des Rois e
Vous allez vous plant
Et je sais que d'u
Cette importunité bie
Certain ajustement, d
J'en conviens : il est n
Je veux qu'il ait nom
Vous fassiez sonn
Nomme-t-on pas auss
Cessez donc de tenir u
N'ayez plus ces ha
Les Mouches de C
Les Mouchards[6] sont p
De froid, de langu
Quand Phébus régnera
Alors je jouirai du fruit
Je n'irai, par monts
M'exposer au vent,
Je vivrai sans mélan
Le soin que j'aurai pris,
Je vous enseignerai
Ce que c'est qu'une faus
Adieu; je perds le temp
Ni mon grenier, ni
Ne se remplit à babi

que met à sa beauté
ıt en conquête,
des Mouches emprunté.
ompre la tête
— Avez-vous dit?
ıénagère
s; mais on vous y maudit. 20
: la première
devant les Dieux,
l en vaille mieux?
, aussi font[4] les profanes. 25
sur celle des Ânes
r; je n'en disconviens pas;
ı prompt trépas
ı souvent est punie.
es-vous, rend jolie. 30
oir ainsi que vous et moi.
Mouche, est-ce un sujet pourquoi
r vos mérites?
Mouches les Parasites[5]?
ı langage si vain : 35
ıtes pensées.
our sont chassées;
ndus : et vous mourrez de faim,
ur, de misère,
sur un autre Hémisphère[7]. 40
de mes travaux :
ni par vaux,
à la pluie;
colie.
de soin m'exemptera. 45
par là
e ou véritable gloire.
: laissez-moi travailler.
ıon armoire
ler. » 50

T CHIEN[1]

;
ce.
l fasse,
gratifie[3],
vie.
laisser,
Fable,
able
caresser.
âme,
gnon,
ne!
ı!
;
'on me flatte,
»
e,
n vient lourdement,
oureusement,
ıs grand ornement
on hardie.
elle mélodie!
artin bâton[4]! »
ange de ton.

FABLE VI

LE COMBAT DES RATS ET DES BELETTES[1]

La nation des Belettes,
Non plus que celle des Chats,
Ne veut aucun bien aux Rats :
Et sans les portes étrètes
De leurs habitations, 5
L'animal à longue échine
En ferait, je m'imagine,
De grandes destructions.
Or une certaine année
Qu'il en était à foison, 10
Leur Roi nommé Ratapon
Mit en campagne une armée.
Les belettes de leur part
Déployèrent l'étendard.
Si l'on croit la Renommée, 15
La Victoire balança :
Plus d'un Guéret s'engraissa
Du sang de plus d'une bande.
Mais la perte la plus grande
Tomba presque en tous endroits 20
Sur le peuple souriquois.
Sa déroute fut entière,
Quoi que pût faire Artarpax,
Psicarpax, Méridarpax[2],
Qui, tout couverts de poussière, 25
Soutinrent assez longtemps
Les efforts des combattants.
Leur résistance fut vaine :
Il fallut céder au sort :
Chacun s'enfuit au plus fort[3], 30

Tant Soldat que Capitaine.
Les Princes périrent tous.
La racaille, dans des trous
Trouvant sa retraite prête,
35 Se sauva sans grand travail.
Mais les Seigneurs sur leur tête
Ayant chacun un plumail[4],
Des cornes ou des aigrettes,
Soit comme marques d'honneur,
40 Soit afin que les Belettes
En conçussent plus de peur :
Cela causa leur malheur.
Trou, ni fente, ni crevasse,
Ne fut large assez pour eux :
45 Au lieu que la populace
Entrait dans les moindres creux.
La principale jonchée
Fut donc des principaux Rats.
Une tête empanachée
50 N'est pas petit embarras.
Le trop superbe équipage
Peut souvent en un passage
Causer du retardement.
Les petits en toute affaire
55 Esquivent fort aisément;
Les grands ne le peuvent faire.

FABLE VII

LE SINGE ET LE DAUPHIN[1]

C'était chez les Grecs un usage
Que sur la mer tous voyageurs
Menaient avec eux en voyage

Singes et Chiens de Bateleurs.
Un Navire en cet équipage 5
Non loin d'Athènes fit naufrage.
Sans les Dauphins tout eût péri.
Cet Animal est fort ami
De notre espèce : en son Histoire
Pline[2] le dit, il le faut croire. 10
Il sauva donc tout ce qu'il put.
Même un Singe, en cette occurrence,
Profitant de la ressemblance,
Lui pensa[3] devoir son salut.
Un Dauphin le prit pour un homme, 15
Et sur son dos le fit asseoir,
Si gravement qu'on eût cru voir
Ce Chanteur[4] que tant on renomme.
Le Dauphin l'allait mettre à bord,
Quand par hasard il lui demande : 20
« Êtes-vous d'Athènes la grande ?
— Oui, dit l'autre, on m'y connaît fort ;
S'il vous y survient quelque affaire,
Employez-moi ; car mes parents
Y tiennent tous les premiers rangs : 25
Un mien cousin est Juge-Maire[5]. »
Le Dauphin dit : « Bien grand merci ;
Et le Pirée a part aussi
À l'honneur de votre présence ?
Vous le voyez souvent, je pense ? 30
— Tous les jours ; il est mon ami ;
C'est une vieille connaissance. »
Notre Magot prit pour ce coup
Le nom d'un port pour un nom d'homme.
De telles gens il est beaucoup, 35
Qui prendraient Vaugirard[6] pour Rome,
Et qui, caquetants au plus dru,
Parlent de tout et n'ont rien vu.
Le Dauphin rit, tourne la tête,

40 Et, le Magot considéré,
Il s'aperçoit qu'il n'a tiré
Du fond des eaux rien qu'une bête.
Il l'y replonge, et va trouver
Quelque homme afin de le sauver.

FABLE VIII

L'HOMME ET L'IDOLE DE BOIS[1]

Certain Païen chez lui gardait un Dieu de bois,
De ces Dieux qui sont sourds bien qu'ayant des oreilles[2]
Le Païen cependant s'en promettait merveilles.
Il lui coûtait autant que trois.
5 Ce n'étaient que vœux et qu'offrandes,
Sacrifices de bœufs couronnés de guirlandes.
Jamais Idole, quel qu'il[3] fût,
N'avait eu cuisine si grasse,
Sans que pour tout ce culte à son Hôte il échût
10 Succession, trésor, gain au jeu, nulle grâce.
Bien plus, si pour un sou d'orage en quelque endroit
S'amassait d'une ou d'autre sorte,
L'Homme en avait sa part, et sa bourse en souffroit.
La pitance du Dieu n'en était pas moins forte.
15 À la fin se fâchant de n'en obtenir rien,
Il vous prend un levier, met en pièces l'Idole,
Le trouve rempli d'or. « Quand je t'ai fait du bien,
M'as-tu valu, dit-il, seulement une obole ?
Va, sors de mon logis : cherche d'autres autels.
20 Tu ressembles aux naturels
Malheureux, grossiers, et stupides :
On n'en peut rien tirer qu'avec[*que*] le bâton.
Plus je te remplissais, plus mes mains étaient vides :
J'ai bien fait de changer de ton. »

FABLE IX

LE GEAI PARÉ DES PLUMES DU PAON[1]

Un Paon muait; un Geai prit son plumage;
Puis après se l'accommoda;
Puis parmi d'autres Paons tout fier se panada,
Croyant être un beau personnage.
Quelqu'un le reconnut : il se vit bafoué, 5
Berné, sifflé, moqué, joué[2],
Et par Messieurs les Paons plumé d'étrange sorte :
Même vers ses pareils s'étant réfugié,
Il fut par eux mis à la porte.
Il est assez de Geais à deux pieds comme lui, 10
Qui se parent souvent des dépouilles d'autrui,
Et que l'on nomme Plagiaires.
Je m'en tais, et ne veux leur causer nul ennui;
Ce ne sont pas là mes affaires.

FABLE X

LE CHAMEAU ET LES BÂTONS FLOTTANTS[1]

Le premier qui vit un Chameau
S'enfuit à cet objet[2] nouveau;
Le second approcha; le troisième osa faire
Un licou pour le Dromadaire[3].
L'accoutumance ainsi nous rend tout familier; 5
Ce qui nous paraissait terrible et singulier
S'apprivoise avec notre vue,
Quand ce vient à la continue[4].
Et puisque nous voici tombés sur ce sujet,

10 On avait mis des gens au guet,
Qui voyant sur les eaux de loin certain objet,
Ne purent s'empêcher de dire
Que c'était un puissant Navire.
Quelques moments après, l'objet devint Brûlot,
15 Et puis Nacelle, et puis Ballot,
Enfin Bâtons flottants sur l'onde.
J'en sais beaucoup de par le monde
À qui ceci conviendrait bien :
De loin c'est quelque chose, et de près ce n'est rien[5].

FABLE XI

LA GRENOUILLE ET LE RAT[1]

Tel, comme dit Merlin[2], cuide engeigner autrui,
Qui souvent s'engeigne soi-même.
J'ai regret que ce mot soit trop vieux aujourd'hui :
Il m'a toujours semblé d'une énergie extrême.
5 Mais afin d'en venir au dessein que j'ai pris,
Un Rat plein d'embonpoint, gras, et des mieux nourris,
Et qui ne connaissait l'Avent ni le Carême,
Sur le bord d'un Marais égayait ses esprits.
Une Grenouille approche, et lui dit en sa langue :
10 « Venez me voir chez moi, je vous ferai festin. »
Messire Rat promit soudain :
Il n'était pas besoin de plus longue harangue.
Elle allégua pourtant les délices du bain,
La curiosité, le plaisir du voyage,
15 Cent raretés à voir le long du Marécage :
Un jour il conterait à ses petits-enfants
Les beautés de ces lieux, les mœurs des Habitants,
Et le gouvernement de la chose publique
Aquatique.

Un point sans plus tenait le galant empêché. 20
Il nageait quelque peu ; mais il fallait de l'aide.
La Grenouille à cela trouve un très bon remède :
Le Rat fut à son pied par la patte attaché ;
    Un brin de jonc en fit l'affaire.
Dans le Marais entrés, notre bonne Commère 25
S'efforce de tirer son Hôte au fond de l'eau,
Contre le droit des Gens, contre la foi jurée ;
Prétend qu'elle en fera gorge chaude[3] et curée ;
(C'était à son avis un excellent morceau.)
Déjà dans son esprit la Galande le croque. 30
Il atteste les Dieux ; la Perfide s'en moque.
Il résiste ; elle tire. En ce combat nouveau,
Un Milan qui dans l'air planait, faisait la ronde,
Voit d'en haut le pauvret se débattant sur l'onde :
Il fond dessus, l'enlève, et, par même moyen, 35
    La Grenouille et le lien.
    Tout en fut ; tant et si bien
    Que de cette double proie
    L'Oiseau se donne au cœur joie,
    Ayant de cette façon 40
    À souper chair et poisson.

    La ruse la mieux ourdie
    Peut nuire à son inventeur ;
    Et souvent la Perfidie
    Retourne sur son auteur[4]. 45

FABLE XII

TRIBUT ENVOYÉ PAR LES ANIMAUX À ALEXANDRE[1]

Une Fable avait cours parmi l'antiquité :
Et la raison ne m'en est pas connue.
Que le Lecteur en tire une moralité.
Voici la Fable toute nue.

5 La Renommée ayant dit en cent lieux
Qu'un fils de Jupiter, un certain Alexandre,
Ne voulant rien laisser de libre sous les Cieux,
Commandait que sans plus attendre,
Tout peuple à ses pieds s'allât rendre,
10 Quadrupèdes, Humains, Éléphants, Vermisseaux,
Les Républiques des Oiseaux ;
La Déesse aux cent bouches[2], dis-je,
Ayant mis partout la terreur
En publiant l'Édit du nouvel Empereur,
15 Les Animaux, et toute espèce lige[3]
De son seul appétit, crurent que cette fois
Il fallait subir d'autres lois.
On s'assemble au Désert. Tous quittent leur tanière.
Après divers avis, on résout, on conclut
20 D'envoyer hommage et tribut.
Pour l'hommage et pour la manière,
Le Singe en fut chargé : l'on lui mit par écrit
Ce que l'on voulait qui fût dit.
Le seul tribut les tint en peine.
25 Car que donner ? il fallait de l'argent.
On en prit d'un Prince obligeant,
Qui possédant dans son domaine
Des mines d'or fournit ce qu'on voulut.
Comme il fut question de porter ce tribut,

Le Mulet et l'Âne s'offrirent, 30
Assistés du Cheval ainsi que du Chameau.
Tous quatre en chemin ils se mirent
Avec le Singe, Ambassadeur nouveau.
La Caravane enfin rencontre en un passage
Monseigneur le Lion. Cela ne leur plut point. 35
« Nous nous rencontrons tout à point,
Dit-il, et nous voici compagnons de voyage.
J'allais offrir mon fait à part ;
Mais bien qu'il soit léger, tout fardeau m'embarrasse.
Obligez-moi de me faire la grâce 40
Que d'en porter chacun un quart.
Ce ne vous sera pas une charge trop grande ;
Et j'en serai plus libre[4], et bien plus en état,
En cas que les Voleurs attaquent notre bande,
Et que l'on en vienne au combat. » 45
Éconduire un Lion rarement se pratique.
Le voilà donc admis, soulagé, bien reçu,
Et, malgré le Héros de Jupiter issu,
Faisant chère[5] et vivant sur la bourse publique.
Ils arrivèrent dans un Pré 50
Tout bordé de ruisseaux, de fleurs tout diapré,
Où maint Mouton cherchait sa vie :
Séjour du frais, véritable patrie
Des Zéphirs. Le Lion n'y fut pas, qu'à ces Gens
Il se plaignit d'être malade. 55
« Continuez votre Ambassade,
Dit-il ; je sens un feu qui me brûle au dedans,
Et veux chercher ici quelque herbe salutaire.
Pour vous, ne perdez point de temps :
Rendez-moi mon argent ; j'en puis avoir affaire. » 60
On déballe ; et d'abord le Lion s'écria,
D'un ton qui témoignait sa joie :
« Que de filles, ô Dieux, mes pièces de monnoie
Ont produites ! voyez ; la plupart sont déjà
Aussi grandes que leurs Mères. 65

Le croît m'en appartient. » Il prit tout là-dessus;
Ou bien s'il ne prit tout, il n'en demeura guères.
Le Singe et les Sommiers confus,
Sans oser répliquer en chemin se remirent.
70 Au fils de Jupiter on dit qu'ils se plaignirent,
Et n'en eurent point de raison.
Qu'eût-il fait? c'eût été Lion contre Lion;
Et le Proverbe dit : Corsaires à Corsaires
L'un l'autre s'attaquant ne font pas leurs affaires[6].

FABLE XIII

LE CHEVAL S'ÉTANT VOULU VENGER DU CERF[1]

De tout temps les Chevaux ne sont nés pour les hommes.
Lorsque le genre humain de gland[2] se contentait,
Âne, Cheval, et Mule aux Forêts habitait :
Et l'on ne voyait point, comme au Siècle où nous [sommes,
5 Tant de selles et tant de bâts,
Tant de harnois pour les combats,
Tant de chaises[3], tant de carrosses,
Comme aussi ne voyait-on pas
Tant de festins et tant de noces.
10 Or un Cheval eut alors différend
Avec un Cerf plein de vitesse;
Et ne pouvant l'attraper en courant,
Il eut recours à l'Homme, implora son adresse.
L'Homme lui mit un frein, lui sauta sur le dos,
15 Ne lui donna point de repos
Que le Cerf ne fût pris, et n'y laissât la vie.
Et cela fait, le Cheval remercie
L'Homme son bienfaiteur, disant : « Je suis à vous,
Adieu : je m'en retourne en mon séjour sauvage.

— Non pas cela, dit l'Homme, il fait meilleur chez nous : 20
Je vois trop quel est votre usage.
Demeurez donc, vous serez bien traité,
Et jusqu'au ventre en la litière. »

Hélas que sert la bonne chère
Quand on n'a pas la liberté ! 25
Le Cheval s'aperçut qu'il avait fait folie ;
Mais il n'était plus temps : déjà son écurie
Était prête et toute bâtie.
Il y mourut en traînant son lien.
Sage s'il eût remis une légère offense. 30
Quel que soit le plaisir que cause la vengeance,
C'est l'acheter trop cher, que l'acheter d'un bien
Sans qui les autres ne sont rien.

FABLE XIV

LE RENARD ET LE BUSTE[1]

Les Grands pour la plupart sont masques de Théâtre ;
Leur apparence impose au Vulgaire idolâtre.
L'Âne n'en sait juger que par ce qu'il en voit.
Le Renard au contraire à fond les examine,
Les tourne de tout sens ; et quand il s'aperçoit 5
Que leur fait[2] n'est que bonne mine,
Il leur applique un mot qu'un Buste de Héros
Lui fit dire fort à propos.
C'était un Buste creux, et plus grand que nature.
Le Renard, en louant l'effort de la Sculpture : 10
« *Belle tête*, dit-il, *mais de cervelle point.* »
Combien de grands Seigneurs sont Bustes en ce point[3] !

FABLE XV

LE LOUP, LA CHÈVRE, ET LE CHEVREAU

FABLE XVI

LE LOUP, LA MÈRE, ET L'ENFANT[1]

La Bique[2] allant remplir sa traînante mamelle
Et paître l'herbe nouvelle,
Ferma sa porte au loquet,
Non sans dire à son Biquet :
5 « Gardez-vous sur votre vie
D'ouvrir, que l'on ne vous die
Pour enseigne et mot du guet[3],
Foin du Loup et de sa race. »
Comme elle disait ces mots,
10 Le Loup de fortune passe :
Il les recueille à propos,
Et les garde en sa mémoire.
La Bique, comme on peut croire,
N'avait pas vu le Glouton.
15 Dès qu'il la voit partie, il contrefait son ton ;
Et d'une voix papelarde
Il demande qu'on ouvre, en disant foin du Loup,
Et croyant entrer tout d'un coup[4].
Le Biquet soupçonneux par la fente regarde.
20 « Montrez-moi patte blanche, ou je n'ouvrirai point »,
S'écria-t-il d'abord (patte blanche est un point
Chez les Loups, comme on sait, rarement en usage).
Celui-ci fort surpris d'entendre ce langage,
Comme il était venu s'en retourna chez soi.
25 Où serait le Biquet s'il eût ajouté foi

Au mot du guet, que de fortune
Notre Loup avait entendu?
Deux sûretés valent mieux qu'une;
Et le trop en cela ne fut jamais perdu.

Ce Loup me remet en mémoire 30
Un de ses compagnons qui fut encor mieux pris.
Il y périt; voici l'Histoire.
Un Villageois avait à l'écart son logis :
Messer Loup attendait chape-chute[5] à la porte.
Il avait vu sortir gibier de toute sorte; 35
Veaux de lait, Agneaux et Brebis,
Régiments de Dindons, enfin bonne Provende[6].
Le Larron commençait pourtant à s'ennuyer.
Il entend un Enfant crier.
La Mère aussitôt le gourmande, 40
Le menace, s'il ne se tait,
De le donner au Loup. L'Animal se tient prêt,
Remerciant les Dieux d'une telle aventure,
Quand la Mère, apaisant sa chère Géniture,
Lui dit : « Ne criez point; s'il vient, nous le tuerons. 45
— Qu'est ceci? s'écria le mangeur de Moutons.
Dire d'un, puis d'un autre? Est-ce ainsi que l'on traite
Les gens faits comme moi? Me prend-on pour un sot?
Que quelque jour ce beau Marmot
Vienne au bois cueillir la noisette! » 50
Comme il disait ces mots, on sort de la maison.
Un Chien de cour l'arrête; Épieux et Fourches-fières[7]
L'ajustent[8] de toutes manières.
« Que veniez-vous chercher en ce lieu? » lui dit-on.
Aussitôt il conta l'affaire. 55
« Merci[9] de moi, lui dit la Mère,
Tu mangeras mon fils! L'ai-je fait à dessein
Qu'il assouvisse un jour ta faim? »
On assomma la pauvre Bête.
Un Manant lui coupa le pied droit et la tête : 60

Le Seigneur du Village à sa porte les mit,
Et ce Dicton picard à l'entour fut écrit :
Biaux chires leups, n'écoutez mie
Mère tenchent chen fieux, qui crie[10].

FABLE XVII

PAROLE DE SOCRATE[1]

Socrate un jour faisant bâtir,
Chacun censurait son ouvrage.
L'un trouvait les dedans, pour ne lui point mentir,
Indignes d'un tel Personnage ;
5 L'autre blâmait la face[2], et tous étaient d'avis
Que les appartements[3] en étaient trop petits.
Quelle maison pour lui ! L'on y tournait à peine.
« Plût au Ciel que de vrais amis,
Telle qu'elle est, dit-il, elle pût être pleine ! »
10 Le bon Socrate avait raison
De trouver pour ceux-là trop grande sa maison.
Chacun se dit ami ; mais fol qui s'y repose :
Rien n'est plus commun que ce nom ;
Rien n'est plus rare que la chose.

FABLE XVIII

LE VIEILLARD ET SES ENFANTS[1]

Toute puissance est faible, à moins que d'être unie.
Écoutez là-dessus l'Esclave de Phrygie.
Si j'ajoute du mien à son invention,
C'est pour peindre nos mœurs[2], et non point par envie[3] ;

Je suis trop au-dessous de cette ambition. 5
Phèdre enchérit souvent par un motif de gloire;
Pour moi, de tels pensers me seraient malséants.
Mais venons à la Fable, ou plutôt à l'Histoire
De celui qui tâcha d'unir tous ses Enfants.

Un Vieillard prêt d'aller où la mort l'appelait : 10
« Mes chers enfants, dit-il (à ses Fils il parlait),
Voyez si vous romprez ces Dards liés ensemble;
Je vous expliquerai le nœud qui les assemble. »
L'aîné les ayant pris, et fait tous ses efforts,
Les rendit, en disant : « Je le donne aux plus forts[4]. » 15
Un second lui succède, et se met en posture;
Mais en vain. Un cadet tente aussi l'aventure.
Tous perdirent leur temps, le faisceau résista;
De ces Dards joints ensemble un seul ne s'éclata[5].
« Faibles gens! dit le Père, il faut que je vous montre 20
Ce que ma force peut en semblable rencontre. »
On crut qu'il se moquait, on sourit, mais à tort.
Il sépare les Dards, et les rompt sans effort.
« Vous voyez, reprit-il, l'effet de la Concorde.
Soyez joints, mes Enfants, que l'amour vous accorde[6]. » 25
Tant que dura son mal, il n'eut d'autre discours.
Enfin se sentant prêt de terminer ses jours :
« Mes chers enfants, dit-il, je vais où sont nos Pères.
Adieu, promettez-moi de vivre comme Frères;
Que j'obtienne de vous cette grâce en mourant. » 30
Chacun de ses trois Fils[7] l'en assure en pleurant.
Il prend[8] à tous les mains; il meurt; et les trois Frères
Trouvent un bien fort grand, mais fort mêlé d'affaires[9].
Un Créancier saisit, un Voisin fait procès.
D'abord notre Trio[10] s'en tire avec succès. 35
Leur amitié fut courte, autant qu'elle était rare.
Le sang les avait joints, l'intérêt les sépare.
L'ambition, l'envie, avec les Consultants,
Dans la succession entrent en même temps.

40 On en vient au Partage, on conteste, on chicane[11].
Le Juge sur cent points tour à tour les condamne.
Créanciers et Voisins reviennent[12] aussitôt,
Ceux-là sur une Erreur, ceux-ci sur un Défaut[13].
Les Frères désunis sont tous d'avis contraire,
45 L'un veut s'accommoder[14], l'autre n'en veut rien faire.
Tous perdirent leur bien, et voulurent trop tard
Profiter de ces Dards unis et pris à part.

FABLE XIX

L'ORACLE ET L'IMPIE[1]

Vouloir tromper le Ciel, c'est folie à la Terre.
Le Dédale des cœurs en ses détours n'enserre
Rien qui ne soit d'abord[2] éclairé par les Dieux.
Tout ce que l'homme fait, il le fait à leurs yeux,
5 Même les actions que dans l'ombre il croit faire.
Un Païen qui sentait quelque peu le fagot,
Et qui croyait en Dieu, pour user de ce mot,
Par bénéfice d'inventaire[3],
Alla consulter Apollon.
10 Dès qu'il fut en son Sanctuaire :
« Ce que je tiens, dit-il, est-il en vie ou non? »
Il tenait un Moineau, dit-on.
Prêt d'étouffer la pauvre Bête,
Ou de la lâcher aussitôt,
15 Pour mettre Apollon en défaut.
Apollon reconnut ce qu'il avait en tête :
« Mort ou vif, lui dit-il, montre-nous ton Moineau,
Et ne me tends plus de panneau;
Tu te trouverais mal d'un pareil stratagème.
20 Je vois de loin, j'atteins de même. »

FABLE XX

L'AVARE QUI A PERDU SON TRÉSOR[1]

L'usage seulement fait la possession.
Je demande à ces gens de qui la passion
Eſt d'entasser toujours, mettre somme sur somme,
Quel avantage ils ont que n'ait pas un autre homme.
Diogène là-bas eſt aussi riche qu'eux, 5
Et l'Avare ici-haut comme lui vit en gueux.
L'homme au Trésor caché qu'Ésope nous propose,
Servira d'exemple à la chose.
Ce Malheureux attendait
Pour jouir de son bien une seconde vie; 10
Ne possédait pas l'or; mais l'or le possédait[2].
Il avait dans la terre une Somme enfouie,
Son cœur avec; n'ayant autre déduit[3]
Que d'y ruminer jour et nuit,
Et rendre sa Chevance[4] à lui-même sacrée. 15
Qu'il allât ou qu'il vînt, qu'il bût ou qu'il mangeât,
On l'eût pris de bien court, à moins qu'il ne songeât[5]
À l'endroit où gisait cette somme enterrée.
Il y fit tant de tours qu'un Fossoyeur[6] le vit,
Se douta du dépôt, l'enleva sans rien dire. 20
Notre Avare un beau jour ne trouva que le nid.
Voilà mon homme aux pleurs; il gémit, il soupire,
Il se tourmente, il se déchire.
Un Passant lui demande à quel sujet ses cris.
« C'eſt mon Trésor que l'on m'a pris. 25
– Votre Trésor? où pris? – Tout joignant cette pierre.
– Eh sommes-nous en temps de guerre
Pour l'apporter si loin? N'eussiez-vous pas mieux fait
De le laisser chez vous en votre cabinet[7],
Que de le changer de demeure? 30
Vous auriez pu sans peine y puiser à toute heure.

— À toute heure, bons Dieux ! Ne tient-il qu'à cela ?
L'Argent vient-il comme il s'en va ?
Je n'y touchais jamais. — Dites-moi donc, de grâce,
35 Reprit l'autre, pourquoi vous vous affligez tant :
Puisque vous ne touchiez jamais à cet Argent[8],
Mettez une pierre à la place,
Elle vous vaudra tout autant. »

FABLE XXI

L'ŒIL DU MAÎTRE[1]

Un Cerf s'étant sauvé dans une étable à Bœufs
Fut d'abord averti par eux
Qu'il cherchât un meilleur asile.
« Mes frères, leur dit-il, ne me décelez pas :
5 Je vous enseignerai les pâtis les plus gras ;
Ce service vous peut quelque jour être utile ;
Et vous n'en aurez pas regret[2]. »
Les Bœufs à toutes fins promirent le secret.
Il se cache en un coin, respire, et prend courage.
10 Sur le soir on apporte herbe fraîche et fourrage,
Comme l'on faisait tous les jours.
L'on va, l'on vient, les Valets font cent tours ;
L'Intendant même, et pas un d'aventure
N'aperçut ni cors, ni ramure[3],
15 Ni Cerf enfin. L'habitant des Forêts
Rend déjà grâce aux Bœufs, attend dans cette étable
Que chacun retournant au travail de Cérès,
Il trouve pour sortir un moment favorable.
L'un des Bœufs ruminant lui dit : « Cela va bien ;
20 Mais quoi l'homme aux cent yeux[4] n'a pas fait sa revue :
Je crains fort pour toi sa venue.
Jusque-là, pauvre Cerf, ne te vante de rien. »

Là-dessus le Maître entre et vient faire sa ronde.
« Qu'eſt-ce-ci ? dit-il à son monde,
Je trouve bien peu d'herbe en tous ces râteliers. 25
Cette litière eſt vieille ; allez vite aux greniers.
Je veux voir désormais vos Bêtes mieux soignées.
Que coûte-t-il d'ôter toutes ces Araignées[5] ?
Ne saurait-on ranger ces jougs et ces colliers ? »
En regardant à tout, il voit une autre tête 30
Que celles qu'il voyait d'ordinaire en ce lieu.
Le Cerf eſt reconnu ; chacun prend un épieu ;
Chacun donne un coup à la Bête.
Ses larmes[6] ne sauraient la sauver du trépas.
On l'emporte, on la sale, on en fait maint repas, 35
Dont maint voisin s'éjouit[7] d'être.
Phèdre, sur ce sujet, dit fort élégamment :
« Il n'eſt pour voir que l'œil du Maître. »
Quant à moi, j'y mettrais encor l'œil de l'amant.

FABLE XXII

L'ALOUETTE ET SES PETITS, AVEC LE MAÎTRE D'UN CHAMP[1]

Ne t'attends qu'à toi seul[2], c'eſt un commun Proverbe.
Voici comme Ésope le mit
En crédit.

Les Alouettes font leur nid
Dans les blés quand ils sont en herbe : 5
C'eſt-à-dire environ le temps
Que tout aime et que tout pullule dans le monde[3] ;
Monſtres marins au fond de l'onde,
Tigres dans les forêts, Alouettes aux champs.
Une pourtant de ces dernières 10

Avait laissé passer la moitié d'un Printemps
Sans goûter le plaisir des amours printanières.
À toute force enfin elle se résolut
D'imiter la nature, et d'être mère encore.
15 Elle bâtit un nid, pond, couve et fait éclore
À la hâte ; le tout alla du mieux qu'il put.
Les blés d'alentour mûrs, avant que la nitée[4]
Se trouvât assez forte encor
Pour voler et prendre l'essor,
20 De mille soins divers l'Alouette agitée
S'en va chercher pâture, avertit ses enfants
D'être toujours au guet et faire sentinelle.
« Si le possesseur de ces champs
Vient avecque son fils (comme il viendra), dit-elle,
25 Écoutez bien ; selon ce qu'il dira,
Chacun de nous décampera. »
Sitôt que l'Alouette eut quitté sa famille,
Le possesseur du champ vient avecque son fils.
« Ces blés sont mûrs, dit-il, allez chez nos amis
30 Les prier que chacun apportant sa faucille
Nous vienne aider demain dès la pointe du jour. »
Notre Alouette de retour
Trouve en alarme sa couvée.
L'un commence : « Il a dit que l'Aurore levée,
35 L'on fît venir demain ses amis pour l'aider.
— S'il n'a dit que cela, repartit l'Alouette,
Rien ne nous presse encor de changer de retraite :
Mais c'est demain qu'il faut tout de bon écouter.
Cependant soyez gais ; voilà de quoi manger. »
40 Eux repus tout s'endort, les Petits et la Mère.
L'aube du jour arrive ; et d'amis point du tout.
L'Alouette à l'essor, le Maître s'en vient faire
Sa ronde ainsi qu'à l'ordinaire.
« Ces blés ne devraient pas, dit-il, être debout.
45 Nos amis ont grand tort, et tort qui se repose
Sur de tels paresseux à servir[5] ainsi lents.

Mon fils, allez chez nos parents
Les prier de la même chose. »
L'épouvante eſt au nid plus forte que jamais.
« Il a dit ses parents, Mère, c'eſt à cette heure… 50
— Non, mes enfants, dormez en paix ;
Ne bougeons de notre demeure. »
L'Alouette eut raison, car personne ne vint.
Pour la troisième fois le Maître se souvint
De visiter ses blés. « Notre erreur eſt extrême, 55
Dit-il, de nous attendre à d'autres gens que nous.
Il n'eſt meilleur ami ni parent que soi-même.
Retenez bien cela, mon fils, et savez-vous
Ce qu'il faut faire ? Il faut qu'avec notre famille
Nous prenions dès demain chacun une faucille : 60
C'eſt là notre plus court ; et nous achèverons
Notre moisson quand nous pourrons. »
Dès lors que ce dessein fut su de l'Alouette :
« C'eſt ce coup qu'il eſt bon de partir, mes enfants. »
Et les Petits en même temps 65
Voletants, se culebutants,
Délogèrent tous sans trompette.

Livre cinquième

FABLE I
LE BÛCHERON ET MERCURE[1]
À. M. L. C. D. B.[2]

Votre goût a servi de règle à mon Ouvrage :
J'ai tenté les moyens d'acquérir son suffrage.
Vous voulez qu'on évite un soin trop curieux[3],
Et des vains ornements l'effort ambitieux[4].
5 Je le veux comme vous ; cet effort ne peut plaire.
Un Auteur gâte tout quand il veut trop bien faire.
Non qu'il faille bannir certains traits délicats :
Vous les aimez ces traits, et je ne les hais pas.
Quant au principal but qu'Ésope se propose,
10 J'y tombe au moins mal que je puis.
Enfin, si dans ces Vers je ne plais et n'instruis,
Il ne tient pas à moi, c'est toujours quelque chose.
Comme la force est un point
Dont je ne me pique point,
15 Je tâche d'y tourner le vice en ridicule,
Ne pouvant l'attaquer avec des bras d'Hercule.
C'est là tout mon talent ; je ne sais s'il suffit[5].
Tantôt je peins en un récit
La sotte vanité jointe avecque l'envie,

Deux pivots sur qui roule aujourd'hui notre vie. 20
Tel est ce chétif Animal
Qui voulut en grosseur au Bœuf se rendre égal.
J'oppose quelquefois, par une double image,
Le vice à la vertu, la sottise au bon sens,
Les Agneaux aux Loups ravissants, 25
La Mouche à la Fourmi ; faisant de cet ouvrage
Une ample Comédie à cent Actes divers,
Et dont la Scène est l'Univers.
Hommes, Dieux, Animaux, tout y fait quelque rôle,
Jupiter comme un autre. Introduisons celui 30
Qui porte de sa part aux Belles la parole :
Ce n'est pas de cela qu'il s'agit aujourd'hui.

Un Bûcheron perdit son gagne-pain[6] ;
C'est sa Cognée ; et la cherchant en vain,
Ce fut pitié là-dessus de l'entendre. 35
Il n'avait pas des outils à revendre.
Sur celui-ci roulait tout son avoir.
Ne sachant donc où mettre son espoir,
Sa face était de pleurs toute baignée.
« Ô ma Cognée ! ô ma pauvre Cognée ! 40
S'écriait-il : Jupiter rends-la-moi ;
Je tiendrai l'être encore un coup de toi. »
Sa plainte fut de l'Olympe entendue.
Mercure vient : « Elle n'est pas perdue,
Lui dit ce Dieu, la connaîtras-tu bien ? 45
Je crois l'avoir près d'ici rencontrée. »
Lors une d'or à l'homme étant montrée,
Il répondit : « Je n'y demande rien. »
Une d'argent succède à la première,
Il la refuse. Enfin une de bois. 50
« Voilà, dit-il, la mienne cette fois ;
Je suis content, si j'ai cette dernière.
— Tu les auras, dit le Dieu, toutes trois.
Ta bonne foi sera récompensée.

55 — En ce cas-là je les prendrai », dit-il.
L'Histoire en est aussitôt dispersée ;
Et Boquillons[7] de perdre leur outil,
Et de crier pour se le faire rendre.
Le Roi des Dieux ne sait auquel entendre.
60 Son fils Mercure aux Criards vient encor :
À chacun d'eux il en montre une d'or.
Chacun eût cru passer pour une Bête
De ne pas dire aussitôt la voilà.
Mercure, au lieu de donner celle-là,
65 Leur en décharge un grand coup sur la tête.

Ne point mentir, être content du sien,
C'est le plus sûr : cependant on s'occupe
À dire faux pour attraper du bien :
Que sert cela ? Jupiter n'est pas dupe.

FABLE II

LE POT DE TERRE ET LE POT DE FER[1]

Le Pot de fer proposa
Au Pot de terre un voyage.
Celui-ci s'en excusa,
Disant qu'il ferait que sage[2]
5 De garder le coin du feu ;
Car il lui fallait si peu,
Si peu, que la moindre chose
De son débris serait cause.
Il n'en reviendrait morceau.
10 « Pour vous dit-il, dont la peau[3]
Est plus dure que la mienne,
Je ne vois rien qui vous tienne.
— Nous vous mettrons à couvert,

Repartit le Pot de fer.
Si quelque matière dure 15
Vous menace d'aventure,
Entre deux je passerai,
Et du coup vous sauverai. »
Cette offre le persuade.
Pot de fer son camarade 20
Se met droit à ses côtés.
Mes gens s'en vont à trois pieds,
Clopin-clopant comme ils peuvent,
L'un contre l'autre jetés,
Au moindre hoquet[4] qu'ils treuvent, 25
Le Pot de terre en souffre; il n'eut pas fait cent pas
Que par son Compagnon il fut mis en éclats,
Sans qu'il eût lieu de se plaindre.
Ne nous associons qu'avecque nos égaux;
Ou bien il nous faudra craindre 30
Le destin d'un de ces Pots.

FABLE III

LE PETIT POISSON ET LE PÊCHEUR[1]

Petit poisson deviendra grand,
Pourvu que Dieu lui prête vie.
Mais le lâcher en attendant,
Je tiens pour moi que c'est folie;
Car de le rattraper il n'est pas trop certain. 5
Un Carpeau qui n'était encore que Fretin
Fut pris par un Pêcheur au bord d'une rivière.
« Tout fait nombre, dit l'homme en voyant son butin;
Voilà commencement de chère et de festin;
Mettons-le[2] en notre gibecière. » 10
Le pauvre Carpillon lui dit à[3] sa manière :

« Que ferez-vous de moi? je ne saurais fournir
Au plus qu'une demi-bouchée.
Laissez-moi Carpe devenir :
15 Je serai par vous repêchée.
Quelque gros Partisan m'achètera bien cher :
Au lieu qu'il vous en faut chercher
Peut-être encor cent de ma taille [vaille.
Pour faire un plat. Quel plat? croyez-moi, rien qui
20 — Rien qui vaille eh bien soit, repartit le Pêcheur;
Poisson mon bel ami, qui faites le Prêcheur,
Vous irez dans la poêle; et vous avez beau dire;
Dès ce soir on vous fera frire. »

Un tien[4] vaut, ce dit-on, mieux que deux tu l'auras,
25 L'un est sûr, l'autre ne l'est pas.

FABLE IV

LES OREILLES DU LIÈVRE[1]

Un Animal cornu blessa de quelques coups
Le Lion, qui plein de courroux,
Pour ne plus tomber en la peine,
Bannit des lieux de son domaine
5 Toute bête portant des Cornes à son front.
Chèvres, Béliers, Taureaux aussitôt délogèrent,
Daims, et Cerfs de climat changèrent;
Chacun à s'en aller fut prompt.
Un Lièvre, apercevant l'ombre de ses oreilles,
10 Craignit que quelque Inquisiteur
N'allât interpréter à Cornes leur longueur,
Ne les soutînt en tout à des Cornes pareilles.
« Adieu, voisin Grillon, dit-il, je pars d'ici.

Mes oreilles enfin seraient Cornes aussi ;
Et quand je les aurais plus courtes qu'une Autruche, 15
Je craindrais même encor. » Le Grillon repartit :
« Cornes cela ? Vous me prenez pour cruche ;
Ce sont oreilles que Dieu fit.
— On les fera passer pour Cornes,
Dit l'Animal craintif, et Cornes de Licornes. 20
J'aurai beau protester ; mon dire et mes raisons
Iront aux Petites-Maisons[2]. »

FABLE V

LE RENARD AYANT LA QUEUE COUPÉE[1]

Un vieux Renard, mais des plus fins,
Grand croqueur de Poulets, grand preneur de Lapins,
Sentant son Renard d'une lieue,
Fut enfin au piège attrapé.
Par grand hasard en étant échappé ; 5
Non pas franc, car pour gage il y laissa sa Queue :
S'étant, dis-je, sauvé sans Queue et tout honteux,
Pour avoir des pareils (comme il était habile)
Un jour que les Renards tenaient conseil entre eux :
« Que faisons-nous, dit-il, de ce poids inutile, 10
Et qui va balayant tous les sentiers fangeux ?
Que nous sert cette Queue ? Il faut qu'on se la coupe,
Si l'on me croit, chacun s'y résoudra.
— Votre avis est fort bon, dit quelqu'un de la troupe,
Mais tournez-vous de grâce, et l'on vous répondra. » 15
À ces mots il se fit une telle huée,
Que le pauvre Écourté[2] ne put être entendu.
Prétendre ôter la Queue eût été temps perdu ;
La mode en fut continuée.

FABLE VI

LA VIEILLE ET LES DEUX SERVANTES[1]

Il était une Vieille ayant deux Chambrières.
Elles filaient si bien que les Sœurs filandières[2]
Ne faisaient que brouiller[3] au prix de celles-ci.
La Vieille n'avait point de plus pressant souci
5 Que de distribuer aux Servantes leur tâche.
Dès que Téthys[4] chassait Phébus aux crins dorés,
Tourets[5] entraient en jeu, fuseaux étaient tirés;
Deçà, delà, vous en aurez[6];
Point de cesse, point de relâche.
10 Dès que l'Aurore, dis-je, en son char remontait,
Un misérable Coq à point nommé chantait :
Aussitôt notre Vieille encor plus misérable
S'affublait d'un jupon crasseux et détestable,
Allumait une lampe et courait droit au lit
15 Où de tout leur pouvoir, de tout leur appétit,
Dormaient les deux pauvres Servantes.
L'une entrouvrait un œil; l'autre étendait un bras;
Et toutes deux, très mal contentes,
Disaient entre leurs dents : « Maudit Coq tu mourras. »
20 Comme elles l'avaient dit, la bête fut grippée[7].
Le Réveille-matin eut la gorge coupée.
Ce meurtre n'amenda nullement leur marché[8].
Notre couple au contraire à peine était couché
Que la Vieille craignant de laisser passer l'heure
25 Courait comme un Lutin par toute sa demeure.
C'est ainsi que le plus souvent,
Quand on pense sortir d'une mauvaise affaire,
On s'enfonce encor plus avant :
Témoin ce Couple et son salaire.
30 La Vieille au lieu du Coq les fit tomber par là
De Charybde en Scylla.

FABLE VII

LE SATYRE ET LE PASSANT[1]

Au fond d'un antre sauvage,
Un Satyre et ses enfants
Allaient manger leur potage
Et prendre l'écuelle aux dents.

On les eût vus sur la mousse 5
Lui, sa Femme, et maint Petit;
Ils n'avaient tapis ni housse[2],
Mais tous fort bon appétit.

Pour se sauver de la pluie
Entre un Passant morfondu. 10
Au brouet on le convie.
Il n'était pas attendu.

Son Hôte n'eut pas la peine
De le semondre[3] deux fois.
D'abord avec son haleine 15
Il se réchauffe les doigts.

Puis sur le mets qu'on lui donne
Délicat il souffle aussi.
Le Satyre s'en étonne :
« Notre Hôte à quoi bon ceci? 20

— L'un refroidit mon potage;
L'autre réchauffe ma main.
— Vous pouvez, dit le Sauvage,
Reprendre votre chemin.

Ne plaise aux Dieux que je couche, 25

Avec vous sous même toit.
Arrière ceux dont la bouche
Souffle le chaud et le froid ! »

FABLE VIII

LE CHEVAL ET LE LOUP[1]

Un certain Loup, dans la saison
Que les tièdes Zéphirs ont l'herbe rajeunie,
Et que les Animaux quittent tous la maison,
Pour s'en aller chercher leur vie ;
5 Un Loup, dis-je, au sortir des rigueurs de l'Hiver,
Aperçut un Cheval qu'on avait mis au vert.
Je laisse à penser quelle joie.
« Bonne chasse, dit-il, qui[2] l'aurait à son croc.
Eh ! que n'es-tu Mouton ! car tu me serais hoc[3] :
10 Au lieu qu'il faut ruser pour avoir cette proie.
Rusons donc. » Ainsi dit, il vient à pas comptés,
Se dit Écolier d'Hippocrate :
Qu'il connaît les vertus et les propriétés
De tous les Simples de ces prés ;
15 Qu'il sait guérir, sans qu'il se flatte,
Toutes sortes de maux. Si Dom Coursier voulait
Ne point celer sa maladie,
Lui Loup gratis le guérirait.
Car le voir en cette prairie
20 Paître ainsi sans être lié
Témoignait quelque mal selon la Médecine.
« J'ai, dit la Bête chevaline,
Une apostume[4] sous le pied.
– Mon fils, dit le Docteur, il n'est point de partie
25 Susceptible de tant de maux.
J'ai l'honneur de servir Nosseigneurs les Chevaux,

Et fais aussi la Chirurgie. »
Mon galant ne songeait qu'à bien prendre son temps
Afin de happer son malade.
L'autre qui s'en doutait lui lâche une ruade 30
Qui vous lui met en marmelade
Les mandibules et les dents.
« C'est bien fait, dit le Loup en soi-même fort triste :
Chacun à son métier doit toujours s'attacher;
Tu veux faire ici l'Arboriste[5], 35
Et ne fus jamais que Boucher. »

FABLE IX

LE LABOUREUR ET SES ENFANTS[1]

Travaillez, prenez de la peine :
C'est le fonds qui manque[2] le moins.
Un riche laboureur sentant sa mort prochaine
Fit venir ses enfants, leur parla sans témoins.
« Gardez-vous, leur dit-il, de vendre l'héritage 5
Que nous ont laissé nos parents.
Un trésor est caché dedans.
Je ne sais pas l'endroit; mais un peu dc courage
Vous le fera trouver, vous en viendrez à bout.
Remuez votre champ dès qu'on aura fait l'août[3]. 10
Creusez, fouillez, bêchez, ne laissez nulle place
Où la main ne passe et repasse. »
Le Père mort, les fils vous retournent le champ
Deçà, delà, partout; si bien qu'au bout de l'an
Il en rapporta davantage. 15
D'argent, point de caché. Mais le Père fut sage
De leur montrer avant sa mort
Que le travail est un trésor.

FABLE X

LA MONTAGNE QUI ACCOUCHE[1]

Une Montagne en mal d'enfant
Jetait une clameur si haute,
Que chacun au bruit accourant
Crut qu'elle accoucherait, sans faute,
5 D'une Cité plus grosse que Paris;
Elle accoucha d'une Souris.

Quand je songe à cette Fable
Dont le récit est menteur
Et le sens est véritable,
10 Je me figure un Auteur
Qui dit : « Je chanterai la guerre
Que firent les Titans au Maître du tonnerre. »
C'est promettre beaucoup : mais qu'en sort-il souvent?
Du vent.

FABLE XI

LA FORTUNE ET LE JEUNE ENFANT[1]

Sur le bord d'un puits très profond,
Dormait étendu de son long
Un Enfant alors dans ses classes[2].
Tout est aux Écoliers couchette et matelas.
5 Un honnête[3] homme en pareil cas
Aurait fait un saut de vingt brasses.
Près de là tout heureusement
La Fortune passa, l'éveilla doucement,
Lui disant : « Mon mignon, je vous sauve la vie.

Soyez une autre fois plus sage, je vous prie. 10
Si vous fussiez tombé, l'on s'en fût pris à moi ;
Cependant c'était votre faute.
Je vous demande en bonne foi
Si cette imprudence si haute
Provient de mon caprice. » Elle part à ces mots. 15
Pour moi, j'approuve son propos.
Il n'arrive rien dans le monde
Qu'il ne faille qu'elle en réponde.
Nous la faisons de tous écots[4] :
Elle est prise à garant de toutes aventures. 20
Est-on sot, étourdi, prend-on mal ses mesures,
On pense en être quitte en accusant son sort.
Bref la Fortune a toujours tort.

FABLE XII

LES MÉDECINS[1]

Le Médecin Tant-pis allait voir un Malade
Que visitait aussi son Confrère Tant-mieux.
Ce dernier espérait, quoique son Camarade
Soutînt que le gisant irait voir ses Aïeux.
Tous deux s'étant trouvés différents pour la cure, 5
Leur Malade paya le tribut à Nature ;
Après qu'en ses conseils Tant-pis eut été cru.
Ils triomphaient encor sur cette maladie.
L'un disait : « Il est mort, je l'avais bien prévu.
— S'il m'eût cru, disait l'autre, il serait plein de vie. » 10

FABLE XIII

LA POULE AUX ŒUFS D'OR[1]

L'Avarice perd tout en voulant tout gagner.
Je ne veux pour le témoigner
Que celui dont la Poule, à ce que dit la Fable,
Pondait tous les jours un œuf d'or.
5 Il crut que dans son corps elle avait un trésor.
Il la tua, l'ouvrit, et la trouva semblable
À celles dont les œufs ne lui rapportaient rien,
S'étant lui-même ôté le plus beau de son bien.
Belle leçon pour les gens chiches :
10 Pendant ces derniers temps combien en a-t-on vus
Qui du soir au matin sont pauvres devenus
Pour vouloir trop tôt être riches?

FABLE XIV

L'ÂNE PORTANT DES RELIQUES[1]

Un Baudet, chargé de Reliques,
S'imagina qu'on l'adorait.
Dans ce penser il se carrait[2],
Recevant comme siens l'Encens et les Cantiques.
5 Quelqu'un vit l'erreur, et lui dit :
« Maître Baudet, ôtez-vous de l'esprit
Une vanité si folle.
Ce n'est pas vous, c'est l'Idole
À qui cet honneur se rend,
10 Et que la gloire en est due[3]. »
D'un Magistrat ignorant
C'est la Robe qu'on salue.

FABLE XV

LE CERF ET LA VIGNE[1]

Un Cerf, à la faveur d'une Vigne fort haute
Et telle qu'on en voit en de certains climats[2],
S'étant mis à couvert, et sauvé du trépas,
Les Veneurs pour ce coup croyaient leurs Chiens en [faute[3].
Ils les rappellent donc. Le Cerf hors de danger 5
Broute sa bienfaitrice, ingratitude extrême;
On l'entend, on retourne, on le fait déloger :
Il vient mourir en ce lieu même.
« J'ai mérité, dit-il, ce juste châtiment :
Profitez-en, ingrats. » Il tombe en ce moment. 10
La Meute en fait curée. Il lui fut inutile
De pleurer aux Veneurs à sa mort arrivés.
Vraie image de ceux qui profanent l'Asile
Qui les a conservés.

FABLE XVI

LE SERPENT ET LA LIME[1]

On conte qu'un Serpent voisin d'un Horloger
(C'était pour l'Horloger un mauvais voisinage)
Entra dans sa boutique, et cherchant à manger
N'y rencontra pour tout potage
Qu'une Lime d'acier qu'il se mit à ronger. 5
Cette Lime lui dit, sans se mettre en colère :
« Pauvre ignorant! et que prétends-tu faire?
Tu te prends à plus dur que toi,
Petit Serpent à tête folle[2];

10 Plutôt que d'emporter de moi
Seulement le quart d'un[e] obole[3],
Tu te romprais toutes les dents :
Je ne crains que celles du temps. »

Ceci s'adresse à vous, Esprits du dernier ordre,
15 Qui n'étant bons à rien cherchez sur tout à mordre,
Vous vous tourmentez vainement.
Croyez-vous que vos dents impriment leurs outrages
Sur tant de beaux ouvrages[4] ?
Ils sont pour vous d'airain, d'acier, de diamant.

FABLE XVII

LE LIÈVRE ET LA PERDRIX[1]

Il ne se faut jamais moquer des misérables[2] :
Car qui peut s'assurer d'être toujours heureux ?
Le sage Ésope dans ses Fables
Nous en donne un exemple ou deux.
5 Celui qu'en ces Vers je propose,
Et les siens, ce sont même chose.
Le Lièvre et la Perdrix, concitoyens d'un champ,
Vivaient dans un état, ce semble, assez tranquille,
Quand une Meute s'approchant
10 Oblige le premier à chercher un asile.
Il s'enfuit dans son fort, met les Chiens en défaut,
Sans même en excepter Brifaut.
Enfin il se trahit lui-même
Par les esprits sortant de son corps échauffé.
15 Miraut sur leur odeur ayant philosophé
Conclut que c'est son Lièvre, et d'une ardeur extrême
Il le pousse, et Tayaut[3], qui n'a jamais menti,
Dit que le Lièvre est reparti.

Le pauvre malheureux vient mourir à son gîte.
La Perdrix le raille, et lui dit : 20
« Tu te vantais d'être si vite :
Qu'as-tu fait de tes pieds? » Au moment qu'elle rit,
Son tour vient; on la trouve : elle croit que ses ailes
La sauront garantir à toute extrémité;
Mais la Pauvrette avait compté 25
Sans l'Autour aux serres cruelles.

FABLE XVIII

L'AIGLE ET LE HIBOU[1]

L'Aigle et le Chat-huant leurs querelles cessèrent,
Et firent tant qu'ils s'embrassèrent.
L'un jura foi de Roi, l'autre foi de Hibou,
Qu'ils ne se goberaient leurs petits peu ni prou.
« Connaissez-vous les miens? dit l'Oiseau de Minerve. 5
– Non, dit l'Aigle. – Tant pis, reprit le triste Oiseau.
Je crains en ce cas pour leur peau :
C'est hasard si je les conserve.
Comme vous êtes Roi, vous ne considérez
Qui ni quoi. Rois et Dieux mettent, quoi qu'on leur die, 10
Tout en même catégorie.
Adieu mes Nourrissons si vous les rencontrez.
– Peignez-les-moi, dit l'Aigle, ou bien me les montrez,
Je n'y toucherai de ma vie. »
Le Hibou repartit : « Mes Petits sont mignons, 15
Beaux, bien faits, et jolis sur tous leurs compagnons.
Vous les reconnaîtrez sans peine à cette marque.
N'allez pas l'oublier; retenez-la si bien
Que chez moi la maudite Parque
N'entre point par votre moyen. » 20
Il avint qu'au Hibou Dieu donna géniture,

De façon qu'un beau soir qu'il[2] était en pâture,
Notre Aigle aperçut d'aventure,
Dans les coins d'une roche dure,
25 Ou dans les trous d'une masure
(Je ne sais pas lequel des deux),
De petits monstres fort hideux,
Rechignés, un air triste, une voix de Mégère.
« Ces enfants ne sont pas, dit l'Aigle, à notre ami,
30 Croquons-les. » Le Galant n'en fit pas à demi.
Ses repas ne sont point repas à la légère.
Le Hibou de retour ne trouve que les pieds
De ses chers Nourrissons, hélas! pour toute chose.
Il se plaint, et les Dieux sont par lui suppliés
35 De punir le brigand qui de son deuil est cause.
Quelqu'un lui dit alors : « N'en accuse que toi
Ou plutôt la commune Loi,
Qui veut qu'on trouve son semblable
Beau, bien fait, et sur tous aimable.
40 Tu fis de tes enfants à l'Aigle ce portrait :
En avaient-ils le moindre trait? »

FABLE XIX

LE LION S'EN ALLANT EN GUERRE[1]

Le Lion dans sa tête avait une entreprise.
Il tint conseil de guerre, envoya ses Prévôts,
Fit avertir les Animaux :
Tous furent du dessein, chacun selon sa guise.
5 L'Éléphant devait sur son dos
Porter l'attirail nécessaire
Et combattre à son ordinaire,
L'Ours s'apprêter pour les assauts;
Le Renard ménager de secrètes pratiques[2],

Et le Singe amuser l'ennemi par ses tours. 10
« Renvoyez, dit quelqu'un, les Ânes qui sont lourds,
Et les Lièvres sujets à des terreurs paniques.
— Point du tout, dit le Roi, je les veux employer.
Notre troupe sans eux ne serait pas complète.
L'Âne effraiera les gens, nous servant de trompette, 15
Et le Lièvre pourra nous servir de courrier. »
Le Monarque prudent et sage
De ses moindres Sujets sait tirer quelque usage,
Et connaît les divers talents :
Il n'eſt rien d'inutile aux personnes de sens. 20

FABLE XX

L'OURS ET LES DEUX COMPAGNONS[1]

Deux Compagnons pressés d'argent
À leur voisin Fourreur vendirent
La peau d'un Ours encor vivant,
Mais qu'ils tueraient bientôt, du moins à ce qu'ils dirent.
C'était le Roi des Ours au conte de ces gens. 5
Le Marchand à sa peau devait faire fortune :
Elle garantirait des froids les plus cuisants;
On en pourrait fourrer plutôt deux robes qu'une.
Dindenaut[2] prisait moins ses Moutons qu'eux leur Ours :
Leur, à leur compte, et non à celui de la Bête. 10
S'offrant de la livrer au plus tard dans deux jours,
Ils conviennent de prix, et se mettent en quête;
Trouvent l'Ours qui s'avance, et vient vers eux au trot.
Voilà mes Gens frappés comme d'un coup de foudre.
Le marché ne tint pas; il fallut le résoudre[3] : 15
D'intérêts contre l'Ours[4], on n'en dit pas un mot.
L'un des deux Compagnons grimpe au faîte d'un arbre;

L'autre, plus froid que n'est un marbre,
Se couche sur le nez, fait le mort, tient son vent[5] ;
20 Ayant quelque part ouï dire
Que l'Ours s'acharne peu souvent
Sur un corps qui ne vit, ne meut[6], ni ne respire.
Seigneur Ours, comme un sot, donna dans ce panneau.
Il voit ce corps gisant, le croit privé de vie,
25 Et de peur de supercherie
Le tourne, le retourne, approche son museau,
Flaire aux passages de l'haleine.
« C'est, dit-il, un Cadavre : ôtons-nous, car il sent. »
À ces mots, l'Ours s'en va dans la Forêt prochaine.
30 L'un de nos deux Marchands de son arbre descend ;
Court à son Compagnon, lui dit que c'est merveille
Qu'il n'ait eu seulement que la peur pour tout mal.
« Eh bien, ajouta-t-il, la peau de l'Animal ?
Mais que t'a-t-il dit à l'oreille ?
35 Car il t'approchait[7] de bien près,
Te retournant avec sa serre.
— Il m'a dit qu'il ne faut jamais
Vendre la peau de l'Ours qu'on ne l'ait mis par terre. »

FABLE XXI

L'ÂNE VÊTU DE LA PEAU DU LION[1]

De la peau du Lion l'Âne s'étant vêtu
Était craint partout à la ronde,
Et bien qu'animal sans vertu[2],
Il faisait trembler tout le monde.
5 Un petit bout d'oreille échappé par malheur
Découvrit la fourbe et l'erreur.
Martin[3] fit alors son office.
Ceux qui ne savaient pas la ruse et la malice

S'étonnaient de voir que Martin
Chassât les Lions au moulin. 10

Force gens font du bruit en France
Par qui cet Apologue est rendu familier.
Un équipage cavalier[4]
Fait les trois quarts de leur vaillance.

Livre sixième

FABLE I

LE PÂTRE ET LE LION

FABLE II

LE LION ET LE CHASSEUR[1]

Les Fables ne sont pas ce qu'elles semblent être[2].
Le plus simple Animal nous y tient lieu de Maître.
Une Morale nue apporte de l'ennui :
Le Conte fait passer le précepte avec lui.
5 En ces sortes de Feinte[s] il faut instruire et plaire[3],
Et conter pour conter me semble peu d'affaire.
C'est par cette raison qu'égayant leur esprit
Nombre de Gens fameux en ce genre ont écrit.
Tous ont fui l'ornement et le trop d'étendue.
10 On ne voit point chez eux de parole perdue.
Phèdre était si succinct qu'aucuns l'en ont blâmé[4].
Ésope en moins de mots s'est encore exprimé.
Mais sur tous certain Grec* renchérit et se pique
D'une élégance laconique.

* Gabrias[5].

Il renferme toujours son conte en quatre Vers ; 15
Bien ou mal, je le laisse à juger aux experts.
Voyons-le avec Ésope en un sujet semblable.
L'un amène un Chasseur, l'autre un Pâtre en sa Fable.
J'ai suivi leur projet quant à l'événement[6],
Y cousant en chemin quelque trait seulement. 20
Voici comme à peu près Ésope le raconte.

Un Pâtre à ses brebis trouvant quelque mécompte,
Voulut à toute force attraper le Larron.
Il s'en va près d'un antre, et tend à l'environ
Des lacs à prendre Loups, soupçonnant cette engeance. 25
Avant que partir de ces lieux :
« Si tu fais, disait-il, ô Monarque des Dieux,
Que le drôle à ces lacs se prenne en ma présence,
Et que je goûte ce plaisir,
Parmi vingt Veaux je veux choisir 30
Le plus gras, et t'en faire offrande. »
À ces mots sort de l'antre un Lion grand et fort.
Le Pâtre se tapit, et dit à demi mort :
« Que l'homme ne sait guère, hélas, ce qu'il demande !
Pour trouver le Larron qui détruit mon troupeau, 35
Et le voir en ces lacs pris avant que je parte,
Ô Monarque des Dieux, je t'ai promis un Veau ;
Je te promets un Bœuf si tu fais qu'il s'écarte. »
C'est ainsi que l'a dit le principal Auteur :
Passons à son imitateur. 40

Un Fanfaron amateur de la Chasse,
Venant de perdre un Chien de bonne race,
Qu'il soupçonnait dans le corps d'un Lion,
Vit un Berger : « Enseigne-moi de grâce,
De mon Voleur, lui dit-il, la maison, 45
Que de ce pas je me fasse raison. »
Le Berger dit : « C'est vers cette montagne.
En lui payant de tribut un Mouton

Par chaque mois, j'erre dans la Campagne
50 Comme il me plaît, et je suis en repos. »
Dans le moment qu'ils tenaient ces propos,
Le Lion sort et vient d'un pas agile.
Le Fanfaron aussitôt d'esquiver.
« Ô Jupiter, montre-moi quelque Asile,
55 S'écria-t-il, qui me puisse sauver. »

La vraie épreuve du[7] courage
N'est que dans le danger que l'on touche du doigt.
Tel le cherchait, dit-il, qui changeant de langage
S'enfuit aussitôt qu'il le voit.

FABLE III

PHÉBUS ET BORÉE[1]

Borée et le Soleil virent un Voyageur
Qui s'était muni par bonheur
Contre le mauvais temps (on entrait dans l'Automne,
Quand la précaution aux voyageurs est bonne :
5 Il pleut ; le Soleil luit ; et l'écharpe d'Iris[2]
Rend ceux qui sortent avertis
Qu'en ces mois le Manteau leur est fort nécessaire.
Les Latins les nommaient douteux[3] pour cette affaire).
Notre homme s'était donc à la pluie attendu.
10 Bon manteau bien doublé ; bonne étoffe bien forte.
« Celui-ci, dit le Vent, prétend avoir pourvu
À tous les accidents ; mais il n'a pas prévu
Que je saurai souffler de sorte
Qu'il n'est bouton qui tienne : il faudra, si je veux,
15 Que le Manteau s'en aille au diable.
L'ébattement[4] pourrait nous en être agréable :
Vous plaît-il de l'avoir ? — Eh bien gageons nous deux,

(Dit Phébus) sans tant de paroles,
À qui plus tôt aura dégarni les épaules
Du Cavalier que nous voyons. 20
Commencez : je vous laisse obscurcir mes rayons. »
Il n'en fallut pas plus. Notre Souffleur à gage[5]
Se gorge de vapeurs, s'enfle comme un ballon ;
Fait un vacarme de Démon ;
Siffle, souffle, tempête, et brise en son passage 25
Maint toit qui n'en peut mais, fait périr maint bateau[6] ;
Le tout au sujet d'un[7] Manteau.
Le Cavalier eut soin d'empêcher que l'orage
Ne se pût engouffrer dedans.
Cela le préserva ; le Vent perdit son temps ; 30
Plus il se tourmentait, plus l'autre tenait ferme ;
Il eut beau faire agir le collet et les plis.
Sitôt qu'il fut au bout du terme
Qu'à la gageure on avait mis,
Le Soleil dissipe la nue, 35
Recrée, et puis pénètre enfin le Cavalier ;
Sous son balandras[8] fait qu'il sue,
Le contraint de s'en dépouiller.
Encor n'usa-t-il pas de toute sa puissance.
Plus fait Douceur que Violence. 40

FABLE IV

JUPITER ET LE MÉTAYER[1]

Jupiter eut jadis une Ferme à donner.
Mercure en fit l'annonce ; et Gens se présentèrent,
Firent des offres, écoutèrent :
Ce ne fut pas sans bien tourner.
L'un alléguait que l'Héritage 5
Était frayant[2] et rude, et l'autre un autre si[3].

Pendant qu'ils marchandaient ainsi,
Un d'eux le plus hardi, mais non pas le plus sage,
Promit d'en rendre tant, pourvu que Jupiter
10 Le laissât disposer de l'air,
Lui donnât saison à sa guise,
Qu'il eût du chaud, du froid, du beau temps, de la bise,
Enfin du sec et du mouillé,
Aussitôt qu'il aurait bâillé.
15 Jupiter y consent. Contrat passé; notre homme
Tranche du Roi des airs, pleut, vente et fait en somme
Un climat pour lui seul : ses plus proches voisins
Ne s'en sentaient non plus que des[4] Américains.
Ce fut leur avantage; ils eurent bonne année,
20 Pleine moisson, pleine vinée[5].
Monsieur le Receveur[6] fut très mal partagé.
L'an suivant voilà tout changé.
Il ajuste d'une autre sorte
La température[7] des Cieux.
25 Son champ ne s'en trouve pas mieux;
Celui de ses voisins fructifie et rapporte.
Que fait-il? Il recourt au Monarque des Dieux :
Il confesse son imprudence.
Jupiter en usa comme un Maître fort doux.
30 Concluons que la Providence
Sait ce qu'il nous faut, mieux que nous[8].

FABLE V

LE COCHET, LE CHAT, ET LE SOURICEAU[1]

Un Souriceau tout jeune, et qui n'avait rien vu,
Fut presque pris au dépourvu.
Voici comme il conta l'aventure à sa Mère.

« J'avais franchi les Monts qui bornent cet État,
Et trottais comme un jeune Rat 5
Qui cherche à se donner carrière,
Lorsque deux animaux m'ont arrêté les yeux;
L'un doux, bénin et gracieux;
Et l'autre turbulent, et plein d'inquiétude.
Il a la voix perçante et rude; 10
Sur la tête un morceau de chair;
Une sorte de bras dont il s'élève en l'air,
Comme pour prendre sa volée;
La queue en panache étalée. »
Or c'était un Cochet dont notre Souriceau 15
Fit à sa mère le tableau,
Comme d'un animal venu de l'Amérique.
« Il se battait, dit-il, les flancs avec ses bras,
Faisant tel bruit et tel fracas,
Que moi, qui grâce aux Dieux de courage me pique, 20
En ai pris la fuite de peur,
Le maudissant de très bon cœur.
Sans lui j'aurais fait connaissance
Avec cet Animal qui m'a semblé si doux.
Il est velouté comme nous, 25
Marqueté, longue queue, une humble contenance;
Un modeste regard, et pourtant l'œil luisant :
Je le crois fort sympathisant
Avec Messieurs les Rats; car il a des oreilles
En figure aux nôtres pareilles. 30
Je l'allais aborder; quand d'un son plein d'éclat
L'autre m'a fait prendre la fuite.
— Mon fils, dit la Souris, ce doucet est un Chat,
Qui sous son minois hypocrite
Contre toute ta parenté 35
D'un malin vouloir est porté.
L'autre animal tout au contraire
Bien éloigné de nous mal faire,
Servira quelque jour peut-être à nos repas.

40 Quant au Chat, c'est sur nous qu'il fonde sa cuisine[2]
Garde-toi, tant que tu vivras,
De juger des gens sur la mine. »

FABLE VI

LE RENARD, LE SINGE, ET LES ANIMAUX[1]

Les Animaux, au décès d'un Lion,
En son vivant Prince de la contrée,
Pour faire un Roi s'assemblèrent, dit-on.
De son étui la couronne est tirée.
5 Dans une chartre[2] un Dragon la gardait.
Il se trouva que sur tous essayée
À un pas d'eux elle ne convenait[3].
Plusieurs avaient la tête trop menue,
Aucuns trop grosse, aucuns même cornue.
10 Le Singe aussi fit l'épreuve en riant,
Et par plaisir la Tiare[4] essayant,
Il fit autour force grimaceries,
Tours de souplesse, et mille singeries,
Passa dedans ainsi qu'en un cerceau.
15 Aux Animaux cela sembla si beau
Qu'il fut élu : chacun lui fit hommage ;
Le Renard seul regretta son suffrage,
Sans toutefois montrer son sentiment.
Quand il eut fait son petit compliment,
20 Il dit au Roi : « Je sais, Sire, une cache,
Et ne crois pas qu'autre que moi la sache.
Or tout trésor par droit de Royauté
Appartient, Sire, à votre Majesté. »
Le nouveau Roi bâille[5] après la Finance :
25 Lui-même y court pour n'être pas trompé.

C'était un piège : il y fut attrapé.
Le Renard dit au nom de l'Assistance :
« Prétendrais-tu nous gouverner encor,
Ne sachant pas te conduire toi-même ? »
Il fut démis : et l'on tomba d'accord 30
Qu'à peu de gens convient le Diadème.

FABLE VII

LE MULET SE VANTANT DE SA GÉNÉALOGIE[1]

Le Mulet d'un Prélat se piquait de noblesse,
Et ne parlait incessamment
Que de sa Mère la Jument,
Dont il contait mainte prouesse.
Elle avait fait ceci, puis avait été là. 5
Son Fils prétendait pour cela
Qu'on le dût mettre dans l'Histoire.
Il eût cru s'abaisser servant un Médecin.
Étant devenu vieux on le mit au moulin.
Son père l'Âne alors lui revint en mémoire. 10

Quand le Malheur ne serait bon
Qu'à mettre un Sot à la raison,
Toujours serait-ce à juste cause
Qu'on le dit bon à quelque chose.

FABLE VIII

LE VIEILLARD ET L'ÂNE[1]

Un Vieillard sur son Âne aperçut en passant
Un pré plein d'herbe et fleurissant.
Il y lâche sa Bête, et le Grison se rue
Au travers de l'herbe menue,
5 Se vautrant, grattant, et frottant[2],
Gambadant, chantant, et broutant,
Et faisant mainte place nette.
L'ennemi vient sur l'entrefaite.
« Fuyons, dit alors le Vieillard.
10 – Pourquoi ? répondit le Paillard.
Me fera-t-on porter double bât, double charge ?
– Non pas, dit le Vieillard, qui prit d'abord le large
– Et que m'importe donc, dit l'Âne, à qui je sois ?
Sauvez-vous, et me laissez paître :
15 Notre Ennemi c'est notre Maître :
Je vous le dis en bon françois[3]. »

FABLE IX

LE CERF SE VOYANT DANS L'EAU[1]

Dans le cristal d'une Fontaine
Un Cerf se mirant autrefois,
Louait la beauté de son bois,
Et ne pouvait qu'avecque peine
5 Souffrir ses jambes de fuseaux,
Dont il voyait l'objet se perdre dans les eaux.
« Quelle proportion de mes pieds à ma tête !
Disait-il en voyant leur ombre[2] avec douleur :

Des taillis les plus hauts mon front atteint le faîte ;
Mes pieds ne me font point d'honneur. » 10
Tout en parlant de la sorte,
Un Limier le fait partir ;
Il tâche à se garantir ;
Dans les Forêts il s'emporte.
Son bois, dommageable ornement, 15
L'arrêtant à chaque moment,
Nuit à l'office que lui rendent
Ses pieds, de qui ses jours dépendent.
Il se dédit alors, et maudit les présents
Que le Ciel lui fait tous les ans. 20

Nous faisons cas du Beau, nous méprisons l'Utile ;
Et le Beau souvent nous détruit.
Ce Cerf blâme ses pieds qui le rendent agile :
Il estime un bois qui lui nuit.

FABLE X

LE LIÈVRE ET LA TORTUE[1]

Rien ne sert de courir ; il faut partir à point[2].
Le Lièvre et la Tortue en sont un témoignage.
« Gageons, dit celle-ci, que vous n'atteindrez point
Si tôt que moi ce but. – Si tôt ? êtes-vous sage ?
Repartit l'Animal léger. 5
Ma Commère, il vous faut purger
Avec quatre grains d'ellébore[3].
– Sage ou non, je parie encore. »
Ainsi fut fait : et de tous deux
On mit près du but les enjeux. 10
Savoir quoi, ce n'est pas l'affaire ;
Ni de quel juge l'on convint.

Notre Lièvre n'avait que quatre pas à faire;
J'entends de ceux qu'il fait lorsque prêt d'être atteint
15 Il s'éloigne des Chiens, les renvoie aux Calendes,
Et leur fait arpenter les landes.
Ayant, dis-je, du temps de reste pour brouter,
Pour dormir, et pour écouter
D'où vient le vent, il laisse la Tortue
20 Aller son train de Sénateur[4].
Elle part, elle s'évertue;
Elle se hâte avec lenteur[5].
Lui cependant méprise une telle victoire;
Tient la gageure à peu de gloire;
25 Croit qu'il y va de son honneur
De partir tard. Il broute, il se repose,
Il s'amuse à toute autre chose
Qu'à la gageure. À la fin quand il vit
Que l'autre touchait presque au bout de la carrière,
30 Il partit comme un trait; mais les élans qu'il fit
Furent vains; la Tortue arriva la première.
« Hé bien, lui cria-t-elle, avais-je pas raison?
De quoi vous sert votre vitesse?
Moi l'emporter! et que serait-ce
35 Si vous portiez une maison? »

FABLE XI

L'ÂNE ET SES MAÎTRES[1]

L'Âne d'un Jardinier se plaignait au Destin
De ce qu'on le faisait lever devant l'Aurore.
« Les Coqs, lui disait-il, ont beau chanter matin;
Je suis plus matineux encore.
5 Et pourquoi? Pour porter des herbes au Marché.
Belle nécessité d'interrompre mon somme! »

Le Sort de sa plainte touché
Lui donne un autre Maître; et l'Animal de somme
Passe du Jardinier aux mains d'un Corroyeur.
La pesanteur des peaux, et leur mauvaise odeur 10
Eurent bientôt choqué l'impertinente Bête.
« J'ai regret, disait-il, à mon premier Seigneur.
Encor quand il tournait la tête,
J'attrapais, s'il m'en souvient bien,
Quelque morceau de chou qui ne me coûtait rien. 15
Mais ici, point d'aubaine; ou si j'en ai quelqu'une,
C'est de coups. » Il obtint changement de fortune,
Et sur l'état[2] d'un Charbonnier
Il fut couché tout le dernier.
Autre plainte. « Quoi donc, dit le Sort en colère, 20
Ce Baudet-ci m'occupe autant
Que cent Monarques pourraient faire.
Croit-il être le seul qui ne soit pas content?
N'ai-je en l'esprit que son affaire? »

Le Sort avait raison; tous gens sont ainsi faits : 25
Notre condition jamais ne nous contente :
La pire est toujours la présente.
Nous fatiguons le Ciel à force de placets.
Qu'à chacun Jupiter accorde sa requête,
Nous lui romprons encor la tête. 30

FABLE XII

LE SOLEIL ET LES GRENOUILLES[1]

Aux noces d'un Tyran tout le Peuple en liesse
Noyait son souci dans les pots[2].
Ésope seul trouvait que les gens étaient sots
De témoigner tant d'allégresse.

5 « Le Soleil, disait-il, eut dessein autrefois
De songer à l'Hyménée.
Aussitôt on ouït d'une commune voix
Se plaindre de leur Destinée
Les Citoyennes des Étangs.
10 Que ferons-nous, s'il lui vient des enfants?
Dirent-elles au Sort, un seul Soleil à peine
Se peut souffrir : une demi-douzaine
Mettra la Mer à sec, et tous ses habitants.
Adieu joncs et marais : notre race est détruite.
15 Bientôt on la verra réduite
À l'eau du Styx. Pour un pauvre Animal,
Grenouilles à mon sens ne raisonnaient pas mal. »

FABLE XIII

LE VILLAGEOIS ET LE SERPENT[1]

Ésope conte qu'un Manant
Charitable autant que peu sage
Un jour d'Hiver se promenant
À l'entour de son héritage[2],
5 Aperçut un Serpent sur la neige étendu,
Transi, gelé, perclus, immobile rendu,
N'ayant pas à vivre un quart d'heure.
Le Villageois le prend, l'emporte en sa demeure;
Et sans considérer quel sera le loyer
10 D'une action de ce mérite,
Il l'étend le long du foyer,
Le réchauffe, le ressuscite.
L'Animal engourdi sent à peine le chaud,
Que l'âme lui revient avecque la colère.
15 Il lève un peu la tête, et puis siffle aussitôt,
Puis fait un long repli, puis tâche à faire un saut

Contre son Bienfaiteur, son Sauveur et son Père.
« Ingrat, dit le Manant, voilà donc mon salaire !
Tu mourras. » À ces mots, plein d'un juste courroux
Il vous prend sa cognée, il vous tranche la Bête, 20
Il fait trois Serpents de deux coups,
Un tronçon, la queue, et la tête.
L'Insecte[3] sautillant cherche à se réunir,
Mais il ne put y parvenir.
Il est bon d'être charitable : 25
Mais envers qui, c'est là le point.
Quant aux ingrats, il n'en est point
Qui ne meure enfin misérable.

FABLE XIV

LE LION MALADE ET LE RENARD[1]

De par le Roi des Animaux,
Qui dans son Antre était malade,
Fut fait savoir à ses Vassaux
Que chaque espèce en Ambassade
Envoyât Gens le visiter : 5
Sous promesse de bien traiter
Les Députés, eux et leur suite ;
Foi de Lion très bien écrite.
Bon passeport contre la dent ;
Contre la griffe tout autant. 10
L'Édit du Prince s'exécute.
De chaque espèce on lui députe.
Les Renards gardant la maison,
Un d'eux en dit cette raison :
« Les pas empreints sur la poussière 15
Par ceux qui s'en vont faire au Malade leur cour,
Tous, sans exception, regardent sa tanière ;

Pas un ne marque de retour.
Cela nous met en méfiance.
20 Que Sa Majesté nous dispense.
Grand merci de son passeport.
Je le crois bon ; mais dans cet Antre
Je vois fort bien comme l'on entre,
Et ne vois pas comme on en sort. »

FABLE XV

L'OISELEUR, L'AUTOUR, ET L'ALOUETTE[1]

Les injustices des Pervers
Servent souvent d'excuse aux nôtres.
Telle est la loi de l'Univers ;
Si tu veux qu'on t'épargne, épargne aussi les autres.
5 Un Manant au miroir prenait des Oisillons.
Le fantôme[2] brillant attire une Alouette.
Aussitôt un Autour planant sur les sillons
Descend des airs, fond, et se jette
Sur celle qui chantait, quoique près du tombeau.
10 Elle avait évité la perfide machine,
Lorsque se rencontrant sous la main de l'Oiseau
Elle sent son ongle maline[3].
Pendant qu'à la plumer l'Autour est occupé,
Lui-même sous les rets demeure enveloppé.
15 « Oiseleur, laisse-moi, dit-il en son langage ;
Je ne t'ai jamais fait de mal. »
L'Oiseleur repartit : « Ce petit Animal
T'en avait-il fait davantage ? »

FABLE XVI

LE CHEVAL ET L'ÂNE[1]

En ce monde il se faut l'un l'autre secourir.
Si ton Voisin vient à mourir,
C'est sur toi que le fardeau tombe.
Un Âne accompagnait un Cheval peu courtois,
Celui-ci ne portant que son simple harnois, 5
Et le pauvre Baudet si chargé qu'il succombe.
Il pria le Cheval de l'aider quelque peu :
Autrement il mourrait devant qu'être à la ville.
« La prière, dit-il, n'en est pas incivile :
Moitié de ce fardeau ne vous sera que jeu. » 10
Le Cheval refusa, fit une pétarade;
Tant qu'il vit sous le faix mourir son Camarade,
Et reconnut qu'il avait tort.
Du Baudet, en cette aventure,
On lui fit porter la voiture[2], 15
Et la peau par-dessus encor.

FABLE XVII

LE CHIEN QUI LÂCHE SA PROIE POUR L'OMBRE[1]

Chacun se trompe ici-bas.
On voit courir après l'ombre[2]
Tant de Fous, qu'on n'en sait pas
La plupart du temps le nombre.

Au Chien dont parle Ésope il faut les renvoyer. 5
Ce Chien, voyant sa proie en l'eau représentée,

La quitta pour l'image, et pensa se noyer;
La Rivière devint tout d'un coup agitée.
À toute peine il regagna les bords,
10 Et n'eut ni l'ombre ni le corps.

FABLE XVIII

LE CHARTIER[1] EMBOURBÉ[2]

Le Phaéton d'une voiture à foin
Vit son char embourbé. Le pauvre homme était loin
De tout humain secours. C'était à la campagne,
Près d'un certain canton de la basse Bretagne
5 Appelé Quimpercorentin[3].
On sait assez que le Destin
Adresse là les gens quand il veut qu'on enrage.
Dieu nous préserve du voyage!
Pour venir au Chartier embourbé en ces lieux,
10 Le voilà qui déteste et jure de son mieux[4],
Pestant en sa fureur extrême
Tantôt contre les trous, puis contre ses chevaux,
Contre son char, contre lui-même.
Il invoque à la fin le Dieu dont les travaux
15 Sont si célèbres dans le monde.
« Hercule, lui dit-il, aide-moi; si ton dos
A porté la Machine ronde,
Ton bras peut me tirer d'ici. »
Sa prière étant faite, il entend dans la nue
20 Une Voix qui lui parle ainsi :
« Hercule veut qu'on se remue,
Puis il aide les Gens. Regarde d'où provient
L'achoppement qui te retient.
Ôte d'autour de chaque roue
25 Ce malheureux mortier, cette maudite boue,

Qui jusqu'à l'essieu les enduit.
Prends ton pic, et me romps ce caillou qui te nuit.
Comble-moi cette ornière. As-tu fait? – Oui, dit
[l'homme.
– Or bien je vas t'aider, dit la Voix : prends ton fouet.
– Je l'ai pris. Qu'eſt ceci? mon char marche à souhait. 30
Hercule en soit loué. » Lors la voix : « Tu vois comme
Tes chevaux aisément se sont tirés de là.
Aide-toi, le Ciel t'aidera[5]. »

FABLE XIX

LE CHARLATAN[1]

Le monde n'a jamais manqué de Charlatans.
Cette science de tout temps
Fut en Professeurs très fertile.
Tantôt l'un[2] en Théâtre affronte l'Achéron,
Et l'autre affiche[3] par la ville 5
Qu'il eſt un Passe-Cicéron.
Un des derniers se vantait d'être
En Éloquence si grand Maître,
Qu'il rendrait disert un Badaud[4],
Un Manant, un Ruſtre, un Lourdaud ; 10
« Oui, Messieurs, un Lourdaud ; un Animal, un Âne :
Que l'on [m']amène un Âne, un Âne renforcé ;
Je le rendrai Maître passé[5] ;
Et veux qu'il porte la Soutane[6]. »
Le Prince sut la chose ; il manqua le Rhéteur. 15
« J'ai, dit-il, en[7] mon Écurie
Un fort beau Roussin d'Arcadie :
J'en voudrais faire un Orateur.
– Sire, vous pouvez tout, reprit d'abord notre homme. »
On lui donna certaine somme. 20

Il devait au bout de dix ans
Mettre son Âne sur les bancs[8] ;
Sinon il consentait d'être en place publique
Guindé la hart au col, étranglé court et net,
25 Ayant au dos sa Rhétorique,
Et les oreilles d'un Baudet.
Quelqu'un des Courtisans lui dit qu'à la potence
Il voulait l'aller voir, et que pour un Pendu,
Il aurait bonne grâce et beaucoup de prestance :
30 Surtout qu'il se souvînt de faire à l'Assistance
Un discours où son art fût au long étendu ;
Un discours pathétique, et dont le formulaire
Servît à certains Cicérons
Vulgairement nommés Larrons.
35 L'autre reprit : « Avant l'affaire,
Le Roi, l'Âne, ou moi, nous mourrons. »

Il avait raison. C'est folie
De compter sur dix ans de vie.
Soyons bien buvants, bien mangeants[9],
40 Nous devons à la mort de trois l'un[10] en dix ans.

FABLE XX

LA DISCORDE[1]

La Déesse Discorde ayant brouillé les Dieux,
Et fait un grand procès là-haut pour une Pomme,
On la fit déloger des Cieux.
Chez l'Animal qu'on appelle Homme
5 On la reçut à bras ouverts,
Elle, et Que-si-que-non son frère,
Avecque Tien-et-mien son père[2].
Elle nous fit l'honneur en ce bas Univers

De préférer notre Hémisphère
À celui des mortels qui nous sont opposés, 10
Gens grossiers, peu civilisés,
Et qui se mariant sans Prêtre et sans Notaire
De la Discorde n'ont que faire.
Pour la faire trouver aux lieux où le besoin
Demandait qu'elle fût présente, 15
La Renommée avait le soin
De l'avertir ; et l'autre diligente
Courait vite aux débats et prévenait[3] la paix,
Faisait d'une étincelle un feu long à s'éteindre.
La Renommée enfin commença de se plaindre 20
Que l'on ne lui trouvait jamais
De demeure fixe et certaine.
Bien souvent l'on perdait à la chercher sa peine.
Il fallait donc qu'elle eût un séjour affecté,
Un séjour d'où l'on pût en toutes les Familles 25
L'envoyer à jour arrêté.
Comme il n'était alors aucun Couvent de Filles,
On y trouva difficulté.
L'Auberge enfin de l'Hyménée
Lui fut pour maison assignée[4]. 30

FABLE XXI

LA JEUNE VEUVE[1]

La perte d'un Époux ne va point sans soupirs.
On fait beaucoup de bruit, et puis on se console.
Sur les ailes du Temps la Tristesse s'envole ;
Le Temps ramène les plaisirs.
Entre la Veuve d'une année 5
Et la Veuve d'une journée
La différence est grande : on ne croirait jamais

Que ce fût la même personne.
L'une fait fuir les Gens, et l'autre a mille attraits.
10 Aux soupirs vrais ou faux celle-là s'abandonne;
C'eſt toujours même note, et pareil entretien :
On dit qu'on eſt inconsolable;
On le dit, mais il n'en eſt rien;
Comme on verra par cette Fable,
15 Ou plutôt par la vérité.
L'Époux d'une jeune Beauté
Partait pour l'autre monde. À ses côtés sa Femme
Lui criait : « Attends-moi, je te suis; et mon âme
Aussi bien que la tienne, eſt prête à s'envoler[2]. »
20 Le Mari fit[3] seul le voyage.
La Belle avait un Père, homme prudent et sage :
Il laissa le torrent couler.
À la fin, pour la consoler,
« Ma fille, lui dit-il, c'eſt trop verser de larmes :
25 Qu'a besoin le Défunt que vous noyiez vos charmes?
Puisqu'il eſt des Vivants, ne songez plus aux Morts.
Je ne dis pas que tout à l'heure
Une condition meilleure
Change en des noces ces transports;
30 Mais après certain temps souffrez qu'on vous propose
Un Époux beau, bien fait, jeune, et tout autre chose
Que le Défunt. — Ah! dit-elle aussitôt,
Un Cloître eſt l'Époux qu'il me faut. »
Le Père lui laissa digérer sa disgrâce.
35 Un mois de la sorte se passe.
L'autre mois, on l'emploie à changer tous les jours
Quelque chose à l'habit, au linge, à la coiffure.
Le deuil enfin sert de parure,
En attendant d'autres atours.
40 Toute la bande des Amours
Revient au Colombier : les Jeux, les Ris, la Danse,
Ont aussi leur tour à la fin.
On se plonge soir et matin

Dans la Fontaine de Jouvence[4].
Le Père ne craint plus ce Défunt tant chéri; 45
Mais comme il ne parlait de rien à notre Belle :
« Où donc est le jeune Mari
Que vous m'avez promis? » dit-elle.

ÉPILOGUE[1]

Bornons ici cette carrière.
Les longs Ouvrages me font peur.
Loin d'épuiser une matière,
On n'en doit prendre que la fleur.
Il s'en va temps[2] que je reprenne 5
Un peu de forces et d'haleine
Pour fournir à d'autres projets.
Amour, ce tyran de ma vie[3],
Veut que je change de sujets :
Il faut contenter son envie. 10
Retournons à Psyché : Damon[4], vous m'exhortez
À peindre ses malheurs et ses félicités.
J'y consens : peut-être ma veine
En sa faveur s'échauffera.
Heureux si ce travail est la dernière peine 15
Que son Époux me causera.

Livre septième[1]

AVERTISSEMENT

Voici un second recueil de Fables que je présente au public; j'ai jugé à propos de donner à la plupart de celles-ci un air, et un tour un peu différent[1] de celui que j'ai donné aux premières; tant à cause de la différence des sujets, que pour remplir de plus de variété mon Ouvrage. Les traits familiers que j'ai semés avec assez d'abondance dans les deux autres parties[2] convenaient bien mieux aux inventions d'Ésope, qu'à ces dernières, où j'en use plus sobrement, pour ne pas tomber en des répétitions : car le nombre de ces traits n'eſt pas infini. Il a donc fallu que j'aie cherché d'autres enrichissements, et étendu davantage les circonſtances de ces récits, qui d'ailleurs me semblaient le demander de la sorte. Pour peu que le Lecteur y prenne garde, il le reconnaîtra lui-même; ainsi je ne tiens pas qu'il soit nécessaire d'en étaler ici les raisons : non plus que de dire où j'ai puisé ces derniers sujets. Seulement je dirai par reconnaissance que j'en dois la plus grande partie à Pilpay[3] Sage indien. Son Livre a été traduit en toutes les Langues[4]. Les gens du pays le croient fort ancien, et original à l'égard d'Ésope si ce n'est Ésope lui-même sous le nom du sage Locman[5]. Quelques autres m'ont fourni des sujets assez heureux. Enfin j'ai tâché de mettre en ces deux dernières Parties toute la diversité dont j'étais capable. Il s'est glissé quelques fautes dans l'impression; j'en ai fait faire un Errata; mais ce sont de légers remèdes pour un défaut considérable. Si on veut avoir quelque plaisir de la lecture de cet Ouvrage, il faut que chacun fasse corriger ces fautes à la main dans son Exemplaire, ainsi qu'elles sont marquées par chaque Errata, aussi bien pour les deux premières Parties, que pour les dernières.

À MADAME DE MONTESPAN[1]

L'Apologue est un don qui vient des immortels[2] ;
Ou si c'est un présent des hommes,
Quiconque nous l'a fait mérite des Autels[3].
Nous devons tous tant que nous sommes
5 Ériger en divinité
Le Sage par qui fut ce bel art inventé.
C'est proprement un charme : il rend l'âme attentive,
Ou plutôt il la tient captive,
Nous attachant à des récits
10 Qui mènent à son gré les cœurs et les esprits[4].
Ô vous qui l'imitez, Olympe, si ma Muse
A quelquefois pris place à la table des Dieux[5],
Sur ses dons aujourd'hui daignez porter les yeux,
Favorisez les jeux où mon esprit s'amuse.
15 Le temps qui détruit tout, respectant votre appui
Me laissera franchir les ans dans cet ouvrage :
Tout Auteur qui voudra vivre encore après lui
Doit s'acquérir votre suffrage.
C'est de vous que mes vers attendent tout leur prix :
20 Il n'est beauté dans nos écrits
Dont vous ne connaissiez jusques aux moindres traces ;
Eh qui connaît que vous les beautés et les grâces ?
Paroles et regards, tout est charme dans vous.
Ma Muse en un sujet si doux

Voudrait s'étendre davantage; 25
Mais il faut réserver à d'autres cet emploi,
Et d'un plus grand maître[6] que moi
Votre louange est le partage.
Olympe, c'est assez qu'à mon dernier ouvrage
Votre nom serve un jour de rempart et d'abri : 30
Protégez désormais le livre favori[7]
Par qui j'ose espérer une seconde vie :
Sous vos seuls auspices ces vers
Seront jugés malgré l'envie
Dignes des yeux de l'Univers. 35
Je ne mérite pas une faveur si grande;
La Fable en son nom la demande :
Vous savez quel crédit ce mensonge a sur nous;
S'il procure à mes vers le bonheur de vous plaire,
Je croirai lui devoir un temple pour salaire; 40
Mais je ne veux bâtir des temples que pour vous.

FABLE I

LES ANIMAUX MALADES DE LA PESTE[1]

Un mal qui répand la terreur,
Mal que le Ciel en sa fureur
Inventa pour punir les crimes de la terre,
La Peste[2] (puisqu'il faut l'appeler par son nom)
Capable d'enrichir en un jour l'Achéron, 5
Faisait aux animaux la guerre.
Ils ne mouraient pas tous, mais tous étaient frappés :
On n'en voyait point d'occupés
À chercher le soutien d'une mourante vie;
Nul mets n'excitait leur envie; 10
Ni Loups ni Renards n'épiaient
La douce et l'innocente proie.
Les Tourterelles se fuyaient;
Plus d'amour, partant plus de joie.
Le Lion tint conseil, et dit : « Mes chers amis, 15
Je crois que le Ciel a permis
Pour nos péchés cette infortune;
Que le plus coupable de nous
Se sacrifie aux traits du céleste courroux,
Peut-être il obtiendra la guérison commune. 20

L'histoire nous apprend qu'en de tels accidents
On fait de pareils dévouements[3] :
Ne nous flattons donc point, voyons sans indulgence
L'état de notre conscience.
25 Pour moi, satisfaisant mes appétits gloutons
J'ai dévoré force moutons;
Que m'avaient-ils fait? nulle offense :
Même il m'est arrivé quelquefois de manger
Le Berger.
30 Je me dévouerai donc, s'il le faut; mais je pense
Qu'il est bon que chacun s'accuse ainsi que moi
Car on doit souhaiter selon toute justice
Que le plus coupable périsse.
— Sire, dit le Renard, vous êtes trop bon Roi;
35 Vos scrupules font voir trop de délicatesse;
Eh bien, manger moutons, canaille, sotte espèce,
Est-ce un péché? Non non. Vous leur fîtes Seigneur
En les croquant beaucoup d'honneur.
Et quant au Berger, l'on peut dire
40 Qu'il était digne de tous maux,
Étant de ces gens-là qui sur les animaux
Se font un chimérique empire. »
Ainsi dit le Renard, et flatteurs d'applaudir.
On n'osa trop approfondir
45 Du Tigre, ni de l'Ours, ni des autres puissances
Les moins pardonnables offenses.
Tous les gens querelleurs, jusqu'aux simples mâtins,
Au dire de chacun, étaient de petits saints.
L'Âne vint à son tour et dit : « J'ai souvenance
50 Qu'en un pré de Moines passant,
La faim, l'occasion, l'herbe tendre, et je pense
Quelque diable aussi me poussant,
Je tondis de ce pré la largeur de ma langue.
Je n'en avais nul droit, puisqu'il faut parler net. »
55 À ces mots on cria haro sur le baudet.
Un Loup quelque peu clerc prouva par sa harangue

Qu'il fallait dévouer ce maudit animal,
Ce pelé, ce galeux, d'où venait tout leur mal.
Sa peccadille fut jugée un cas pendable.
Manger l'herbe d'autrui ! quel crime abominable ! 60
Rien que la mort n'était capable
D'expier son forfait : on le lui fit bien voir.
Selon que vous serez puissant ou misérable,
Les jugements de Cour[4] vous rendront blanc ou noir.

FABLE II

LE MAL MARIÉ[1]

Que le bon soit toujours camarade du beau,
Dès demain je chercherai femme ;
Mais comme le divorce entre eux n'est pas nouveau[2],
Et que peu de beaux corps, hôtes d'une belle âme,
Assemblent l'un et l'autre point, 5
Ne trouvez pas mauvais que je ne cherche point[3].
J'ai vu beaucoup d'Hymens, aucuns d'eux ne me [tentent[4] :
Cependant des humains presque les quatre parts
S'exposent hardiment au plus grand des hasards ;
Les quatre parts aussi des humains se repentent. 10
J'en vais alléguer un qui, s'étant repenti,
Ne put trouver d'autre parti,
Que de renvoyer son épouse
Querelleuse, avare, et jalouse.
Rien ne la contentait, rien n'était comme il faut : 15
On se levait trop tard, on se couchait trop tôt,
Puis du blanc, puis du noir, puis encore autre chose ;
Les valets enrageaient, l'époux était à bout ;
Monsieur ne songe à rien, Monsieur dépense tout,
Monsieur court, Monsieur se repose. 20

Elle en dit tant, que Monsieur, à la fin,
Lassé d'entendre un tel lutin,
Vous la renvoie à la campagne
Chez ses parents. La voilà donc compagne
25 De certaines Philis qui gardent des dindons
Avec les gardeurs de cochons.
Au bout de quelque temps qu'on la crut adoucie,
Le mari la reprend : « Eh bien! qu'avez-vous fait?
Comment passiez-vous votre vie?
30 L'innocence des champs est-elle votre fait?
– Assez, dit-elle; mais ma peine
Était de voir les gens plus paresseux qu'ici;
Ils n'ont des troupeaux nul souci.
Je leur savais bien dire, et m'attirais la haine
35 De tous ces gens si peu soigneux.
– Eh, Madame, reprit son époux tout à l'heure,
Si votre esprit est si hargneux
Que le monde qui ne demeure
Qu'un moment avec vous, et ne revient qu'au soir,
40 Est déjà lassé de vous voir,
Que feront des valets qui toute la journée
Vous verront contre eux déchaînée?
Et que pourra faire un époux
Que vous voulez qui soit[5] jour et nuit avec vous?
45 Retournez au village : adieu. Si de ma vie
Je vous rappelle, et qu'il m'en prenne envie,
Puissé-je chez les morts avoir pour mes péchés,
Deux femmes comme vous sans cesse à mes côtés. »

FABLE III

LE RAT QUI S'EST RETIRÉ DU MONDE[1]

Les Levantins en leur légende
Disent qu'un certain Rat las des soins d'ici-bas,
Dans un fromage de Hollande
Se retira loin du tracas.
La solitude était profonde, 5
S'étendant partout à la ronde.
Notre ermite nouveau subsistait là-dedans.
Il fit tant de pieds et de dents
Qu'en peu de jours il eut au fond de l'ermitage
Le vivre et le couvert; que faut-il davantage? 10
Il devint gros et gras[2]; Dieu prodigue ses biens
À ceux qui font vœu d'être siens.
Un jour au dévot personnage
Des députés du peuple Rat
S'en vinrent demander quelque aumône légère : 15
Ils allaient en terre étrangère
Chercher quelque secours contre le peuple chat;
Ratopolis était bloquée :
On les avait contraints de partir sans argent,
Attendu l'état indigent 20
De la République attaquée.
Ils demandaient fort peu, certains que le secours
Serait prêt dans quatre ou cinq jours.
« Mes amis, dit le Solitaire,
Les choses d'ici-bas ne me regardent plus : 25
En quoi peut un pauvre Reclus
Vous assister? que peut-il faire,
Que de prier le Ciel qu'il vous aide en ceci?
J'espère qu'il aura de vous quelque souci. »
Ayant parlé de cette sorte, 30
Le nouveau Saint ferma sa porte.

Qui désigné-je, à votre avis,
Par ce Rat si peu secourable?
Un Moine? non, mais un Dervis[3] :
35 Je suppose qu'un Moine est toujours charitable.

FABLE IV

LE HÉRON
LA FILLE[1]

Un jour sur ses longs pieds allait je ne sais où,
Le Héron au long bec emmanché d'un long cou.
Il côtoyait une rivière.
L'onde était transparente ainsi qu'aux plus beaux jours;
5 Ma commère la carpe y faisait mille tours
Avec le brochet son compère[2].
Le Héron en eût fait aisément son profit :
Tous approchaient du bord, l'oiseau n'avait qu'à prendre;
Mais il crut mieux faire d'attendre
10 Qu'il eût un peu plus d'appétit.
Il vivait de régime, et mangeait à ses heures.
Après quelques moments l'appétit vint; l'oiseau
S'approchant du bord vit sur l'eau
Des Tanches qui sortaient du fond de ces demeures.
15 Le mets ne lui plut pas; il s'attendait à mieux
Et montrait un goût dédaigneux
Comme le rat du bon Horace[3].
« Moi, des Tanches? dit-il, moi Héron que je fasse
Une si pauvre chère? et pour qui me prend-on? »
20 La Tanche rebutée[4] il trouva du goujon.
« Du goujon! c'est bien là le dîner d'un Héron!
J'ouvrirais pour si peu le bec! aux Dieux ne plaise! »
Il l'ouvrit pour bien moins : tout alla de façon

Qu'il ne vit plus aucun poisson.
La faim le prit ; il fut tout heureux et tout aise 25
De rencontrer un Limaçon.
Ne soyons pas si difficiles :
Les plus accommodants, ce sont les plus habiles :
On hasarde de perdre en voulant trop gagner.
Gardez-vous de rien dédaigner ; 30
Surtout quand vous avez à peu près votre compte.
Bien des gens y sont pris ; ce n'est pas aux Hérons
Que je parle ; écoutez, humains, un autre conte ;
Vous verrez que chez vous j'ai puisé ces leçons.
Certaine fille un peu trop fière 35
Prétendait trouver un mari
Jeune, bien fait, et beau, d'agréable manière,
Point froid et point jaloux ; notez ces deux points-ci.
Cette fille voulait aussi
Qu'il eût du bien, de la naissance, 40
De l'esprit, enfin tout [5] ; mais qui peut tout avoir ?
Le destin se montra soigneux de la pourvoir :
Il vint des partis d'importance.
La belle les trouva trop chétifs de moitié.
« Quoi moi ? quoi ces gens-là ? l'on radote, je pense. 45
À moi les proposer ! hélas ils font pitié.
Voyez un peu la belle espèce ! »
L'un n'avait en l'esprit nulle délicatesse ;
L'autre avait le nez fait ce cette façon-là ;
C'était ceci, c'était cela, 50
C'était tout ; car les précieuses
Font dessus tout [6] les dédaigneuses.
Après les bons partis les médiocres gens
Vinrent se mettre sur les rangs.
Elle de se moquer. « Ah vraiment, je suis bonne 55
De leur ouvrir la porte : ils pensent que je suis
Fort en peine de ma personne.
Grâce à Dieu je passe les nuits
Sans chagrin, quoique en solitude. »

60 La belle se sut gré de tous ces sentiments.
L'âge la fit déchoir; adieu tous les amants[7].
Un an se passe et deux avec inquiétude.
Le chagrin vient ensuite : elle sent chaque jour
Déloger quelques Ris, quelques jeux, puis l'amour;
65 Puis ses traits choquer et déplaire;
Puis cent sortes de fards. Ses soins ne purent faire
Qu'elle échappât au temps, cet insigne larron[8] :
Les ruines d'une maison
Se peuvent réparer; que n'est cet avantage
70 Pour les ruines du visage!
Sa préciosité changea lors de langage.
Son miroir lui disait : « Prenez vite un mari. »
Je ne sais quel désir le lui disait aussi;
Le désir peut loger chez une précieuse[9].
75 Celle-ci fit un choix qu'on n'aurait jamais cru,
Se trouvant à la fin tout aise et tout heureuse[10]
De rencontrer un malotru[11].

FABLE V

LES SOUHAITS[1]

Il est au Mogol[2] des follets
Qui font office de valets,
Tiennent la maison propre, ont soin de l'équipage,
Et quelquefois du jardinage.
5 Si vous touchez à leur ouvrage,
Vous gâtez tout. Un d'eux près du Gange autrefois,
Cultivait le jardin d'un assez bon Bourgeois[3].
Il travaillait sans bruit, avait beaucoup d'adresse,
Aimait le maître et la maîtresse,
10 Et le jardin surtout. Dieu sait si les zéphirs
Peuple ami du Démon l'assistaient dans sa tâche :

Le follet de sa part travaillant sans relâche
Comblait ses hôtes de plaisirs.
Pour plus de marques de son zèle
Chez ces gens pour toujours il se fût arrêté, 15
Nonobstant la légèreté
À ses pareils si naturelle;
Mais ses confrères les esprits
Firent tant que le chef de cette république,
Par caprice ou par politique, 20
Le changea bientôt de logis.
Ordre lui vient d'aller au fond de la Norvège
Prendre le soin d'une maison
En tout temps couverte de neige;
Et d'hindou qu'il était on vous le fait lapon. 25
Avant que de partir, l'esprit dit à ses hôtes :
« On m'oblige de vous quitter :
Je ne sais pas pour quelles fautes;
Mais enfin il le faut, je ne puis arrêter
Qu'un temps fort court, un mois, peut-être une semaine. 30
Employez-la; formez trois souhaits, car je puis
Rendre trois souhaits accomplis;
Trois sans plus. » Souhaiter, ce n'est pas une peine
Étrange et nouvelle aux humains.
Ceux-ci pour premier vœu demandent l'abondance; 35
Et l'abondance à pleines mains
Verse en leurs coffres la finance,
En leurs greniers le blé, dans leurs caves les vins;
Tout en crève. Comment ranger cette chevance?
Quels registres, quels soins, quel temps il leur fallut! 40
Tous deux sont empêchés si jamais on le fut.
Les voleurs contre eux complotèrent;
Les grands Seigneurs leur empruntèrent;
Le Prince les taxa. Voilà les pauvres gens
Malheureux par trop de fortune. 45
« Ôtez-nous de ces biens l'affluence importune,
Dirent-ils l'un et l'autre; heureux les indigents!

La pauvreté vaut mieux qu'une telle richesse.
Retirez-vous, trésors, fuyez ; et toi, Déesse,
50 Mère du bon esprit, compagne du repos,
Ô médiocrité, reviens vite. » À ces mots
La médiocrité revient ; on lui fait place
Avec elle ils rentrent en grâce,
Au bout de deux souhaits étant aussi chanceux
55 Qu'ils étaient, et que sont tous ceux
Qui souhaitaient toujours, et perdent en chimères
Le temps qu'ils feraient mieux de mettre à leurs affaires
Le follet en rit avec eux.
Pour profiter de sa largesse,
60 Quand il voulut partir, et qu'il fut sur le point,
Ils demandèrent la sagesse ;
C'est un trésor qui n'embarrasse point.

FABLE VI

LA COUR DU LION[1]

Sa Majesté Lionne un jour voulut connaître
De quelles nations le Ciel l'avait fait maître.
Il manda donc par députés
Ses vassaux de toute nature,
5 Envoyant de tous les côtés
Une circulaire écriture,
Avec son sceau. L'écrit portait
Qu'un mois durant le Roi tiendrait
Cour plénière[2], dont l'ouverture
10 Devait être un fort grand festin,
Suivi des tours de Fagotin[3].
Par ce trait de magnificence
Le Prince à ses sujets étalait sa puissance.
En son Louvre il les invita.
15 Quel Louvre ! un vrai charnier, dont l'odeur se porta

D'abord au nez des gens. L'Ours boucha sa narine :
Il se fût bien passé de faire cette mine,
Sa grimace déplut. Le Monarque irrité
L'envoya chez Pluton faire le dégoûté.
Le Singe approuva fort cette sévérité ; 20
Et flatteur excessif il loua la colère[4],
Et la griffe du Prince, et l'antre, et cette odeur :
Il n'était ambre, il n'était fleur,
Qui ne fût ail au prix. Sa sotte flatterie
Eut un mauvais succès, et fut encor punie. 25
Ce Monseigneur du Lion-là
Fut parent de Caligula[5].
Le Renard étant proche : « Or çà, lui dit le Sire,
Que sens-tu ? dis-le-moi : parle sans déguiser. »
L'autre aussitôt de s'excuser, 30
Alléguant un grand rhume : il ne pouvait que dire[6]
Sans odorat ; bref il s'en tire.
Ceci vous sert d'enseignement.
Ne soyez à la Cour, si vous voulez y plaire,
Ni fade adulateur, ni parleur trop sincère ; 35
Et tâchez quelquefois de répondre en Normand.

FABLE VII

LES VAUTOURS ET LES PIGEONS[1]

Mars autrefois mit tout l'air en émute[2].
Certain sujet fit naître la dispute
Chez les oiseaux ; non ceux[3] que le Printemps
Mène à sa Cour, et qui, sous la feuillée,
Par leur exemple et leurs sons éclatants
Font que Vénus est en nous réveillée ;
Ni ceux encor que la Mère d'Amour
Met à son char[4] : mais le peuple Vautour
Au bec retors[5], à la tranchante serre,

10 Pour un chien mort se fit, dit-on, la guerre.
Il plut du sang[6]; je n'exagère point.
Si je voulais conter de point en point
Tout le détail, je manquerais d'haleine.
Maint chef périt, maint héros expira;
15 Et sur son roc Prométhée espéra
De voir bientôt une fin à sa peine.
C'était plaisir d'observer leurs efforts;
C'était pitié de voir tomber les morts.
Valeur, adresse, et ruses, et surprises,
20 Tout s'employa : les deux troupes éprises[7]
D'ardent courroux n'épargnaient nuls moyens
De peupler l'air que respirent les ombres :
Tout élément remplit de citoyens
Le vaste enclos qu'ont les royaumes sombres.
25 Cette fureur mit la compassion
Dans les esprits d'une autre nation
Au col changeant, au cœur tendre et fidèle.
Elle employa sa médiation
Pour accorder[8] une telle querelle;
30 Ambassadeurs par le peuple Pigeon
Furent choisis, et si bien travaillèrent,
Que les Vautours plus ne se chamaillèrent.
Ils firent trêve, et la paix s'ensuivit :
Hélas! ce fut aux dépens de la race
35 À qui la leur aurait dû rendre grâce.
La gent maudite aussitôt poursuivit
Tous les pigeons, en fit ample carnage,
En dépeupla les bourgades, les champs.
Peu de prudence eurent les pauvres gens,
40 D'accommoder[9] un peuple si sauvage.
Tenez toujours divisés les méchants;
La sûreté du reste de la terre
Dépend de là : semez entre eux la guerre,
Ou vous n'aurez avec eux nulle paix.
45 Ceci soit dit en passant; je me tais.

FABLE VIII

LE COCHE ET LA MOUCHE[1]

Dans un chemin montant, sablonneux, malaisé,
Et de tous les côtés au Soleil exposé,
Six forts chevaux tiraient un Coche.
Femmes, Moine, vieillards, tout était descendu.
L'attelage suait, soufflait, était rendu. 5
Une Mouche survient, et des chevaux s'approche ;
Prétend les animer par son bourdonnement ;
Pique l'un, pique l'autre, et pense à tout moment
Qu'elle fait aller la machine,
S'assied sur le timon, sur le nez du Cocher ; 10
Aussitôt que[2] le char chemine,
Et qu'elle voit les gens marcher,
Elle s'en attribue uniquement la gloire ;
Va, vient, fait l'empressée ; il semble que ce soit
Un Sergent de bataille[3] allant en chaque endroit 15
Faire avancer ses gens, et hâter la victoire.
La Mouche en ce commun besoin
Se plaint qu'elle agit seule, et qu'elle a tout le soin ;
Qu'aucun n'aide aux chevaux à se tirer d'affaire.
Le Moine disait son Bréviaire ; 20
Il prenait bien son temps ! une femme chantait ;
C'était bien de chansons qu'alors il s'agissait !
Dame Mouche s'en va chanter à leurs oreilles,
Et fait cent sottises pareilles.
Après bien du travail le Coche arrive au haut. 25
« Respirons maintenant, dit la Mouche aussitôt :
J'ai tant fait que nos gens sont enfin dans la plaine[4].
Çà, Messieurs les Chevaux, payez-moi de ma peine. »

Ainsi certaines gens faisant les empressés
S'introduisent dans les affaires : 30

Ils font partout les nécessaires;
Et, partout importuns, devraient être chassés[5].

FABLE IX

LA LAITIÈRE ET LE POT AU LAIT[1]

Perrette, sur sa tête ayant un Pot au lait
Bien posé sur un coussinet,
Prétendait arriver sans encombre à la ville.
Légère et court vêtue elle allait à grands pas;
5 Ayant mis ce jour-là pour être plus agile
Cotillon simple, et souliers plats.
Notre Laitière ainsi troussée
Comptait déjà dans sa pensée
Tout le prix de son lait, en employait l'argent,
10 Achetait un cent d'œufs, faisait triple couvée;
La chose allait à bien par son soin diligent.
« Il m'est, disait-elle, facile
D'élever des poulets autour de ma maison :
Le Renard sera bien habile,
15 S'il ne m'en laisse assez pour avoir un cochon.
Le porc à s'engraisser coûtera peu de son;
Il était quand je l'eus de grosseur raisonnable;
J'aurai le revendant de l'argent bel et bon;
Et qui m'empêchera de mettre en notre étable,
20 Vu le prix dont il est, une vache et son veau,
Que je verrai sauter au milieu du troupeau? »
Perrette là-dessus saute aussi, transportée.
Le lait tombe; adieu veau, vache, cochon, couvée;
La Dame de ces biens, quittant d'un œil marri
25 Sa fortune ainsi répandue,
Va s'excuser à son mari
En grand danger d'être battue.

Le récit en farce[2] en fut fait;
On l'appela le Pot au lait.

Quel esprit ne bat la campagne? 30
Qui ne fait châteaux en Espagne?
Picrochole, Pyrrhus, la Laitière, enfin tous,
Autant les sages que les fous?
Chacun songe en veillant, il n'est rien de plus doux :
Une flatteuse erreur[3] emporte alors nos âmes : 35
Tout le bien du monde est à nous,
Tous les honneurs, toutes les femmes.
Quand je suis seul, je fais au plus brave un défi;
Je m'écarte[4], je vais détrôner le Sophi[5];
On m'élit roi, mon peuple m'aime; 40
Les diadèmes vont sur ma tête pleuvant :
Quelque accident fait-il que je rentre en moi-même;
Je suis gros Jean comme devant.

FABLE X

LE CURÉ ET LE MORT[1]

Un mort s'en allait tristement
S'emparer de son dernier gîte;
Un Curé s'en allait gaiement
Enterrer ce mort au plus vite.
Notre défunt était en carrosse porté, 5
Bien et dûment empaqueté,
Et vêtu d'une robe, hélas! qu'on nomme bière,
Robe d'hiver, robe d'été,
Que les morts ne dépouillent guère[2].
Le Pasteur était à côté, 10
Et récitait à l'ordinaire
Maintes dévotes oraisons,

Et des psaumes et des leçons,
Et des versets et des répons[3] :
15 « Monsieur le Mort laissez-nous faire,
On vous en donnera de toutes les façons;
Il ne s'agit que du salaire. »
Messire Jean Chouart[4] couvait des yeux son mort,
Comme si l'on eût dû[5] lui ravir ce trésor,
20 Et des regards semblait lui[6] dire :
« Monsieur le mort, j'aurai de vous
Tant en argent, et tant en cire,
Et tant en autres menus coûts[7]. »
Il fondait là-dessus l'achat d'une feuillette
25 Du meilleur vin des environs;
Certaine nièce assez propette[8]
Et sa chambrière Pâquette
Devaient avoir des cotillons.
Sur cette agréable pensée
30 Un heurt survient, adieu le char[9].
Voilà Messire Jean Chouart
Qui du choc de son mort a la tête cassée :
Le Paroissien en plomb[10] entraîne[11] son Pasteur;
Notre Curé[12] suit son Seigneur;
35 Tous deux s'en vont de compagnie.
Proprement toute notre vie
Est le curé Chouart, qui sur[13] son mort comptait,
Et la fable[14] du Pot au lait.

FABLE XI
L'HOMME QUI COURT APRÈS LA FORTUNE, ET L'HOMME QUI L'ATTEND DANS SON LIT[1]

Qui ne court après la Fortune?
Je voudrais être en lieu d'où je pusse aisément[2]
Contempler la foule importune
De ceux qui cherchent vainement
Cette fille du sort de Royaume en Royaume, 5
Fidèles courtisans d'un volage fantôme.
Quand ils sont près du bon moment,
L'inconstante aussitôt à leurs désirs échappe :
Pauvres gens, je les plains, car on a pour les fous
Plus de pitié que de courroux. 10
« Cet homme, disent-ils, était planteur de choux,
Et le voilà devenu Pape :
Ne le valons-nous pas? » Vous valez cent fois mieux;
Mais que vous sert votre mérite?
La Fortune a-t-elle des yeux? 15
Et puis la papauté vaut-elle ce qu'on quitte,
Le repos, le repos, trésor si précieux
Qu'on en faisait jadis le partage des Dieux[3]?
Rarement la Fortune à ses hôtes le laisse.
Ne cherchez point cette Déesse, 20
Elle vous cherchera; son sexe en use ainsi.
Certain couple d'amis en un bourg établi,
Possédait quelque bien : l'un soupirait sans cesse
Pour la Fortune; il dit à l'autre un jour :
« Si nous quittions notre séjour? 25
Vous savez que nul n'est prophète
En son pays[4] : cherchons notre aventure ailleurs.
— Cherchez, dit l'autre ami, pour moi je ne souhaite

Ni climats ni destins meilleurs.
30 Contentez-vous ; suivez votre humeur inquiète ;
Vous reviendrez bientôt. Je fais vœu cependant
De dormir en vous attendant. »
L'ambitieux, ou, si l'on veut, l'avare[5],
S'en va par voie et par chemin.
35 Il arriva le lendemain
En un lieu que devait la Déesse bizarre
Fréquenter sur tout autre ; et ce lieu c'est la cour[6].
Là donc pour quelque temps il fixe son séjour,
Se trouvant au coucher, au lever, à ces heures
40 Que l'on sait être les meilleures ;
Bref, se trouvant à tout, et n'arrivant à rien.
« Qu'est ceci ? ce dit-il ; cherchons ailleurs du bien.
La Fortune pourtant habite ces demeures.
Je la vois tous les jours entrer chez celui-ci,
45 Chez celui-là ; d'où vient qu'aussi
Je ne puis héberger cette capricieuse ?
On me l'avait bien dit, que des gens de ce lieu
L'on n'aime pas toujours l'humeur ambitieuse.
Adieu, Messieurs de cour ; Messieurs de cour, adieu :
50 Suivez jusques au bout une ombre qui vous flatte[7].
La Fortune a, dit-on, des temples à Surate[8] ;
Allons là. » Ce fut un de dire et s'embarquer.
Âmes de bronze, humains, celui-là fut sans doute
Armé de diamant, qui tenta cette route,
55 Et le premier osa l'abîme défier[9].
Celui-ci pendant son voyage
Tourna les yeux vers son village
Plus d'une fois, essuyant les dangers
Des pirates, des vents, du calme et des rochers,
60 Ministres de la mort. Avec beaucoup de peines
On s'en va la chercher en des rives lointaines,
La trouvant assez tôt sans quitter la maison.
L'homme arrive au Mogol ; on lui dit qu'au Japon
La Fortune pour lors distribuait ses grâces.

Il y court; les mers étaient lasses 65
De le porter; et tout le fruit
Qu'il tira de ses longs voyages,
Ce fut cette leçon que donnent les sauvages :
Demeure en ton pays, par la nature instruit.
Le Japon ne fut pas plus heureux à cet homme 70
Que le Mogol l'avait été;
Ce qui lui fit conclure en somme,
Qu'il avait à grand tort son village quitté.
Il renonce aux courses ingrates,
Revient en son pays, voit de loin ses pénates, 75
Pleure de joie, et dit : « Heureux qui vit chez soi;
De régler ses désirs[10] faisant tout son emploi.
Il ne sait que par ouïr dire[11]
Ce que c'est que la cour, la mer, et ton empire,
Fortune, qui nous fais passer devant les yeux 80
Des dignités, des biens, que jusqu'au bout du monde
On suit, sans que l'effet aux promesses réponde.
Désormais je ne bouge, et ferai cent fois mieux. »
En raisonnant de cette sorte,
Et contre la Fortune ayant pris ce conseil[12], 85
Il la trouve assise à la porte
De son ami plongé dans un profond sommeil[13].

FABLE XII

LES DEUX COQS[1]

Deux Coqs vivaient en paix; une Poule survint,
Et voilà la guerre allumée.
Amour, tu perdis Troie; et c'est de toi que vint
Cette querelle envenimée,
Où du sang des Dieux même on vit le Xanthe teint[2]. 5
Longtemps entre nos Coqs le combat se maintint.

Le bruit s'en répandit par tout le voisinage.
La gent qui porte crête au spectacle accourut.
    Plus d'une Hélène au beau plumage
10 Fut le prix du vainqueur ; le vaincu disparut.
Il alla se cacher au fond de sa retraite,
    Pleura sa gloire et ses amours,
Ses amours qu'un rival tout fier de sa défaite
Possédait à ses yeux. Il voyait tous les jours
15 Cet objet rallumer sa haine et son courage.
Il aiguisait son bec, battait l'air et ses flancs,
    Et s'exerçant contre les vents
    S'armait d'une jalouse rage[3].
Il n'en eut pas besoin. Son vainqueur sur les toits
20 S'alla percher, et chanter sa victoire.
    Un Vautour entendit sa voix :
    Adieu les amours et la gloire.
Tout cet orgueil périt sous l'ongle du Vautour.
    Enfin, par un fatal retour,
25 Son rival autour de la Poule
    S'en revint faire le coquet :
    Je laisse à penser quel caquet,
    Car il eut des femmes en foule ;
La Fortune se plaît à faire de ces coups.
30 Tout vainqueur insolent à sa perte travaille.
Défions-nous du sort, et prenons garde à nous,
    Après le gain d'une bataille.

FABLE XIII

L'INGRATITUDE ET L'INJUSTICE DES HOMMES ENVERS LA FORTUNE[1]

Un trafiquant sur mer par bonheur s'enrichit.
Il triompha des vents pendant plus d'un voyage,
Gouffre, banc, ni rocher, n'exigea de péage
D'aucun de ses ballots; le sort l'en affranchit.
Sur tous ses compagnons Atropos et Neptune 5
Recueillirent leur droit, tandis que la Fortune
Prenait soin d'amener son marchand à bon port.
Facteurs[2], associés, chacun lui fut fidèle.
Il vendit son tabac, son sucre, sa cannelle
Ce qu'il voulut[3], sa porcelaine encor. 10
Le luxe et la folie enflèrent son trésor;
Bref il plut dans son escarcelle.
On ne parlait chez lui que par doubles ducats;
Et mon homme d'avoir chiens, chevaux et carrosses.
Ses jours de jeûne étaient des noces. 15
Un sien ami voyant ces somptueux repas,
Lui dit : « Et d'où vient donc un si bon ordinaire?
— Et d'où me viendrait-il que de mon savoir-faire?
Je n'en dois rien qu'à moi, qu'à mes soins, qu'au talent
De risquer à propos, et bien placer l'argent. » 20
Le profit lui semblant une fort douce chose,
Il risqua de nouveau le gain qu'il avait fait :
Mais rien, pour cette fois, ne lui vint à souhait.
Son imprudence en fut la cause.
Un vaisseau mal frété[4] périt au premier vent, 25
Un autre mal pourvu des armes nécessaires
Fut enlevé par les Corsaires.
Un troisième au port arrivant,
Rien n'eut cours ni débit. Le luxe et la folie

30 N'étaient plus tels qu'auparavant.
Enfin ses facteurs le trompant,
Et lui-même ayant fait grand fracas, chère lie,
Mis beaucoup en plaisirs, en bâtiments beaucoup,
Il devint pauvre tout d'un coup.
35 Son ami le voyant en mauvais équipage,
Lui dit : « D'où vient cela? – De la fortune, hélas!
– Consolez-vous, dit l'autre, et s'il ne lui plaît pas
Que vous soyez heureux, tout au moins soyez sage. »
Je ne sais s'il crut ce conseil;
40 Mais je sais que chacun impute en cas pareil
Son bonheur à son industrie,
Et si de quelque échec notre faute est suivie,
Nous disons injures au sort.
Chose n'est ici plus commune :
45 Le bien nous le faisons, le mal c'est la fortune,
On a toujours raison, le destin toujours tort.

FABLE XIV

LES DEVINERESSES[1]

C'est souvent du hasard que naît l'opinion;
Et c'est l'opinion qui fait toujours la vogue.
Je pourrais fonder ce prologue
Sur gens de tous états; tout est prévention,
5 Cabale, entêtement[2], point ou peu de justice :
C'est un torrent; qu'y faire? il faut qu'il ait son cours,
Cela fut et sera toujours.
Une femme à Paris faisait la Pythonisse.
On l'allait consulter sur chaque événement :
10 Perdait-on un chiffon, avait-on un amant,
Un mari vivant trop, au gré de son épouse,
Une mère fâcheuse, une femme jalouse;

Chez la Devineuse on courait,
Pour se faire annoncer ce que l'on désirait[3].
Son fait consistait en adresse. 15
Quelques termes de l'art, beaucoup de hardiesse,
Du hasard quelquefois, tout cela concourait :
Tout cela bien souvent faisait crier miracle.
Enfin, quoique ignorante à vingt et trois carats[4],
Elle passait pour un oracle. 20
L'oracle était logé dedans un galetas.
Là cette femme emplit sa bourse,
Et sans avoir d'autre ressource,
Gagne de quoi donner un rang à son mari :
Elle achète un office[5], une maison aussi. 25
Voilà le galetas rempli
D'une nouvelle hôtesse, à qui toute la ville,
Femmes, filles, valets, gros Messieurs, tout enfin,
Allait comme autrefois demander son destin :
Le galetas devint l'antre de la Sibylle. 30
L'autre femelle avait achalandé ce lieu.
Cette dernière femme eut beau faire, eut beau dire :
« Moi Devine ! on se moque ; eh Messieurs, sais-je lire ?
Je n'ai jamais appris que ma croix de par Dieu[6]. »
Point de raison ; fallut deviner et prédire, 35
Mettre à part force bons ducats,
Et gagner malgré soi plus que deux Avocats.
Le meuble, et l'équipage[7] aidaient fort à la chose :
Quatre sièges boiteux, un manche de balai,
Tout sentait son sabbat, et sa métamorphose : 40
Quand cette femme aurait dit vrai
Dans une chambre tapissée,
On s'en serait moqué ; la vogue était passée
Au galetas ; il avait le crédit :
L'autre femme se morfondit. 45
L'enseigne fait la chalandise[8].
J'ai vu dans le Palais une robe[9] mal mise
Gagner gros : les gens l'avaient prise

Pour maître tel, qui traînait après soi
Force écoutants ; demandez-moi pourquoi.

FABLE XV

LE CHAT, LA BELETTE, ET LE PETIT LAPIN[1]

Du palais d'un jeune Lapin
Dame Belette un beau matin
S'empara ; c'est une rusée.
Le Maître étant absent, ce lui fut chose aisée.
5 Elle porta chez lui ses pénates un jour
Qu'il était allé faire à l'Aurore sa cour,
Parmi le thym et la rosée.
Après qu'il eut brouté, trotté, fait tous ses tours,
Janot Lapin retourne aux souterrains séjours.
10 La Belette avait mis le nez à la fenêtre.
« Ô Dieux hospitaliers, que vois-je ici paraître ?
Dit l'animal chassé du paternel logis :
Ô là, Madame la Belette,
Que l'on déloge sans trompette,
15 Ou je vais avertir tous les rats du pays. »
La Dame au nez pointu répondit que la terre
Était au premier occupant.
C'était un beau sujet de guerre
Qu'un logis où lui-même il n'entrait qu'en rampant.
20 « Et quand ce serait un Royaume
Je voudrais bien savoir, dit-elle, quelle loi
En a pour toujours fait l'octroi
À Jean, fils ou neveu de Pierre ou de Guillaume[2],
Plutôt qu'à Paul, plutôt qu'à moi. »
25 Jean Lapin allégua la coutume et l'usage.
« Ce sont, dit-il, leurs lois qui m'ont de ce logis

Rendu maître et seigneur, et qui de père en fils,
L'ont de Pierre à Simon, puis à moi Jean transmis.
Le premier occupant est-ce une loi plus sage?
— Or bien sans crier davantage, 30
Rapportons-nous, dit-elle, à Raminagrobis[3]. »
C'était un chat vivant comme un dévot ermite,
Un chat faisant la chattemite[4],
Un saint homme de chat, bien fourré[5], gros et gras[6],
Arbitre expert sur tous les cas. 35
Jean Lapin pour juge l'agrée.
Les voilà tous deux arrivés
Devant sa majesté fourrée.
Grippeminaud[7] leur dit : « Mes enfants, approchez,
Approchez; je suis sourd; les ans en sont la cause. » 40
L'un et l'autre approcha ne craignant nulle chose.
Aussitôt qu'à portée il vit les contestants,
Grippeminaud le bon apôtre,
Jetant des deux côtés la griffe en même temps,
Mit les plaideurs d'accord en croquant l'un et l'autre. 45
Ceci ressemble fort aux débats qu'ont parfois
Les petits souverains se rapportants aux Rois.

FABLE XVI

LA TÊTE ET LA QUEUE DU SERPENT[1]

Le serpent a deux parties
Du genre humain ennemies,
Tête et queue; et toutes deux
Ont acquis un nom fameux
Auprès des Parques cruelles; 5
Si bien qu'autrefois entre elles
Il survint de grands débats
Pour le pas[2].

La tête avait toujours marché devant la queue.
10 La queue au Ciel se plaignit,
Et lui dit :
« Je fais mainte et mainte lieue,
Comme il plaît à celle-ci.
Croit-elle que toujours j'en veuille user ainsi?
15 Je suis son humble servante[3].
On m'a faite, Dieu merci,
Sa sœur, et non sa suivante.
Toutes deux de même sang,
Traitez-nous de même sorte :
20 Aussi bien qu'elle je porte
Un poison prompt et puissant[4].
Enfin voilà ma requête :
C'est à vous de commander,
Qu'on me laisse précéder
25 À mon tour ma sœur la tête.
Je la conduirai si bien,
Qu'on ne se plaindra de rien. »
Le Ciel eut pour ces vœux une bonté cruelle.
Souvent sa complaisance a de méchants effets.
30 Il devrait être sourd aux aveugles souhaits[5].
Il ne le fut pas lors : et la guide[6] nouvelle,
Qui ne voyait au grand jour,
Pas plus clair que dans un four,
Donnait tantôt contre un marbre,
35 Contre un passant, contre un arbre.
Droit aux ondes du Styx elle mena sa sœur.
Malheureux les États tombés dans son erreur.

FABLE XVII

UN ANIMAL DANS LA LUNE [1]

Pendant qu'un Philosophe [2] assure
Que toujours par leurs sens les hommes sont dupés,
Un autre Philosophe [3] jure
Qu'ils ne nous ont jamais trompés.
Tous les deux ont raison; et la Philosophie 5
Dit vrai, quand elle dit que les sens tromperont
Tant que sur leur rapport les hommes jugeront;
Mais aussi si l'on rectifie
L'image de l'objet sur son éloignement,
Sur le milieu qui l'environne, 10
Sur l'organe, et sur l'instrument,
Les sens ne tromperont personne [4].
La nature ordonna ces choses sagement :
J'en dirai quelque jour les raisons amplement.
J'aperçois le Soleil; quelle en est la figure [5] ? 15
Ici-bas ce grand corps n'a que trois pieds de tour :
Mais si je le voyais là-haut dans son séjour,
Que serait-ce à mes yeux que l'œil de la nature [6] ?
Sa distance me fait juger de sa grandeur;
Sur l'angle et les côtés ma main [7] la détermine; 20
L'ignorant le croit plat, j'épaissis sa rondeur;
Je le rends immobile, et la terre chemine [8].
Bref je démens mes yeux en toute sa machine [9].
Ce sens ne me nuit point par son illusion.
Mon âme en toute occasion 25
Développe le vrai caché sous l'apparence.
Je ne suis point d'intelligence
Avecque mes regards peut-être un peu trop prompts,
Ni mon oreille lente à m'apporter les sons.
Quand l'eau courbe un bâton, ma raison le redresse [10], 30
La raison décide en maîtresse.

Mes yeux, moyennant ce secours,
Ne me trompent jamais, en me mentant toujours.
Si je crois leur rapport, erreur assez commune,
35 Une tête de femme est au corps de la Lune.
Y peut-elle être? Non[11]. D'où vient donc cet objet?
Quelques lieux inégaux font de loin cet effet[12].
La Lune nulle part n'a sa surface unie :
Montueuse en des lieux, en d'autres aplanie,
40 L'ombre avec la lumière y peut tracer souvent
Un Homme, un Bœuf, un Éléphant.
Naguère l'Angleterre y vit chose pareille,
La lunette placée, un animal nouveau
Parut dans cet astre si beau;
45 Et chacun de crier merveille.
Il était arrivé là-haut un changement
Qui présageait sans doute un grand événement.
Savait-on si la guerre[13] entre tant de puissances
N'en était point l'effet? Le Monarque[14] accourut :
50 Il favorise en Roi ces hautes connaissances.
Le Monstre dans la Lune à son tour lui parut.
C'était une Souris cachée entre les verres :
Dans la lunette était la source de ces guerres.
On en rit. Peuple heureux, quand pourront les François
55 Se donner comme vous entiers à ces emplois[15]?
Mars nous fait recueillir d'amples moissons de gloire :
C'est à nos ennemis de craindre les combats,
À nous de les chercher, certains que la victoire
Amante de Louis suivra partout ses pas.
60 Ses lauriers nous rendront célèbres dans l'histoire.
Même les filles de Mémoire[16]
Ne nous ont point quittés : nous goûtons des plaisirs :
La paix fait nos souhaits, et non point nos soupirs.
Charles en sait jouir. Il saurait dans la guerre
65 Signaler sa valeur, et mener l'Angleterre
À ces jeux qu'en repos elle voit aujourd'hui.
Cependant, s'il pouvait apaiser la querelle,

Que d'encens ! Est-il rien de plus digne de lui ?
La carrière d'Auguste a-t-elle été moins belle
Que les fameux exploits du premier des Césars ? 70
Ô peuple trop heureux, quand la paix viendra-t-elle
Nous rendre comme vous tout entiers aux beaux-arts ?

Livre huitième

FABLE I

LA MORT ET LE MOURANT[1]

La mort ne surprend point le sage :
Il est toujours prêt à partir[2],
S'étant su lui-même avertir
Du temps où l'on se doit résoudre à ce passage.
5 Ce temps, hélas! embrasse tous les temps :
Qu'on le partage en jours, en heures, en moments,
Il n'en est point qu'il ne comprenne
Dans le fatal tribut; tous sont de son domaine;
Et le premier instant où les enfants des Rois
10 Ouvrent les yeux à la lumière,
Est celui qui vient quelquefois
Fermer pour toujours leur paupière.
Défendez-vous par la grandeur,
Alléguez la beauté, la vertu, la jeunesse,
15 La mort ravit tout sans pudeur.
Un jour le monde entier accroîtra sa richesse.
Il n'est rien de moins ignoré,
Et puisqu'il faut que je le die,
Rien où l'on soit moins préparé.
20 Un mourant qui comptait plus de cent ans de vie,

Se plaignait à la mort que précipitamment
Elle le contraignait de partir tout à l'heure[3],
Sans qu'il eût fait son testament,
Sans l'avertir au moins. « Est-il juste qu'on meure
Au pied levé ? dit-il : attendez quelque peu. 25
Ma femme ne veut pas que je parte sans elle ;
Il me reste à pourvoir un arrière-neveu[4] ;
Souffrez qu'à mon logis j'ajoute encore une aile.
Que vous êtes pressante, ô Déesse cruelle !
— Vieillard, lui dit la mort, je ne t'ai point surpris[5]. 30
Tu te plains sans raison de mon impatience.
Eh n'as-tu pas cent ans ? trouve-moi dans Paris
Deux mortels aussi vieux, trouve-m'en dix en France.
Je devais, ce dis-tu, te donner quelque avis
Qui te disposât à la chose : 35
J'aurais trouvé ton testament tout fait,
Ton petit-fils pourvu, ton bâtiment parfait ;
Ne te donna-t-on pas des avis quand la cause
Du marcher et du mouvement,
Quand les esprits, le sentiment, 40
Quand tout faillit en toi ? Plus de goût, plus d'ouïe :
Toute chose pour toi semble être évanouie :
Pour toi l'astre du jour prend des soins superflus :
Tu regrettes des biens qui ne te touchent plus.
Je t'ai fait voir tes camarades, 45
Ou morts, ou mourants, ou malades.
Qu'est-ce que tout cela, qu'un avertissement ?
Allons, vieillard, et sans réplique ;
Il n'importe à la république
Que tu fasses ton testament. » 50
La mort avait raison[6] ; je voudrais qu'à cet âge
On sortît de la vie[7] ainsi que d'un banquet[8],
Remerciant son hôte, et qu'on fît son paquet ;
Car de combien peut-on retarder le voyage ?
Tu murmures vieillard ; vois ces jeunes mourir, 55
Vois-les marcher, vois-les courir

À des morts, il est vrai, glorieuses et belles,
Mais sûres cependant, et quelquefois cruelles.
J'ai beau te le crier; mon zèle est indiscret[9] :
60 Le plus semblable aux morts meurt le plus à regret.

FABLE II

LE SAVETIER ET LE FINANCIER[1]

Un Savetier chantait du matin jusqu'au soir[2] :
C'était merveilles de le voir,
Merveilles de l'ouïr; il faisait des passages,
Plus content qu'aucun des sept sages.
5 Son voisin au contraire, étant tout cousu d'or,
Chantait peu, dormait moins encor.
C'était un homme de finance.
Si sur le point du jour parfois il sommeillait,
Le Savetier alors en chantant l'éveillait,
10 Et le Financier se plaignait,
Que les soins de la Providence
N'eussent pas au marché fait vendre le dormir,
Comme le manger et le boire.
En son hôtel il fait venir
15 Le chanteur, et lui dit : « Or çà, sire Grégoire,
Que gagnez-vous par an? – Par an? ma foi Monsieur,
Dit avec un ton de rieur,
Le gaillard Savetier, ce n'est point ma manière
De compter de la sorte; et je n'entasse guère
20 Un jour sur l'autre : il suffit qu'à la fin
J'attrape le bout de l'année :
Chaque jour amène son pain.
– Eh bien que gagnez-vous, dites-moi, par journée?
– Tantôt plus, tantôt moins : le mal est que toujours
25 (Et sans cela nos gains seraient assez honnêtes),

Le mal eſt que dans l'an s'entremêlent des jours[3]
Qu'il faut chommer; on nous ruine en Fêtes[4].
L'une fait tort à l'autre; et Monsieur le Curé
De quelque nouveau Saint charge toujours son prône. »
Le Financier riant de sa naïveté, 30
Lui dit : « Je vous veux mettre aujourd'hui sur le trône.
Prenez ces cent écus : gardez-les avec soin,
Pour vous en servir au besoin. »
Le Savetier crut voir tout l'argent que la terre
Avait depuis plus de cent ans 35
Produit pour l'usage des gens.
Il retourne chez lui; dans sa cave il enserre
L'argent et sa joie à la fois.
Plus de chant; il perdit la voix
Du moment qu'il gagna ce qui cause nos peines. 40
Le sommeil quitta son logis,
Il eut pour hôtes les soucis,
Les soupçons, les alarmes vaines.
Tout le jour il avait l'œil au guet; et la nuit,
Si quelque chat faisait du bruit, 45
Le chat prenait l'argent : à la fin le pauvre homme
S'en courut chez celui qu'il ne réveillait plus.
« Rendez-moi, lui dit-il, mes chansons et mon somme,
Et reprenez vos cent écus. »

FABLE III

LE LION, LE LOUP, ET LE RENARD[1]

Un Lion décrépit, goutteux, n'en pouvant plus,
Voulait que l'on trouvât remède à la vieillesse :
Alléguer l'impossible aux Rois, c'eſt un abus.
Celui-ci parmi chaque espèce
Manda des Médecins; il en eſt de tous arts : 5

Médecins au Lion viennent de toutes parts;
De tous côtés lui vient des donneurs de recettes.
Dans les visites qui sont faites,
Le Renard se dispense, et se tient clos et coi.
10 Le Loup en fait sa cour, daube au coucher du Roi
Son camarade absent; le Prince tout à l'heure
Veut qu'on aille enfumer Renard dans sa demeure,
Qu'on le fasse venir. Il vient, est présenté;
Et, sachant que le Loup lui faisait cette affaire :
15 « Je crains, Sire, dit-il, qu'un rapport peu sincère,
Ne m'ait à mépris imputé
D'avoir différé cet hommage;
Mais j'étais en pèlerinage;
Et m'acquittais d'un vœu fait pour votre santé.
20 Même j'ai vu dans mon voyage
Gens experts et savants; leur ai dit la langueur
Dont votre Majesté craint à bon droit la suite:
Vous ne manquez que de chaleur;
Le long âge en vous l'a détruite :
25 D'un Loup écorché vif appliquez-vous la peau
Toute chaude et toute fumante;
Le secret sans doute en est beau
Pour la nature défaillante.
Messire Loup vous servira,
30 S'il vous plaît, de robe de chambre. »
Le Roi goûte cet avis-là :
On écorche, on taille, on démembre
Messire Loup. Le Monarque en soupa;
Et de sa peau s'enveloppa;
35 Messieurs les courtisans, cessez de vous détruire :
Faites si vous pouvez votre cour sans vous nuire.
Le mal se rend chez vous au quadruple du bien.
Les daubeurs ont leur tour, d'une ou d'autre manière :
Vous êtes dans une carrière
40 Où l'on ne se pardonne rien.

FABLE IV

LE POUVOIR DES FABLES[1]

À M. DE BARRILLON[2]

La qualité d'Ambassadeur
Peut-elle s'abaisser à des contes vulgaires?
Vous puis-je offrir mes vers et leurs grâces légères?
S'ils osent quelquefois prendre un air de grandeur,
Seront-ils point traités par vous de téméraires? 5
Vous avez bien d'autres affaires
À démêler que les débats
Du Lapin et de la Belette :
Lisez-les, ne les lisez pas;
Mais empêchez qu'on ne nous mette 10
Toute l'Europe sur les bras.
Que de mille endroits de la terre
Il nous vienne des ennemis,
J'y consens; mais que l'Angleterre
Veuille que nos deux Rois se lassent d'être amis, 15
J'ai peine à digérer la chose.
N'est-il point encor temps que Louis se repose?
Quel autre Hercule enfin ne se trouverait las
De combattre cette Hydre? et faut-il qu'elle oppose
Une nouvelle tête aux efforts de son bras? 20
Si votre esprit plein de souplesse,
Par éloquence, et par adresse,
Peut adoucir les cœurs, et détourner ce coup,
Je vous sacrifierai cent moutons; c'est beaucoup
Pour un habitant du Parnasse. 25
Cependant faites-moi la grâce
De prendre en don ce peu d'encens.
Prenez en gré mes vœux ardents,
Et le récit en vers qu'ici je vous dédie.
Son sujet vous convient; je n'en dirai pas plus : 30

Sur les Éloges que l'envie
Doit avouer qui vous sont dus[3],
Vous ne voulez pas qu'on appuie.

Dans Athène autrefois peuple vain et léger,
35 Un Orateur voyant sa patrie en danger,
Courut à la Tribune; et d'un art tyrannique,
Voulant forcer les cœurs dans une république,
Il parla fortement sur le commun salut.
On ne l'écoutait pas : l'Orateur recourut
40 À ces figures violentes,
Qui savent exciter les âmes les plus lentes.
Il fit parler les morts[4]; tonna, dit ce qu'il put.
Le vent emporta tout; personne ne s'émut.
L'animal aux têtes frivoles[5],
45 Étant fait à ces traits, ne daignait l'écouter.
Tous regardaient ailleurs : il en vit s'arrêter
À des combats d'enfants, et point à ses paroles.
Que fit le harangueur? Il prit un autre tour.
« Cérès, commença-t-il, faisait voyage un jour
50 Avec l'Anguille et l'Hirondelle.
Un fleuve les arrête; et l'Anguille en nageant,
Comme l'Hirondelle en volant,
Le traversa bientôt. » L'assemblée à l'instant
Cria tout d'une voix : « Et Cérès, que fit-elle?
55 — Ce qu'elle fit? un prompt courroux
L'anima d'abord contre vous.
Quoi, de contes d'enfants son peuple s'embarrasse!
Et du péril qui le menace
Lui seul entre les Grecs il néglige l'effet!
60 Que ne demandez-vous ce que Philippe fait? »
À ce reproche l'assemblée,
Par l'Apologue réveillée,
Se donne entière à l'Orateur :
Un trait de Fable en eut l'honneur.
65 Nous sommes tous d'Athène en ce point; et moi-même,

Au moment que je fais cette moralité,
Si peau d'âne m'était conté[6],
J'y prendrais un plaisir extrême;
Le monde est vieux, dit-on[7]; je le crois, cependant
Il le faut amuser encor comme un enfant. 70

FABLE V

L'HOMME ET LA PUCE[1]

Par des vœux importuns nous fatiguons les Dieux ;
Souvent pour des sujets même indignes des hommes.
Il semble que le Ciel sur tous tant que nous sommes
Soit obligé d'avoir incessamment les yeux,
Et que le plus petit de la race mortelle, 5
À chaque pas qu'il fait, à chaque bagatelle,
Doive intriguer[2] l'Olympe et tous ses citoyens,
Comme s'il s'agissait des Grecs et des Troyens.
Un Sot par une puce eut l'épaule mordue.
Dans les plis de ses draps elle alla se loger. 10
« Hercule, ce dit-il, tu devais bien[3] purger
La terre de cette Hydre au Printemps revenue.
Que fais-tu Jupiter, que du haut de la nue
Tu n'en perdes la race afin de me venger? »
Pour tuer une puce il voulait obliger 15
Ces Dieux à lui prêter leur foudre et leur massue.

FABLE VI

LES FEMMES ET LE SECRET[1]

Rien ne pèse tant qu'un secret;
Le porter loin eſt difficile aux Dames[2] :
Et je sais même sur ce fait
Bon nombre d'hommes qui sont femmes[3].
5 Pour éprouver la sienne un mari s'écria
La nuit étant près d'elle : « Ô dieux! qu'eſt-ce cela?
Je n'en puis plus; on me déchire; [voilà
Quoi! j'accouche d'un œuf! – D'un œuf? – Oui, le
Frais et nouveau pondu : gardez bien de le dire :
10 On m'appellerait poule. Enfin n'en parlez pas. »
La femme neuve sur ce cas,
Ainsi que sur mainte autre affaire,
Crut la chose, et promit ses grands dieux de se taire.
Mais ce serment s'évanouit
15 Avec les ombres de la nuit.
L'épouse indiscrète et peu fine,
Sort du lit quand le jour fut à peine levé :
Et de courir chez sa voisine.
« Ma commère, dit-elle, un cas eſt arrivé :
20 N'en dites rien surtout, car vous me feriez battre.
Mon mari vient de pondre un œuf gros comme quatre.
Au nom de Dieu gardez-vous bien
D'aller publier ce myſtère.
25 – Vous moquez-vous? dit l'autre. Ah, vous ne savez
Quelle je suis. Allez, ne craignez rien. » [guère
La femme du pondeur s'en retourne chez elle.
L'autre grille déjà de conter la nouvelle :
Elle va la répandre en plus de dix endroits.
Au lieu d'un œuf elle en dit trois.
30 Ce n'eſt pas encor tout, car une autre commère
En dit quatre, et raconte à l'oreille le fait,

Précaution peu nécessaire,
Car ce n'était plus un secret.
Comme le nombre d'œufs, grâce à la renommée,
De bouche en bouche allait croissant, 35
Avant la fin de la journée
Ils se montaient à plus d'un cent.

FABLE VII

LE CHIEN QUI PORTE À SON COU LE DÎNÉ DE SON MAÎTRE[1]

Nous n'avons pas les yeux à l'épreuve des belles,
Ni les mains à celle de l'or :
Peu de gens gardent un trésor
Avec des soins assez fidèles.
Certain Chien qui portait la pitance au logis, 5
S'était fait un collier du dîné de son maître.
Il était tempérant plus qu'il n'eût voulu l'être,
Quand il voyait un mets exquis :
Mais enfin il l'était et tous tant que nous sommes
Nous nous laissons tenter à l'approche des biens. 10
Chose étrange! on apprend la tempérance aux chiens,
Et l'on ne peut l'apprendre aux hommes.
Ce Chien-ci donc étant de la sorte atourné[2],
Un mâtin passe, et veut lui prendre le dîné.
Il n'en eut pas toute la joie 15
Qu'il espérait d'abord : le Chien mit bas la proie,
Pour la défendre mieux n'en étant plus chargé.
Grand combat : d'autres chiens arrivent;
Ils étaient de ceux-là qui vivent
Sur le public et craignent peu les coups. 20
Notre Chien, se voyant trop faible contre eux tous,
Et que la chair courait un danger manifeste,

Voulut avoir sa part; et lui sage[3], il leur dit :
« Point de courroux, Messieurs, mon lopin[4] me suffit :
25 Faites votre profit du reste. »
À ces mots, le premier il vous happe un morceau.
Et chacun de tirer, le mâtin, la canaille;
À qui mieux mieux; ils firent tous ripaille;
Chacun d'eux eut part au gâteau.
30 Je crois voir en ceci l'image d'une Ville,
Où l'on met les deniers à la merci des gens.
Échevins, Prévôt des Marchands[5],
Tout fait sa main[6] : le plus habile
Donne aux autres l'exemple; et c'est un passe-temps
35 De leur voir nettoyer un monceau de pistoles.
Si quelque scrupuleux par des raisons frivoles
Veut défendre l'argent, et dit le moindre mot,
On lui fait voir qu'il est un sot.
Il n'a pas de peine à se rendre :
40 C'est bientôt le premier à prendre.

FABLE VIII

LE RIEUR ET LES POISSONS[1]

On cherche les Rieurs; et moi je les évite.
Cet art veut sur tout autre un suprême mérite.
Dieu ne créa que pour les sots
Les méchants diseurs de bons mots.
5 J'en vais peut-être en une Fable
Introduire un; peut-être aussi
Que quelqu'un trouvera que j'aurai réussi.
Un Rieur était à la table
D'un Financier; et n'avait en son coin
10 Que de petits poissons; tous les gros étaient loin.
Il prend donc les menus, puis leur parle à l'oreille,

Et puis il feint à la pareille,
D'écouter leur réponse. On demeura surpris :
Cela suspendit[2] les esprits.
Le Rieur alors d'un ton sage[3] 15
Dit qu'il craignait qu'un sien ami
Pour les grandes Indes[4] parti,
N'eût depuis un an fait naufrage.
Il s'en informait donc à ce menu fretin :
Mais tous lui répondaient qu'ils n'étaient pas d'un âge 20
À savoir au vrai son destin ;
Les gros en sauraient davantage.
« N'en puis-je donc, Messieurs, un gros interroger ? »
De dire si la compagnie
Prit goût à sa plaisanterie, 25
J'en doute ; mais enfin, il les sut engager
À lui servir d'un monstre assez vieux pour lui dire
Tous les noms des chercheurs de mondes inconnus
Qui n'en étaient pas revenus,
Et que depuis cent ans sous l'abîme avaient vus 30
Les anciens du vaste empire.

FABLE IX

LE RAT ET L'HUÎTRE[1]

Un Rat hôte d'un champ, Rat de peu de cervelle,
Des Lares paternels un jour se trouva sou[2].
Il laisse là le champ, le grain, et la javelle,
Va courir le pays, abandonne son trou.
Sitôt qu'il fut hors de la case, 5
« Que le monde, dit-il, est grand et spacieux !
Voilà les Apennins, et voici le Caucase » :
La moindre taupinée était mont à ses yeux.
Au bout de quelques jours le voyageur arrive

10 En un certain canton où Téthys sur la rive
Avait laissé mainte Huître ; et notre Rat d'abord
Crut voir en les voyant des vaisseaux de haut bord.
« Certes, dit-il, mon père était un pauvre sire :
Il n'osait voyager, craintif au dernier point :
15 Pour moi, j'ai déjà vu le maritime empire :
J'ai passé les déserts, mais nous n'y bûmes point[3]. »
D'un certain magister le Rat tenait ces choses,
Et les disait à travers champs[4] ;
N'étant pas de ces Rats qui les livres rongeants
20 Se font savants jusques aux dents.
Parmi tant d'Huîtres toutes closes,
Une s'était ouverte, et bâillant au Soleil,
Par un doux Zéphir réjouie,
Humait l'air, respirait, était épanouie,
25 Blanche, grasse, et d'un goût à la voir nonpareil.
D'aussi loin que le Rat voit cette Huître qui bâille :
« Qu'aperçois-je ? dit-il, c'est quelque victuaille ;
Et, si je ne me trompe à la couleur du mets,
Je dois faire aujourd'hui bonne chère, ou jamais. »
30 Là-dessus maître Rat plein de belle espérance,
Approche de l'écaille, allonge un peu le cou, [coup
Se sent pris comme aux[5] lacs : car l'Huître tout d'un
Se referme, et voilà ce que fait l'ignorance.

Cette Fable contient plus d'un enseignement.
35 Nous y voyons premièrement :
Que ceux qui n'ont du monde aucune expérience
Sont aux moindres objets frappés d'étonnement :
Et puis nous y pouvons apprendre,
Que tel est pris qui croyait prendre.

FABLE X

L'OURS ET L'AMATEUR DES JARDINS[1]

Certain Ours montagnard, Ours à demi léché,
Confiné par le sort dans un bois solitaire,
Nouveau Bellérophon vivait seul et caché :
Il fût devenu fou; la raison d'ordinaire
N'habite pas longtemps chez les gens séquestrés[2] : 5
Il est bon de parler, et meilleur de se taire,
Mais tous deux sont mauvais alors qu'ils sont outrés.
Nul animal n'avait affaire
Dans les lieux que l'Ours habitait;
Si bien que tout Ours qu'il était 10
Il vint à s'ennuyer de cette triste vie.
Pendant qu'il se livrait à la mélancolie,
Non loin de là certain vieillard
S'ennuyait aussi de sa part.
Il aimait les jardins, était Prêtre de Flore, 15
Il l'était de Pomone encore :
Ces deux emplois sont beaux; mais je voudrais parmi
Quelque doux et discret ami[3].
Les jardins parlent peu; si ce n'est dans mon livre;
De façon que lassé de vivre 20
Avec des gens muets notre homme un beau matin
Va chercher compagnie, et se met en campagne.
L'Ours porté d'un même dessein
Venait de quitter sa montagne :
Tous deux par un cas surprenant 25
Se rencontrent en un tournant.
L'homme eut peur : mais comment esquiver; et que faire?
Se tirer en Gascon d'une semblable affaire
Est le mieux : il sut donc dissimuler sa peur.
L'Ours très mauvais complimenteur 30

Lui dit : « Viens-t'en me voir. » L'autre reprit :
[« Seigneur,
Vous voyez mon logis ; si vous me vouliez faire
Tant d'honneur que d'y prendre un champêtre repas,
J'ai des fruits, j'ai du lait : ce n'eſt peut-être pas
35 De Nosseigneurs les Ours le manger ordinaire ;
Mais j'offre ce que j'ai. » L'Ours l'accepte ; et d'aller.
Les voilà bons amis avant que d'arriver.
Arrivés, les voilà se trouvant bien ensemble ;
Et bien qu'on soit à ce qu'il semble
40 Beaucoup mieux seul qu'avec des sots,
Comme l'Ours en un jour ne disait pas deux mots
L'homme pouvait sans bruit vaquer à son ouvrage.
L'Ours allait à la chasse, apportait du gibier,
Faisait son principal métier
45 D'être bon émoucheur [4], écartait du visage
De son ami dormant, ce parasite ailé,
Que nous avons mouche appelé [5].
Un jour que le vieillard dormait d'un profond somme,
Sur le bout de son nez une allant se placer
50 Mit l'Ours au désespoir, il eut beau la chasser.
« Je t'attraperai bien, dit-il. Et voici comme. »
Aussitôt fait que dit ; le fidèle émoucheur
Vous empoigne un pavé, le lance avec roideur,
Casse la tête à l'homme en écrasant la mouche,
55 Et non moins bon archer que mauvais raisonneur :
Roide mort étendu sur la place il le couche.
Rien n'eſt si dangereux qu'un ignorant ami ;
Mieux vaudrait un sage ennemi [6].

FABLE XI

LES DEUX AMIS[1]

Deux vrais amis vivaient au Monomotapa[2] :
L'un ne possédait rien qui n'appartînt à l'autre[3] :
Les amis de ce pays-là
Valent bien, dit-on, ceux du nôtre.
Une nuit que chacun s'occupait au sommeil, 5
Et mettait à profit l'absence du Soleil,
Un de nos deux Amis sort du lit en alarme :
Il court chez son intime, éveille les valets;
Morphée avait touché le seuil de ce palais.
L'Ami couché s'étonne, il prend sa bourse, il s'arme; 10
Vient trouver l'autre, et dit : « Il vous arrive peu
De courir quand on dort; vous me paraissiez homme
À mieux user du temps destiné pour le somme :
N'auriez-vous point perdu tout votre argent au jeu?
En voici : s'il vous est venu quelque querelle, 15
J'ai mon épée, allons. Vous ennuyez-vous point
De coucher toujours seul? une esclave assez belle
Était à mes côtés : voulez-vous qu'on l'appelle?
— Non, dit l'ami, ce n'est ni l'un ni l'autre point :
Je vous rends grâce de ce zèle. 20
Vous m'êtes en dormant un peu triste apparu;
J'ai craint qu'il ne fût vrai, je suis vite accouru.
Ce maudit songe[4] en est la cause. »
Qui d'eux aimait le mieux? que t'en semble, Lecteur?
Cette difficulté vaut bien qu'on la propose. 25
Qu'un ami véritable[5] est une douce chose.
Il cherche vos besoins au fond de votre cœur;
Il vous épargne la pudeur
De les lui découvrir vous-même.
Un songe[6], un rien, tout lui fait peur 30
Quand il s'agit de ce qu'il aime[7].

FABLE XII

LE COCHON, LA CHÈVRE ET LE MOUTON[1]

Une Chèvre, un Mouton, avec un Cochon gras,
Montés sur même char s'en allaient à la foire :
Leur divertissement ne les y portait pas;
On s'en allait les vendre, à ce que dit l'histoire :
5 Le Charton[2] n'avait pas dessein
De les mener voir Tabarin[3] :
Dom Pourceau criait en chemin,
Comme s'il avait eu cent Bouchers à ses trousses.
C'était une clameur à rendre les gens sourds :
10 Les autres animaux, créatures plus douces,
Bonnes gens, s'étonnaient qu'il criât au secours;
Ils ne voyaient nul mal à craindre.
Le Charton dit au Porc : « Qu'as-tu tant à te plaindre?
Tu nous étourdis tous, que ne te tiens-tu coi?
15 Ces deux personnes-ci plus honnêtes[4] que toi,
Devraient t'apprendre à vivre, ou du moins à te taire.
Regarde ce Mouton; a-t-il dit un seul mot?
Il est sage. — Il est un sot,
Repartit le Cochon : s'il savait son affaire,
20 Il crierait comme moi, du haut de son gosier,
Et cette autre personne honnête
Crierait tout du haut de sa tête.
Ils pensent qu'on les veut seulement décharger,
La Chèvre de son lait, le Mouton de sa laine.
25 Je ne sais pas s'ils ont raison;
Mais quant à moi qui ne suis bon
Qu'à manger, ma mort est certaine.
Adieu mon toit[5] et ma maison. »
Dom Pourceau raisonnait en subtil personnage :
30 Mais que lui servait-il? Quand le mal est certain,

La plainte ni la peur ne changent le destin;
Et le moins prévoyant est toujours le plus sage[6].

FABLE XIII

TIRCIS ET AMARANTE[1]

POUR MADEMOISELLE DE SILLERY[2]

J'avais Ésope quitté
Pour être tout à Boccace[3] :
Mais une divinité
Veut revoir sur le Parnasse
Des Fables de ma façon; 5
Or d'aller lui dire non,
Sans quelque valable excuse,
Ce n'est pas comme on en use
Avec des Divinités,
Surtout quand ce sont de celles 10
Que la qualité de belles
Fait Reines des volontés.
Car afin que l'on le sache
C'est Sillery qui s'attache
À vouloir que de nouveau 15
Sire Loup, Sire Corbeau
Chez moi se parlent en rime[4].
Qui dit Sillery, dit tout;
Peu de gens en leur estime
Lui refusent le haut bout[5]; 20
Comment le pourrait-on faire?
Pour venir à notre affaire,
Mes contes à son avis
Sont obscurs[6]; les beaux esprits
N'entendent pas toute chose : 25
Faisons donc quelques récits

Qu'elle déchiffre sans glose.
Amenons des Bergers, et puis nous rimerons
Ce que disent entre eux les Loups et les Moutons.
30 Tircis disait un jour à la jeune Amarante :
« Ah! si vous connaissiez comme moi certain mal
Qui nous plaît et qui nous enchante!
Il n'est bien sous le Ciel qui vous parût égal :
Souffrez qu'on vous le communique;
35 Croyez-moi; n'ayez point de peur;
Voudrais-je vous tromper, vous pour qui je me pique
Des plus doux sentiments que puisse avoir un cœur? »
Amarante aussitôt réplique :
« Comment l'appelez-vous, ce mal? quel est son nom?
40 – L'amour. – Ce mot est beau : dites-moi quelque
[marque [7]
À quoi je le pourrai connaître : que sent-on?
– Des peines près de qui le plaisir des Monarques
Est ennuyeux et fade : on s'oublie, on se plaît
Toute seule en une forêt.
45 Se mire-t-on près un rivage?
Ce n'est pas soi qu'on voit, on ne voit qu'une image
Qui sans cesse revient et qui suit en tous lieux :
Pour tout le reste on est sans yeux.
Il est un Berger du [8] Village
50 Dont l'abord, dont la voix, dont le nom fait rougir :
On soupire à son souvenir :
On ne sait pas pourquoi; cependant on soupire;
On a peur de le voir, encor qu'on le désire. »
Amarante dit à l'instant :
55 « Oh! oh! c'est là ce mal que vous me prêchez tant?
Il ne m'est pas nouveau : je pense le connaître. »
Tircis à son but croyait être,
Quand la belle ajouta : « Voilà tout justement
Ce que je sens pour Clidamant. »
60 L'autre pensa mourir de dépit et de honte.
Il est force gens comme lui,

Qui prétendent n'agir que pour leur propre compte,
Et qui font le marché d'autrui.

FABLE XIV

LES OBSÈQUES DE LA LIONNE[1]

La femme du Lion mourut :
Aussitôt chacun accourut
Pour s'acquitter envers le Prince
De certains compliments de consolation,
Qui sont surcroît d'affliction. 5
Il fit avertir sa Province
Que les obsèques se feraient
Un tel jour, en tel lieu; ses Prévôts[2] y seraient
Pour régler la cérémonie,
Et pour placer la compagnie. 10
Jugez si chacun s'y trouva.
Le Prince aux cris s'abandonna,
Et tout son antre en résonna.
Les Lions n'ont point d'autre temple.
On entendit à son exemple 15
Rugir en leurs patois Messieurs les Courtisans.
Je définis la cour un pays où les gens,
Tristes, gais, prêts à tout, à tout indifférents,
Sont ce qu'il plaît au Prince, ou s'ils ne peuvent l'être,
Tâchent au moins de le paraître, 20
Peuple caméléon[3], peuple singe du maître;
On dirait qu'un esprit anime mille corps;
C'est bien là que les gens sont de simples ressorts[4].
Pour revenir à notre affaire
Le Cerf ne pleura point, comment eût-il pu faire? 25
Cette mort le vengeait; la Reine avait jadis
Étranglé sa femme et son fils.

Bref il ne pleura point. Un flatteur l'alla dire,
Et soutint qu'il l'avait vu rire.
30 La colère du Roi, comme dit Salomon[5],
Est terrible, et surtout celle du Roi Lion :
Mais ce Cerf n'avait pas accoutumé de lire.
Le Monarque lui dit : « Chétif hôte des bois
Tu ris, tu ne suis pas ces gémissantes voix.
35 Nous n'appliquerons point sur tes membres profanes
Nos sacrés ongles; venez Loups,
Vengez la Reine, immolez tous
Ce traître à ses augustes mânes. »
Le Cerf reprit alors : « Sire, le temps de pleurs
40 Est passé; la douleur est ici superflue.
Votre digne moitié couchée entre des fleurs,
Tout près d'ici m'est apparue;
Et je l'ai d'abord reconnue.
« Ami, m'a-t-elle dit, garde que ce convoi,
45 « Quand je vais chez les Dieux, ne t'oblige à des larmes
« Aux Champs Élysiens[6] j'ai goûté mille charmes,
« Conversant[7] avec ceux qui sont saints comme moi.
« Laisse agir quelque temps le désespoir du Roi.
« J'y prends plaisir. » À peine on eut ouï la chose,
50 Qu'on se mit à crier : « Miracle, apothéose. »
Le Cerf eut un présent, bien loin d'être puni.
Amusez les Rois par des songes,
Flattez-les, payez-les d'agréables mensonges,
Quelque indignation dont leur cœur soit rempli,
55 Ils goberont l'appât, vous serez leur ami.

FABLE XV

LE RAT ET L'ÉLÉPHANT[1]

Se croire un personnage eſt fort commun en France.
On y fait l'homme d'importance,
Et l'on n'eſt souvent qu'un Bourgeois :
C'eſt proprement le mal françois.
La sotte vanité nous eſt particulière. 5
Les Espagnols sont vains, mais d'une autre manière.
Leur orgueil me semble en un mot
Beaucoup plus fou, mais pas si sot.
Donnons quelque image du nôtre,
Qui sans doute en vaut bien un autre. 10
Un Rat des plus petits voyait un Éléphant
Des plus gros, et raillait le marcher un peu lent
De la bête de haut parage,
Qui marchait à gros équipage.
Sur l'animal à triple étage 15
Une Sultane de renom,
Son Chien, son Chat, et sa Guenon,
Son Perroquet, sa vieille, et toute sa maison,
S'en allait en pèlerinage.
Le Rat s'étonnait que les gens 20
Fussent touchés de voir cette pesante masse :
« Comme si d'occuper ou plus ou moins de place,
Nous rendait, disait-il, plus ou moins importants.
Mais qu'admirez-vous tant en lui vous autres hommes ?
Serait-ce ce grand corps, qui fait peur aux enfants ? 25
Nous ne nous prisons pas, tout petits que nous sommes,
D'un grain[2] moins que les Éléphants. »
Il en aurait dit davantage ;
Mais le Chat sortant de sa cage,
Lui fit voir en moins d'un inſtant 30
Qu'un Rat n'eſt pas un Éléphant.

FABLE XVI

L'HOROSCOPE[1]

On rencontre sa destinée
Souvent par des chemins qu'on prend pour l'éviter.
Un père eut pour toute lignée
Un fils qu'il aima trop, jusques à consulter
5 Sur le sort de sa géniture
Les diseurs de bonne aventure.
Un de ces gens lui dit, que des Lions surtout
Il éloignât l'enfant jusques à certain âge :
Jusqu'à vingt ans, point davantage.
10 Le père, pour venir à bout
D'une précaution sur qui roulait la vie
De celui qu'il aimait, défendit que jamais
On lui laissât passer le seuil de son Palais.
Il pouvait sans sortir contenter son envie,
15 Avec ses compagnons tout le jour badiner,
Sauter, courir, se promener.
Quand il fut en l'âge où la chasse
Plaît le plus aux jeunes esprits,
Cet exercice avec mépris
20 Lui fut dépeint : mais, quoi qu'on fasse,
Propos, conseil, enseignement,
Rien ne change un tempérament.
Le jeune homme inquiet[2], ardent, plein de courage,
À peine se sentit des bouillons d'un tel âge,
25 Qu'il soupira pour ce plaisir.
Plus l'obstacle était grand, plus fort fut le désir.
Il savait le sujet des fatales défenses ;
Et comme ce logis plein de magnificences
Abondait partout en tableaux,
30 Et que la laine et les pinceaux
Traçaient de tous côtés chasses et paysages,

En cet endroit des animaux,
En cet autre des personnages,
Le jeune homme s'émut, voyant peint un Lion.
« Ah! monstre, cria-t-il, c'est toi qui me fais vivre 35
Dans l'ombre et dans les fers. » À ces mots, il se livre
Aux transports violents de l'indignation,
Porte le poing sur l'innocente bête.
Sous la tapisserie un clou se rencontra.
Ce clou le blesse; il pénétra 40
Jusqu'aux ressorts de l'âme; et cette chère tête
Pour qui l'art d'Esculape en vain fit ce qu'il put,
Dut sa perte à ces soins qu'on prit pour son salut.
Même précaution nuisit au Poète[3] Eschyle.
Quelque Devin le menaça, dit-on, 45
De la chute d'une maison.
Aussitôt il quitta la ville,
Mit son lit en plein champ, loin des toits, sous les Cieux.
Un Aigle, qui portait en l'air une Tortue,
Passa par là, vit l'homme, et sur sa tête nue, 50
Qui parut un morceau de rocher à ses yeux,
Étant de cheveux dépourvue,
Laissa tomber sa proie, afin de la casser :
Le pauvre Eschyle ainsi sut ses jours avancer.
De ces exemples il résulte 55
Que cet art, s'il est vrai, fait tomber dans les maux
Que craint celui qui le consulte;
Mais je l'en justifie, et maintiens qu'il est faux.
Je ne crois point que la nature
Se soit lié les mains, et nous les lie encor, 60
Jusqu'au point de marquer dans les Cieux notre sort.
Il dépend d'une conjoncture
De lieux, de personnes, de temps;
Non des conjonctions[4] de tous ces charlatans.
Ce Berger et ce Roi sont sous même Planète; 65
L'un d'eux porte le sceptre et l'autre la houlette :
Jupiter le voulait ainsi.

Qu'est-ce que Jupiter ? un corps sans connaissance.
D'où vient donc que son influence
70 Agit différemment sur ces deux hommes-ci ?
Puis comment pénétrer jusques à notre monde ?
Comment percer des airs la campagne profonde ?
Percer Mars, le Soleil, et des vides sans fin ?
Un atome la peut détourner en chemin :
75 Où l'iront retrouver les faiseurs d'Horoscope ?
L'état[5] où nous voyons l'Europe
Mérite que du moins quelqu'un d'eux l'ait prévu ;
Que ne l'a-t-il donc dit ? mais nul d'eux ne l'a su.
L'immense éloignement, le point, et sa vitesse[6],
80 Celle aussi de nos passions,
Permettent-ils à leur faiblesse
De suivre pas à pas toutes nos actions ?
Notre sort en dépend : sa course entresuivie[7],
Ne va, non plus que nous, jamais d'un même pas ;
85 Et ces gens veulent au compas,
Tracer le cours de notre vie !
Il ne se faut point arrêter[8]
Aux deux faits ambigus que je viens de conter.
Ce fils par trop chéri ni le bonhomme[9] Eschyle
90 N'y font rien. Tout aveugle et menteur qu'est cet art,
Il peut frapper au but une fois entre mille ;
Ce sont des effets du hasard[10].

FABLE XVII

L'ÂNE ET LE CHIEN[1]

Il se faut entraider, c'est la loi de nature :
L'Âne un jour pourtant s'en moqua :
Et ne sais comme il y manqua ;
Car il est bonne créature.

Il allait par pays accompagné du Chien, 5
Gravement, sans songer à rien,
Tous deux suivis d'un commun maître.
Ce maître s'endormit ; l'Âne se mit à paître :
Il était alors dans un pré,
Dont l'herbe était fort à son gré. 10
Point de chardons pourtant; il s'en passa pour l'heure :
Il ne faut pas toujours être si délicat;
Et faute de servir ce plat
Rarement un festin demeure.
Notre Baudet s'en sut enfin 15
Passer pour cette fois. Le Chien mourant de faim
Lui dit : « Cher compagnon, baisse-toi, je te prie;
Je prendrai mon dîné dans le panier au pain. »
Point de réponse, mot; le Roussin d'Arcadie
Craignit qu'en perdant un moment, 20
Il ne perdît un coup de dent.
Il fit longtemps la sourde oreille :
Enfin il répondit : « Ami, je te conseille
D'attendre que ton maître ait fini son sommeil;
Car il te donnera sans faute à son réveil, 25
Ta portion accoutumée.
Il ne saurait tarder beaucoup. »
Sur ces entrefaites un Loup
Sort du bois, et s'en vient; autre bête affamée.
L'Âne appelle aussitôt le Chien à son secours. 30
Le Chien ne bouge, et dit : « Ami, je te conseille
De fuir en attendant que ton maître s'éveille :
Il ne saurait tarder; détale vite, et cours.
Que si ce Loup t'atteint, casse-lui la mâchoire.
On t'a ferré de neuf; et si tu me veux croire, 35
Tu l'étendras tout plat. » Pendant ce beau discours,
Seigneur Loup étrangla le Baudet sans remède.
Je conclus qu'il faut qu'on s'entraide.

FABLE XVIII

LE BASSA ET LE MARCHAND[1]

Un Marchand Grec en certaine contrée
Faisait trafic. Un Bassa[2] l'appuyait;
De quoi le Grec en Bassa le payait,
Non en Marchand : tant c'est chère denrée
5 Qu'un protecteur. Celui-ci coûtait tant,
Que notre Grec s'allait partout plaignant.
Trois autres Turcs d'un rang moindre en puissance
Lui vont offrir leur support en commun.
Eux trois voulaient moins de reconnaissance
10 Qu'à ce Marchand il n'en coûtait pour un.
Le Grec écoute : avec eux il s'engage;
Et le Bassa du tout est averti :
Même on lui dit qu'il jouera, s'il est sage,
À ces gens-là quelque méchant parti,
15 Les prévenant[3], les chargeant d'un message
Pour Mahomet, droit en son paradis,
Et sans tarder : sinon ces gens unis
Le préviendront, bien certains qu'à la ronde,
Il a des gens tout prêts pour le venger.
20 Quelque poison l'enverra protéger
Les trafiquants qui sont en l'autre monde.
Sur cet avis le Turc se comporta
Comme Alexandre[4]; et plein de confiance
Chez le Marchand tout droit il s'en alla;
25 Se mit à table : on vit tant d'assurance
En ses discours et dans tout son maintien,
Qu'on ne crut point qu'il se doutât de rien.
« Ami, dit-il, je sais que tu me quittes;
Même l'on veut que j'en craigne les suites;
30 Mais je te crois un trop homme de bien :
Tu n'as point l'air d'un donneur de breuvage.

Je n'en dis pas là-dessus davantage.
Quant à ces gens qui pensent t'appuyer,
Écoute-moi. Sans tant de Dialogue,
Et de raisons qui pourraient t'ennuyer, 35
Je ne te veux conter qu'un Apologue.
Il était un Berger, son Chien, et son troupeau.
Quelqu'un lui demanda ce qu'il prétendait faire
D'un Dogue de qui l'ordinaire
Était un pain entier. Il fallait bien et beau 40
Donner cet animal au Seigneur du village.
Lui Berger pour plus de ménage[5]
Aurait deux ou trois mâtineaux,
Qui lui dépensant moins veilleraient aux troupeaux,
Bien mieux que cette bête seule. 45
Il mangeait plus que trois : mais on ne disait pas
Qu'il avait aussi triple gueule
Quand les Loups livraient des combats.
Le Berger s'en défait : il prend trois chiens de taille
À lui dépenser moins, mais à fuir la bataille. 50
Le troupeau s'en sentit[6], et tu te sentiras
Du choix de semblable canaille.
Si tu fais bien, tu reviendras à moi. »
Le Grec le crut. Ceci montre aux Provinces[7]
Que, tout compté, mieux vaut en bonne foi 55
S'abandonner à quelque puissant Roi,
Que s'appuyer de plusieurs petits Princes.

FABLE XIX

L'AVANTAGE DE LA SCIENCE[1]

Entre deux Bourgeois d'une Ville
S'émut jadis un différend.
L'un était pauvre, mais habile,
L'autre riche, mais ignorant.

5 Celui-ci sur son concurrent
Voulait emporter l'avantage :
Prétendait que tout homme sage
Était tenu de l'honorer.
C'était tout homme sot; car pourquoi révérer
10 Des biens dépourvus de mérite?
La raison m'en semble petite.
« Mon ami, disait-il souvent
Au savant,
Vous vous croyez considérable;
15 Mais dites-moi, tenez-vous table[2]?
Que sert à vos pareils de lire incessamment?
Ils sont toujours logés à la troisième chambre[3],
Vêtus au mois de Juin comme au mois de Décembre,
Ayant pour tout Laquais leur ombre seulement.
20 La République[4] a bien affaire
De gens qui ne dépensent rien :
Je ne sais d'homme nécessaire
Que celui dont le luxe épand beaucoup de bien.
Nous en usons, Dieu sait : notre plaisir occupe
25 L'Artisan, le vendeur, celui qui fait la jupe,
Et celle qui la porte, et vous, qui dédiez
À Messieurs les gens de Finance
De méchants livres bien payés. »
Ces mots remplis d'impertinence
30 Eurent le sort qu'ils méritaient.
L'homme lettré se tut, il avait trop à dire.
La guerre le vengea bien mieux qu'une satire.
Mars détruisit le lieu que nos gens habitaient.
L'un et l'autre quitta sa Ville :
35 L'ignorant resta sans asile;
Il reçut partout des mépris :
L'autre reçut partout quelque faveur nouvelle.
Cela décida leur querelle.
Laissez dire les sots; le savoir a son prix.

FABLE XX

JUPITER ET LES TONNERRES[1]

Jupiter voyant nos fautes,
Dit un jour du haut des airs :
« Remplissons de nouveaux hôtes
Les cantons de l'Univers
Habités par cette race 5
Qui m'importune et me lasse.
Va-t'en, Mercure, aux Enfers :
Amène-moi la furie
La plus cruelle des trois.
Race que j'ai trop chérie, 10
Tu périras cette fois. »
Jupiter ne tarda guère
À modérer son transport.
Ô vous Rois qu'il voulut faire
Arbitres de notre sort, 15
Laissez entre la colère
Et l'orage qui la suit
L'intervalle d'une nuit.
Le Dieu dont l'aile est légère,
Et la langue a des douceurs, 20
Alla voir les noires Sœurs.
À Tisiphone et Mégère
Il préféra, ce dit-on,
L'impitoyable Alecton.
Ce choix la rendit si fière, 25
Qu'elle jura par Pluton
Que toute l'engeance humaine
Serait bientôt du domaine
Des Déités de là-bas.
Jupiter n'approuva pas 30
Le serment de l'Euménide.

Il la renvoie, et pourtant
Il lance un foudre à l'instant
Sur certain peuple perfide.
35 Le tonnerre, ayant pour guide
Le père même de ceux
Qu'il menaçait de ses feux,
Se contenta de leur crainte;
Il n'embrasa que l'enceinte
40 D'un désert[2] inhabité.
Tout père frappe à côté.
Qu'arriva-t-il? notre engeance
Prit pied sur[3] cette indulgence.
Tout l'Olympe s'en plaignit :
45 Et l'assembleur de nuages[4]
Jura le Styx, et promit
De former d'autres orages;
Ils seraient sûrs. On sourit :
On lui dit qu'il était père,
50 Et qu'il laissât pour le mieux
À quelqu'un des autres Dieux
D'autres tonnerres à faire.
Vulcan entreprit l'affaire.
Ce Dieu remplit ses fourneaux
55 De deux sortes de carreaux[5].
L'un jamais ne se fourvoie,
Et c'est celui que toujours
L'Olympe en corps nous envoie.
L'autre s'écarte en son cours;
60 Ce n'est qu'aux monts qu'il en coûte :
Bien souvent même il se perd,
Et ce dernier en sa route
Nous vient du seul Jupiter.

FABLE XXI

LE FAUCON ET LE CHAPON[1]

Une traîtresse voix bien souvent vous appelle ;
Ne vous pressez donc nullement :
Ce n'était pas un sot, non, non, et croyez-m'en
Que le Chien de Jean de Nivelle.
Un citoyen du Mans, Chapon de son métier 5
Était sommé de comparaître
Par-devant les lares du maître,
Au pied d'un tribunal que nous nommons foyer.
Tous les gens lui criaient pour déguiser la chose,
« Petit, petit, petit » : mais loin de s'y fier, 10
Le Normand et demi laissait les gens crier :
« Serviteur[2], disait-il, votre appât est grossier ;
On ne m'y tient pas ; et pour cause. »
Cependant un Faucon sur sa perche voyait
Notre Manceau qui s'enfuyait. 15
Les Chapons ont en nous fort peu de confiance,
Soit instinct, soit expérience.
Celui-ci qui ne fut qu'avec peine attrapé,
Devait le lendemain être d'un grand soupé,
Fort à l'aise, en un plat, honneur dont la volaille 20
Se serait passée aisément.
L'Oiseau chasseur lui dit : « Ton peu d'entendement
Me rend tout étonné : vous n'êtes que racaille,
Gens grossiers, sans esprit, à qui l'on n'apprend rien.
Pour moi, je sais chasser, et revenir au maître. 25
Le vois-tu pas à la fenêtre ?
Il t'attend, es-tu sourd ? — Je n'entends que trop bien,
Repartit le Chapon : mais que me veut-il dire,
Et ce beau Cuisinier armé d'un grand couteau ?
Reviendrais-tu pour cet appeau[3] : 30
Laisse-moi fuir, cesse de rire

De l'indocilité qui me fait envoler,
Lorsque d'un ton si doux on s'en vient m'appeler.
Si tu voyais mettre à la broche
35 Tous les jours autant de Faucons
Que j'y vois mettre de Chapons,
Tu ne me ferais pas un semblable reproche. »

FABLE XXII

LE CHAT ET LE RAT[1]

Quatre animaux divers, le Chat grippe-fromage,
Triste-oiseau le Hibou, Rongemaille le Rat,
Dame Belette au long corsage,
Toutes gens d'esprit scélérat,
5 Hantaient le tronc pourri d'un pin vieux et sauvage.
Tant y furent qu'un soir à l'entour de ce pin
L'homme tendit ses rets. Le Chat de grand matin
Sort pour aller chercher sa proie.
Les derniers traits de l'ombre empêchent qu'il ne voie
10 Le filet; il y tombe, en danger de mourir :
Et mon Chat de crier, et le Rat d'accourir,
L'un plein de désespoir, et l'autre plein de joie.
Il voyait dans les lacs son mortel ennemi.
Le pauvre Chat dit : « Cher ami,
15 Les marques de ta bienveillance
Sont communes en mon endroit :
Viens m'aider à sortir du piège où l'ignorance
M'a fait tomber. C'est à bon droit
Que seul entre les tiens par amour singulière
20 Je t'ai toujours choyé, t'aimant comme mes yeux.
Je n'en ai point regret, et j'en rends grâce aux Dieux.
J'allais leur faire ma prière;
Comme tout dévot Chat en use les matins.

Ce réseau me retient ; ma vie est en tes mains :
Viens dissoudre[2] ces nœuds. — Et quelle récompense 25
En aurai-je ? reprit le Rat.
— Je jure éternelle alliance
Avec toi, repartit le Chat.
Dispose de ma griffe, et sois en assurance :
Envers et contre tous je te protégerai, 30
Et la Belette mangerai
Avec l'époux de la Chouette.
Ils t'en veulent tous deux. » Le Rat dit : « Idiot !
Moi ton libérateur ? Je ne suis pas si sot. »
Puis il s'en va vers sa retraite. 35
La Belette était près du trou.
Le Rat grimpe plus haut ; il y voit le Hibou :
Dangers de toutes parts ; le plus pressant l'emporte.
Rongemaille retourne au Chat, et fait en sorte
Qu'il détache un chaînon, puis un autre, et puis tant 40
Qu'il dégage enfin l'hypocrite.
L'homme paraît en cet instant.
Les nouveaux alliés prennent tous deux la fuite.
À quelque temps de là, notre Chat vit de loin
Son Rat qui se tenait à l'erte[3] et sur ses gardes. 45
« Ah ! mon frère, dit-il, viens m'embrasser ; ton soin
Me fait injure ; tu regardes
Comme ennemi ton allié.
Penses-tu que j'aie oublié
Qu'après Dieu je te dois la vie ? 50
— Et moi, reprit le Rat, penses-tu que j'oublie
Ton naturel ? aucun traité
Peut-il forcer un Chat à la reconnaissance ?
S'assure-t-on sur l'alliance
Qu'a faite la nécessité ? » 55

FABLE XXIII

LE TORRENT ET LA RIVIÈRE[1]

Avec grand bruit et grand fracas
Un Torrent tombait des montagnes[2] :
Tout fuyait devant lui ; l'horreur suivait ses pas[3] ;
Il faisait trembler les campagnes.
5 Nul voyageur n'osait passer
Une barrière si puissante :
Un seul vit des voleurs, et se sentant presser,
Il mit entre eux et lui cette onde menaçante.
Ce n'était que menace, et bruit, sans profondeur ;
10 Notre homme enfin n'eut que la peur.
Ce succès lui donnant courage,
Et les mêmes voleurs le poursuivant toujours,
Il rencontra sur son passage
Une Rivière dont le cours
15 Image d'un sommeil doux, paisible et tranquille
Lui fit croire d'abord ce trajet fort facile.
Point de bords escarpés, un sable pur et net.
Il entre, et son cheval le met
À couvert des voleurs, mais non de l'onde noire :
20 Tous deux au Styx allèrent boire ;
Tous deux, à nager malheureux,
Allèrent traverser, au séjour ténébreux,
Bien d'autres fleuves que les nôtres.
Les gens sans bruit sont dangereux ;
25 Il n'en est pas ainsi des autres[4].

FABLE XXIV

L'ÉDUCATION[1]

Laridon et César, frères dont l'origine
Venait de chiens fameux, beaux, bien faits et hardis,
À deux maîtres divers échus au temps jadis,
Hantaient l'un les forêts, et l'autre la cuisine.
Ils avaient eu d'abord chacun un autre nom : 5
    Mais la diverse nourriture[2]
Fortifiant en l'un cette heureuse nature,
En l'autre l'altérant, un certain marmiton
    Nomma celui-ci Laridon :
Son frère, ayant couru mainte haute aventure, 10
Mis maint Cerf aux abois, maint Sanglier[3] abattu,
Fut le premier César que la gent chienne ait eu.
On eut soin d'empêcher qu'une indigne maîtresse
Ne fît en ses enfants dégénérer son sang :
Laridon négligé témoignait sa tendresse 15
    À l'objet le premier passant.
    Il peupla tout de son engeance :
Tournebroches[4] par lui rendus communs en France
Y font un corps à part, gens fuyant les hasards,
    Peuple antipode des Césars. 20
On ne suit pas toujours ses aïeux ni son père :
Le peu de soin, le temps, tout fait qu'on dégénère :
Faute de cultiver la nature et ses dons,
Ô combien de Césars deviendront Laridons !

FABLE XXV

LES DEUX CHIENS ET L'ÂNE MORT[1]

Les vertus devraient être sœurs[2],
Ainsi que les vices sont frères :
Dès que l'un de ceux-ci s'empare de nos cœurs,
Tous viennent à la file[3] ; il ne s'en manque guères;
5 J'entends de ceux qui n'étant pas contraires
Peuvent loger sous même toit.
À l'égard des vertus, rarement on les voit
Toutes en un sujet éminemment placées,
Se tenir par la main sans être dispersées.
10 L'un est vaillant, mais prompt; l'autre est prudent, mais [froid
Parmi les animaux le Chien se pique d'être
Soigneux et fidèle à son maître;
Mais il est sot, il est gourmand :
Témoin ces deux mâtins qui dans l'éloignement
15 Virent un Âne mort qui flottait sur les ondes.
Le vent de plus en plus l'éloignait de nos Chiens.
« Ami, dit l'un, tes yeux sont meilleurs que les miens.
Porte un peu tes regards sur ces plaines profondes.
J'y crois voir quelque chose. Est-ce un Bœuf, un Cheval?
20 — Hé qu'importe quel animal?
Dit l'un de ces mâtins; voilà toujours curée.
Le point est de l'avoir; car le trajet est grand;
Et de plus il nous faut nager contre le vent.
Buvons toute cette eau; notre gorge altérée
25 En viendra bien à bout : ce corps demeurera
Bientôt à sec, et ce sera
Provision pour la semaine. »
Voilà mes Chiens à boire; ils perdirent l'haleine,
Et puis la vie; ils firent tant
30 Qu'on les vit crever à l'instant.
L'homme est ainsi bâti : quand un sujet l'enflamme

L'impossibilité disparaît à son âme.
Combien fait-il de vœux, combien perd-il de pas?
S'outrant[4] pour acquérir des biens ou de la gloire ?
Si j'arrondissais mes états! 35
Si je pouvais remplir mes coffres de ducats!
Si j'apprenais l'hébreu, les sciences, l'histoire!
Tout cela, c'est la mer à boire ;
Mais rien à l'homme ne suffit :
Pour fournir aux projets que forme un seul esprit 40
Il faudrait quatre corps; encor loin d'y suffire
À mi-chemin je crois que tous demeureraient :
Quatre Mathusalems bout à bout ne pourraient
Mettre à fin ce qu'un seul désire.

FABLE XXVI

DÉMOCRITE ET LES ABDÉRITAINS[1]

Que j'ai toujours haï les pensers du vulgaire[2]!
Qu'il me semble profane, injuste, et téméraire;
Mettant de faux milieux[3] entre la chose et lui,
Et mesurant par soi ce qu'il voit en autrui!
Le maître d'Épicure en fit l'apprentissage. 5
Son pays le crut fou : petits esprits! mais quoi?
Aucun n'est prophète chez soi.
Ces gens étaient les fous, Démocrite le sage.
L'erreur alla si loin qu'Abdère députa
Vers Hippocrate, et l'invita, 10
Par lettres et par ambassade,
À venir rétablir la raison du malade.
« Notre concitoyen, disaient-ils en pleurant,
Perd l'esprit; la lecture a gâté[4] Démocrite.
Nous l'estimerions plus s'il était ignorant. 15
Aucun nombre, dit-il, les mondes ne limite :

Peut-être même ils sont remplis
De Démocrites infinis[5].
Non content de ce songe, il y joint les atomes,
20 Enfants d'un cerveau creux, invisibles fantômes;
Et, mesurant les Cieux sans bouger d'ici-bas,
Il connaît l'Univers et ne se connaît pas.
Un temps fut qu'il savait accorder les débats[6];
Maintenant il parle à lui-même.
25 Venez, divin mortel; sa folie eſt extrême. »
Hippocrate n'eut pas trop de foi pour ces gens :
Cependant il partit : et voyez, je vous prie,
Quelles rencontres dans la vie
Le sort cause; Hippocrate arriva dans le temps
30 Que celui qu'on disait n'avoir raison ni sens
Cherchait dans l'homme et dans la bête
Quel siège a la raison, soit le cœur, soit la tête[7].
Sous un ombrage épais, assis près d'un ruisseau,
Les labyrinthes[8] d'un cerveau
35 L'occupaient. Il avait à ses pieds maint volume[9],
Et ne vit presque pas son ami s'avancer,
Attaché[10] selon sa coutume.
Leur compliment fut court, ainsi qu'on peut penser
Le sage eſt ménager du temps et des paroles.
40 Ayant donc mis à part les entretiens frivoles[11],
Et beaucoup raisonné sur l'homme et sur l'esprit,
Ils tombèrent sur la morale.
Il n'eſt pas besoin que j'étale
Tout ce que l'un et l'autre dit.
45 Le récit précédent suffit
Pour montrer que le peuple eſt juge récusable.
En quel sens eſt donc véritable
Ce que j'ai lu dans certain lieu[12],
Que sa voix eſt la voix de Dieu[13]?

FABLE XXVII

LE LOUP ET LE CHASSEUR[1]

Fureur d'accumuler, monstre de qui les yeux
Regardent comme un point tous les bienfaits des Dieux,
Te combattrai-je en vain sans cesse en cet ouvrage ?
Quel temps demandes-tu pour suivre mes leçons ?
L'homme, sourd à ma voix comme à celle du sage[2], 5
Ne dira-t-il jamais : « C'est assez, jouissons » ?
Hâte-toi, mon ami ; tu n'as pas tant à vivre.
Je te rebats ce mot ; car il vaut tout un livre.
Jouis. — Je le ferai. — Mais quand donc ? — Dès demain[3].
— Eh ! mon ami, la mort te peut prendre en chemin. 10
Jouis dès aujourd'hui : redoute un sort semblable
À celui du Chasseur et du Loup de ma fable.
Le premier, de son arc, avait mis bas un daim.
Un Faon de Biche passe, et le voilà soudain
Compagnon du défunt ; tous deux gisent sur l'herbe. 15
La proie était honnête ; un Daim avec un Faon,
Tout modeste[4] Chasseur en eût été content :
Cependant un Sanglier, monstre énorme et superbe,
Tente encor notre archer, friand de tels morceaux.
Autre habitant du Styx : la Parque et ses ciseaux 20
Avec peine y mordaient ; la Déesse infernale
Reprit à plusieurs fois l'heure au monstre fatale.
De la force du coup pourtant il s'abattit.
C'était assez de biens ; mais quoi, rien ne remplit
Les vastes appétits d'un faiseur de conquêtes. 25
Dans le temps que le Porc revient à soi, l'archer
Voit le long d'un sillon une perdrix marcher,
Surcroît chétif aux autres têtes.
De son arc toutefois il bande les ressorts.
Le sanglier, rappelant les restes de sa vie, 30
Vient à lui, le découd, meurt vengé sur son corps :

Et la perdrix le remercie.
Cette part du récit s'adresse au convoiteux[5] :
L'avare aura pour lui le reste de l'exemple.
35 Un Loup vit, en passant, ce spectacle piteux.
« Ô fortune, dit-il, je te promets un temple.
Quatre corps étendus! que de biens! mais pourtant
Il faut les ménager, ces rencontres sont rares.
(Ainsi s'excusent les avares.)
40 J'en aurai, dit le Loup, pour un mois, pour autant.
Un, deux, trois, quatre corps, ce sont quatre semaines,
Si je sais compter, toutes pleines.
Commençons dans deux jours; et mangeons cependant
La corde de cet arc; il faut que l'on l'ait faite
45 De vrai boyau; l'odeur me le témoigne assez. »
En disant ces mots, il se jette
Sur l'arc qui se détend, et fait de la sagette[6]
Un nouveau mort, mon Loup a les boyaux percés.
Je reviens à mon texte[7] : il faut que l'on jouisse;
50 Témoin ces deux gloutons punis d'un sort commun;
La convoitise perdit l'un;
L'autre périt par l'avarice.

Livre neuvième

FABLE I

LE DÉPOSITAIRE INFIDÈLE[1]

Grâce aux Filles de Mémoire,
J'ai chanté des animaux :
Peut-être d'autres Héros
M'auraient acquis moins de gloire.
Le Loup en langue des Dieux[2] 5
Parle au Chien dans mes ouvrages.
Les Bêtes à qui mieux mieux
Y font divers personnages ;
Les uns fous, les autres sages ;
De telle sorte pourtant 10
Que les fous vont l'emportant ;
La mesure en est plus pleine[3].
Je mets aussi sur la Scène
Des Trompeurs, des Scélérats,
Des Tyrans, et des Ingrats, 15
Mainte imprudente pécore,
Force Sots force Flatteurs ;
Je pourrais y joindre encore
Des légions de menteurs.
Tout homme ment, dit le Sage[4]. 20

S'il n'y mettait seulement
Que les gens du bas étage,
On pourrait aucunement
Souffrir ce défaut aux hommes;
25 Mais que tous tant que nous sommes
Nous mentions, grand et petit,
Si quelque autre l'avait dit,
Je soutiendrais le contraire.
Et même qui mentirait
30 Comme Ésope, et comme Homère[5],
Un vrai menteur ne serait[6].
Le doux charme de maint songe
Par leur bel art inventé,
Sous les habits du mensonge
35 Nous offre la vérité[7].
L'un et l'autre a fait un livre
Que je tiens digne de vivre
Sans fin, et plus, s'il se peut :
Comme eux ne ment pas qui veut.
40 Mais mentir comme sut faire
Un certain Dépositaire
Payé par son propre mot,
Est d'un méchant, et d'un sot.
Voici le fait. Un trafiquant de Perse
45 Chez son voisin, s'en allant en commerce,
Mit en dépôt un cent[8] de fer un jour.
« Mon fer, dit-il, quand il fut de retour.
– Votre fer? il n'est plus : j'ai regret de vous dire
Qu'un Rat l'a mangé tout entier.
50 J'en ai grondé mes gens : mais qu'y faire? Un Grenier
A toujours quelque trou. » Le trafiquant admire[9]
Un tel prodige, et feint de le croire pourtant.
Au bout de quelques jours, il détourne l'enfant
Du perfide voisin; puis à souper convie
55 Le père qui s'excuse, et lui dit en pleurant :
« Dispensez-moi, je vous supplie :

Tous plaisirs pour moi sont perdus.
J'aimais un fils plus que ma vie;
Je n'ai que lui; que dis-je? hélas! je ne l'ai plus.
On me l'a dérobé. Plaignez mon infortune. » 60
Le Marchand repartit : « Hier au soir sur la brune
Un Chat-huant s'en vint votre fils enlever.
Vers un vieux bâtiment je le lui vis porter. »
Le père dit : « Comment voulez-vous que je croie
Qu'un Hibou pût jamais emporter cette proie? 65
Mon fils en un besoin eût pris le Chat-huant.
— Je ne vous dirai point, reprit l'autre, comment,
Mais enfin je l'ai vu, vu de mes yeux vous dis-je,
Et ne vois rien qui vous oblige
D'en douter un moment après ce que je dis. 70
Faut-il que vous trouviez étrange
Que les Chats-huants d'un pays
Où le quintal[10] de fer par un seul Rat se mange,
Enlèvent un garçon pesant un demi-cent? »
L'autre vit où tendait cette feinte aventure. 75
Il rendit le fer au Marchand
Qui lui rendit sa géniture.
Même dispute avint entre deux voyageurs.
L'un d'eux était de ces conteurs
Qui n'ont jamais rien vu qu'avec un microscope. 80
Tout est Géant chez eux : écoutez-les, l'Europe,
Comme l'Afrique aura des monstres à foison.
Celui-ci se croyait l'hyperbole permise.
« J'ai vu, dit-il, un chou plus grand qu'une maison.
— Et moi, dit l'autre, un pot aussi grand qu'une 85
[Église. »
Le premier se moquant, l'autre reprit : « Tout doux;
On le fit pour cuire vos choux. »
L'homme au pot fut plaisant; l'homme au fer fut habile.
Quand l'absurde est outré, l'on lui fait trop d'honneur
De vouloir par raison combattre son erreur; 90
Enchérir est plus court, sans s'échauffer la bile[11].

FABLE II

LES DEUX PIGEONS[1]

Deux Pigeons[2] s'aimaient d'amour tendre :
L'un d'eux s'ennuyant au logis
Fut assez fou pour entreprendre
Un voyage en lointain pays.
5 L'autre lui dit : « Qu'allez-vous faire?
Voulez-vous quitter votre frère?
L'absence est le plus grand des maux[3] :
Non pas pour vous, cruel : au moins que les travaux,
Les dangers, les soins du voyage,
10 Changent un peu votre courage[4].
Encor si la saison s'avançait davantage!
Attendez les zéphyrs[5] : qui vous presse? un Corbeau
Tout à l'heure annonçait malheur à quelque oiseau.
Je ne songerai plus que rencontre funeste,
15 Que Faucons, que réseaux. « Hélas, dirai-je, il pleut :
« Mon frère a-t-il tout ce qu'il veut,
« Bon soupé, bon gîte, et le reste? »
Ce discours ébranla le cœur
De notre imprudent voyageur;
20 Mais le désir de voir et l'humeur inquiète
L'emportèrent enfin. Il dit : « Ne pleurez point :
Trois jours au plus rendront mon âme satisfaite;
Je reviendrai dans peu conter de point en point
Mes aventures à mon frère.
25 Je le désennuierai : quiconque ne voit guère
N'a guère à dire aussi. Mon voyage dépeint
Vous sera d'un plaisir extrême.
Je dirai : « J'étais là; telle chose m'avint »,
Vous y croirez être vous-même. »
30 À ces mots en pleurant ils se dirent adieu.
Le voyageur s'éloigne; et voilà qu'un nuage

L'oblige de chercher retraite en quelque lieu.
Un seul arbre s'offrit, tel encor que l'orage
Maltraita le Pigeon en dépit du feuillage.
L'air devenu serein il part tout morfondu, 35
Sèche du mieux qu'il peut son corps chargé de pluie,
Dans un champ à l'écart voit du blé répandu,
Voit un Pigeon auprès, cela lui donne envie :
Il y vole, il est pris; ce blé couvrait d'un las
    Les menteurs et traîtres appas. 40
Le las était usé; si bien que de son aile,
De ses pieds, de son bec, l'oiseau le rompt enfin;
Quelque plume y périt; et le pis du destin
Fut qu'un certain Vautour à la serre cruelle
Vit notre malheureux qui, traînant la ficelle 45
Et les morceaux du las qui l'avait attrapé,
    Semblait un forçat échappé.
Le Vautour s'en allait le lier[6], quand des nues
Fond à son tour un Aigle aux ailes étendues.
Le Pigeon profita du conflit des voleurs, 50
S'envola, s'abattit auprès d'une masure,
    Crut, pour ce coup, que ses malheurs
    Finiraient par cette aventure :
Mais un fripon d'enfant, cet âge est sans pitié,
Prit sa fronde, et du coup tua plus d'à moitié 55
    La volatile malheureuse,
  Qui maudissant sa curiosité,
    Traînant l'aile, et tirant le pied,
    Demi-morte et demi-boiteuse,
    Droit au logis s'en retourna. 60
    Que[7] bien que mal elle arriva
    Sans autre aventure fâcheuse.
Voilà nos gens rejoints; et je laisse à juger
De combien de plaisirs ils payèrent leurs peines.
Amants, heureux amants, voulez-vous voyager? 65
    Que ce soit aux rives prochaines;
Soyez-vous l'un à l'autre un monde toujours beau[8],

Toujours divers, toujours nouveau;
Tenez-vous lieu de tout, comptez pour rien le reste;
70 J'ai quelquefois[9] aimé; je n'aurais pas alors,
Contre le Louvre et ses trésors,
Contre le firmament et sa voûte céleste,
Changé les bois, changé les lieux
Honorés par les pas, éclairés par les yeux[10]
75 De l'aimable et jeune bergère,
Pour qui sous le fils de Cythère[11]
Je servis, engagé par mes premiers serments.
Hélas! quand reviendront de semblables moments?
Faut-il que tant d'objets si doux et si charmants
80 Me laissent vivre au gré de mon âme inquiète?
Ah si mon cœur osait encor se renflammer!
Ne sentirai-je plus de charme qui m'arrête?
Ai-je passé le temps d'aimer?

FABLE III

LE SINGE ET LE LÉOPARD[1]

Le Singe avec le Léopard
Gagnaient de l'argent à la foire :
Ils affichaient chacun à part.
L'un d'eux disait : « Messieurs, mon mérite et ma gloire
5 Sont connus en bon lieu; le Roi m'a voulu voir;
Et si je meurs il veut avoir
Un manchon de ma peau; tant elle est bigarrée,
Pleine de taches, marquetée,
Et vergetée, et mouchetée[2]. »
10 La bigarrure plaît; partant chacun le vit.
Mais ce fut bientôt fait, bientôt chacun sortit.
Le Singe de sa part disait : « Venez de grâce,
Venez Messieurs; je fais cent tours de passe-passe.

Cette diversité dont on vous parle tant,
Mon voisin Léopard l'a sur soi seulement; 15
Moi, je l'ai dans l'esprit : votre serviteur Gille,
Cousin et gendre de Bertrand,
Singe du Pape en son vivant,
Tout fraîchement en cette ville
Arrive en trois bateaux, exprès pour vous parler; 20
Car il parle, on l'entend, il sait danser, baller,
Faire des tours de toute sorte,
Passer en des cerceaux; et le tout pour six blancs[3] :
Non Messieurs, pour un sou; si vous n'êtes contents
Nous rendrons à chacun son argent à la porte. » 25
Le Singe avait raison; ce n'est pas sur l'habit
Que la diversité me plaît, c'est dans l'esprit :
L'une fournit toujours des choses agréables;
L'autre en moins d'un moment lasse les regardants.
Ô que de grands Seigneurs, au Léopard semblables, 30
N'ont que l'habit pour tous talents[4] !

FABLE IV

LE GLAND ET LA[1] CITROUILLE[2]

Dieu fait bien ce qu'il fait. Sans en chercher la preuve
En tout cet Univers, et l'aller parcourant,
Dans les Citrouilles je la treuve.
Un villageois, considérant
Combien ce fruit est gros, et sa tige menue, 5
« À quoi songeait, dit-il, l'Auteur de tout cela?
Il a bien mal placé cette Citrouille-là :
Hé parbleu, je l'aurais pendue
À l'un des chênes que voilà.
C'eût été justement l'affaire; 10
Tel fruit, tel arbre, pour bien faire.

C'est dommage, Garo[3], que tu n'es point entré
Au conseil de celui que prêche ton Curé;
Tout en eût été mieux; car pourquoi par exemple
15 Le Gland, qui n'est pas gros comme mon petit doigt,
Ne pend-il pas en cet endroit?
Dieu s'est mépris; plus je contemple
Ces fruits ainsi placés, plus il semble à Garo
Que l'on a fait un quiproquo. »
20 Cette réflexion embarrassant notre homme :
« On ne dort point, dit-il, quand on a tant d'esprit. »
Sous un chêne aussitôt il va prendre son somme.
Un gland tombe; le nez du dormeur en pâtit.
Il s'éveille; et portant la main sur son visage,
25 Il trouve encor le Gland pris au poil du menton.
Son nez meurtri le force à changer de langage;
« Oh, oh, dit-il, je saigne! et que serait-ce donc
S'il fût tombé de l'arbre une masse plus lourde,
Et que ce Gland eût été gourde?
30 Dieu ne l'a pas voulu : sans doute il eut raison;
J'en vois bien à présent la cause. »
En louant Dieu de toute chose,
Garo retourne à la maison.

FABLE V

L'ÉCOLIER, LE PÉDANT, ET LE MAÎTRE D'UN JARDIN[1]

Certain enfant qui sentait son Collège,
Doublement sot, et doublement fripon,
Par le jeune âge, et par le privilège
Qu'ont les Pédants de gâter la raison,
5 Chez un voisin dérobait, ce dit-on,

Et fleurs et fruits. Ce voisin, en Automne,
Des plus beaux dons que nous offre Pomone
Avait la fleur, les autres le rebut.
Chaque saison apportait son tribut :
Car au Printemps il jouissait encore 10
Des plus beaux dons que nous présente Flore[2].
Un jour dans son jardin il vit notre Écolier,
Qui grimpant sans égard sur un arbre fruitier,
Gâtait jusqu'aux boutons, douce et frêle espérance,
Avant-coureurs des biens que promet l'abondance. 15
Même il ébranchait l'arbre, et fit tant à la fin
Que le possesseur du jardin
Envoya faire plainte au maître de la Classe.
Celui-ci vint suivi d'un cortège d'enfants.
Voilà le verger plein de gens 20
Pires que le premier. Le Pédant de sa grâce
Accrut le mal en amenant
Cette jeunesse mal instruite :
Le tout, à ce qu'il dit, pour faire un châtiment
Qui pût servir d'exemple ; et dont toute sa suite 25
Se souvînt à jamais comme d'une leçon.
Là-dessus il cita Virgile et Cicéron,
Avec force traits de science.
Son discours dura tant que la maudite engeance
Eut le temps de gâter en cent lieux le jardin. 30
Je hais les pièces d'éloquence
Hors de leur place, et qui n'ont point de fin ;
Et ne sais bête au monde pire
Que l'Écolier, si ce n'est le Pédant.
Le meilleur de ces deux pour voisin, à vrai dire, 35
Ne me plairait aucunement.

FABLE VI

LE STATUAIRE ET LA STATUE DE JUPITER[1]

Un bloc de marbre était si beau
Qu'un Statuaire en fit l'emplette.
« Qu'en fera, dit-il, mon ciseau ?
Sera-t-il Dieu, table ou cuvette[2] ?

5 Il sera Dieu : même je veux
Qu'il ait en sa main un tonnerre.
Tremblez humains ; faites des vœux ;
Voilà le maître de la terre. »

L'artisan exprima si bien
10 Le caractère de l'Idole,
Qu'on trouva qu'il ne manquait rien
À Jupiter que la parole.

Même l'on dit que l'ouvrier
Eut à peine achevé l'image,
15 Qu'on le vit frémir le premier,
Et redouter son propre ouvrage[3].

À la faiblesse du Sculpteur
Le Poète autrefois n'en dut guère[4],
Des Dieux dont il fut l'inventeur
20 Craignant la haine et la colère.

Il était enfant en ceci :
Les enfants n'ont l'âme occupée
Que du continuel souci
Qu'on ne fâche point leur poupée.
25 Le cœur suit aisément l'esprit :

De cette source eſt descendue
L'erreur païenne qui se vit
Chez tant de peuples répandue.

Ils embrassaient violemment
Les intérêts de leur chimère. 30
Pygmalion devint amant
De la Vénus dont il fut père.

Chacun tourne en réalités,
Autant qu'il peut, ses propres songes :
L'homme eſt de glace aux vérités; 35
Il eſt de feu pour les mensonges.

FABLE VII

LA SOURIS MÉTAMORPHOSÉE EN FILLE[1]

Une Souris tomba du bec d'un Chat-huant :
Je ne l'eusse pas ramassée;
Mais un Bramin[2] le fit; je le crois aisément;
Chaque pays a sa pensée.
La Souris était fort froissée :
De cette sorte de prochain 5
Nous nous soucions peu : mais le peuple Bramin
Le traite en frère; ils ont en tête
Que notre âme au sortir d'un Roi
Entre dans un ciron, ou dans telle autre bête 10
Qu'il plaît au sort; c'eſt là l'un des points de leur loi.
Pythagore[3] chez eux a puisé ce myſtère.
Sur un tel fondement le Bramin crut bien faire
De prier un Sorcier qu'il logeât la Souris
Dans un corps qu'elle eût eu pour hôte au temps jadis. 15

Le sorcier en fit une fille
De l'âge de quinze ans, et telle, et si gentille,
Que le fils de Priam pour elle aurait tenté
Plus encor qu'il ne fit pour la grecque beauté.
20 Le Bramin fut surpris de chose si nouvelle.
Il dit à cet objet si doux :
« Vous n'avez qu'à choisir; car chacun est jaloux
De l'honneur d'être votre époux.
— En ce cas je donne, dit-elle,
25 Ma voix au plus puissant de tous.
— Soleil, s'écria lors le Bramin à genoux,
C'est toi qui seras notre gendre.
— Non, dit-il, ce nuage épais
Est plus puissant que moi, puisqu'il cache mes traits[4];
30 Je vous conseille de le prendre.
— Eh bien, dit le Bramin au nuage volant,
Es-tu né pour ma fille? — Hélas non; car le vent
Me chasse à son plaisir de contrée en contrée;
Je n'entreprendrai point sur les droits de Borée. »
35 Le Bramin fâché s'écria :
« Ô vent, donc, puisque vent y a,
Viens dans les bras de notre belle. »
Il accourait : un mont en chemin l'arrêta.
L'éteuf[5] passant à celui-là,
40 Il le renvoie et dit : « J'aurais une querelle
Avec le Rat, et l'offenser
Ce serait être fou, lui qui peut me percer. »
Au mot de Rat la Demoiselle
Ouvrit l'oreille; il fut l'époux :
45 Un Rat! un Rat; c'est de ces coups
Qu'amour fait, témoin telle et telle[6] :
Mais ceci soit dit entre nous.
On tient toujours du lieu dont on vient : cette Fable
Prouve assez bien ce point : mais à la voir de près
50 Quelque peu de sophisme entre parmi ses traits :
Car quel époux n'est point au Soleil préférable

En s'y prenant ainsi? dirai-je qu'un géant
Est moins fort qu'une puce? Elle le mord pourtant.
Le Rat devait aussi renvoyer pour bien faire
La belle au chat, le chat au chien, 55
Le chien au loup. Par le moyen
De cet argument circulaire
Pilpay jusqu'au Soleil eût enfin remonté;
Le Soleil eût joui de la jeune beauté.
Revenons s'il se peut à la métempsycose : 60
Le Sorcier du Bramin fit sans doute une chose
Qui loin de la prouver fait voir sa fausseté.
Je prends droit[7] là-dessus contre le Bramin même;
Car il faut selon son système
Que l'homme, la souris, le ver, enfin chacun 65
Aille puiser son âme en un trésor commun[8] :
Toutes sont donc de même trempe;
Mais agissant diversement
Selon l'organe seulement
L'une s'élève, et l'autre rampe. 70
D'où vient donc que ce corps si bien organisé
Ne put obliger son hôtesse
De s'unir au Soleil, un Rat eut sa tendresse?
Tout débattu, tout bien pesé,
Les âmes des Souris et les âmes des belles 75
Sont très différentes entre elles[9].
Il en faut revenir toujours à son destin,
C'est-à-dire, à la loi par le Ciel établie.
Parlez au diable, employez la magie,
Vous ne détournerez nul être de sa fin[10]. 80

FABLE VIII

LE FOU QUI VEND LA SAGESSE[1]

Jamais auprès des fous ne te mets à portée.
Je ne te puis donner un plus sage conseil.
Il n'est enseignement pareil
À celui-là de fuir une tête éventée[2].
5 On en voit souvent dans les cours.
Le Prince y prend plaisir; car ils donnent toujours
Quelque trait aux fripons, aux sots, aux ridicules.
Un Fol allait criant par tous les carrefours
Qu'il vendait la Sagesse; et les mortels crédules
10 De courir à l'achat, chacun fut diligent.
On essuyait force grimaces;
Puis on avait pour son argent
Avec un bon soufflet un fil long de deux brasses.
La plupart s'en fâchaient; mais que leur servait-il?
15 C'étaient les plus moqués; le mieux était de rire,
Ou de s'en aller sans rien dire
Avec son soufflet et son fil.
De chercher du sens à la chose,
On se fût fait siffler ainsi qu'un ignorant.
20 La raison est-elle garant[3]
De ce que fait un fou? le hasard est la cause
De tout ce qui se passe en un cerveau blessé.
Du fil et du soufflet pourtant embarrassé,
Un des dupes un jour alla trouver un sage,
25 Qui sans hésiter davantage
Lui dit : « Ce sont ici hiéroglyphes[4] tout purs.
Les gens bien conseillés[5], et qui voudront bien faire,
Entre eux et les gens fous mettront pour l'ordinaire
La longueur de ce fil; sinon je les tiens sûrs
30 De quelque semblable caresse.
Vous n'êtes point trompé; ce fou vend la Sagesse. »

FABLE IX

L'HUÎTRE ET LES PLAIDEURS[1]

Un jour deux Pèlerins sur le sable rencontrent
Une Huître que le flot y venait d'apporter :
Ils l'avalent des yeux, du doigt ils se la montrent;
À l'égard de la dent il fallut contester.
L'un se baissait déjà pour amasser[2] la proie; 5
L'autre le pousse, et dit : « Il est bon de savoir
  Qui de nous en aura la joie.
Celui qui le premier a pu[3] l'apercevoir
En sera le gobeur ; l'autre le verra faire.
  — Si par là l'on juge l'affaire, 10
Reprit son compagnon, j'ai l'œil bon, Dieu merci[4].
  — Je ne l'ai pas mauvais aussi,
Dit l'autre, et je l'ai vue avant vous sur ma vie.
— Eh bien! vous l'avez vue, et moi je l'ai sentie. »
  Pendant tout ce bel incident, 15
Perrin Dandin[5] arrive : ils le prennent pour juge.
Perrin fort gravement ouvre l'Huître, et la gruge,
  Nos deux Messieurs le regardant.
Ce repas fait, il dit d'un ton de Président :
« Tenez, la Cour vous donne à chacun un[*e*] écaille 20
Sans dépens, et qu'en paix chacun chez soi s'en aille. »
Mettez ce qu'il en coûte à plaider aujourd'hui;
Comptez ce qu'il en reste à beaucoup de familles;
Vous verrez que Perrin tire l'argent à lui,
Et ne laisse aux plaideurs que le sac et les quilles[6]. 25

FABLE X

LE LOUP ET LE CHIEN MAIGRE[1]

Autrefois Carpillon fretin
Eut beau prêcher, il eut beau dire ;
On le mit dans la poêle à frire.
Je fis voir que lâcher ce qu'on a dans la main
5 Sous espoir de grosse aventure[2],
Est imprudence toute pure.
Le Pêcheur eut raison ; Carpillon n'eut pas tort.
Chacun dit ce qu'il peut pour défendre sa vie[3].
Maintenant il faut que j'appuie
10 Ce que j'avançai lors de quelque trait encor.
Certain Loup, aussi sot que le pêcheur fut sage,
Trouvant un Chien hors du village,
S'en allait l'emporter ; le Chien représenta
Sa maigreur. « Jà[4] ne plaise à votre seigneurie
15 De me prendre en cet état-là ;
Attendez, mon maître marie
Sa fille unique : et vous jugez
Qu'étant de noce, il faut, malgré moi que j'engraisse. »
Le Loup le croit, le Loup le laisse ;
20 Le Loup quelques jours écoulés [prendre.
Revient voir si son Chien n'est point meilleur à
Mais le drôle était au logis.
Il dit au Loup par un treillis :
« Ami, je vais sortir ; et, si tu veux attendre,
25 Le portier du logis et moi
Nous serons tout à l'heure à toi. »
Ce portier du logis était un Chien énorme,
Expédiant les Loups en forme[5].
Celui-ci s'en douta. « Serviteur au portier »,
30 Dit-il ; et de courir. Il était fort agile ;

Mais il n'était pas fort habile;
Ce Loup ne savait pas encor bien son métier.

FABLE XI

RIEN DE TROP[1]

Je ne vois point de créature
Se comporter modérément.
Il est certain tempérament
Que le maître de la nature
Veut que l'on garde en tout[2]. Le fait-on? Nullement. 5
Soit en bien, soit en mal, cela n'arrive guère.
Le blé, riche présent de la blonde Cérès
Trop touffu bien souvent épuise les guérets :
En superfluités s'épandant d'ordinaire,
Et poussant trop abondamment, 10
Il ôte à son fruit l'aliment.
L'arbre n'en fait pas moins; tant le luxe[3] sait plaire.
Pour corriger le blé, Dieu permit aux moutons
De retrancher l'excès des prodigues moissons[4].
Tout au travers ils se jetèrent, 15
Gâtèrent tout, et tout broutèrent;
Tant que le Ciel permit aux Loups
D'en croquer quelques-uns; ils les croquèrent tous.
S'ils ne le firent pas, du moins ils y tâchèrent :
Puis le Ciel permit aux humains 20
De punir ces derniers : les humains abusèrent
À leur tour des ordres divins.
De tous les animaux l'homme a le plus de pente
À se porter dedans l'excès.
Il faudrait faire le procès 25
Aux petits comme aux grands. Il n'est âme vivante
Qui ne pèche en ceci. Rien de trop est un point
Dont on parle sans cesse, et qu'on n'observe point.

FABLE XII

LE CIERGE[1]

C'est du séjour des Dieux que les Abeilles viennent[2].
Les premières, dit-on, s'en allèrent loger
Au mont Hymette*, et se gorger
Des trésors qu'en ce lieu les zéphyrs entretiennent.
5 Quand on eut des palais de ces filles du Ciel
Enlevé l'ambroisie en leurs chambres enclose :
Ou, pour dire en français la chose,
Après que les ruches sans miel
N'eurent plus que la Cire, on fit mainte bougie :
10 Maint Cierge aussi fut façonné.
Un d'eux voyant la terre en brique au feu durcie
Vaincre l'effort des ans, il eut la même envie;
Et nouvel Empédocle** aux flammes condamné
Par sa propre et pure folie[4],
15 Il se lança dedans. Ce fut mal raisonné;
Ce Cierge ne savait grain de Philosophie.
Tout en tout est divers : ôtez-vous de l'esprit
Qu'aucun être ait été composé sur le vôtre.
L'Empédocle de Cire au brasier se fondit :
20 Il n'était pas plus fou que l'autre.

* Hymette était une montagne célébrée par les poètes, située dans l'Attique, et où les Grecs recueillaient d'excellent miel.

** Empédocle était un philosophe ancien, qui ne pouvant comprendre les merveilles du mont Etna, se jeta dedans par une vanité ridicule, et, trouvant l'action belle, de peur d'en perdre le fruit, et que la postérité ne l'ignorât, laissa ses pantoufles[3] au pied du mont.

de son époux.
...dit-il, sans toi ce bien si doux
...nu; prends donc en récompense
...eut chez nous être à ta bienséance :
...gis aussi. » Les voleurs ne sont pas
...honteux, ni fort délicats :
...t sa main. J'infère de ce conte
... la plus forte passion
... peur; elle fait vaincre l'aversion;
...mour quelquefois; quelquefois il la dompte :
J'en ai pour preuve cet amant[2],
Qui brûla sa maison pour embrasser sa Dame,
L'emportant à travers la flamme :
J'aime assez cet emportement;
Le conte m'en a plu toujours infiniment :
Il est bien d'une âme espagnole,
Et plus grande encore que folle.

FABLE XVI

LE TRÉSOR, ET LES DEUX HOMMES[1]

Un Homme n'ayant plus ni crédit, ni ressource,
Et logeant le Diable en sa bourse,
C'est-à-dire, n'y logeant rien,
S'imagina qu'il ferait bien
5 De se pendre, et finir lui-même sa misère;
Puisque aussi bien sans lui la faim le viendrait faire,
Genre de mort qui ne duit[2] pas
À gens peu curieux de goûter[3] le trépas.
Dans cette intention, une vieille masure
10 Fut la scène où devait se passer l'aventure.
Il y porte une corde, et veut avec un clou
Au haut d'un certain mur attacher le licou.

FABLE XIII

JUPITER ET LE PASSAGER[1]

Ô combien le péril enrichirait les Dieux,
Si nous nous souvenions des vœux qu'il nous fait [faire!
Mais le péril passé, l'on ne se souvient guère
De ce qu'on a promis aux Cieux[2];
On compte seulement ce qu'on doit à la terre. 5
Jupiter, dit l'impie, est un bon créancier :
Il ne se sert jamais d'Huissier.
— Eh qu'est-ce donc que le tonnerre[3]?
Comment appelez-vous ces avertissements?
Un Passager pendant l'orage 10
Avait voué cent bœufs au vainqueur des Titans.
Il n'en avait pas un : vouer cent Éléphants
N'aurait pas coûté davantage.
Il brûla quelques os quand il fut au rivage.
Au nez de Jupiter la fumée en monta. 15
« Sire Jupin, dit-il, prends mon vœu; le voilà :
C'est un parfum de Bœuf que ta grandeur respire.
La fumée est ta part; je ne te dois plus rien. »
Jupiter fit semblant de rire;
Mais après quelques jours le Dieu l'attrapa bien, 20
Envoyant un songe lui dire
Qu'un tel trésor était en tel lieu : l'homme au vœu
Courut au trésor comme au feu :
Il trouva des voleurs, et n'ayant dans sa bourse
Qu'un écu pour toute ressource, 25
Il leur promit cent talents d'or,
Bien comptés, et d'un tel trésor :
On l'avait enterré dedans telle Bourgade.
L'endroit parut suspect aux voleurs; de façon
Qu'à notre prometteur l'un dit : « Mon camarade, 30

Tu te moques de nous, meurs, et va chez Pluton
Porter tes cent talents en don. »

FABLE XIV

LE CHAT ET LE RENARD[1]

Le Chat et le Renard comme beaux petits saints,
S'en allaient en pèlerinage.
C'étaient deux vrais Tartufs, deux archipatelins,
Deux francs Patte-pelus[2] qui des frais du voyage,
Croquant mainte volaille, escroquant maint fromage,
S'indemnisaient à qui mieux mieux.
Le chemin était long, et partant ennuyeux,
Pour l'accourcir ils disputèrent.
La dispute est d'un grand secours ;
Sans elle on dormirait toujours.
Nos Pèlerins s'égosillèrent.
Ayant bien disputé, l'on parla du prochain.
Le Renard au Chat dit enfin :
« Tu prétends être fort habile :
En sais-tu tant que moi ? J'ai cent ruses au sac.
– Non, dit l'autre ; je n'ai qu'un tour dans mon bissac,
Mais je soutiens qu'il en vaut mille. »
Eux de recommencer la dispute à l'envi.
Sur le que si, que non, tous deux étant ainsi,
Une meute apaisa la noise.
Le Chat dit au Renard : « Fouille en ton sac, ami :
Cherche en ta cervelle matoise
Un stratagème sûr : pour moi, voici le mien. »
À ces mots sur un arbre il grimpa bel et bien.
L'autre fit cent tours inutiles,
Entra dans cent terriers, mit cent fois en défaut
Tous les confrères de Brifaut.

Partout il tent
Et ce fut par
La fumée y pou
Au sortir d'u
L'étran
Le trop d'
On perd du
N'en ayons

FABLE

LE MARI, LA FEMME, E

Un Mari fort amoureux,
Fort amoureux de sa femme,
Bien qu'il fût jouissant se croyait malheureux.
Jamais œillade de la Dame,
Propos flatteur et gracieux,
Mot d'amitié, ni doux sourire,
Déifiant le pauvre Sire,
N'avaient fait soupçonner qu'il fût vraiment chéri ;
Je le crois, c'était un mari.
Il ne tint point à l'hyménée
Que content de sa destinée
Il n'en remerciât les Dieux ;
Mais quoi ? Si l'amour n'assaisonne
Les plaisirs que l'hymen nous donne,
Je ne vois pas qu'on en soit mieux.
Notre épouse étant donc de la sorte bâtie,
Et n'ayant caressé son mari de sa vie,
Il en faisait sa plainte une nuit. Un voleur
Interrompit la doléance.
La pauvre femme eut si grand'peur
Qu'elle chercha quelque assurance

La muraille, vieille et peu forte,
S'ébranle aux premiers coups, tombe avec un trésor.
Notre désespéré le ramasse, et l'emporte; 15
Laisse là le licou; s'en retourne avec l'or;
Sans compter : ronde ou non, la somme plut au sire.
Tandis que le galant à grands pas se retire,
L'homme au trésor arrive, et trouve son argent
Absent. 20
« Quoi, dit-il, sans mourir je perdrai cette somme?
Je ne me pendrai pas? et vraiment si ferai[4],
Ou de corde je manquerai. »
Le lacs était tout prêt, il n'y manquait qu'un homme.
Celui-ci se l'attache, et se pend bien et beau. 25
Ce qui le consola peut-être
Fut qu'un autre eût pour lui fait les frais du cordeau.
Aussi bien que l'argent le licou trouva maître.

L'avare rarement finit ses jours sans pleurs :
Il a le moins de part au trésor qu'il enserre, 30
Thésaurisant pour les voleurs,
Pour ses parents, ou pour la terre.
Mais que dire du troc que la fortune fit?
Ce sont là de ses traits; elle s'en divertit[5].
Plus le tour eſt bizarre, et plus elle eſt contente. 35
Cette Déesse inconſtante
Se mit alors en l'esprit
De voir un homme se pendre;
Et celui qui se pendit
S'y devait le moins attendre. 40

FABLE XVII

LE SINGE ET LE CHAT[1]

Bertrand avec Raton, l'un Singe, et l'autre Chat,
Commensaux d'un logis, avaient un commun Maître.
D'animaux malfaisants c'était un très bon plat[2] ;
Ils n'y craignaient tous deux aucun, quel qu'il pût être[3]
5 Trouvait-on quelque chose au logis de gâté ?
L'on ne s'en prenait point aux gens du voisinage.
Bertrand dérobait tout ; Raton de son côté
Était moins attentif aux souris qu'au fromage.
Un jour au coin du feu nos deux maîtres fripons
10 Regardaient rôtir des marrons ;
Les escroquer était une très bonne affaire :
Nos galants y voyaient double profit à faire,
Leur bien premièrement, et puis le mal d'autrui.
Bertrand dit à Raton : « Frère, il faut aujourd'hui
15 Que tu fasses un coup de maître.
Tire-moi ces marrons ; si Dieu m'avait fait naître
Propre à tirer marrons du feu,
Certes marrons verraient beau jeu.
Aussitôt fait que dit : Raton avec sa patte,
20 D'une manière délicate,
Écarte un peu la cendre, et retire les doigts ;
Puis les reporte à plusieurs fois ;
Tire un marron, puis deux, et puis trois en escroque.
Et cependant Bertrand les croque.
25 Une servante vient : adieu mes gens. Raton
N'était pas content, ce dit-on.
Aussi ne le sont pas la plupart de ces Princes
Qui, flattés d'un pareil emploi,
Vont s'échauder en des Provinces,
30 Pour le profit de quelque Roi.

[FABLE XVIII]

LE MILAN ET LE ROSSIGNOL[1]

Après que le Milan, manifeste voleur,
Eut répandu l'alarme en tout le voisinage,
Et fait crier sur lui les enfants du village,
Un Rossignol tomba dans ses mains, par malheur.
Le héraut du Printemps lui demande la vie. 5
« Aussi bien, que manger en qui n'a que le son?
  Écoutez plutôt ma chanson;
Je vous raconterai Térée et son envie[2].
— Qui, Térée? est-ce un mets propre pour les Milans?
— Non pas, c'était un Roi dont les feux violents 10
Me firent ressentir leur ardeur criminelle :
Je m'en vais vous en dire une chanson si belle
Qu'elle vous ravira : mon chant plaît à chacun. »
  Le Milan alors lui réplique :
« Vraiment nous voici bien, lorsque je suis à jeun, 15
  Tu me viens parler de musique. [prendra,
— J'en parle bien aux Rois. — Quand un Roi te
  Tu peux lui conter ces merveilles :
  Pour un Milan, il s'en rira :
  Ventre affamé n'a point d'oreilles[3]. » 20

[FABLE XIX]

LE BERGER ET SON TROUPEAU[1]

« Quoi? toujours il me manquera
Quelqu'un de ce peuple imbécile[2]!
Toujours le Loup m'en gobera!

J'aurai beau les compter : ils étaient plus de mille,
5 Et m'ont laissé ravir notre pauvre Robin[3] ;
Robin mouton qui par la ville
Me suivait pour un peu de pain,
Et qui m'aurait suivi jusques au bout du monde.
Hélas! de ma musette il entendait le son :
10 Il me sentait venir de cent pas à la ronde.
Ah le pauvre Robin mouton! »
Quand Guillot eut fini cette oraison funèbre,
Et rendu de Robin la mémoire célèbre,
Il harangua tout le troupeau,
15 Les chefs, la multitude, et jusqu'au moindre agneau,
Les conjurant de tenir ferme :
Cela seul suffirait pour écarter les Loups.
Foi de peuple d'honneur, ils lui promirent tous
De ne bouger non plus qu'un terme.
20 « Nous voulons, dirent-ils, étouffer le glouton
Qui nous a pris Robin mouton. »
Chacun en répond sur sa tête.
Guillot les crut, et leur fit fête.
Cependant devant qu'il fût nuit,
25 Il arriva nouvel encombre.
Un Loup parut; tout le troupeau s'enfuit.
Ce n'était pas un Loup, ce n'en était que l'ombre.
Haranguez de méchants soldats,
Ils promettront de faire rage;
30 Mais au moindre danger adieu tout leur courage:
Votre exemple et vos cris ne les retiendront pas.

DISCOURS
À MADAME DE LA SABLIÈRE[1]

Iris[2], je vous louerais, il n'est que trop aisé;
Mais vous avez cent fois notre encens refusé;
En cela peu semblable au reste des mortelles
Qui veulent tous les jours des louanges nouvelles.
Pas une ne s'endort à ce bruit si flatteur. 5
Je ne les blâme point, je souffre cette humeur;
Elle est commune aux Dieux, aux Monarques, aux [belles.
Ce breuvage vanté par le peuple rimeur,
Le Nectar que l'on sert au maître du Tonnerre,
Et dont nous enivrons tous les Dieux de la terre, 10
C'est la louange, Iris; vous ne la goûtez point;
D'autres propos chez vous récompensent[3] ce point;
Propos, agréables commerces,
Où le hasard fournit cent matières diverses :
Jusque-là[4] qu'en votre entretien 15
La bagatelle a part : le monde n'en croit rien[5].
Laissons le monde, et sa croyance :
La bagatelle, la science,
Les chimères, le rien, tout est bon : je soutiens
Qu'il faut de tout aux entretiens[6] : 20
C'est un parterre, où Flore épand ses biens;
Sur différentes fleurs l'Abeille s'y repose,
Et fait du miel de toute chose.
Ce fondement posé, ne trouvez pas mauvais
Qu'en ces Fables aussi j'entremêle des traits 25
De certaine Philosophie
Subtile, engageante, et hardie.
On l'appelle nouvelle. En avez-vous ou non
Ouï parler? Ils[7] disent donc
Que la bête est une machine; 30

Qu'en elle tout se fait sans choix et par ressorts :
Nul sentiment, point d'âme, en elle tout est corps.
Telle est la montre[8] qui chemine,
À pas toujours égaux, aveugle et sans dessein.
35 Ouvrez-la, lisez dans son sein ;
Mainte roue y tient lieu de tout l'esprit du monde.
La première y meut la seconde,
Une troisième suit, elle sonne à la fin.
Au dire de ces gens, la bête est toute telle :
40 L'objet[9] la frappe en un endroit ;
Ce lieu frappé s'en va tout droit,
Selon nous[10], au voisin en porter la nouvelle.
Le sens de proche en proche aussitôt la reçoit.
L'impression se fait, mais comment se fait-elle ?
45 Selon eux, par nécessité,
Sans passion, sans volonté :
L'animal se sent agité
De mouvements que le vulgaire appelle
Tristesse, joie, amour, plaisir, douleur cruelle,
50 Ou quelque autre de ces états.
Mais ce n'est point cela ; ne vous y trompez pas.
Qu'est-ce donc ? une montre ; et nous ? c'est autre chose.
Voici de la façon que Descartes l'expose
(Descartes ce mortel dont on eût fait un Dieu
55 Chez les Païens, et qui tient le milieu [l'homme
Entre l'homme et l'esprit, comme entre l'huître et
Le tient tel de nos gens, franche bête de somme[11])
Voici, dis-je, comment raisonne cet Auteur.
Sur[12] tous les animaux enfants du Créateur,
60 J'ai le don de penser, et je sais que je pense.
Or vous savez Iris de certaine[13] science,
Que quand la bête penserait,
La bête ne réfléchirait
Sur l'objet, ni sur sa pensée.
65 Descartes va plus loin, et soutient nettement
Qu'elle ne pense nullement.

Vous n'êtes point embarrassée
De le croire, ni moi. Cependant, quand aux bois
Le bruit des cors, celui des voix
N'a donné nul relâche à la fuyante proie, 70
Qu'en vain elle a mis ses efforts
À confondre, et brouiller la voie,
L'animal chargé d'ans, vieux Cerf, et de dix cors[14],
En suppose[15] un plus jeune, et l'oblige par force
À présenter aux chiens une nouvelle amorce. 75
Que de raisonnements pour conserver ses jours!
Le retour sur ses pas, les malices, les tours,
Et le change, et cent stratagèmes
Dignes des plus grands chefs, dignes d'un meilleur sort!
On le déchire après sa mort; 80
Ce sont tous ses honneurs suprêmes.
Quand la Perdrix
Voit ses petits
En danger, et n'ayant qu'une plume[16] nouvelle,
Qui ne peut fuir encor par les airs le trépas, 85
Elle fait la blessée, et va traînant de l'aile,
Attirant le Chasseur, et le Chien sur ses pas,
Détourne le danger, sauve ainsi sa famille,
Et puis quand le Chasseur croit que son Chien la pille,
Elle lui dit adieu, prend sa volée, et rit 90
De l'homme, qui confus des yeux en vain la suit.

Non loin du Nord[17] il est un monde,
Où l'on sait que les habitants
Vivent ainsi qu'aux premiers temps
Dans une ignorance profonde : 95
Je parle des humains; car quant aux animaux,
Ils y construisent des travaux,
Qui des torrents grossis arrêtent le ravage,
Et font communiquer l'un et l'autre rivage.
L'édifice résiste, et dure en son entier; 100
Après un lit de bois, est un lit de mortier :

Chaque Castor agit; commune en est la tâche;
Le vieux y fait marcher le jeune sans relâche.
Maint maître d'œuvre y court, et tient haut le bâton
105 La république de Platon
Ne serait rien que l'apprentie
De cette famille amphibie.
Ils savent en hiver élever leurs maisons,
Passent les étangs sur des ponts,
110 Fruit de leur art, savant ouvrage;
Et nos pareils ont beau le voir;
Jusqu'à présent tout leur savoir
Est de passer l'onde à la nage.

Que ces Castors ne soient qu'un corps vide d'esprit,
115 Jamais on ne pourra m'obliger à le croire;
Mais voici beaucoup plus : écoutez ce récit,
Que je tiens d'un Roi plein de gloire[18].
Le défenseur du Nord vous sera mon garant :
Je vais citer un prince aimé de la victoire :
120 Son nom seul est un mur à l'empire ottoman;
C'est le Roi Polonais, jamais un Roi ne ment.
Il dit donc que, sur sa frontière
Des animaux entre eux ont guerre de tout temps :
Le sang qui se transmet des pères aux enfants
125 En renouvelle la matière.
Ces animaux, dit-il, sont germains du Renard.
Jamais la guerre avec tant d'art
Ne s'est faite parmi les hommes,
Non pas même au siècle où nous sommes.
130 Corps de garde avancé, vedettes, espions,
Embuscades, partis[19], et mille inventions
D'une pernicieuse, et maudite science,
Fille du Styx, et mère des héros,
Exercent de ces animaux
135 Le bon sens, et l'expérience.
Pour chanter leurs combats, l'Achéron nous devrait

Rendre Homère. Ah s'il le rendait,
Et qu'il rendît aussi le rival d'Épicure[20] !
Que dirait ce dernier sur ces exemples-ci ?
Ce que j'ai déjà dit, qu'aux bêtes la nature 140
Peut par les seuls ressorts opérer tout ceci ;
Que la mémoire est corporelle,
Et que, pour en venir aux exemples divers
Que j'ai mis en jour dans ces vers,
L'animal n'a besoin que d'elle. 145
L'objet, lorsqu'il revient, va dans son magasin
Chercher par le même chemin
L'image auparavant tracée,
Qui sur les mêmes pas revient pareillement,
Sans le secours de la pensée, 150
Causer un même événement[21].
Nous agissons tout autrement.
La volonté nous détermine,
Non l'objet, ni l'instinct. Je parle, je chemine ;
Je sens en moi certain agent ; 155
Tout obéit dans ma machine
À ce principe intelligent.
Il est distinct du corps, se conçoit nettement,
Se conçoit mieux que le corps même[22] :
De tous nos mouvements c'est l'arbitre suprême. 160
Mais comment le corps l'entend-il ?
C'est là le point : je vois l'outil
Obéir à la main ; mais la main, qui la guide ?
Eh ! qui guide les Cieux, et leur course rapide ?
Quelque Ange est attaché peut-être à ces grands corps[23]. 165
Un esprit vit en nous, et meut tous nos ressorts :
L'impression se fait[24]. Le moyen, je l'ignore.
On ne l'apprend qu'au sein de la Divinité ;
Et, s'il faut en parler avec sincérité,
Descartes l'ignorait encore. 170
Nous et lui là-dessus nous sommes tous égaux.
Ce que je sais Iris, c'est qu'en ces animaux

Dont je viens de citer l'exemple,
Cet esprit n'agit pas, l'homme seul est son temple.
175 Aussi[25] faut-il donner à l'animal un point,
Que la plante après tout n'a point.
Cependant la plante respire :
Mais que répondra-t-on à ce que je vais dire?

LES DEUX RATS, LE RENARD, ET L'ŒUF[1]

Deux Rats cherchaient leur vie, ils trouvèrent un Œuf.
180 Le dîné suffisait à gens de cette espèce!
Il n'était pas besoin qu'ils trouvassent un Bœuf.
Pleins d'appétit, et d'allégresse,
Ils allaient de leur œuf manger chacun sa part;
Quand un Quidam parut. C'était maître Renard;
185 Rencontre incommode et fâcheuse.
Car comment sauver l'œuf? Le bien empaqueter,
Puis des pieds de devant ensemble le porter,
Ou le rouler, ou le traîner,
C'était chose impossible autant que hasardeuse.
190 Nécessité l'ingénieuse
Leur fournit une invention.
Comme ils pouvaient gagner leur habitation,
L'écornifleur étant à demi-quart de lieue,
L'un se mit sur le dos, prit l'œuf entre ses bras,
195 Puis malgré quelques heurts, et quelques mauvais pas,
L'autre le traîna par la queue.
Qu'on m'aille soutenir après un tel récit,
Que les bêtes n'ont point d'esprit.
Pour moi si j'en étais le maître,
200 Je leur en donnerais aussi bien qu'aux enfants.
Ceux-ci pensent-ils pas dès leurs plus jeunes ans?

Quelqu'un peut donc penser ne se pouvant connaître.
Par un exemple tout égal,
J'attribuerais à l'animal
Non point une raison selon notre manière : 205
Mais beaucoup plus aussi qu'un aveugle ressort :
Je subtiliserais[2] un morceau de matière,
Que l'on ne pourrait plus concevoir sans effort,
Quintessence d'atome, extrait de la lumière,
Je ne sais quoi plus vif, et plus mobile encor 210
Que le feu : car enfin, si le bois fait la flamme,
La flamme en s'épurant peut-elle pas de l'âme
Nous donner quelque idée, et sort-il pas de l'or
Des entrailles du plomb ? Je rendrais mon ouvrage
Capable de sentir, juger, rien davantage, 215
Et juger imparfaitement,
Sans qu'un Singe jamais fît le moindre argument.
À l'égard de nous autres hommes,
Je ferais notre lot infiniment plus fort :
Nous aurions un double trésor ; 220
L'un cette âme pareille en tout-tant[3] que nous sommes,
Sages, fous, enfants, idiots,
Hôtes de l'univers sous le nom d'animaux ;
L'autre encore une autre âme, entre nous et les Anges
Commune en un certain degré[4] ; 225
Et ce trésor à part créé
Suivrait parmi les airs les célestes phalanges,
Entrerait dans un point sans en être pressé,
Ne finirait jamais quoique ayant commencé,
Choses réelles quoique étranges. 230
Tant que l'enfance durerait,
Cette fille du Ciel en nous ne paraîtrait
Qu'une tendre[5] et faible lumière ;
L'organe étant plus fort, la raison percerait
Les ténèbres de la matière, 235
Qui toujours envelopperait[6]
L'autre âme imparfaite et grossière.

Livre dixième

FABLE I

L'HOMME ET LA COULEUVRE[1]

Un Homme vit une Couleuvre.
« Ah! méchante, dit-il, je m'en vais faire une œuvre
Agréable à tout l'univers. »
À ces mots, l'animal pervers
5 (C'est le Serpent que je veux dire,
Et non l'Homme, on pourrait aisément s'y tromper),
À ces mots le Serpent se laissant attraper,
Est pris, mis en un sac, et, ce qui fut le pire,
On résolut sa mort, fût-il coupable ou non.
10 Afin de le payer toutefois de raison,
L'autre lui fit cette harangue :
« Symbole des ingrats, être bon aux méchants
C'est être sot, meurs donc : ta colère et tes dents
Ne me nuiront jamais. » Le Serpent en sa langue
15 Reprit du mieux qu'il put : « S'il fallait condamner
Tous les ingrats qui sont au monde,
À qui pourrait-on pardonner?
Toi-même tu te fais ton procès. Je me fonde
Sur tes propres leçons; jette les yeux sur toi.
20 Mes jours sont en tes mains, tranche-les : ta justice

C'eſt ton utilité, ton plaisir, ton caprice;
    Selon ces lois condamne-moi;
    Mais trouve bon qu'avec franchise
    En mourant au moins je te dise
    Que le symbole des ingrats
Ce n'eſt point le serpent, c'eſt l'homme. » Ces paroles
Firent arrêter l'autre; il recula d'un pas.
Enfin il repartit : « Tes raisons sont frivoles :
Je pourrais décider; car ce droit m'appartient;
Mais rapportons-nous-en. – Soit fait », dit le reptile.
Une vache était là, l'on l'appelle, elle vient,
Le cas eſt proposé, c'était chose facile.
« Fallait-il pour cela, dit-elle, m'appeler?
La Couleuvre a raison, pourquoi dissimuler?
Je nourris celui-ci depuis longues années; 35
Il n'a sans mes bienfaits passé nulles journées;
Tout n'eſt que pour lui seul; mon lait et mes enfants
Le font à la maison revenir les mains pleines[2];
Même j'ai rétabli sa santé, que les ans
    Avaient altérée, et mes peines 40
Ont pour but son plaisir ainsi que son besoin.
Enfin me voilà vieille; il me laisse en un coin
Sans herbe; s'il voulait encor me laisser paître!
Mais je suis attachée, et si j'eusse eu pour maître
Un serpent, eût-il su jamais pousser si loin 45
L'ingratitude? Adieu. J'ai dit ce que je pense. »
L'Homme tout étonné d'une telle sentence
Dit au serpent : « Faut-il croire ce qu'elle dit?
C'eſt une radoteuse, elle a perdu l'esprit.
Croyons ce Bœuf. – Croyons », dit la rampante bête. 50
Ainsi dit, ainsi fait. Le Bœuf vient à pas lents.
Quand il eut ruminé tout le cas en sa tête,
    Il dit que du labeur des ans
Pour nous seuls il portait les soins les plus pesants,
Parcourant sans cesser ce long cercle de peines[3] 55
Qui revenant sur soi ramenait dans nos plaines

Ce que Cérès nous donne, et vend aux animaux.
Que cette suite de travaux
Pour récompense avait de tous tant que nous sommes,
60 Force coups, peu de gré; puis quand il était vieux,
On croyait l'honorer chaque fois que les hommes
Achetaient de son sang l'indulgence des Dieux.
Ainsi parla le Bœuf. L'homme dit : « Faisons taire
Cet ennuyeux déclamateur;
65 Il cherche de grands mots, et vient ici se faire,
Au lieu d'arbitre, accusateur.
Je le récuse aussi. » L'arbre étant pris pour juge,
Ce fut bien pis encore. Il servait de refuge
Contre le chaud, la pluie, et la fureur des vents;
70 Pour nous seuls il ornait les jardins et les champs.
L'ombrage n'était pas le seul bien qu'il sût faire;
Il courbait sous les fruits; cependant pour salaire
Un rustre l'abattait, c'était là son loyer;
Quoique pendant tout l'an libéral il nous donne
75 Ou des fleurs au Printemps; ou du fruit en Automne;
L'ombre, l'Été; l'Hiver, les plaisirs du foyer.
Que ne l'émondait-on sans prendre la cognée?
De son tempérament il eût encor vécu.
L'Homme trouvant mauvais que l'on l'eût convaincu,
80 Voulut à toute force avoir cause gagnée.
« Je suis bien bon, dit-il, d'écouter ces gens-là. »
Du sac et du serpent aussitôt il donna
Contre les murs, tant qu'il tua la bête.
On en use ainsi chez les grands.
85 La raison les offense : ils se mettent en tête
Que tout est né pour eux, quadrupèdes, et gens,
Et serpents.
Si quelqu'un desserre les dents,
C'est un sot. J'en conviens. Mais que faut-il donc faire?
90 Parler de loin; ou bien se taire[4].

FABLE II

LA TORTUE ET LES DEUX CANARDS[1]

Une Tortue était, à la tête légère,
Qui, lasse de son trou, voulut voir le pays.
Volontiers on fait cas d'une terre étrangère :
Volontiers gens boiteux haïssent le logis.
  Deux Canards à qui la Commère   5
  Communiqua ce beau dessein,
Lui dirent qu'ils avaient de quoi la satisfaire :
  « Voyez-vous ce large chemin?
Nous vous voiturerons, par l'air en Amérique.
  Vous verrez mainte République,   10
Maint Royaume, maint peuple; et vous profiterez
Des différentes mœurs que vous remarquerez.
Ulysse en fit autant. » On ne s'attendait guère
  De voir Ulysse en cette affaire.
La Tortue écouta la proposition.   15
Marché fait, les oiseaux forgent une machine
  Pour transporter la pèlerine.
Dans la gueule en travers on lui passe un bâton.
« Serrez bien, dirent-ils; gardez de lâcher prise. »
Puis chaque Canard prend ce bâton par un bout.   20
La Tortue enlevée on s'étonne partout
  De voir aller en cette guise
  L'animal lent et sa maison,
Justement au milieu de l'un et l'autre Oison.
« Miracle, criait-on; venez voir dans les nues   25
  Passer la Reine des Tortues.
— La Reine : vraiment oui; je la suis en effet;
Ne vous en moquez point. » Elle eût beaucoup mieux fait
De passer son chemin sans dire aucune chose;
Car lâchant le bâton en desserrant les dents,   30
Elle tombe, elle crève aux pieds des regardants.

Son indiscrétion[2] de sa perte fut cause.
Imprudence, babil, et sotte vanité,
Et vaine curiosité
35 Ont ensemble étroit parentage[3];
Ce sont enfants tous d'un lignage[4].

FABLE III

LES POISSONS ET LE CORMORAN[1]

Il n'était point d'étang dans tout le voisinage
Qu'un Cormoran n'eût mis à contribution.
Viviers et réservoirs lui payaient pension :
Sa cuisine allait bien; mais, lorsque le long âge
5 Eut glacé le pauvre animal,
La même cuisine alla mal.
Tout Cormoran se sert de pourvoyeur lui-même.
Le nôtre, un peu trop vieux pour voir au fond des eaux,
N'ayant ni filets ni réseaux,
10 Souffrait une disette extrême.
Que fit-il? le besoin, docteur en stratagème,
Lui fournit celui-ci. Sur le bord d'un Étang
Cormoran vit une Écrevisse.
« Ma commère, dit-il, allez tout à l'instant
15 Porter un avis important
À ce peuple : il faut qu'il périsse :
Le maître de ce lieu dans huit jours pêchera. »
L'Écrevisse en hâte s'en va
Conter le cas : grande est l'émute[2].
20 On court, on s'assemble, on députe
À l'oiseau. « Seigneur Cormoran,
D'où vous vient cet avis? quel est votre garant?
Êtes-vous sûr de cette affaire?

N'y savez-vous remède? et qu'eſt-il bon de faire?
— Changer de lieu, dit-il. — Comment le ferons-nous? 25
— N'en soyez point en soin[3] : je vous porterai tous
L'un après l'autre, en ma retraite.
Nul que Dieu seul et moi n'en connaît les chemins :
Il n'eſt demeure plus secrète.
Un Vivier que nature y creusa de ses mains, 30
Inconnu des traîtres humains,
Sauvera votre république. »
On le crut. Le peuple aquatique
L'un après l'autre fut porté
Sous ce rocher peu fréquenté. 35
Là Cormoran le bon apôtre,
Les ayant mis en un endroit
Transparent, peu creux, fort étroit,
Vous les prenait sans peine, un jour l'un, un jour l'autre.
Il leur apprit à leurs dépens 40
Que l'on ne doit jamais avoir de confiance
En ceux qui sont mangeurs de gens.
Ils y perdirent peu; puisque l'humaine engeance
En aurait aussi bien croqué sa bonne part; [panse
Qu'importe qui vous mange? homme ou loup; toute 45
Me paraît une[4] à cet égard;
Un jour plus tôt, un jour plus tard,
Ce n'eſt pas grande différence.

FABLE IV

L'ENFOUISSEUR ET SON COMPÈRE[1]

Un Pince-maille[2] avait tant amassé,
Qu'il ne savait où loger sa finance.
L'avarice, compagne et sœur de l'ignorance,

Le rendait fort embarrassé
5 Dans le choix d'un dépositaire;
Car il en voulait un : et voici sa raison.
« L'objet[3] tente; il faudra que ce monceau s'altère,
Si je le laisse à la maison :
Moi-même de mon bien je serai le larron. »
10 Le larron, quoi jouir, c'est se voler soi-même[4] !
Mon ami, j'ai pitié de ton erreur extrême;
Apprends de moi cette leçon :
Le bien n'est bien qu'en tant que l'on s'en peut défaire.
Sans cela c'est un mal. Veux-tu le réserver
15 Pour un âge et des temps qui n'en ont plus que faire?
La peine d'acquérir, le soin de conserver
Ôtent le prix à l'or qu'on croit si nécessaire.
Pour se décharger d'un tel soin,
Notre homme eût pu trouver des gens sûrs au besoin;
20 Il aima mieux la terre, et prenant son compère,
Celui-ci l'aide; ils vont enfouir le trésor.
Au bout de quelque temps, l'homme va voir son or :
Il ne retrouva que le gîte.
Soupçonnant à bon droit le compère, il va vite
25 Lui dire : « Apprêtez-vous; car il me reste encor
Quelques deniers; je veux les joindre à l'autre masse. »
Le Compère aussitôt va remettre en sa place
L'argent volé, prétendant bien
Tout reprendre à la fois sans qu'il n'y manquât rien.
30 Mais pour ce coup l'autre fut sage :
Il retint tout chez lui, résolu de jouir,
Plus n'entasser, plus n'enfouir.
Et le pauvre voleur, ne trouvant plus son gage,
Pensa tomber de sa hauteur.
35 Il n'est pas malaisé de tromper un trompeur.

FABLE V

LE LOUP ET LES BERGERS[1]

Un Loup rempli d'humanité
(S'il en eſt de tels dans le monde)
Fit un jour sur sa cruauté,
Quoiqu'il ne l'exerçât que par nécessité,
Une réflexion profonde. 5
« Je suis haï, dit-il, et de qui? de chacun.
Le Loup eſt l'ennemi commun :
Chiens, Chasseurs, Villageois, s'assemblent pour sa
Jupiter eſt là-haut étourdi de leurs cris : [perte.
C'eſt par là que de Loups l'Angleterre[2] eſt déserte : 10
On y mit notre tête à prix.
Il n'eſt hobereau qui ne fasse
Contre nous tels bans publier :
Il n'eſt marmot osant crier
Que du Loup aussitôt sa mère ne menace. 15
Le tout pour un Âne rogneux[3],
Pour un Mouton pourri[4], pour quelque Chien har-
Dont j'aurai passé mon envie. [gneux,
Eh bien, ne mangeons plus de chose ayant eu vie[5] :
Paissons l'herbe, broutons, mourons de faim plutôt : 20
Eſt-ce une chose si cruelle?
Vaut-il mieux s'attirer la haine universelle? »
Disant ces mots il vit des Bergers pour leur rôt
Mangeants un agneau cuit en broche.
« Oh, oh, dit-il, je me reproche 25
Le sang de cette gent; voilà ses gardiens
S'en repaissants eux et leurs chiens;
Et moi Loup j'en ferai scrupule?
Non, par tous les Dieux non; je serais ridicule.
Thibaut l'agnelet passera, 30
Sans qu'à la broche je le mette;

Et non seulement lui, mais la mère qu'il tette,
Et le père qui l'engendra. »
Ce Loup avait raison : est-il dit qu'on nous voie
35 Faire festin de toute proie,
Manger les animaux, et nous les réduirons
Aux mets de l'âge d'or autant que nous pourrons ?
Ils n'auront ni croc ni marmite[6] ?
Bergers, bergers, le loup n'a tort
40 Que quand il n'est pas le plus fort :
Voulez-vous qu'il vive en ermite ?

FABLE VI

L'ARAIGNÉE ET L'HIRONDELLE[1]

« Ô Jupiter, qui sus de ton cerveau,
Par un secret d'accouchement nouveau,
Tirer Pallas, jadis mon ennemie[2],
Entends ma plainte une fois en ta vie.
5 Progné me vient enlever les morceaux :
Caracolant, frisant l'air et les eaux[3],
Elle me prend mes mouches à ma porte :
Miennes je puis les dire ; et mon réseau
En serait plein sans ce maudit oiseau ;
10 Je l'ai tissu de matière assez forte. »
Ainsi, d'un discours insolent,
Se plaignait l'Araignée autrefois tapissière,
Et qui lors étant filandière,
Prétendait enlacer tout insecte volant.
15 La sœur de Philomèle, attentive à sa proie,
Malgré le bestion happait mouches dans l'air,
Pour ses petits, pour elle, impitoyable joie[4],
Que ses enfants gloutons, d'un bec toujours ouvert,
D'un ton demi-formé, bégayante couvée,

Demandaient par des cris encor mal entendus. 20
La pauvre Aragne n'ayant plus
Que la tête et les pieds, artisans superflus,
Se vit elle-même enlevée.
L'hirondelle en passant emporta toile, et tout,
Et l'animal pendant au bout. 25
Jupin pour chaque état mit deux tables au monde.
L'adroit, le vigilant, et le fort sont assis
À la première; et les petits
Mangent leur reste à la seconde.

FABLE VII

LA PERDRIX ET LES COQS[1]

Parmi de certains Coqs incivils, peu galants[2],
Toujours en noise et turbulents,
Une Perdrix était nourrie.
Son sexe et l'hospitalité,
De la part de ces Coqs peuple à l'amour porté 5
Lui faisaient espérer beaucoup d'honnêteté[3] :
Ils feraient les honneurs de la ménagerie.
Ce peuple cependant, fort souvent en furie,
Pour la Dame étrangère ayant peu de respec,
Lui donnait fort souvent d'horribles coups de bec. 10
D'abord elle en fut affligée;
Mais sitôt qu'elle eut vu cette troupe enragée
S'entrebattre elle-même, et se percer les flancs,
Elle se consola. « Ce sont leurs mœurs, dit-elle,
Ne les accusons point; plaignons plutôt ces gens. 15
Jupiter sur un seul modèle
N'a pas formé tous les esprits :
Il est des naturels de Coqs et de Perdrix.
S'il dépendait de moi, je passerais ma vie

20 En plus honnête compagnie.
Le maître de ces lieux en ordonne autrement.
Il nous prend avec des tonnelles[4],
Nous loge avec des Coqs, et nous coupe les ailes :
C'est de l'homme qu'il faut se plaindre seulement. »

FABLE VIII
LE CHIEN À QUI ON A COUPÉ LES OREILLES[1]

« Qu'ai-je fait pour me voir ainsi
Mutilé par mon propre maître ?
Le bel état où me voici !
Devant les autres Chiens oserai-je paraître ?
5 Ô rois des animaux, ou plutôt leurs tyrans,
Qui[2] vous ferait choses pareilles ? »
Ainsi criait Mouflar, jeune dogue ; et les gens,
Peu touchés de ses cris douloureux et perçants,
Venaient de lui couper sans pitié les oreilles.
10 Mouflar y croyait perdre : il vit avec le temps
Qu'il y gagnait beaucoup ; car étant de nature
À piller[3] ses pareils, mainte mésaventure
L'aurait fait retourner chez lui
Avec cette partie en cent lieux altérée ;
15 Chien hargneux a toujours l'oreille déchirée.
Le moins qu'on peut laisser de prise aux dents d'autrui
C'est le mieux. Quand on n'a qu'un endroit à défendre,
On le munit[4] de peur d'esclandre[5] :
Témoin maître Mouflar armé d'un gorgerin[6] ;
20 Du reste ayant d'oreille autant que sur ma main,
Un Loup n'eût su par où le prendre.

FABLE IX

LE BERGER ET LE ROI[1]

Deux démons à leur gré partagent notre vie,
Et de son patrimoine ont chassé la raison.
Je ne vois point de cœur qui ne leur sacrifie.
Si vous me demandez leur état et leur nom,
J'appelle l'un, Amour; et l'autre, Ambition[2]. 5
Cette dernière étend le plus loin son empire;
Car même elle entre dans l'amour.
Je le ferais bien voir : mais mon but est de dire
Comme un Roi fit venir un Berger à sa Cour.
Le conte est du bon temps, non du siècle où nous 10
[sommes[3].
Ce Roi vit un troupeau qui couvrait tous les champs,
Bien broutant, en bon corps[4], rapportant tous les ans,
Grâce aux soins du Berger, de très notables sommes.
Le Berger plut au Roi par ces soins diligents.
« Tu mérites, dit-il, d'être Pasteur de gens[5]; 15
Laisse là tes moutons, viens conduire des hommes.
Je te fais Juge Souverain. »
Voilà notre Berger la balance à la main.
Quoiqu'il n'eût guère vu d'autres gens qu'un Ermite,
Son troupeau, ses mâtins, le loup, et puis c'est tout, 20
Il avait du bon sens; le reste vient ensuite.
Bref il en vint fort bien à bout.
L'Ermite son voisin accourut pour lui dire :
« Veillé-je, et n'est-ce point un songe que je vois?
Vous favori! vous grand! Défiez-vous des Rois : 25
Leur faveur est glissante[6], on s'y trompe; et le pire,
C'est qu'il en coûte cher; de pareilles erreurs
Ne produisent jamais que d'illustres malheurs.
Vous ne connaissez pas l'attrait qui vous engage.
Je vous parle en ami. Craignez tout. » L'autre rit, 30

Et notre Ermite poursuivit :
« Voyez combien déjà la cour vous rend peu sage.
Je crois voir cet aveugle, à qui dans un voyage
Un serpent engourdi de froid
35 Vint s'offrir sous la main ; il le prit pour un fouet.
Le sien s'était perdu, tombant de sa ceinture.
Il rendait grâce au Ciel de l'heureuse aventure,
Quand un passant cria : « Que tenez-vous, ô Dieux ?
« Jetez cet animal traître et pernicieux, [vous dis-je.
40 « Ce serpent. — C'est un fouet. — C'est un serpent,
« À me tant tourmenter quel intérêt m'oblige ?
« Prétendez-vous garder ce trésor ? — Pourquoi non ?
« Mon fouet était usé ; j'en retrouve un fort bon ;
« Vous n'en parlez que par envie. »
45 L'aveugle enfin ne le crut pas ;
Il en perdit bientôt la vie :
L'animal dégourdi piqua son homme au bras.
Quant à vous, j'ose vous prédire
Qu'il vous arrivera quelque chose de pire.
50 — Eh, que me saurait-il arriver que la mort ?
— Mille dégoûts viendront », dit le Prophète Ermite.
Il en vint en effet ; l'Ermite n'eut pas tort.
Mainte peste de Cour fit tant, par maint ressort,
Que la candeur du Juge, ainsi que son mérite,
55 Furent suspects au Prince. On cabale, on suscite
Accusateurs et gens grevés par ses arrêts.
« De nos biens, dirent-ils, il s'est fait un Palais. »
Le Prince voulut voir ces richesses immenses,
Il ne trouva partout que médiocrité,
60 Louanges du désert et de la pauvreté ;
C'étaient là ses magnificences.
« Son fait, dit-on, consiste en des pierres de prix.
Un grand coffre en est plein, fermé de dix serrures. »
Lui-même ouvrit ce coffre, et rendit bien surpris
65 Tous les machineurs d'impostures.
Le coffre étant ouvert, on y vit des lambeaux[7],

L'habit d'un gardeur de troupeaux,
Petit chapeau, jupon, panetière[8], houlette,
Et je pense aussi sa musette.
« Doux trésors, ce dit-il, chers gages[9], qui jamais 70
N'attirâtes sur vous l'envie et le mensonge,
Je vous reprends : sortons de ces riches Palais
Comme l'on sortirait d'un songe.
Sire, pardonnez-moi cette exclamation.
J'avais prévu ma chute en montant sur le faîte. 75
Je m'y suis trop complu ; mais qui n'a dans la tête
Un petit grain d'ambition ? »

FABLE X

LES POISSONS ET LE BERGER QUI JOUE DE LA FLÛTE[1]

Tircis, qui pour la seule Annette
Faisait résonner les accords
D'une voix et d'une musette,
Capables de toucher les morts,
Chantait un jour le long des bords 5
D'une onde arrosant des prairies,
Dont Zéphire habitait les campagnes fleuries.
Annette cependant à la ligne pêchait ;
Mais nul poisson ne s'approchait.
La Bergère perdait ses peines. 10
Le Berger qui par ses chansons,
Eût attiré des inhumaines,
Crut, et crut mal, attirer des poissons.
Il leur chanta ceci : « Citoyens de cette onde,
Laissez votre Naïade en sa grotte profonde. 15
Venez voir un objet mille fois plus charmant.

Ne craignez point d'entrer aux prisons de la Belle :
Ce n'eſt qu'à nous qu'elle eſt cruelle :
Vous serez traités doucement,
20 On n'en veut point à votre vie :
Un vivier vous attend plus clair que fin criſtal.
Et quand à quelques-uns l'appât serait fatal,
Mourir des mains d'Annette eſt un sort que j'envie[2]. »
Ce discours éloquent ne fit pas grand effet :
25 L'auditoire était sourd aussi bien que muet.
Tircis eut beau prêcher : ses paroles miellées
S'en étant aux vents envolées,
Il tendit un long rets. Voilà les poissons pris,
Voilà les poissons mis aux pieds de la Bergère.
30 Ô vous Paſteurs d'humains et non pas de brebis :
Rois qui croyez gagner par raisons les esprits
D'une multitude étrangère,
Ce n'eſt jamais par là que l'on en vient à bout :
Il y faut une autre manière,
35 Servez-vous de vos rets, la puissance fait tout.

FABLE XI

LES DEUX PERROQUETS, LE ROI, ET SON FILS[1]

Deux Perroquets, l'un père et l'autre fils,
Du rôt d'un Roi faisaient leur ordinaire.
Deux demi-dieux, l'un fils et l'autre père,
De ces oiseaux faisaient leurs favoris.
5 L'âge liait une amitié sincère
Entre ces gens : les deux pères s'aimaient ;
Les deux enfants, malgré leur cœur frivole,
L'un avec l'autre aussi s'accoutumaient,
Nourris[2] ensemble, et compagnons d'école.

C'était beaucoup d'honneur au jeune Perroquet; 10
Car l'enfant était Prince et son père Monarque.
Par le tempérament que lui donna la Parque,
Il aimait les oiseaux. Un Moineau fort coquet,
Et le plus amoureux de toute la Province[3],
Faisait aussi sa part des délices du Prince. 15
Ces deux rivaux un jour ensemble se jouants,
Comme il arrive aux jeunes gens,
Le jeu devint une querelle.
Le passereau, peu circonspec,
S'attira de tels coups de bec, 20
Que demi-mort et traînant l'aile,
On crut qu'il n'en pourrait guérir.
Le Prince indigné fit mourir
Son Perroquet. Le bruit en vint au père.
L'infortuné vieillard crie et se désespère. 25
Le tout en vain; ses cris sont superflus :
L'oiseau parleur est déjà dans la barque[4] :
Pour dire mieux, l'oiseau ne parlant plus
Fait qu'en fureur sur le fils du Monarque
Son père s'en va fondre, et lui crève les yeux. 30
Il se sauve aussitôt, et choisit pour asile
Le haut d'un Pin. Là dans le sein des Dieux
Il goûte sa vengeance en lieu sûr et tranquille.
Le Roi lui-même y court, et dit pour l'attirer :
« Ami, reviens chez moi : que nous sert de pleurer? 35
Haine, vengeance et deuil, laissons tout à la porte.
Je suis contraint de déclarer,
Encor que ma douleur soit forte,
Que le tort vient de nous : mon fils fut l'agresseur.
Mon fils! non; c'est le sort qui du coup est l'auteur. 40
La Parque avait écrit de tout temps en son livre[5]
Que l'un de nos enfants devait cesser de vivre,
L'autre de voir, par ce malheur.
Consolons-nous tous deux, et reviens dans ta cage. »
Le Perroquet dit : « Sire Roi, 45

Crois-tu qu'après un tel outrage
Je me doive fier à toi?
Tu m'allègues le sort; prétends-tu par ta foi
Me leurrer de l'appât d'un profane[6] langage?
50 Mais que la providence ou bien que le destin
Règle les affaires du monde,
Il est écrit là-haut qu'au faîte de ce pin
Ou dans quelque Forêt profonde
J'achèverai mes jours loin du fatal objet[7]
55 Qui doit t'être un juste sujet
De haine et de fureur. Je sais que la vengeance
Est un morceau de Roi, car vous vivez en Dieux
Tu veux oublier cette offense :
Je le crois : cependant il me faut pour le mieux
60 Éviter ta main et tes yeux.
Sir Roi mon ami, va-t'en, tu perds ta peine,
Ne me parle point de retour :
L'absence est aussi bien un remède à la haine
Qu'un appareil[8] contre l'amour. »

FABLE XII

LA LIONNE ET L'OURSE[1]

Mère Lionne avait perdu son faon.
Un chasseur l'avait pris. La pauvre infortunée
Poussait un tel rugissement
Que toute la Forêt était importunée.
5 La nuit ni son obscurité,
Son silence et ses autres charmes,
De la Reine des bois n'arrêtait les vacarmes.
Nul animal n'était du sommeil visité.
L'Ourse enfin lui dit : « Ma commère,
10 Un mot sans plus; tous les enfants

Qui sont passés entre vos dents,
N'avaient-ils ni père ni mère ?
— Ils en avaient. — S'il eſt ainsi,
Et qu'aucun de leur mort n'ait nos têtes rompues,
Si tant de mères se sont tues, 15
Que ne vous taisez-vous aussi ?
— Moi me taire ? moi, malheureuse !
Ah j'ai perdu mon fils ! Il me faudra traîner
Une vieillesse douloureuse.
— Dites-moi, qui vous force à vous y condamner ? 20
— Hélas ! c'eſt le deſtin qui me hait. » Ces paroles
Ont été de tout temps en la bouche de tous.
Misérables humains, ceci s'adresse à vous :
Je n'entends résonner que des plaintes frivoles.
Quiconque en pareil cas se croit haï des Cieux, 25
Qu'il considère Hécube, il rendra grâce aux Dieux.

FABLE XIII

LES DEUX AVENTURIERS ET LE TALISMAN[1]

Aucun chemin de fleurs ne conduit à la gloire.
Je n'en veux pour témoin qu'Hercule et ses travaux[2].
Ce dieu n'a guère de rivaux :
J'en vois peu dans la Fable, encor moins dans l'Hiſtoire.
En voici pourtant un que de vieux Talismans 5
Firent chercher fortune au pays des Romans.
Il voyageait de compagnie.
Son camarade et lui trouvèrent un poteau,
Ayant au haut cet écriteau :
« Seigneur Aventurier, s'il te prend quelque envie 10
De voir ce que n'a vu nul Chevalier errant,
Tu n'as qu'à passer ce torrent,

Puis, prenant dans tes bras un Éléphant de pierre,
Que tu verras couché par terre,
15 Le porter d'une haleine au sommet de ce mont
Qui menace les Cieux de son superbe front. »
L'un des deux chevaliers saigna du nez[3]. « Si l'onde
Est rapide autant que profonde,
Dit-il, et supposé qu'on la puisse passer,
20 Pourquoi de l'Éléphant s'aller embarrasser ?
Quelle ridicule entreprise !
Le sage l'aura fait par tel art et de guise
Qu'on le pourra porter peut-être quatre pas :
Mais jusqu'au haut du mont, d'une haleine ? il n'est pas
25 Au pouvoir d'un mortel, à moins que la figure
Ne soit d'un Éléphant nain, pygmée, avorton,
Propre à mettre au bout d'un bâton :
Auquel cas, où l'honneur d'une telle aventure ?
On nous veut attraper dedans cette écriture :
30 Ce sera quelque énigme à tromper un enfant.
C'est pourquoi je vous laisse avec votre Éléphant. »
Le raisonneur parti, l'aventureux se lance,
Les yeux clos, à travers cette eau.
Ni profondeur ni violence
35 Ne purent l'arrêter, et selon l'écriteau
Il vit son Éléphant couché sur l'autre rive.
Il le prend, il l'emporte, au haut du mont arrive,
Rencontre une esplanade, et puis une cité.
Un cri par l'Éléphant est aussitôt jeté :
40 Le peuple aussitôt sort en armes.
Tout autre Aventurier au bruit de ces alarmes
Aurait fui. Celui-ci loin de tourner le dos
Veut vendre au moins sa vie, et mourir en Héros.
Il fut tout étonné d'ouïr cette cohorte
45 Le proclamer Monarque au lieu de son Roi mort.
Il ne se fit prier que de la bonne sorte,
Encor que le fardeau fût, dit-il, un peu fort.
Sixte[4] en disait autant quand on le fit saint Père.

(Serait-ce bien une misère
Que d'être Pape ou d'être Roi?) 50
On reconnut bientôt son peu de bonne foi.
Fortune aveugle suit aveugle hardiesse.
Le sage quelquefois fait bien d'exécuter,
Avant que de donner le temps à la sagesse
D'envisager le fait, et sans la consulter. 55

FABLE XIV

DISCOURS À MONSIEUR LE DUC DE LA ROCHEFOUCAULD[1]

Je me suis souvent dit, voyant de quelle sorte
L'homme agit et qu'il se comporte
En mille occasions comme les animaux :
Le Roi de ces gens-là n'a pas moins de défauts
Que ses sujets, et la nature 5
A mis dans chaque créature
Quelque grain d'une masse où puisent les esprits :
J'entends les esprits corps, et pétris de matière[2].
Je vais prouver ce que je dis.
À l'heure de l'affût, soit lorsque la lumière 10
Précipite ses traits dans l'humide séjour;
Soit lorsque le Soleil rentre dans sa carrière,
Et que n'étant plus nuit il n'est pas encor jour[3],
Au bord de quelque bois sur un arbre je grimpe;
Et nouveau Jupiter du haut de cet olympe, 15
Je foudroie à discrétion
Un lapin qui n'y pensait guère.
Je vois fuir aussitôt toute la nation
Des lapins qui sur la Bruyère,
L'œil éveillé, l'oreille au guet, 20
S'égayaient et de thym parfumaient leur banquet.

Le bruit du coup fait que la bande
S'en va chercher sa sûreté
Dans la souterraine cité :
25 Mais le danger s'oublie, et cette peur si grande
S'évanouit bientôt. Je revois les lapins
Plus gais qu'auparavant revenir sous mes mains.
Ne reconnaît-on pas en cela les humains ?
Dispersés par quelque orage
30 À peine ils touchent le port,
Qu'ils vont hasarder[4] encor
Même vent, même naufrage.
Vrais lapins on les revoit
Sous les mains de la fortune[5].
35 Joignons à cet exemple une chose commune.
Quand des chiens étrangers passent par quelque endroit
Qui n'eſt pas de leur détroit[6],
Je laisse à penser quelle fête.
Les chiens du lieu n'ayants en tête
40 Qu'un intérêt de gueule, à cris, à coups de dents
Vous accompagnent ces passants
Jusqu'aux confins du territoire.
Un intérêt de biens, de grandeur, et de gloire,
Aux Gouverneurs d'États[7], à certains courtisans,
45 À gens de tous métiers en fait tout autant faire.
On nous voit tous, pour l'ordinaire,
Piller le survenant, nous jeter sur sa peau.
La coquette et l'auteur sont de ce caractère ;
Malheur à l'écrivain nouveau.
50 Le moins de gens qu'on peut à l'entour du gâteau,
C'eſt le droit du jeu[8], c'eſt l'affaire[9].
Cent exemples pourraient appuyer mon discours ;
Mais les ouvrages les plus courts
Sont toujours les meilleurs. En cela j'ai pour guides[10]
55 Tous les maîtres de l'art, et tiens qu'il faut laisser
Dans les plus beaux sujets quelque chose à penser[11] :
Ainsi ce discours doit cesser.

Vous qui m'avez donné ce qu'il a de solide,
Et dont la modestie égale la grandeur,
Qui ne pûtes jamais écouter sans pudeur 60
La louange la plus permise,
La plus juste et la mieux acquise,
Vous enfin dont à peine ai-je encore obtenu
Que votre nom reçût ici quelques hommages,
Du temps et des censeurs défendant mes ouvrages, 65
Comme un nom qui des ans et des peuples connu,
Fait honneur à la France en grands noms plus féconde
Qu'aucun climat de l'Univers,
Permettez-moi du moins d'apprendre à tout le monde
Que vous m'avez donné le sujet de ces Vers. 70

FABLE XV

LE MARCHAND, LE GENTILHOMME, LE PÂTRE, ET LE FILS DE ROI[1]

Quatre chercheurs de nouveaux mondes,
Presque nus échappés à la fureur des ondes,
Un Trafiquant, un Noble, un Pâtre, un Fils de Roi,
Réduits au sort de Bélisaire*,
Demandaient aux passants de quoi 5
Pouvoir soulager leur misère.
De raconter quel sort les avait assemblés,
Quoique sous divers points[3] tous quatre ils fussent nés,
C'est un récit de longue haleine.
Ils s'assirent enfin au bord d'une fontaine. 10
Là le conseil se tint entre les pauvres gens.

* Bélisaire était un grand capitaine, qui ayant commandé les Armées de l'Empereur et perdu les bonnes grâces de son Maître, tomba dans un tel point de misère, qu'il demandait l'aumône[2] sur les grands chemins.

Le prince s'étendit sur le malheur des grands.
Le Pâtre fut d'avis qu'éloignant la pensée
De leur aventure passée
15 Chacun fît de son mieux, et s'appliquât au soin
De pourvoir au commun besoin.
« La plainte, ajouta-t-il, guérit-elle son homme ?
Travaillons ; c'est de quoi nous mener jusqu'à Rome. »
Un Pâtre ainsi parler ! ainsi parler ; croit-on
20 Que le Ciel n'ait donné qu'aux têtes couronnées
De l'esprit et de la raison,
Et que de tout berger, comme de tout mouton,
Les connaissances soient bornées ?
L'avis de celui-ci fut d'abord trouvé bon
25 Par les trois échoués au bord de l'Amérique.
L'un, c'était le Marchand, savait l'Arithmétique :
« À tant par mois, dit-il, j'en donnerai leçon.
— J'enseignerai la politique »,
Reprit le fils de Roi. Le Noble poursuivit :
30 « Moi, je sais le blason ; j'en veux tenir école » :
Comme si devers l'Inde[4], on eût eu dans l'esprit
La sotte vanité de ce jargon frivole.
Le Pâtre dit : « Amis, vous parlez bien ; mais quoi,
Le mois a trente jours, jusqu'à cette échéance
35 Jeûnerons-nous, par votre foi ?
Vous me donnez une espérance
Belle, mais éloignée ; et cependant j'ai faim.
Qui pourvoira de nous au dîner de demain ?
Ou plutôt sur quelle assurance
40 Fondez-vous, dites-moi, le souper d'aujourd'hui ?
Avant tout autre c'est celui
Dont il s'agit : votre science
Est courte là-dessus ; ma main y suppléera. »
À ces mots, le Pâtre s'en va
45 Dans un bois : il y fit des fagots dont la vente,
Pendant cette journée et pendant la suivante,
Empêcha qu'un long jeûne à la fin ne fît tant

Qu'ils allassent là-bas[5] exercer leur talent.
Je conclus de cette aventure
Qu'il ne faut pas tant d'art pour conserver ses jours; 50
Et grâce aux dons de la nature,
La main est le plus sûr et le plus prompt secours.

Livre onzième

FABLE I

LE LION[1]

Sultan Léopard autrefois
Eut, ce dit-on, par mainte aubaine,
Force bœufs dans ses prés, force Cerfs dans ses bois,
Force moutons parmi la plaine.
5 Il naquit un Lion dans la forêt prochaine.
Après les compliments et d'une et d'autre part,
Comme entre grands il se pratique,
Le Sultan fit venir son Vizir le Renard,
Vieux routier, et bon politique.
10 « Tu crains, ce lui dit-il, Lionceau mon voisin;
Son père est mort, que peut-il faire?
Plains plutôt le pauvre orphelin.
Il a chez lui plus d'une affaire;
Et devra beaucoup au destin
15 S'il garde ce qu'il a, sans tenter de conquête. »
Le Renard dit, branlant la tête :
« Tels orphelins, Seigneur, ne me font point pitié :
Il faut de celui-ci conserver l'amitié,
Ou s'efforcer de le détruire,
20 Avant que la griffe et la dent

Lui soit crue, et qu'il soit en état de nous nuire :
N'y perdez pas un seul moment.
J'ai fait son horoscope : il croîtra par la guerre.
Ce sera le meilleur Lion
Pour ses amis qui soit sur terre, 25
Tâchez donc d'en être, sinon
Tâchez de l'affaiblir. » La harangue fut vaine.
Le Sultan dormait lors ; et dedans son domaine
Chacun dormait aussi, bêtes, gens ; tant qu'enfin
Le Lionceau devient vrai Lion. Le tocsin 30
Sonne aussitôt sur lui ; l'alarme[2] se promène
De toutes parts ; et le Vizir,
Consulté là-dessus dit avec un soupir :
« Pourquoi l'irritez-vous ? La chose est sans remède.
En vain nous appelons mille gens à notre aide. 35
Plus ils sont, plus il coûte ; et je ne les tiens bons
Qu'à manger leur part des moutons.
Apaisez le Lion : seul[3] il passe en puissance
Ce monde d'alliés vivant sur notre bien :
Le Lion en a trois qui ne lui coûtent rien, 40
Son courage, sa force, avec sa vigilance.
Jetez-lui promptement sous la griffe un mouton :
S'il n'en est pas content, jetez-en davantage[4].
Joignez-y quelque bœuf : choisissez pour ce don
Tout le plus gras du pâturage. 45
Sauvez le reste ainsi. » Ce conseil ne plut pas.
Il en prit mal[5] ; et force états
Voisins du Sultan en pâtirent :
Nul n'y gagna ; tous y perdirent.
Quoi que fît ce monde ennemi, 50
Celui qu'ils craignaient fut le maître.
Proposez-vous d'avoir le Lion pour ami,
Si vous voulez le laisser craître.

FABLE II

POUR MONSEIGNEUR LE DUC DU MAINE[1]

Jupiter eut un fils qui se sentant du lieu
Dont il tirait son origine
Avait l'âme toute divine.
L'enfance n'aime rien : celle du jeune Dieu
5 Faisait sa principale affaire
Des doux soins d'aimer et de plaire.
En lui l'amour et la raison
Devancèrent le temps, dont les ailes légères
N'amènent que trop tôt, hélas! chaque saison.
10 Flore aux regards riants, aux charmantes manières,
Toucha d'abord le cœur du jeune Olympien.
Ce que la passion peut inspirer d'adresse,
Sentiments délicats et remplis de tendresse,
Pleurs, soupirs, tout en fut : bref il n'oublia rien.
15 Le fils de Jupiter devait par sa naissance
Avoir un autre esprit, et d'autres dons des Cieux,
Que les enfants des autres Dieux.
Il semblait qu'il n'agît que par réminiscence,
Et qu'il eût autrefois fait le métier d'amant,
20 Tant il le fit parfaitement.
Jupiter cependant voulut le faire instruire.
Il assembla les Dieux, et dit : « J'ai su conduire
Seul et sans compagnon jusqu'ici l'Univers :
Mais il est des emplois divers
25 Qu'aux nouveaux Dieux je distribue.
Sur cet enfant chéri j'ai donc jeté la vue.
C'est mon sang : tout est plein déjà de ses Autels.
Afin de mériter le rang des immortels,
Il faut qu'il sache tout. » Le maître du Tonnerre
30 Eut à peine achevé que chacun applaudit.

Pour savoir tout, l'enfant n'avait que trop d'esprit.
« Je veux, dit le Dieu de la guerre,
Lui montrer moi-même cet art
Par qui maints Héros ont eu part
Aux honneurs de l'Olympe et grossi cet empire. 35
– Je serai son maître de lyre,
Dit le blond et docte Apollon.
– Et moi, reprit Hercule à la peau de Lion,
Son maître à surmonter les vices,
À dompter les transports, monstres empoisonneurs, 40
Comme Hydres renaissants sans cesse dans les cœurs.
Ennemi des molles délices,
Il apprendra de moi les sentiers peu battus
Qui mènent aux honneurs sur les pas des vertus. »
Quand ce vint au Dieu de Cythère, 45
Il dit qu'il lui montrerait tout.
L'Amour avait raison : de quoi ne vient à bout
L'esprit joint au désir de plaire ?

FABLE III

LE FERMIER, LE CHIEN, ET LE RENARD[1]

Le Loup et le Renard sont d'étranges voisins :
Je ne bâtirai point autour de leur demeure.
Ce dernier guettait à toute heure
Les poules d'un Fermier ; et quoique des plus fins,
Il n'avait pu donner d'atteinte à la volaille. 5
D'une part l'appétit, de l'autre le danger,
N'étaient pas au compère un embarras léger.
« Hé quoi, dit-il, cette canaille
Se moque impunément de moi ?
Je vais, je viens, je me travaille[2], 10

J'imagine cent tours; le rustre, en paix chez soi,
Vous fait argent de tout, convertit en monnoie
Ses chapons, sa poulaille; il en a même au croc :
Et moi maître passé, quand j'attrape un vieux coq,
15 Je suis au comble de la joie!
Pourquoi sire Jupin m'a-t-il donc appelé
Au métier de Renard? je jure les puissances
De l'Olympe et du Styx, il en sera parlé. »
Roulant en son cœur ces vengeances,
20 Il choisit une nuit libérale en pavots :
Chacun était plongé dans un profond repos;
Le Maître du logis, les valets, le chien même,
Poules, poulets, chapons, tout dormait. Le Fermier,
Laissant ouvert son poulailler,
25 Commit une sottise extrême.
Le voleur tourne tant qu'il entre au lieu guetté;
Le dépeuple, remplit de meurtres la cité :
Les marques de sa cruauté
Parurent avec l'Aube : on vit un étalage
30 De corps sanglants, et de carnage.
Peu s'en fallut que le Soleil
Ne rebroussât d'horreur vers le manoir liquide[3].
Tel, et d'un spectacle pareil,
Apollon irrité contre le fier Atride[4]
35 Joncha son camp de morts : on vit presque détruit
L'ost[5] des Grecs, et ce fut l'ouvrage d'une nuit.
Tel encore autour de sa tente
Ajax à l'âme impatiente,
De moutons, et de boucs fit un vaste débris,
40 Croyant tuer en eux son concurrent Ulysse,
Et les auteurs de l'injustice
Par qui l'autre emporta le prix[6].
Le Renard autre Ajax aux volailles funeste
Emporte ce qu'il peut, laisse étendu le reste.
45 Le Maître ne trouva de recours qu'à crier
Contre ses gens, son chien, c'est l'ordinaire usage.

« Ah maudit animal, qui n'es bon qu'à noyer,
Que n'avertissais-tu dès l'abord du carnage?
— Que ne l'évitiez-vous? c'eût été plus tôt fait.
Si vous Maître et Fermier, à qui touche le fait, 50
Dormez sans avoir soin que la porte soit close,
Voulez-vous que moi chien qui n'ai rien à la chose,
Sans aucun intérêt je perde le repos? »
Ce Chien parlait très à propos :
Son raisonnement pouvait être 55
Fort bon dans la bouche d'un Maître;
Mais n'étant que d'un simple chien,
On trouva qu'il ne valait rien.
On vous sangla[7] le pauvre drille[8].
Toi donc, qui que tu sois, ô père de famille[9] 60
(Et je ne t'ai jamais envié cet honneur[10])
T'attendre aux yeux d'autrui, quand tu dors, c'est erreur.
Couche-toi le dernier, et vois fermer ta porte.
Que si quelque affaire t'importe,
Ne la fais point par procureur. 65

FABLE IV

LE SONGE D'UN HABITANT DU MOGOL[1]

Jadis certain Mogol vit en songe un Vizir
Aux champs Élysiens possesseur d'un plaisir
Aussi pur qu'infini, tant en prix qu'en durée;
Le même songeur vit en une autre contrée
Un Ermite entouré de feux, 5
Qui touchait de pitié même les malheureux.
Le cas parut étrange, et contre l'ordinaire;
Minos en ces deux morts semblait s'être mépris.
Le dormeur s'éveilla, tant il en fut surpris.

10 Dans ce songe pourtant soupçonnant du mystère,
Il se fit expliquer l'affaire.
L'interprète lui dit : « Ne vous étonnez point,
Votre songe a du sens, et, si j'ai sur ce point
Acquis tant soit peu d'habitude,
15 C'est un avis des Dieux. Pendant l'humain séjour,
Ce Vizir quelquefois cherchait la solitude;
Cet Ermite aux Vizirs allait faire sa cour. »

Si j'osais ajouter au mot de l'interprète,
J'inspirerais ici l'amour de la retraite :
20 Elle offre à ses amants des biens sans embarras,
Biens purs, présents du Ciel, qui naissent sous les pas.
Solitude[2] où je trouve une douceur secrète,
Lieux que j'aimai toujours, ne pourrai-je jamais,
Loin du monde et du bruit, goûter l'ombre et le frais?
25 Ô qui m'arrêtera sous vos sombres asiles!
Quand[3] pourront les neuf Sœurs, loin des cours et des [Villes,
M'occuper tout entier, et m'apprendre des Cieux
Les divers mouvements inconnus à nos yeux,
Les noms et les vertus de ces clartés errantes[4]
30 Par qui sont nos destins et nos mœurs différentes?
Que si je ne suis né pour de si grands projets,
Du moins que les ruisseaux m'offrent de doux objets!
Que je peigne en mes Vers quelque rive fleurie!
La Parque à filets d'or n'ourdira point ma vie;
35 Je ne dormirai point sous de riches lambris.
Mais voit-on que le somme en perde de son prix?
En est-il moins profond, et moins plein de délices?
Je lui voue au désert de nouveaux sacrifices.
Quand le moment viendra d'aller trouver les morts,
40 J'aurai vécu sans soins[5], et mourrai sans remords.

FABLE V

LE LION, LE SINGE, ET LES DEUX ÂNES[1]

Le Lion, pour bien gouverner,
Voulant apprendre la morale,
Se fit un beau jour amener
Le Singe maître ès arts[2] chez la gent animale.
La première leçon que donna le Régent[3] 5
Fut celle-ci : « Grand Roi, pour régner sagement,
Il faut que tout Prince préfère
Le zèle de l'État à certain mouvement
Qu'on appelle communément
Amour-propre[4]; car c'est le père, 10
C'est l'auteur de tous les défauts
Que l'on remarque aux animaux.
Vouloir que de tout point ce sentiment vous quitte,
Ce n'est pas chose si petite
Qu'on en vienne à bout en un jour : 15
C'est beaucoup de pouvoir modérer cet amour.
Par là, votre personne auguste
N'admettra jamais rien en soi
De ridicule ni d'injuste.
— Donne-moi, repartit le Roi, 20
Des exemples de l'un et l'autre.
— Toute espèce, dit le Docteur,
(Et je commence par la nôtre)
Toute profession s'estime dans son cœur,
Traite les autres d'ignorantes, 25
Les qualifie impertinentes,
Et semblables discours qui ne nous coûtent rien.
L'amour-propre au rebours, fait qu'au degré suprême
On porte ses pareils; car c'est un bon moyen
De s'élever aussi soi-même. 30

De tout ce que dessus j'argumente[5] très bien
Qu'ici-bas maint talent n'est que pure grimace,
Cabale, et certain art de se faire valoir,
Mieux su des ignorants que des gens de savoir.
35 L'autre jour suivant à la trace
Deux Ânes qui, prenant tour à tour l'encensoir
Se louaient tour à tour, comme c'est la manière,
J'ouïs que l'un des deux disait à son confrère :
« Seigneur, trouvez-vous pas bien injuste et bien sot
40 « L'homme cet animal si parfait ? il profane
« Notre auguste nom, traitant d'Âne
« Quiconque est ignorant, d'esprit lourd, idiot :
« Il abuse encore d'un mot,
« Et traite notre rire, et nos discours de braire.
45 « Les humains sont plaisants de prétendre exceller
« Par-dessus nous ; non, non ; c'est à vous de parler,
« À leurs Orateurs de se taire.
« Voilà les vrais braillards ; mais laissons là ces gens ;
« Vous m'entendez, je vous entends :
50 « Il suffit : et quant aux merveilles
« Dont votre divin chant vient frapper les oreilles,
« Philomèle est au prix novice dans cet Art :
« Vous surpassez Lambert[6]. » L'autre Baudet repart :
« Seigneur, j'admire en vous des qualités pareilles. »
55 Ces Ânes non contents de s'être ainsi grattés[7],
S'en allèrent dans les Cités
L'un l'autre se prôner. Chacun d'eux croyait faire
En prisant ses pareils, une fort bonne affaire,
Prétendant que l'honneur en reviendrait sur lui.
60 J'en connais beaucoup aujourd'hui,
Non parmi les baudets, mais parmi les puissances[8]
Que le Ciel voulut mettre en de plus hauts degrés,
Qui changeraient entre eux les simples excellences,
S'ils osaient, en des majestés.
65 J'en dis peut-être plus qu'il ne faut, et suppose
Que votre majesté gardera le secret.

Elle avait souhaité d'apprendre quelque trait
Qui lui fît voir entre autre chose
L'amour-propre donnant du ridicule aux gens.
L'injuste aura son tour : il y faut plus de temps. » 70
Ainsi parla ce Singe. On ne m'a pas su dire
S'il traita l'autre point ; car il est délicat ;
Et notre maître ès Arts, qui n'était pas un fat[9],
Regardait ce Lion comme un terrible sire[10].

FABLE VI

LE LOUP ET LE RENARD[1]

Mais d'où vient qu'au Renard Ésope accorde un point ?
C'est d'exceller en tours pleins de matoiserie[2].
J'en cherche la raison, et ne la trouve point.
Quand le Loup a besoin de défendre sa vie,
Ou d'attaquer celle d'autrui, 5
N'en sait-il pas autant que lui ?
Je crois qu'il en sait plus, et j'oserais peut-être
Avec quelque raison contredire mon maître.
Voici pourtant un cas où tout l'honneur échut
À l'hôte des terriers. Un soir il aperçut 10
La Lune au fond d'un puits : l'orbiculaire[3] image
Lui parut un ample fromage.
Deux seaux alternativement
Puisaient le liquide élément.
Notre Renard pressé par une faim canine[4], 15
S'accommode[5] en celui qu'au haut de la machine
L'autre seau tenait suspendu.
Voilà l'animal descendu,
Tiré d'erreur ; mais fort en peine,
Et voyant sa perte prochaine. 20

Car comment remonter, si quelque autre affamé
De la même image charmé,
Et succédant à sa misère
Par le même chemin ne le tirait d'affaire?
25 Deux jours s'étaient passés sans qu'aucun vînt au puits;
Le temps qui toujours marche avait pendant deux nuits
Échancré selon l'ordinaire
De l'astre au front d'argent la face circulaire[6].
Sire Renard était désespéré.
30 Compère Loup, le gosier altéré,
Passe par là; l'autre dit : « Camarade,
Je veux vous régaler; voyez-vous cet objet?
C'est un fromage exquis. Le Dieu Faune l'a fait,
La vache Io[7] donna le lait.
35 Jupiter, s'il était malade,
Reprendrait l'appétit en tâtant d'un tel mets.
J'en ai mangé cette échancrure,
Le reste vous sera suffisante pâture.
Descendez dans un seau que j'ai là mis exprès. »
40 Bien qu'au moins mal qu'il pût il ajustât l'histoire,
Le Loup fut un sot de le croire :
Il descend, et son poids, emportant l'autre part,
Reguinde[8] en haut maître Renard.
Ne nous en moquons point : nous nous laissons séduire
45 Sur aussi peu de fondement;
Et chacun croit fort aisément
Ce qu'il craint, et ce qu'il désire[9].

FABLE VII

LE PAYSAN DU DANUBE[1]

Il ne faut point juger des gens sur l'apparence.
Le conseil en est bon; mais il n'est pas nouveau.
Jadis l'erreur du Souriceau
Me servit à prouver le discours que j'avance.
J'ai pour le fonder à présent 5
Le bon Socrate, Ésope, et certain Paysan
Des rives du Danube, l'homme dont Marc-Aurèle[2]
Nous fait un portrait fort fidèle.
On connaît les premiers; quant à l'autre, voici
Le personnage en raccourci. 10
Son menton nourrissait une barbe touffue,
Toute sa personne velue
Représentait un Ours, mais un Ours mal léché.
Sous un sourcil épais il avait l'œil caché,
Le regard de travers, nez tortu, grosse lèvre, 15
Portait sayon de poil de chèvre,
Et ceinture de joncs marins.
Cet homme ainsi bâti fut député des Villes
Que lave le Danube : il n'était point d'asiles
Où l'avarice[3] des Romains 20
Ne pénétrât alors, et ne portât les mains.
Le député vint donc, et fit cette harangue :
« Romains, et vous Sénat assis pour m'écouter,
Je supplie avant tout les Dieux de m'assister :
Veuillent les immortels conducteurs de ma langue, 25
Que je ne dise rien qui doivent être repris.
Sans leur aide il ne peut entrer dans les esprits
Que tout mal et toute injustice :
Faute d'y recourir on viole leurs lois.
Témoin nous que punit la romaine avarice : 30
Rome est par nos forfaits, plus que par ses exploits,

L'instrument de notre supplice.
Craignez Romains, craignez, que le Ciel quelque jour
Ne transporte chez vous les pleurs et la misère,
35 Et mettant en nos mains par un juste retour
Les armes dont se sert sa vengeance sévère,
Il ne vous fasse en sa colère
Nos esclaves à votre tour.
Et pourquoi sommes-nous les vôtres? qu'on me die
40 En quoi vous valez mieux que cent peuples divers?
Quel droit vous a rendus maîtres de l'Univers?
Pourquoi venir troubler une innocente vie?
Nous cultivions en paix d'heureux champs, et nos mains
Étaient propres aux Arts[4], ainsi qu'au labourage :
45 Qu'avez-vous appris aux Germains?
Ils ont l'adresse et le courage :
S'ils avaient eu l'avidité,
Comme vous, et la violence,
Peut-être en votre place ils auraient la puissance,
50 Et sauraient en user sans inhumanité.
Celle que vos Préteurs[5] ont sur nous exercée
N'entre qu'à peine en la pensée.
La majesté de vos Autels
Elle-même en est offensée :
55 Car sachez que les immortels
Ont les regards sur nous. Grâces à vos exemples,
Ils n'ont devant les yeux que des objets d'horreur,
De mépris d'eux, et de leurs Temples,
D'avarice qui va jusques à la fureur.
60 Rien ne suffit aux gens qui nous viennent de Rome;
La terre, et le travail de l'homme
Font pour les assouvir des efforts superflus.
Retirez-les; on ne veut plus
Cultiver pour eux les campagnes;
65 Nous quittons les Cités, nous fuyons aux montagnes;
Nous laissons nos chères compagnes.
Nous ne conversons plus qu'avec des Ours affreux,

Découragés de mettre au jour des malheureux ;
Et de peupler pour Rome un pays qu'elle opprime.
Quant à nos enfants déjà nés 70
Nous souhaitons de voir leurs jours bientôt bornés :
Vos Préteurs au malheur nous font joindre le crime.
Retirez-les, ils ne nous apprendront
Que la mollesse, et que le vice.
Les Germains comme eux deviendront 75
Gens de rapine et d'avarice.
C'est tout ce que j'ai vu dans Rome à mon abord :
N'a-t-on point de présent à faire ?
Point de pourpre à donner ? c'est en vain qu'on espère
Quelque refuge aux lois : encore leur ministère 80
A-t-il mille longueurs. Ce discours, un peu fort
Doit commencer à vous déplaire.
Je finis. Punissez de mort
Une plainte un peu trop sincère. »
À ces mots il se couche, et chacun étonné 85
Admire le grand cœur, le bon sens, l'éloquence,
Du sauvage ainsi prosterné.
On le créa Patrice[6] ; et ce fut la vengeance
Qu'on crut qu'un tel discours méritait. On choisit
D'autres préteurs, et par écrit 90
Le Sénat demanda ce qu'avait dit cet homme,
Pour servir de modèle aux parleurs à venir.
On ne sut pas longtemps à Rome
Cette éloquence entretenir.

FABLE VIII

LE VIEILLARD ET LES TROIS JEUNES HOMMES[1]

Un octogénaire plantait[2].
« Passe encor de bâtir; mais planter à cet âge! »
Disaient trois jouvenceaux, enfants du voisinage;
Assurément il radotait.
5 « Car au nom des Dieux, je vous prie,
Quel fruit de ce labeur pouvez-vous recueillir?
Autant qu'un Patriarche il vous faudrait vieillir.
À quoi bon charger votre vie
Des soins d'un avenir qui n'est pas fait pour vous[3]?
10 Ne songez désormais qu'à vos erreurs passées :
Quittez le long espoir, et les vastes pensées[4];
Tout cela ne convient qu'à nous.
— Il ne convient pas à vous-mêmes,
Repartit le Vieillard. Tout établissement[5]
15 Vient tard et dure peu. La main des Parques blêmes
De vos jours, et des miens se joue également.
Nos termes sont pareils par leur courte durée.
Qui de nous des clartés de la voûte azurée
Doit jouir le dernier? Est-il aucun moment
20 Qui vous puisse assurer d'un second seulement[6]?
Mes arrière-neveux me devront cet ombrage[7] :
Hé bien défendez-vous au Sage
De se donner des soins pour le plaisir d'autrui?
Cela même est un fruit que je goûte aujourd'hui :
25 J'en puis jouir demain, et quelques jours encore :
Je puis enfin compter l'Aurore
Plus d'une fois sur vos tombeaux. »
Le Vieillard eut raison; l'un des trois jouvenceaux
Se noya dès le port allant à l'Amérique.
30 L'autre, afin de monter aux grandes dignités,

Dans les emplois de Mars servant la République,
Par un coup imprévu vit ses jours emportés.
Le troisième tomba d'un arbre
Que lui-même il voulut enter :
Et pleurés du Vieillard, il grava sur leur marbre 35
Ce que je viens de raconter.

FABLE IX

LES SOURIS, ET LE CHAT-HUANT[1]

Il ne faut jamais dire aux gens :
« Écoutez un bon mot[2], oyez une merveille. »
Savez-vous si les écoutants
En feront une estime à la vôtre pareille ?
Voici pourtant un cas qui peut être excepté. 5
Je le maintiens prodige, et tel que d'une Fable
Il a l'air et les traits, encor que véritable.
On abattit un pin pour son antiquité,
Vieux Palais d'un hibou, triste et sombre retraite
De l'oiseau qu'Atropos prend pour son interprète[3]. 10
Dans son tronc caverneux, et miné par le temps,
Logeaient entre autres habitants
Force souris sans pieds, toutes rondes de graisse.
L'Oiseau les nourrissait parmi des tas de blé,
Et de son bec avait leur troupeau mutilé ; 15
Cet Oiseau raisonnait. Il faut qu'on le confesse.
En son temps aux Souris le compagnon chassa.
Les premières qu'il prit du logis échappées,
Pour y remédier, le drôle estropia
Tout ce qu'il prit ensuite. Et leurs jambes coupées 20
Firent qu'il les mangeait à sa commodité,
Aujourd'hui l'une, et demain l'autre.

Tout manger à la fois, l'impossibilité
S'y trouvait, joint aussi le soin de sa santé.
25 Sa prévoyance allait aussi loin que la nôtre;
Elle allait jusqu'à leur porter
Vivres et grains pour subsister.
Puis, qu'un Cartésien s'obstine
À traiter ce hibou de montre et de machine!
30 Quel ressort lui pouvait donner
Le conseil de tronquer[4] un peuple mis en mue?
Si ce n'est pas là raisonner,
La raison m'est chose inconnue.
Voyez que d'arguments il fit.
35 Quand ce peuple est pris, il s'enfuit :
Donc il faut le croquer aussitôt qu'on le happe.
Tout, il est impossible. Et puis pour le besoin
N'en dois-je pas garder? donc il faut avoir soin
De le nourrir sans qu'il échappe.
40 Mais comment? ôtons-lui les pieds. Or trouvez-moi
Chose par les humains à sa fin mieux conduite.
Quel autre art de penser Aristote et sa suite
Enseignent-ils, par votre foi?

Ceci n'est point une fable; et la chose, quoique merveilleuse et presque incroyable, est véritablement arrivée. J'ai peut-être porté trop loin la prévoyance de ce hibou; car je ne prétends pas établir dans les bêtes un progrès[5] de raisonnement tel que celui-ci; mais ces exagérations sont permises à la Poésie, surtout dans la manière d'écrire dont je me sers.

ÉPILOGUE[1]

C'eſt ainsi que ma Muse, aux bords d'une onde pure,
Traduisait en langue des Dieux
Tout ce que disent sous les Cieux
Tant d'êtres empruntant la voix de la nature.
Truchement de peuples divers 5
Je les faisais servir d'Acteurs en mon ouvrage;
Car tout parle[2] dans l'Univers;
Il n'eſt rien qui n'ait son langage.
Plus éloquents chez eux qu'ils ne sont dans mes Vers,
Si ceux que j'introduis me trouvent peu fidèle, 10
Si mon œuvre n'eſt pas un assez bon modèle,
J'ai du moins ouvert le chemin :
D'autres pourront y mettre une dernière main.
Favoris des neuf Sœurs achevez l'entreprise :
Donnez mainte leçon que j'ai sans doute omise : 15
Sous ces inventions il faut l'envelopper :
Mais vous n'avez que trop de quoi vous occuper :
Pendant le doux emploi de ma Muse innocente,
Louis dompte l'Europe, et d'une main puissante
Il conduit à leur fin les plus nobles projets 20
Qu'ait jamais formés un Monarque.
Favoris des neuf Sœurs, ce sont là des sujets
Vainqueurs du temps et de la Parque.

Livre douzième

À MONSEIGNEUR LE DUC DE BOURGOGNE[1]

MONSEIGNEUR,

Je ne puis employer pour mes Fables de protection qui me soit plus glorieuse que la vôtre. Ce goût exquis, et ce jugement si solide que vous faites paraître dans toutes choses au-delà d'un âge où à peine les autres Princes sont-ils touchés de ce qui les environne avec le plus d'éclat; tout cela, joint au devoir de vous obéir et à la passion de vous plaire, m'a obligé de vous présenter un Ouvrage dont l'Original a été l'admiration de tous les siècles, aussi bien que celle de tous les Sages. Vous m'avez même ordonné de continuer; et, si vous me permettez de le dire, il y a des sujets dont je vous suis redevable et où vous avez jeté des grâces qui ont été admirées de tout le monde. Nous n'avons plus besoin de consulter ni Apollon, ni les Muses, ni aucune des Divinités du Parnasse. Elles se rencontrent toutes dans les présents que vous a faits la Nature, et dans cette science de bien juger des Ouvrages de l'esprit, à quoi vous joignez déjà celle de connaître toutes les règles qui y conviennent. Les Fables d'Ésope sont une ample matière pour ces talents. Elles embrassent toutes sortes d'événements et de caractères. Ces mensonges sont proprement une manière d'Histoire, où on ne flatte personne. Ce ne sont pas choses de peu d'importance que ces sujets. Les Animaux sont les précepteurs des Hommes dans mon Ouvrage. Je ne m'étendrai pas davantage là-dessus; vous voyez mieux que moi le profit qu'on en peut tirer. Si vous vous connaissez maintenant en Orateurs et en Poètes, vous vous connaîtrez encore mieux quelque jour en bons Politiques et en bons Généraux d'Armée; et vous vous tromperez aussi peu au choix des Personnes qu'au mérite des Actions. Je ne suis pas d'un âge à espérer d'en être témoin. Il faut que je me contente de travailler sous vos ordres. L'envie de vous plaire me tiendra lieu d'une imagination que les ans ont affaiblie. Quand vous souhaiterez quelque Fable, je la trouverai dans ce fonds-là. Je voudrais bien que vous y puissiez trouver des louanges dignes du Monarque qui fait maintenant le destin de tant de Peuples et de Nations, et qui rend toutes les parties du Monde attentives à ses Conquêtes, à ses Victoires, et à la Paix qui semble se rapprocher, et dont il impose les conditions avec toute la modération que peuvent souhaiter nos Ennemis[2]. Je me le figure comme un Conquérant qui veut mettre des bornes à sa Gloire et à sa Puissance, et de qui on pourrait dire, à meilleur titre qu'on ne l'a dit d'Alexandre, qu'il va tenir les États de l'Univers, en obligeant les Ministres de tant de Princes de s'assembler pour terminer une guerre qui ne peut être que ruineuse à leurs Maîtres. Ce sont des sujets au-dessus de nos paroles : je les laisse à de meilleures Plumes que la mienne; et suis, avec un profond respect,

MONSEIGNEUR,

Votre très humble, très obéissant
et très fidèle serviteur,

DE LA FONTAINE.

FABLE I

LES COMPAGNONS D'ULYSSE[1]

À MONSEIGNEUR LE DUC DE BOURGOGNE

Prince, l'unique objet du soin des Immortels,
Souffrez que mon encens parfume vos Autels.
Je vous offre un peu tard ces Présents de ma Muse ;
Les ans et les[2] travaux me serviront d'excuse :
5 Mon esprit diminue, au lieu qu'à chaque instant
On aperçoit le vôtre aller en augmentant.
Il ne va pas, il court, il[3] semble avoir des ailes :
Le Héros[4] dont il tient des qualités si belles
Dans le métier de Mars brûle d'en faire autant ;
10 Il ne tient pas à lui que forçant la Victoire
Il ne marche à pas de géant
Dans la carrière de la Gloire.
Quelque Dieu le retient ; c'est notre Souverain,
Lui qu'un mois a rendu maître et vainqueur du Rhin[5].
15 Cette rapidité fut alors nécessaire :
Peut-être elle serait aujourd'hui téméraire.
Je m'en tais ; aussi bien les Ris et les Amours
Ne sont pas soupçonnés d'aimer les longs discours.
De ces sortes de Dieux votre Cour se compose.

Ils ne vous quittent point. Ce n'est pas qu'après tout 20
D'autres Divinités n'y tiennent le haut bout ;
Le sens et la raison y règlent toute chose.
Consultez ces derniers sur un fait où les Grecs,
Imprudents et peu circonspects,
S'abandonnèrent à des charmes 25
Qui métamorphosaient en bêtes les humains.
Les Compagnons d'Ulysse, après dix ans d'alarmes,
Erraient au gré du vent, de leur sort incertains.
Ils abordèrent un rivage
Où la Fille du Dieu du jour, 30
Circé, tenait alors sa Cour.
Elle leur fit prendre un breuvage
Délicieux, mais plein d'un funeste poison.
D'abord ils perdent la raison :
Quelques moments après leur corps et leur visage 35
Prennent l'air et les traits d'animaux différents.
Les voilà devenus Ours, Lions, Éléphants ;
Les uns sous une masse énorme,
Les autres sous une autre forme :
Il s'en vit de petits, *exemplum ut Talpa*[6] ; 40
Le seul Ulysse en échappa.
Il sut se défier de la liqueur traîtresse.
Comme il joignait à la sagesse
La mine d'un Héros et le doux entretien,
Il fit tant que l'Enchanteresse 45
Prit un autre poison peu différent du sien.
Une Déesse dit tout ce qu'elle a dans l'âme ;
Celle-ci déclara sa flamme.
Ulysse était trop fin pour ne pas profiter
D'une pareille conjoncture. 50
Il obtint qu'on rendrait à ces[7] Grecs leur figure.
« Mais la voudront-ils bien, dit la Nymphe, accepter ?
Allez le proposer de ce pas à la troupe. »
Ulysse y court, et dit : « L'empoisonneuse coupe
À son remède encore ; et je viens vous l'offrir : 55

Chers amis, voulez-vous hommes redevenir?
On vous rend déjà la parole. »
Le Lion dit, pensant rugir :
« Je n'ai pas la tête si folle.
60 Moi renoncer aux dons que je viens d'acquérir?
J'ai griffe et dent, et mets en pièces qui m'attaque :
Je suis Roi, deviendrai-je un Citadin d'Ithaque?
Tu me rendras[8] peut-être encor simple Soldat :
Je ne veux point changer d'état. »
65 Ulysse du Lion court à l'Ours : « Eh, mon frère,
Comme te voilà fait! Je t'ai vu si joli.
— Ah vraiment nous y voici,
Reprit l'Ours à sa manière;
Comme me voilà fait! Comme doit être un Ours.
70 Qui t'a dit qu'une forme eſt plus belle qu'une autre[9]?
Eſt-ce à la tienne à juger de la nôtre?
Je me rapporte aux yeux d'une Ourse mes amours[10].
Te déplais-je? va-t'en, suis ta route et me laisse :
Je vis libre, content, sans nul soin qui me presse;
75 Et te dis tout net et tout plat,
Je ne veux point changer d'état. »
Le Prince grec au Loup va proposer l'affaire;
Il lui dit, au hasard d'un semblable refus :
« Camarade, je suis confus
80 Qu'une jeune et belle[11] Bergère
Conte aux échos les appétits gloutons
Qui t'ont fait manger ses moutons.
Autrefois on t'eût vu sauver sa bergerie :
Tu menais une honnête vie.
85 Quitte ces bois, et redevien
Au lieu de Loup, Homme de bien.
— En eſt-il, dit le Loup? Pour moi, je n'en vois guère[12]
Tu t'en viens me traiter de bête carnassière :
Toi qui parles, qu'es-tu? N'auriez-vous pas sans moi
90 Mangé ces animaux que plaint[13] tout le Village?
Si j'étais Homme, par ta foi,

Aimerais-je moins le carnage?
Pour un mot quelquefois vous vous étranglez tous;
Ne vous êtes-vous pas l'un à l'autre des Loups[14]?
Tout bien considéré, je te soutiens en somme, 95
Que scélérat pour scélérat,
Il vaut mieux être un Loup qu'un Homme :
Je ne veux point changer d'état. »
Ulysse fit à tous une même semonce[15];
Chacun d'eux fit même réponse; 100
Autant le grand que le petit.
La liberté, les bois, suivre leur appétit,
C'était leurs délices suprêmes;
Tous renonçaient au los des belles actions.
Ils croyaient s'affranchir suivant leurs passions; 105
Ils étaient esclaves d'eux-mêmes.
Prince, j'aurais voulu vous choisir un sujet
Où je pusse mêler le plaisant à l'utile :
C'était sans doute un beau projet,
Si ce choix[16] eût été facile. 110
Les Compagnons d'Ulysse enfin se sont offerts.
Ils ont force pareils en ce bas Univers;
Gens à qui j'impose pour peine
Votre censure et votre haine.
[Vous[17] raisonnez sur tout : les Ris et les Amours 115
Tiennent souvent chez vous de solides discours :
Je leur veux proposer bientôt une matière
Noble, d'un très grand art, convenable aux héros;
C'est la louange; ses propos
Sont faits pour occuper votre âme tout entière.] 120

FABLE II

LE CHAT ET LES DEUX MOINEAUX[1]

À MONSEIGNEUR LE DUC DE BOURGOGNE

Un Chat contemporain d'un fort jeune Moineau
Fut logé près de lui dès l'âge du berceau.
La Cage et le Panier avaient mêmes Pénates.
Le Chat était souvent agacé par l'Oiseau :
5 L'un s'escrimait du bec, l'autre jouait des pattes.
Ce dernier toutefois épargnait son ami.
Ne le corrigeant qu'à demi
Il se fût fait un grand scrupule
D'armer de pointes sa férule.
10 Le Passereau moins circonspec,
Lui donnait force coups de bec ;
En sage et discrète[2] personne,
Maître Chat excusait ces jeux.
Entre amis, il ne faut jamais qu'on s'abandonne
15 Aux traits d'un courroux sérieux.
Comme ils se connaissaient tous deux dès leur bas âge,
Une longue habitude en paix les maintenait ;
Jamais en vrai combat le jeu ne se tournait.
Quand un Moineau du voisinage
20 S'en vint les visiter, et se fit compagnon
Du pétulant Pierrot, et du sage Raton.
Entre les deux Oiseaux il arriva querelle.
Et Raton de prendre parti.
« Cet inconnu, dit-il, nous la vient donner belle[3]
25 D'insulter ainsi notre ami ;
Le Moineau du voisin viendra manger[4] le nôtre ?
Non, de par tous les Chats. » Entrant lors au combat
Il croque l'étranger : « Vraiment, dit maître Chat,
Les Moineaux ont un goût exquis et délicat. »
30 Cette réflexion fit aussi croquer l'autre.

Quelle Morale puis-je inférer de ce fait?
Sans cela toute Fable est un œuvre imparfait.
J'en crois voir quelques traits; mais leur ombre m'abuse,
Prince, vous les aurez incontinent trouvés :
Ce sont des jeux pour vous, et non point pour ma Muse; 35
Elle et ses Sœurs n'ont pas l'esprit que vous avez.

FABLE III

DU THÉSAURISEUR ET DU SINGE[1]

Un Homme accumulait. On sait que cette erreur
Va souvent jusqu'à la fureur[2].
Celui-ci ne songeait que Ducats et Pistoles.
Quand ces biens sont oisifs, je tiens qu'ils sont frivoles.
Pour sûreté de son Trésor 5
Notre Avare habitait un lieu dont Amphitrite
Défendait aux voleurs de toutes parts l'abord[3].
Là d'une volupté, selon moi fort petite,
Et selon lui fort grande, il entassait toujours.
Il passait les nuits et les jours 10
À compter, calculer, supputer sans relâche;
Calculant, supputant, comptant comme à la tâche,
Car il trouvait toujours[4] du mécompte à son fait.
Un gros Singe plus sage, à mon sens, que son maître,
Jetait quelque Doublon toujours[5] par la fenêtre, 15
Et rendait le compte imparfait.
La chambre bien cadenassée
Permettait de laisser l'argent sur le comptoir.
Un beau jour dom Bertrand se mit dans la pensée
D'en faire un sacrifice au liquide manoir. 20
Quant à moi, lorsque je compare
Les plaisirs de ce Singe à ceux de cet Avare,
Je ne sais bonnement auxquels[6] donner le prix.
Dom Bertrand gagnerait près de certains esprits;

25 Les raisons en seraient trop longues à déduire.
Un jour donc l'animal, qui ne songeait qu'à nuire,
Détachait du monceau, tantôt quelque Doublon,
Un Jacobus, un Ducaton;
Et puis quelque Noble à la rose[7]
30 Éprouvait son adresse et sa force à jeter
Ces morceaux de métal[8] qui se font souhaiter
Par les humains sur toute chose.
S'il n'avait entendu son Compteur à la fin
Mettre la clef dans la serrure,
35 Les Ducats auraient tous pris le même chemin,
Et couru la même aventure.
Il les aurait fait tous voler jusqu'au dernier[9],
Dans le gouffre enrichi par maint et maint naufrage.
Dieu veuille préserver maint et maint Financier
40 Qui n'en fait[10] pas meilleur usage.

FABLE IV

LES DEUX CHÈVRES[1]

Dès que les Chèvres ont brouté,
Certain esprit de liberté
Leur fait chercher fortune; elles vont en voyage
Vers les endroits du pâturage
5 Les moins fréquentés des humains.
Là s'il est quelque lieu sans route et sans chemins,
Un rocher, quelque mont pendant en précipices,
C'est où ces Dames vont promener leurs caprices[2];
Rien ne peut arrêter cet animal grimpant.
10 Deux Chèvres donc s'émancipant,
Toutes deux ayant patte blanche,
Quittèrent les bas prés, chacune de sa part.
L'une vers l'autre allait[3] pour quelque bon hasard.

Un ruisseau se rencontre, et pour pont une planche;
Deux Belettes à peine auraient passé de front 15
Sur ce pont :
D'ailleurs, l'onde rapide et le ruisseau profond
Devaient faire trembler de peur ces[4] Amazones.
Malgré tant de dangers, l'une de ces personnes
Pose un pied sur la planche, et l'autre en fait autant. 20
Je m'imagine voir avec Louis le Grand,
Philippe Quatre qui s'avance
Dans l'île de la Conférence[5].
Ainsi s'avançaient pas à pas,
Nez à nez nos Aventurières, 25
Qui toutes deux étant fort fières,
Vers[6] le milieu du pont ne se voulurent pas
L'une à l'autre céder. Elles avaient la gloire
De compter dans leur race (à ce que dit l'Histoire)
L'une[7] certaine Chèvre au mérite sans pair 30
Dont Polyphème fit présent à Galatée[8];
Et l'autre la chèvre Amalthée,
Par qui fut nourri Jupiter.
Faute de reculer leur chute fut commune;
Toutes deux tombèrent dans[9] l'eau. 35
Cet accident n'est pas nouveau
Dans le chemin de la Fortune.

À MONSEIGNEUR LE DUC DE BOURGOGNE,

qui avait demandé à M. de La Fontaine une Fable qui fût nommée Le Chat et la Souris.

Pour plaire au jeune Prince à qui la Renommée
Destine un Temple en mes Écrits,
Comment composerai-je une Fable nommée

Le Chat et la Souris?
5 Dois-je représenter dans ces Vers une Belle,
Qui douce en apparence, et toutefois cruelle,
Va se jouant des cœurs que ses charmes ont pris,
Comme le Chat de la Souris?

Prendrai-je pour sujet les jeux de la Fortune?
10 Rien ne lui convient mieux, et c'eſt chose commune
Que de lui voir traiter ceux qu'on croit ses amis,
Comme le Chat fait la Souris?

Introduirai-je un Roi qu'entre ses favoris
Elle respecte seul; Roi qui fixe sa roue;
15 Qui n'eſt point empêché d'un monde d'Ennemis,
Et qui des plus puissants quand il lui plaît se joue
Comme le Chat de la Souris?

Mais insensiblement, dans le tour que j'ai pris,
Mon dessein se rencontre; et si je ne m'abuse
20 Je pourrais tout gâter par de plus longs récits.
Le jeune Prince alors se jouerait de ma Muse,
Comme le Chat de la Souris.

FABLE V

LE VIEUX CHAT ET LA JEUNE SOURIS[1]

Une jeune Souris de peu d'expérience
Crut fléchir un vieux Chat implorant sa clémence,
Et payant de raisons le Raminagrobis :
« Laissez-moi vivre; une Souris
5 De ma taille et de ma dépense
Eſt-elle à charge en ce logis?
Affamerais-je, à votre avis,

L'Hôte et l'Hôtesse, et tout leur monde ?
D'un grain de blé je me nourris ;
Une noix me rend toute ronde. 10
À présent je suis maigre ; attendez quelque temps ;
Réservez ce repas à messieurs vos Enfants. »
Ainsi parlait au Chat la Souris attrapée.
L'autre lui dit : « Tu t'es trompée.
Est-ce à moi que l'on tient de semblables discours ? 15
Tu gagnerais autant de parler à des sourds.
Chat et vieux pardonner ? cela n'arrive guères.
Selon ces lois, descends là-bas,
Meurs, et va-t'en, tout de ce pas,
Haranguer les sœurs Filandières. 20
Mes Enfants trouveront assez d'autres repas. »
Il tint parole ; et, pour ma Fable,
Voici le sens moral qui peut y convenir :
La jeunesse se flatte, et croit tout obtenir.
La vieillesse est impitoyable. 25

FABLE VI

LE CERF MALADE[1]

En pays pleins de Cerfs un Cerf tomba malade.
Incontinent maint Camarade
Accourt à son grabat le voir, le secourir,
Le consoler du moins ; multitude importune.
Eh ! Messieurs, laissez-moi mourir. 5
Permettez qu'en forme commune
La parque m'expédie, et finissez vos pleurs.
Point du tout : les Consolateurs
De ce triste devoir tout au long s'acquittèrent :
Quand il plut à Dieu s'en allèrent. 10
Ce ne fut pas sans boire un coup,

C'eſt-à-dire sans prendre un droit de pâturage.
Tout se mit à brouter les bois du voisinage.
La pitance du Cerf en déchut de beaucoup.
15 Il ne trouva plus rien à frire.
D'un mal il tomba dans un pire,
Et se vit réduit à la fin
À jeûner et mourir de faim.
Il en coûte à qui vous réclame,
20 Médecins du corps et de l'âme.
Ô temps, ô mœurs ! J'ai beau crier,
Tout le monde se fait payer.

FABLE VII

LA CHAUVE-SOURIS, LE BUISSON, ET LE CANARD[1]

Le Buisson, le Canard et la Chauve-Souris,
Voyant tous trois qu'en leur pays
Ils faisaient petite fortune,
Vont trafiquer au loin, et font bourse commune.
5 Ils avaient des Comptoirs, des Facteurs, des Agents[2],
Non moins soigneux qu'intelligents,
Des Regiſtres exacts de mise et de recette.
Tout allait bien ; quand leur emplette,
En passant par certains endroits
10 Remplis d'écueils, et fort étroits,
Et de trajet très difficile,
Alla tout emballée au fond des magasins
Qui du Tartare sont voisins.
Notre Trio poussa maint regret inutile,
15 Ou plutôt il n'en poussa point.
Le plus petit Marchand eſt savant sur ce point ;
Pour sauver son crédit, il faut cacher sa perte.

Celle que par malheur nos gens avaient soufferte
Ne put se réparer : le cas fut découvert.
Les voilà sans crédit, sans argent, sans ressource, 20
Prêts à porter le bonnet vert[3].
Aucun ne leur ouvrit sa bourse,
Et le sort principal[4], et les gros intérêts,
Et les Sergents[5], et les procès,
Et le créancier à la porte 25
Dès devant la pointe du jour,
N'occupaient le Trio qu'à chercher maint détour,
Pour contenter cette cohorte.
Le Buisson accrochait les passants à tous coups :
« Messieurs, leur disait-il, de grâce, apprenez-nous 30
En quel lieu sont les marchandises
Que certains gouffres nous ont prises. »
Le plongeon[6] sous les eaux s'en allait les chercher.
L'Oiseau Chauve-Souris n'osait plus approcher
Pendant le jour nulle demeure; 35
Suivi de Sergents à toute heure,
En des trous il s'allait cacher.
Je connais maint detteur qui n'est ni Souris-Chauve,
Ni Buisson, ni Canard, ni dans tel cas tombé,
Mais simple grand Seigneur, qui tous les jours se sauve 40
Par un escalier dérobé.

FABLE VIII

LA QUERELLE DES CHIENS ET DES CHATS[1], ET CELLE DES CHATS ET DES SOURIS[2]

La Discorde a toujours régné dans l'Univers;
Notre monde en fournit mille exemples divers.
Chez nous cette Déesse a plus d'un Tributaire.

Commençons par les Éléments :
5 Vous serez étonnés de voir qu'à tous moments
Ils seront appointés contraire[3].
Outre ces quatre potentats,
Combien d'êtres de tous états
Se font une guerre éternelle ?
10 Autrefois un logis plein de Chiens et de Chats,
Par cent Arrêts rendus en forme solennelle,
Vit terminer tous leurs débats.
Le Maître ayant réglé leurs emplois[4], leurs repas,
Et menacé du fouet quiconque aurait querelle,
15 Ces animaux vivaient entre eux comme cousins ;
Cette[5] union si douce, et presque fraternelle,
Édifiait tous les voisins.
Enfin elle cessa. Quelque plat[6] de potage,
Quelque os par préférence à quelqu'un d'eux donné,
20 Fit que l'autre parti s'en vint[7] tout forcené
Représenter un tel outrage.
J'ai vu des chroniqueurs attribuer le cas
Aux passe-droits qu'avait une chienne en gésine ;
Quoi qu'il en soit, cet altercas[8]
25 Mit en combustion la salle et la cuisine ;
Chacun se déclara pour son Chat, pour son Chien.
On fit un Règlement[9] dont les Chats se plaignirent,
Et tout le quartier étourdirent.
Leur Avocat disait qu'il fallait bel et bien
30 Recourir aux Arrêts. En vain ils les cherchèrent.
Dans un coin où d'abord leurs Agents[10] les cachèrent,
Les Souris enfin les mangèrent.
Autre procès nouveau : le peuple souriquois
En pâtit. Maint vieux Chat, fin, subtil, et narquois[11],
35 Et d'ailleurs en voulant à toute cette race,
Les guetta, les prit, fit main basse[12].
Le Maître du logis ne s'en trouva que mieux.
J'en reviens à mon dire. On ne voit sous les Cieux
Nul animal, nul être, aucune Créature,

Qui n'ait son opposé ; c'eſt la loi de Nature. 40
D'en[13] chercher la raison, ce sont soins superflus.
Dieu fit bien ce qu'il fit, et je n'en sais pas plus.
Ce que je sais[14], c'eſt qu'aux grosses paroles
On en vient sur un rien plus des trois quarts du temps.
Humains, il vous faudrait encore à soixante ans 45
Renvoyer chez les Barbacoles[15].

FABLE IX

LE LOUP ET LE RENARD[1]

D'où vient que personne en la vie
N'eſt satisfait de son état ?
Tel voudrait bien être Soldat
À qui le Soldat porte envie[2].

Certain Renard voulut, dit-on, 5
Se faire Loup. Hé qui peut dire
Que pour le métier de Mouton
Jamais aucun Loup ne soupire ?

Ce qui m'étonne eſt qu'à huit ans
Un Prince en Fable ait mis la chose, 10
Pendant que sous mes cheveux blancs
Je fabrique à force de temps
Des Vers moins sensés que sa Prose.

Les traits dans sa Fable semés
Ne sont en l'Ouvrage du Poète 15
Ni tous, ni si bien exprimés.
Sa louange en eſt plus complète.

De la chanter sur la Musette
C'est mon talent ; mais je m'attends
20 Que mon Héros, dans peu de temps
Me fera prendre la trompette.

Je ne suis pas un grand Prophète,
Cependant je lis dans les Cieux
Que bientôt ses faits glorieux
25 Demanderont plusieurs Homères ;
Et ce temps-ci n'en produit guères.
Laissant à part tous ces mystères,
Essayons de conter la Fable avec succès.

Le Renard dit au Loup : « Notre cher, pour tous mets
30 J'ai souvent un vieux Coq, ou de maigres Poulets ;
C'est une viande qui me lasse.
Tu fais meilleure chère avec moins de hasard.
J'approche des maisons, tu te tiens à l'écart.
Apprends-moi ton métier, Camarade, de grâce :
35 Rends-moi le premier de ma race
Qui fournisse son croc de quelque Mouton gras,
Tu ne me mettras point au nombre des ingrats.
— Je le veux, dit le Loup : il m'est mort un mien frère ;
Allons prendre sa peau, tu t'en revêtiras. »
40 Il vint, et le Loup dit : « Voici comme il faut faire,
Si tu veux écarter les Mâtins du troupeau. »
Le Renard, ayant mis la peau
Répétait les leçons que lui donnait son maître.
D'abord il s'y prit mal, puis un peu mieux, puis bien,
45 Puis enfin il n'y manqua rien.
À peine il fut instruit autant qu'il pouvait l'être,
Qu'un Troupeau s'approcha. Le nouveau Loup y court,
Et répand la terreur dans les lieux d'alentour.
Tel vêtu des armes d'Achille
50 Patrocle[3] mit l'alarme au Camp et dans la Ville.
Mères, Brus et Vieillards au Temple couraient tous.

L'oſt au Peuple bêlant crut voir cinquante Loups.
Chien, Berger et Troupeau, tout fuit vers le Village,
Et laisse seulement une Brebis pour gage.
Le larron s'en saisit. À quelque pas de là, 55
Il entendit chanter un Coq du voisinage.
Le Disciple aussitôt droit au Coq s'en alla,
Jetant bas sa robe de classe,
Oubliant les Brebis, les leçons, le Régent,
Et courant d'un pas diligent. 60
Que sert-il qu'on se contrefasse?
Prétendre ainsi changer eſt une illusion :
L'on reprend sa première trace
À la première occasion.

De votre esprit, que nul autre n'égale, 65
Prince, ma Muse tient tout entier ce projet.
Vous m'avez donné le sujet,
Le dialogue, et la morale.

FABLE X

L'ÉCREVISSE ET SA FILLE[1]

Les Sages quelquefois, ainsi que l'Écrevisse,
Marchent à reculons, tournent le dos au port.
C'eſt l'art des Matelots : c'eſt aussi l'artifice
De ceux qui, pour couvrir quelque puissant effort,
Envisagent un point direĉtement contraire, 5
Et font vers ce lieu-là courir leur adversaire.
Mon sujet eſt petit, cet accessoire[2] eſt grand.
Je pourrais l'appliquer à certain Conquérant
Qui tout seul déconcerte une Ligue à cent têtes[3].
Ce qu'il n'entreprend pas, et ce qu'il entreprend, 10
N'eſt d'abord qu'un secret, puis devient des conquêtes.
En vain l'on a les yeux sur ce qu'il veut cacher,

Ce sont arrêts du sort qu'on ne peut empêcher,
Le torrent à la fin devient insurmontable.
15 Cent Dieux sont impuissants contre un seul Jupiter.
LOUIS et le destin me semblent de concert
Entraîner l'Univers. Venons à notre Fable.
Mère Écrevisse un jour à sa Fille disait :
« Comme tu vas, bon Dieu ! ne peux-tu marcher droit ?
20 — Et comme vous allez vous-même ! dit la Fille.
Puis-je autrement marcher que ne fait ma famille ?
Veut-on que j'aille droit quand on y va tortu ? »
Elle avait raison ; la vertu
De tout exemple domestique
25 Est universelle, et s'applique
En bien, en mal, en tout ; fait des sages, des sots :
Beaucoup plus de ceux-ci. Quant à tourner le dos
À son but, j'y reviens, la méthode en est bonne,
Surtout au métier de Bellone :
30 Mais il faut le faire à propos.

FABLE XI

L'AIGLE ET LA PIE[1]

L'Aigle, Reine des airs, avec Margot la Pie,
Différentes d'humeur, de langage, et d'esprit
Et d'habit,
Traversaient un bout de prairie.
5 Le hasard les assemble en un coin détourné.
L'Agasse eut peur ; mais l'Aigle, ayant fort bien dîné,
La rassure, et lui dit : « Allons de compagnie.
Si le Maître des Dieux assez souvent s'ennuie,
Lui qui gouverne l'Univers,
10 J'en puis bien faire autant, moi qu'on sait qui le sers[2].
Entretenez-moi donc, et sans cérémonie. »

Caquet bon-bec alors de jaser au plus dru,
Sur ceci, sur cela, sur tout. L'homme d'Horace[3],
Disant le bien, le mal, à travers champs, n'eût su
Ce qu'en fait de babil y savait notre Agasse. 15
Elle offre d'avertir de tout ce qui se passe,
Sautant, allant de place en place,
Bon espion, Dieu sait. Son offre ayant déplu,
L'Aigle lui dit tout en colère :
« Ne quittez point votre séjour, 20
Caquet bon-bec, ma mie : adieu, je n'ai que faire
D'une babillarde à ma Cour ;
C'est un fort méchant caractère. »
Margot ne demandait pas mieux.
Ce n'est pas ce qu'on croit, que d'entrer chez les Dieux ; 25
Cet honneur a souvent de mortelles angoisses.
Rediseurs, Espions, gens à l'air gracieux,
Au cœur tout différent, s'y rendent odieux ;
Quoique ainsi que la Pie il faille dans ces lieux
Porter habit de deux paroisses[4]. 30

FABLE XII

LE MILAN, LE ROI[1], ET LE CHASSEUR[2]

À SON ALTESSE SÉRÉNISSIME MONSEIGNEUR LE PRINCE DE CONTI[3]

Comme les Dieux sont bons, ils veulent que les Rois
Le soient aussi : c'est l'indulgence
Qui fait le plus beau de leurs droits,
Non les douceurs de la vengeance :
Prince c'est votre avis. On sait que le courroux 5
S'éteint en votre cœur sitôt qu'on l'y voit naître.
Achille qui du sien ne put se rendre maître
Fut par là moins Héros que vous.

Ce titre n'appartient qu'à ceux d'entre les hommes
10 Qui comme en l'âge d'or font cent biens[4] ici-bas.
Peu de Grands sont nés tels en cet âge où nous sommes
L'Univers leur sait gré du mal qu'ils ne font pas.
Loin que vous suiviez ces exemples,
Mille actes généreux vous promettent des Temples.
15 Apollon Citoyen de ces augustes lieux
Prétend y célébrer votre nom sur sa Lyre[5].
Je sais qu'on vous attend dans le Palais des Dieux[6] :
Un siècle de séjour doit ici[7] vous suffire.
Hymen veut séjourner tout un siècle chez vous.
20 Puissent ses[8] plaisirs les plus doux
Vous composer des destinées
Par ce temps à peine bornées !
Et la Princesse et vous n'en méritez pas moins ;
J'en prends ses charmes pour témoins :
25 Pour témoins j'en prends les merveilles
Par qui le Ciel pour vous prodigue en ses présents,
De[9] qualités qui n'ont qu'en vous seuls leurs pareilles,
Voulut orner vos[10] jeunes ans.
Bourbon de son esprit ces[11] grâces assaisonne.
30 Le Ciel joignit, en sa personne,
Ce qui sait se faire estimer
À ce qui sait se faire aimer[12].
Il ne m'appartient pas d'étaler[13] votre joie.
Je me tais donc, et vais rimer
35 Ce que fit un Oiseau de proie[14].

Un Milan, de son nid antique possesseur,
Étant pris vif par un Chasseur,
D'en faire au Prince un don cet homme se propose.
La rareté du fait donnait prix à la chose.
40 L'Oiseau, par le Chasseur humblement présenté,
Si ce conte n'est apocryphe,
Va tout droit imprimer sa griffe
Sur le nez de sa Majesté.

— Quoi! sur le nez du Roi? — Du Roi même en
[personne.
— Il n'avait donc alors[15] ni Sceptre ni Couronne? 45
— Quand il en aurait eu, ç'aurait été tout un.
Le nez royal fut pris comme un nez du commun.
Dire des Courtisans les clameurs et la peine
Serait se consumer en efforts impuissants.
Le Roi n'éclata point; les cris sont indécents 50
À la Majesté Souveraine.
L'Oiseau garda son poste. On ne put seulement
Hâter son départ d'un moment.
Son Maître le rappelle, et crie, et se tourmente,
Lui présente le leurre, et le poing[16]; mais en vain[17]. 55
On crut que jusqu'au lendemain
Le[18] maudit animal à la serre insolente
Nicherait là malgré le bruit,
Et sur le nez sacré voudrait passer la nuit.
Tâcher de l'en tirer irritait son caprice. 60
Il quitte enfin le Roi, qui dit : « Laissez aller
Ce Milan, et celui qui m'a cru régaler[19].
Ils se sont acquittés tous deux de leur office,
L'un en Milan, et l'autre en Citoyen des bois.
Pour moi, qui sais comment doivent agir les Rois, 65
Je les affranchis du supplice. »
Et la Cour d'admirer. Les Courtisans ravis
Élèvent de tels faits[20], par eux si mal suivis :
Bien peu, même des Rois, prendraient un tel modèle;
Et le Veneur l'échappa belle, 70
Coupable seulement, tant lui que l'animal,
D'ignorer le danger d'approcher trop du Maître.
Ils n'avaient appris à connaître
Que les hôtes des bois : était-ce un si grand mal?

Pilpay fait près du Gange arriver l'Aventure[21]. 75
Là nulle humaine Créature
Ne touche aux Animaux pour leur sang épancher.

Le Roi même ferait scrupule d'y toucher.
« Savons-nous, disent-ils, si cet Oiseau de proie
80 N'était point au siège de Troie ?
Peut-être y tint-il lieu d'un Prince ou d'un Héros[22]
Des plus huppés et des plus hauts.
Ce qu'il fut autrefois il pourra l'être encore.
Nous croyons après[23] Pythagore,
85 Qu'avec les Animaux de forme nous changeons,
Tantôt Milans, tantôt Pigeons,
Tantôt Humains, puis Volatilles[24]
Ayant dans les airs leurs familles. »

Comme l'on conte en deux façons
90 L'accident du Chasseur, voici l'autre manière.
Un certain Fauconnier, ayant pris, ce dit-on,
À la Chasse un Milan (ce qui n'arrive guère),
En voulut au Roi faire un don,
Comme de chose singulière.
95 Ce cas n'arrive pas quelquefois en cent ans.
C'est le *Non plus ultra* de la Fauconnerie.
Ce Chasseur perce donc un gros de Courtisans,
Plein de zèle, échauffé, s'il le fut de sa vie.
Par ce parangon des présents
100 Il croyait sa fortune faite,
Quand l'Animal porte-sonnette,
Sauvage encore et tout grossier,
Avec ses ongles tout d'acier
Prend le nez du Chasseur, happe le pauvre sire[25] :
105 Lui de crier, chacun de rire,
Monarque et Courtisans. Qui n'eût ri ? Quant à moi,
Je n'en eusse quitté[26] ma part pour un empire.
Qu'un Pape rie, en bonne foi,
Je ne l'ose assurer ; mais je tiendrais un Roi
110 Bien malheureux s'il n'osait rire.
C'est le plaisir des Dieux[27]. Malgré son noir sourci[28],
Jupiter, et le Peuple Immortel rit aussi.

Il en fit des éclats, à ce que dit l'Histoire[29],
Quand Vulcain clopinant lui vint donner[30] à boire.
Que le Peuple Immortel se montrât sage[31] ou non, 115
J'ai changé mon sujet avec juste raison;
Car, puisqu'il s'agit de morale,
Que nous eût du Chasseur l'aventure fatale
Enseigné de nouveau? l'on a vu de tout temps
Plus de sots Fauconniers que de Rois indulgents. 120

FABLE XIII

LE RENARD, LES MOUCHES, ET LE HÉRISSON[1]

Aux traces de son sang, un vieux hôte des bois,
Renard fin, subtil, et matois,
Blessé par des Chasseurs, et tombé dans la fange,
Autrefois attira ce Parasite ailé
Que nous avons mouche appelé. 5
Il accusait les Dieux, et trouvait fort étrange
Que le sort à tel point le voulût affliger,
Et le fît aux Mouches manger.
« Quoi! se jeter sur moi, sur moi le plus habile
De tous les Hôtes des Forêts! 10
Depuis quand les Renards sont-ils un si bon mets?
Et que me sert ma queue; est-ce un poids inutile?
Va! le Ciel te confonde, animal importun;
Que ne vis-tu sur le commun! »
Un Hérisson du voisinage, 15
Dans mes vers nouveau personnage,
Voulut le délivrer de l'importunité
Du Peuple plein d'avidité.
« Je les vais de mes dards enfiler par centaines,
Voisin Renard, dit-il, et terminer tes peines. 20

— Garde-t'en bien, dit l'autre ; ami, ne le fais pas :
Laisse-les, je te prie, achever leur repas.
Ces animaux sont soûls ; une troupe nouvelle
Viendrait fondre sur moi, plus âpre et plus cruelle.
25 Nous ne trouvons que trop de mangeurs ici-bas :
Ceux-ci sont Courtisans, ceux-là sont Magistrats.
Aristote appliquait cet Apologue aux Hommes.
Les exemples en sont communs,
Surtout au pays où nous sommes.
30 Plus telles gens sont pleins, moins ils sont importuns.

FABLE XIV

L'AMOUR ET LA FOLIE[1]

Tout est mystère dans l'Amour,
Ses Flèches, son Carquois, son Flambeau, son Enfance[2]
Ce n'est pas l'ouvrage d'un jour,
Que d'épuiser cette Science.
5 Je ne prétends donc point tout expliquer ici.
Mon but est seulement de dire à ma manière
Comment l'Aveugle que voici
(C'est un Dieu), comment, dis-je, il perdit la lumière :
Quelle suite eut ce mal, qui peut-être est un bien.
10 J'en fais juge un Amant, et ne décide rien.
La Folie et l'Amour jouaient un jour ensemble.
Celui-ci n'était pas encor privé des yeux.
Une dispute vint : l'Amour veut qu'on assemble
Là-dessus le Conseil des Dieux.
15 L'autre n'eut pas la patience.
Elle lui donne un coup si furieux,
Qu'il en perd la clarté des Cieux.
Vénus en demande vengeance.
Femme et mère, il suffit pour juger de ses cris :

Les Dieux en furent étourdis ; 20
Et Jupiter, et Némésis,
Et les Juges d'Enfer, enfin toute la bande.
Elle représenta l'énormité du cas.
Son fils sans un bâton ne pouvait faire un pas :
Nulle peine n'était pour ce crime assez grande. 25
Le dommage devait être aussi réparé.
Quand on eut bien considéré
L'intérêt du Public, celui de la Partie,
Le Résultat[3] enfin de la suprême Cour
Fut de condamner la Folie 30
À servir de guide à l'Amour.

FABLE XV[1]

LE CORBEAU, LA GAZELLE, LA TORTUE, ET LE RAT[2]

À MADAME DE LA SABLIÈRE

Je vous gardais un Temple dans mes Vers :
Il n'eût fini qu'avecque l'Univers.
Déjà ma main en fondait la durée
Sur ce bel Art qu'ont les Dieux inventé,
Et sur le nom de la Divinité 5
Que dans ce Temple on aurait adorée,
Sur le portail j'aurais ces mots écrits :
PALAIS SACRÉ DE LA DÉESSE IRIS ;
Non celle-là qu'a Junon à ses gages ;
Car Junon même, et le Maître des Dieux 10
Serviraient l'autre, et seraient glorieux
Du seul honneur de porter ses messages.
L'Apothéose à la voûte eût paru.
Là, tout l'Olympe en pompe eût été vu
Plaçant Iris sous un Dais de lumière. 15

Les murs auraient amplement contenu
Toute sa vie, agréable matière ;
Mais peu féconde en ces événements
Qui des États font les renversements.
20 Au fond du Temple eût été son image,
Avec ses traits, son souris, ses appas,
Son art de plaire et de n'y penser pas,
Ses agréments à qui tout rend hommage.
J'aurais fait voir à ses pieds des mortels,
25 Et des Héros, des demi-Dieux encore,
Même des Dieux[3] ; ce que le Monde adore
Vient quelquefois parfumer ses Autels.
J'eusse en ses yeux fait briller de son âme
Tous les trésors, quoique imparfaitement :
30 Car ce cœur vif et tendre infiniment,
Pour ses amis et non point autrement ;
Car cet esprit qui né du Firmament
A beauté d'homme avec grâces de femme
Ne se peut pas comme on veut exprimer.
35 Ô vous, Iris, qui savez tout charmer,
Qui savez plaire en un degré suprême,
Vous que l'on aime à l'égal de soi-même
(Ceci soit dit sans nul soupçon d'amour ;
Car c'est un mot banni de votre Cour ;
40 Laissons-le donc), agréez que ma Muse
Achève un jour cette ébauche confuse.
J'en ai placé l'idée et le projet,
Pour plus de grâce, au-devant d'un sujet
Où l'amitié donne de telles marques,
45 Et d'un tel prix, que leur simple récit
Peut quelque temps amuser votre esprit.
Non que ceci se passe entre Monarques :
Ce que chez vous nous voyons estimer
N'est pas un Roi qui ne sait point aimer ;
50 C'est un Mortel qui sait mettre sa vie
Pour son ami. J'en vois peu de si bons.

Quatre animaux vivant de compagnie
Vont aux humains en donner des leçons.

La Gazelle, le Rat, le Corbeau, la Tortue,
Vivaient ensemble unis; douce société. 55
Le choix d'une demeure aux humains inconnue
Assurait leur félicité.
Mais quoi! l'homme découvre enfin toutes retraites.
Soyez au milieu des déserts,
Au fond des eaux, en haut des airs, 60
Vous n'éviterez point ses embûches secrètes.
La Gazelle s'allait ébattre innocemment;
Quand un chien, maudit instrument
Du plaisir barbare des hommes,
Vint sur l'herbe éventer les traces de ses pas. 65
Elle fuit, et le Rat à l'heure du repas
Dit aux amis restants : « D'où vient que nous ne sommes
Aujourd'hui que trois conviés?
La Gazelle déjà nous a-t-elle oubliés? »
À ces paroles, la Tortue 70
S'écrie, et dit : « Ah! si j'étais
Comme un Corbeau d'ailes pourvue,
Tout de ce pas je m'en irais
Apprendre au moins quelle contrée,
Quel accident tient arrêtée 75
Notre compagne au pied léger;
Car à l'égard du cœur il en faut mieux juger. »
Le Corbeau part à tire d'aile.
Il aperçoit de loin l'imprudente Gazelle
Prise au piège et se tourmentant. 80
Il retourne avertir les autres à l'instant.
Car de lui demander quand, pourquoi, ni comment,
[*Ce malheur est tombé sur elle,*]
Et perdre en vains[4] discours cet utile moment,
Comme eût fait un Maître d'École; 85
Il avait trop de jugement.

Le Corbeau donc vole et revole.
Sur son rapport, les trois amis
Tiennent conseil. Deux sont d'avis
90 De se transporter sans remise
Aux lieux où la Gazelle est prise.
« L'autre, dit le Corbeau, gardera le logis.
Avec son marcher lent[5], quand arriverait-elle ?
Après la mort de la Gazelle. »
95 Ces mots à peine dits, ils s'en vont secourir
Leur chère et fidèle Compagne,
Pauvre Chevrette de montagne.
La Tortue y voulut courir :
La voilà comme eux en campagne,
100 Maudissant ses pieds courts avec juste raison,
Et la nécessité de porter sa maison.
Rongemaille (le Rat eut à bon droit ce nom)
Coupe les nœuds du lacs : on peut penser la joie.
Le Chasseur vient, et dit : « Qui m'a ravi ma proie ? »
105 Rongemaille, à ces mots, se retire en un trou,
Le Corbeau sur un arbre, en un bois la Gazelle :
Et le Chasseur, à demi fou
De n'en avoir nulle nouvelle,
Aperçoit la Tortue, et retient son courroux.
110 « D'où vient, dit-il, que je m'effraie ?
Je veux qu'à mon souper[6] celle-ci me défraie. »
Il la mit dans son sac. Elle eût payé pour tous,
Si le Corbeau n'en eût averti la Chevrette.
Celle-ci quittant sa retraite
115 Contrefait la boiteuse, et vient se présenter.
L'homme de suivre, et de jeter
Tout ce qui lui pesait ; si bien que Rongemaille
Autour des nœuds du sac tant opère et travaille
Qu'il délivre encor l'autre sœur
120 Sur qui s'était fondé le souper du Chasseur.

Pilpay conte qu'ainsi la chose s'est passée.

Pour peu que je voulusse invoquer Apollon,
J'en ferais pour vous plaire un Ouvrage aussi long
Que l'Iliade ou l'Odyssée.
Rongemaille ferait le principal Héros, 125
Quoique à vrai dire ici chacun soit nécessaire.
Portemaison l'Infante y tient de tels propos
Que Monsieur du Corbeau va faire
Office d'Espion, et puis de Messager.
La Gazelle a d'ailleurs l'adresse d'engager 130
Le Chasseur à donner du temps à Rongemaille.
Ainsi chacun en son endroit[7]
S'entremet, agit et travaille.
À qui donner le prix? Au cœur, si l'on m'en croit.
[Que n'ose et que ne peut l'amitié violente? 135
Cet autre sentiment que l'on appelle Amour
Mérite moins d'honneurs; cependant chaque jour
Je le célèbre et je le chante;
Hélas! il n'en rend pas mon âme plus contente.
Vous protégez sa sœur, il suffit; et mes vers 140
Vont s'engager pour elle à des tons tout divers.
Mon maître était l'Amour; j'en vais servir un autre,
Et porter par tout l'univers
Sa gloire aussi bien que la vôtre.]

FABLE XVI

LA FORÊT ET LE BÛCHERON[1]

Un Bûcheron venait de rompre ou d'égarer
Le bois dont il avait emmanché sa cognée.
Cette perte ne put si tôt se réparer
Que la Forêt n'en fût quelque temps épargnée.
L'Homme enfin la prie humblement 5
De lui laisser tout doucement

Emporter une unique branche,
Afin de faire un autre manche.
Il irait employer ailleurs son gagne-pain :
10 Il laisserait debout maint Chêne et maint Sapin
Dont chacun respectait la vieillesse et les charmes.
L'innocente Forêt lui fournit d'autres armes.
Elle en eut du regret. Il emmanche son fer.
Le misérable ne s'en sert
15 Qu'à dépouiller sa bienfaitrice
De ses principaux ornements.
Elle gémit à tous moments.
Son propre don fait son supplice.

Voilà le train du Monde, et de ses Sectateurs.
20 On s'y sert du bienfait contre les bienfaiteurs.
Je suis las d'en parler : mais que de doux ombrages
Soient exposés à ces outrages,
Qui ne se plaindrait là-dessus !
Hélas ! j'ai beau crier et me rendre incommode :
25 L'ingratitude et les abus
N'en seront pas moins à la mode.

FABLE XVII

LE RENARD, LE LOUP, ET LE CHEVAL[1]

Un Renard jeune encor, quoique des plus madrés,
Vit le premier Cheval qu'il eût vu de sa vie.
Il dit à certain Loup, franc novice : « Accourez :
Un Animal paît dans nos prés,
5 Beau, grand ; j'en ai la vue encor toute ravie.
– Est-il plus fort que nous ? dit le Loup en riant.
Fais-moi son Portrait, je te prie.
– Si j'étais quelque Peintre, ou quelque Étudiant,

Repartit le Renard, j'avancerais la joie
Que vous aurez en le voyant. 10
Mais venez : que sait-on ? peut-être est-ce une proie
Que la Fortune nous envoie. »
Ils vont; et le Cheval, qu'à l'herbe on avait mis,
Assez peu curieux de semblables amis,
Fut presque sur le point d'enfiler la venelle[2]. 15
« Seigneur, dit le Renard, vos humbles serviteurs
Apprendraient volontiers comment on vous appelle. »
Le Cheval, qui n'était dépourvu de cervelle,
Leur dit : « Lisez mon nom, vous le pouvez, Messieurs;
Mon Cordonnier l'a mis autour de ma semelle. » 20
Le Renard s'excusa sur son peu de savoir.
« Mes parents, reprit-il, ne m'ont point fait instruire.
Ils sont pauvres, et n'ont qu'un trou pour tout avoir.
Ceux du Loup, gros Messieurs, l'ont fait apprendre à lire. »
Le Loup, par ce discours flatté, 25
S'approcha; mais sa vanité
Lui coûta quatre dents : le Cheval lui desserre[3]
Un coup; et haut le pied[4]. Voilà mon Loup par terre,
Mal en point, sanglant et gâté[5].
« Frère, dit le Renard, ceci nous justifie 30
Ce que m'ont dit des gens d'esprit :
Cet animal vous a sur la mâchoire écrit
Que de tout inconnu le Sage se méfie. »

FABLE XVIII

LE RENARD ET LES POULETS D'INDE[1]

Contre les assauts d'un Renard
Un arbre à des Dindons servait de citadelle.
Le perfide ayant fait tout le tour du rempart,

Et vu chacun en sentinelle,
5 S'écria : « Quoi ces gens se moqueront de moi!
Eux seuls seront exempts de la commune loi!
Non, par tous les Dieux, non. » Il accomplit son dire.
La Lune alors luisant semblait contre le Sire
Vouloir favoriser la dindonnière gent.
10 Lui qui n'était novice au métier d'assiégeant
Eut recours à son sac de ruses scélérates,
Feignit vouloir gravir, se guinda sur ses pattes,
Puis contrefit le mort, puis le ressuscité.
Harlequin n'eût exécuté
15 Tant de différents personnages.
Il élevait sa queue, il la faisait briller,
Et cent mille autres badinages.
Pendant quoi nul Dindon n'eût osé sommeiller.
L'ennemi les lassait, en leur tenant la vue
20 Sur même objet toujours tendue.
Les pauvres gens étant à la longue éblouis,
Toujours il en tombait quelqu'un; autant de pris;
Autant de mis à part : près de moitié succombe.
Le Compagnon les porte en son garde-manger.
25 Le trop d'attention qu'on a pour le danger
Fait le plus souvent qu'on y tombe.

FABLE XIX

LE SINGE[1]

Il eſt un Singe dans Paris
À qui l'on avait donné femme.
Singe en effet d'aucuns maris,
Il la battait : la pauvre Dame
5 En a tant soupiré qu'enfin elle n'eſt plus.
Leur fils se plaint d'étrange sorte;

Il éclate en cris superflus :
Le père en rit; sa femme eſt morte.
Il a déjà d'autres amours
Que l'on croit qu'il battra toujours. 10
Il hante la Taverne et souvent il s'enivre.
N'attendez rien de bon du Peuple imitateur,
Qu'il soit Singe ou qu'il fasse un Livre.
La pire espèce, c'eſt l'Auteur.

FABLE XX

LE PHILOSOPHE SCYTHE[1]

Un Philosophe auſtère, et né dans la Scythie[2],
Se proposant de suivre une plus douce vie,
Voyagea chez les Grecs, et vit en certains lieux
Un Sage assez semblable au vieillard de Virgile[3];
Homme égalant les Rois, homme approchant des Dieux, 5
Et comme ces derniers satisfait et tranquille.
Son bonheur consiſtait aux beautés d'un Jardin.
Le Scythe l'y trouva, qui la serpe à la main
De ses arbres à fruit retranchait l'inutile,
Ébranchait, émondait, ôtait ceci, cela, 10
Corrigeant partout la Nature,
Excessive à payer ses soins avec usure.
Le Scythe alors lui demanda
Pourquoi cette ruine : était-il d'homme sage
De mutiler ainsi ces pauvres habitants? 15
« Quittez-moi votre serpe, inſtrument de dommage.
Laissez agir la faux du temps :
Ils iront aussi tôt[4] border le noir rivage.
— J'ôte le superflu, dit l'autre, et l'abattant,
Le reſte en profite d'autant. » 20
Le Scythe retourné dans sa triſte demeure

Prend la serpe à son tour, coupe et taille à toute heure;
Conseille à ses voisins, prescrit à ses amis
Un universel abattis.
25 Il ôte de chez lui les branches les plus belles,
Il tronque son Verger contre toute raison,
Sans observer temps ni saison,
Lunes ni vieilles ni nouvelles.
Tout languit et tout meurt. Ce Scythe exprime bien
30 Un indiscret[5] Stoïcien.
Celui-ci retranche de l'âme
Désirs et passions, le bon et le mauvais,
Jusqu'aux plus innocents souhaits.
Contre de telles gens, quant à moi je réclame.
35 Ils ôtent à nos cœurs le principal ressort :
Ils font cesser de vivre avant que l'on soit mort.

FABLE XXI

L'ÉLÉPHANT, ET LE SINGE DE JUPITER[1]

Autrefois l'Éléphant et le Rhinocéros,
En dispute du pas et des droits de l'Empire,
Voulurent terminer la querelle en champ clos.
Le jour en était pris, quand quelqu'un vint leur dire
5 Que le Singe de Jupiter
Portant un Caducée, avait paru dans l'air.
Ce Singe avait nom Gille, à ce que dit l'Histoire.
Aussitôt l'Éléphant de croire
Qu'en qualité d'Ambassadeur
10 Il venait trouver sa Grandeur.
Tout fier de ce sujet de gloire,
Il attend Maître Gille, et le trouve un peu lent
À lui présenter sa créance[2].
Maître Gille enfin en passant

Va saluer son Excellence. 15
L'autre était préparé sur la légation[3];
Mais pas un mot : l'attention
Qu'il croyait que les Dieux eussent à sa querelle
N'agitait pas encor chez eux cette nouvelle.
Qu'importe à ceux du Firmament 20
Qu'on soit Mouche ou bien Éléphant?
Il se vit donc réduit à commencer lui-même.
« Mon cousin[4] Jupiter, dit-il, verra dans peu
Un assez beau combat de son Trône suprême.
Toute sa Cour verra beau jeu. 25
— Quel combat? » dit le Singe avec un front sévère.
L'Éléphant repartit : « Quoi vous ne savez pas
Que le Rhinocéros me dispute le pas?
Qu'Éléphantide[5] a guerre avecque Rhinocère?
Vous connaissez ces lieux, ils ont quelque renom. 30
— Vraiment je suis ravi d'en apprendre le nom,
Repartit Maître Gille, on ne s'entretient guère
De semblables sujets dans nos vastes Lambris. »
L'Éléphant honteux et surpris
Lui dit : « Et parmi nous que venez-vous donc faire? 35
— Partager un brin d'herbe entre quelques Fourmis.
Nous avons soin de tout : et quant à votre affaire,
On n'en dit rien encor dans le conseil des Dieux.
Les petits et les grands sont égaux à leurs yeux. »

FABLE XXII

UN FOU ET UN SAGE[1]

Certain Fou poursuivait à coups de pierre un Sage.
Le Sage se retourne et lui dit : « Mon ami,
C'est fort bien fait à toi; reçois cet écu-ci :
Tu fatigues assez pour gagner davantage.

5 Toute peine, dit-on, eſt digne de loyer[2].
Vois cet homme qui passe ; il a de quoi payer :
Adresse-lui tes dons, ils auront leur salaire. »
Amorcé par le gain, notre Fou s'en va faire
Même insulte à l'autre Bourgeois.
10 On ne le paya pas en argent cette fois.
Maint Eſtafier[3] accourt : on vous happe notre homme,
On vous l'échine[4], on vous l'assomme.
Auprès des Rois il eſt de pareils Fous.
À vos dépens ils font rire le Maître.
15 Pour réprimer leur babil, irez-vous
Les maltraiter ? vous n'êtes pas peut-être
Assez puissant. Il faut les engager
À s'adresser à qui peut se venger.

FABLE XXIII

LE RENARD ANGLAIS[1]

À MADAME HARVEY[2]

Le bon cœur eſt chez vous compagnon du bon sens,
Avec cent qualités trop longues à déduire[3],
Une noblesse d'âme, un talent pour conduire
Et les affaires et les gens[4],
5 Une humeur franche et libre[5], et le don d'être amie
Malgré Jupiter même et les temps orageux[6].
Tout cela méritait un éloge pompeux ;
Il en eût été moins selon votre génie ;
La pompe vous déplaît, l'éloge vous ennuie.
10 J'ai donc fait celui-ci court et simple. Je veux
Y coudre encore un mot ou deux
En faveur de votre Patrie :
Vous l'aimez. Les Anglais pensent profondément,
Leur esprit, en cela, suit leur tempérament.

Creusant dans les sujets, et forts d'expériences, 15
Ils étendent partout l'empire des Sciences.
Je ne dis point ceci pour vous faire ma Cour.
Vos gens à pénétrer l'emportent sur les autres :
Même les Chiens de leur séjour
Ont meilleur nez que n'ont les nôtres. 20
Vos Renards sont plus fins. Je m'en vais le prouver
Par un d'eux qui, pour se sauver
Mit en usage un stratagème
Non encor pratiqué, des mieux imaginés.
Le scélérat, réduit en un péril extrême, 25
Et presque mis à bout par ces Chiens au bon nez,
Passa près d'un patibulaire[7].
Là des animaux ravissants,
Blaireaux, Renards, Hiboux, race encline à mal faire,
Pour l'exemple pendus instruisaient les passants. 30
Leur confrère aux abois entre ces morts s'arrange.
Je crois voir Annibal qui pressé des Romains
Met leurs chefs en défaut, ou leur donne le change[8]
Et sait en vieux Renard s'échapper de leurs mains.
Les Clefs[9] de Meute parvenues 35
À l'endroit où pour mort le traître se pendit,
Remplirent l'air de cris : leur Maître les rompit[10],
Bien que de leurs abois ils perçassent les nues.
Il ne put soupçonner ce tour assez plaisant.
« Quelque Terrier, dit-il, a sauvé mon galant. 40
Mes chiens n'appellent point au delà des colonnes
Où sont tant d'honnêtes personnes.
Il y viendra, le drôle. » Il y vint, à son dam.
Voilà maint basset clabaudant[11] ;
Voilà notre Renard au charnier se guindant. 45
Maître pendu croyait qu'il en irait de même
Que le jour qu'il tendit de semblables panneaux ;
Mais le pauvret ce coup y laissa ses houseaux[12].
Tant il est vrai qu'il faut changer de stratagème.
Le Chasseur, pour trouver sa propre sûreté, 50

N'aurait pas cependant un tel tour inventé;
Non point par peu d'esprit : est-il quelqu'un qui nie
Que tout Anglais n'en ait bonne provision?
Mais le peu d'amour pour la vie
55 Leur nuit en mainte occasion.

Je reviens à vous, non pour dire
D'autres traits sur votre sujet;
Tout long éloge est un projet
Trop abondant pour ma Lyre[13] :
60 Peu de nos chants, peu de nos Vers
Par un encens flatteur amusent l'Univers,
Et se font écouter des Nations étranges[14].
Votre Prince[15] vous dit un jour
Qu'il aimait mieux un trait d'amour
65 Que quatre Pages de louanges.
Agréez seulement le don que je vous fais
Des derniers efforts de ma Muse :
C'est peu de chose; elle est confuse
De ces Ouvrages imparfaits.
70 Cependant ne pourriez-vous faire
Que le même hommage pût plaire
À celle qui remplit vos climats d'habitants
Tirés de l'Ile de Cythère?
Vous voyez par là que j'entends
75 Mazarin, des Amours Déesse tutélaire.

FABLE XXIV

DAPHNIS ET ALCIMADURE[1]

IMITATION DE THÉOCRITE
À MADAME DE LA MÉSANGÈRE[2]

Aimable fille d'une mère
À qui seule aujourd'hui mille cœurs font la cour,
Sans ceux que l'amitié rend soigneux de vous plaire,
Et quelques-uns encor que vous garde l'amour,
Je ne puis[3] qu'en cette Préface 5
Je ne partage entre elle et vous
Un peu de cet encens qu'on recueille au Parnasse,
Et que j'ai le secret de rendre exquis et doux.
Je vous dirai donc... Mais tout dire,
Ce serait trop ; il faut choisir, 10
Ménageant ma voix et ma Lyre,
Qui bientôt vont manquer de force et de loisir.
Je louerai seulement un[4] cœur plein de tendresse,
Ces nobles sentiments, ces grâces, cet esprit ;
Vous n'auriez en cela ni Maître, ni Maîtresse, 15
Sans celle dont sur vous l'éloge rejaillit.
Gardez d'environner ces roses
De trop d'épines, si jamais
L'Amour vous dit les mêmes choses.
Il les dit mieux que je ne fais. 20
Aussi sait-il punir ceux qui ferment l'oreille
À ses conseils : vous l'allez voir.

Jadis une jeune merveille
Méprisait de ce Dieu le souverain pouvoir ;
On l'appelait Alcimadure, 25
Fier et farouche objet, toujours courant aux bois,
Toujours sautant aux prés, dansant sur la verdure,
Et ne connaissant autres lois

Que son caprice ; au reste égalant les plus belles,
30 Et surpassant les plus cruelles ;
N'ayant trait qui ne plût, pas même en ses rigueurs :
Quelle l'eût-on trouvée au fort de ses faveurs !
Le jeune et beau Daphnis, Berger de noble race,
L'aima pour son malheur : jamais la moindre grâce
35 Ni le moindre regard, le moindre mot enfin,
Ne lui fut accordé par ce cœur inhumain.
Las de continuer une poursuite vaine,
Il ne songea plus qu'à mourir ;
Le désespoir le fit courir
40 À la porte de l'Inhumaine.
Hélas ! ce fut aux vents qu'il raconta sa peine ;
On ne daigna lui faire ouvrir
Cette maison fatale, où parmi ses Compagnes
L'Ingrate, pour le jour de sa nativité,
45 Joignait aux fleurs de sa beauté
Les trésors des jardins et des vertes campagnes.
« J'espérais, cria-t-il, expirer à vos yeux ;
Mais je vous suis trop odieux,
Et ne m'étonne pas qu'ainsi que tout le reste
50 Vous me refusiez même un plaisir si funeste.
Mon père, après ma mort, et je l'en ai chargé,
Doit mettre à vos pieds l'héritage
Que votre cœur a négligé.
Je veux que l'on y joigne aussi le pâturage,
55 Tous mes troupeaux, avec mon chien,
Et que du reste de mon bien
Mes Compagnons fondent un Temple
Où votre image se contemple,
Renouvelants de fleurs l'Autel à tout moment.
60 J'aurai près de ee temple un simple monument ;
On gravera sur la bordure :
Daphnis mourut d'amour. Passant, arrête-toi ;
Pleure, et dis : « Celui-ci succomba sous la loi
« De la cruelle Alcimadure. »

À ces mots, par la Parque il se sentit atteint. 65
Il aurait poursuivi; la douleur le prévint.
Son ingrate sortit triomphante et parée.
On voulut, mais en vain, l'arrêter un moment
Pour donner quelques pleurs au sort de son amant :
Elle insulta toujours au fils de Cythérée, 70
Menant dès ce soir même, au mépris de ses lois,
Ses compagnes danser autour de sa statue.
Le Dieu tomba sur elle et l'accabla du poids,
Une voix sortit de la nue;
Écho redit ces mots dans les airs épandus : 75
« *Que tout aime à présent l'Insensible n'est plus.* »
Cependant de Daphnis l'Ombre au Styx descendue
Frémit, et s'étonna la voyant accourir.
Tout l'Érèbe entendit cette Belle homicide
S'excuser au Berger, qui ne daigna l'ouïr, 80
Non plus qu'Ajax Ulysse, et Didon son perfide[5].

FABLE XXV

PHILÉMON ET BAUCIS[1]

SUJET TIRÉ DES MÉTAMORPHOSES D'OVIDE À MONSEIGNEUR LE DUC DE VENDÔME[2]

Ni l'or, ni la grandeur ne nous rendent heureux;
Ces deux Divinités n'accordent à nos vœux
Que des biens peu certains, qu'un plaisir peu tranquille :
Des soucis dévorants c'est l'éternel asile,
Véritables Vautours, que le fils de Japet[3] 5
Représente, enchaîné sur son triste sommet.
L'humble toit est exempt d'un tribut si funeste;
Le Sage y vit en paix, et méprise le reste.
Content de ces douceurs, errant parmi les bois,
Il regarde à ses pieds les favoris des Rois[4]; 10

Il lit au front de ceux qu'un vain luxe environne
Que la Fortune vend ce qu'on croit qu'elle donne[5].
Approche-t-il du but, quitte-t-il ce séjour,
Rien ne trouble sa fin, c'est le soir d'un beau jour.
15 Philémon et Baucis nous en offrent l'exemple :
Tous deux virent changer leur Cabane en un Temple.
Hyménée et l'Amour par des désirs constants,
Avaient uni leurs cœurs dès leur plus doux Printemps :
Ni le temps, ni l'hymen n'éteignirent leur flamme;
20 Clothon prenait plaisir à filer cette trame.
Ils surent cultiver, sans se voir assistés,
Leur enclos et leur champ par deux fois vingt Étés.
Eux seuls ils composaient toute leur République,
Heureux de ne devoir à pas un domestique
25 Le plaisir ou le gré des soins qu'ils se rendaient.
Tout vieillit : sur leur front les rides s'étendaient;
L'amitié modéra leurs feux sans les détruire,
Et par des traits d'amour sut encor se produire.
Ils habitaient un Bourg, plein de gens dont le cœur
30 Joignait aux duretés un sentiment moqueur.
Jupiter résolut d'abolir cette engeance.
Il part avec son fils le Dieu de l'Éloquence;
Tous deux en Pèlerins vont visiter ces lieux;
Mille logis y sont, un seul ne s'ouvre aux Dieux.
35 Prêts enfin à quitter un séjour si profane,
Ils virent à l'écart une étroite cabane,
Demeure hospitalière, humble et chaste maison.
Mercure frappe, on ouvre; aussitôt Philémon
Vient au-devant des Dieux, et leur tient ce langage :
40 « Vous me semblez tous deux fatigués du voyage;
Reposez-vous. Usez du peu que nous avons;
L'aide des Dieux a fait que nous le conservons :
Usez-en; saluez ces Pénates d'argile :
Jamais le Ciel ne fut aux humains si facile,
45 Que quand Jupiter même était de simple bois;
Depuis qu'on l'a fait d'or, il est sourd à nos voix.

Baucis, ne tardez point, faites tiédir cette onde;
Encor que le pouvoir au désir ne réponde,
Nos Hôtes agréeront les soins qui leur sont dus. »
Quelques restes de feu sous la cendre épandus 50
D'un souffle haletant par Baucis s'allumèrent;
Des branches de bois sec aussitôt s'enflammèrent.
L'onde tiède, on lava les pieds des Voyageurs.
Philémon les pria d'excuser ces longueurs;
Et pour tromper l'ennui d'une attente importune, 55
Il entretint les Dieux, non point sur la fortune,
Sur ses jeux, sur la pompe et la grandeur des Rois,
Mais sur ce que les champs, les vergers et les bois
Ont de plus innocent, de plus doux, de plus rare;
Cependant par Baucis le festin se prépare. 60
La table où l'on servit le champêtre repas
Fut d'ais non façonnés à l'aide du compas;
Encore assure-t-on, si l'histoire en est crue,
Qu'en un de ses supports le temps l'avait rompue.
Baucis en égala les appuis chancelants 65
Du débris d'un vieux vase, autre injure des ans.
Un tapis tout usé couvrit deux escabelles[6] :
Il ne servait pourtant qu'aux fêtes solennelles.
Le linge orné de fleurs fut couvert pour tous mets
D'un peu de lait, de fruits, et des dons de Cérès. 70
Les divins Voyageurs altérés de leur course,
Mêlaient au vin grossier le cristal d'une source.
Plus le vase versait, moins il s'allait vidant.
Philémon reconnut ce miracle évident;
Baucis n'en fit pas moins : tous deux s'agenouillèrent; 75
À ce signe d'abord leurs yeux se dessillèrent.
Jupiter leur parut avec ces noirs sourcis
Qui font trembler les Cieux sur leurs Pôles assis.
« Grand Dieu, dit Philémon, excusez notre faute.
Quels humains auraient cru recevoir un tel Hôte? 80
Ces mets, nous l'avouons, sont peu délicieux,
Mais, quand nous serions Rois, que donner à des Dieux?

C'est le cœur qui fait tout ; que la terre et que l'onde
Apprêtent un repas pour les Maîtres du monde,
85 Ils lui préféreront les seuls présents du cœur. »
Baucis sort à ces mots pour réparer l'erreur ;
Dans le verger courait une perdrix privée[7],
Et par de tendres soins dès l'enfance élevée :
Elle en veut faire un mets, et la poursuit en vain ;
90 La volatille[8] échappe à sa tremblante main ;
Entre les pieds des Dieux elle cherche un asile :
Ce recours à l'oiseau ne fut pas inutile ;
Jupiter intercède. Et déjà les vallons
Voyaient l'ombre en croissant tomber du haut des monts
95 Les Dieux sortent enfin, et font sortir leurs Hôtes.
« De ce Bourg, dit Jupin, je veux punir les fautes ;
Suivez-nous : toi, Mercure, appelle les vapeurs.
Ô gens durs, vous n'ouvrez vos logis ni vos cœurs. »
Il dit : et les Autans troublent déjà la plaine.
100 Nos deux Époux suivaient, ne marchant qu'avec peine.
Un appui de roseau soulageait leurs vieux ans.
Moitié secours des Dieux, moitié peur se hâtants,
Sur un mont assez proche enfin ils arrivèrent.
À leurs pieds aussitôt cent nuages crevèrent.
105 Des ministres du Dieu les escadrons flottants
Entraînèrent sans choix, animaux, habitants,
Arbres, maisons, vergers, toute cette demeure ;
Sans vestige du[9] Bourg, tout disparut sur l'heure.
Les vieillards déploraient ces sévères destins.
110 Les animaux périr ! car encor les humains,
Tous avaient dû[10] tomber sous les célestes armes ;
Baucis en répandit en secret quelques larmes.
Cependant l'humble Toit devient Temple, et ses murs
Changent leur frêle enduit aux marbres les plus durs.
115 De pilastres massifs les cloisons revêtues
En moins de deux instants s'élèvent jusqu'aux nues,
Le chaume devient or ; tout brille en ce pourpris[11] ;

Tous ces événements sont peints sur le lambris.
Loin, bien loin les tableaux de Zeuxis et d'Apelle,
Ceux-ci furent tracés d'une main immortelle. 120
Nos deux Époux surpris, étonnés, confondus,
Se crurent par miracle en l'Olympe rendus.
« Vous comblez, dirent-ils, vos moindres créatures;
Aurions-nous bien le cœur et les mains assez pures
Pour présider ici sur les honneurs divins, 125
Et Prêtres vous offrir les vœux des Pèlerins? »
Jupiter exauça leur prière innocente.
« Hélas! dit Philémon, si votre main puissante
Voulait favoriser jusqu'au bout deux mortels,
Ensemble nous mourrions en servant vos Autels; 130
Clothon ferait d'un coup ce double sacrifice,
D'autres mains nous rendraient un vain et triste office :
Je ne pleurais point celle-ci, ni ses yeux
Ne troubleraient non plus de leurs larmes ces lieux. »
Jupiter à ce vœu fut encor favorable. 135
Mais oserai-je dire un fait presque incroyable?
Un jour qu'assis tous deux dans le sacré parvis,
Ils contaient cette histoire aux Pèlerins ravis,
La troupe à l'entour d'eux debout prêtait l'oreille.
Philémon leur disait : « Ce lieu plein de merveille 140
N'a pas toujours servi de Temple aux Immortels.
Un Bourg était autour ennemi des Autels,
Gens barbares, gens durs, habitacle d'impies;
Du céleste courroux tous furent les hosties;
Il ne resta que nous d'un si triste débris : 145
Vous en verrez tantôt la suite en nos lambris.
Jupiter l'y peignit. » En contant ces Annales
Philémon regardait Baucis par intervalles;
Elle devenait arbre, et lui tendait les bras;
Il veut lui tendre aussi les siens, et ne peut pas. 150
Il veut parler l'écorce a sa langue pressée.
L'un et l'autre se dit adieu de la pensée;
Le corps n'est tantôt plus que feuillage et que bois.

D'étonnement la Troupe, ainsi qu'eux, perd la voix;
155 Même instant, même sort à leur fin les entraîne;
Baucis devient Tilleul, Philémon devient Chêne.
On les va voir encore, afin de mériter
Les douceurs qu'en hymen Amour leur fit goûter :
Ils courbent sous le poids des offrandes sans nombre.
160 Pour peu que des Époux séjournent sous leur ombre,
Ils s'aiment jusqu'au bout, malgré l'effort des ans.
Ah si!... Mais autre part j'ai porté mes présents.
Célébrons seulement cette Métamorphose.
De fidèles témoins m'ayant conté la chose,
165 Clio me conseilla de l'étendre en ces Vers,
Qui pourront quelque jour l'apprendre à l'Univers.
Quelque jour on verra chez les Races futures
Sous l'appui d'un grand nom passer ces Aventures.
Vendôme, consentez au los que j'en attends;
170 Faites-moi triompher de l'Envie et du Temps.
Enchaînez ces démons, que sur nous ils n'attentent,
Ennemis des Héros et de ceux qui les chantent.
Je voudrais pouvoir dire en un style assez haut
Qu'ayant mille vertus, vous n'avez nul défaut.
175 Toutes les célébrer serait œuvre infinie :
L'entreprise demande un plus vaste génie;
Car quel mérite enfin ne vous fait estimer?
Sans parler de celui qui force à vous aimer;
Vous joignez à ces dons l'amour des beaux Ouvrages,
180 Vous y joignez un goût plus sûr que nos suffrages;
Don du Ciel, qui peut seul tenir lieu des présents
Que nous font à regret le travail et les ans.
Peu de gens élevés, peu d'autres encor même
Font voir par ces faveurs que Jupiter les aime.
185 Si quelque enfant des Dieux les possède, c'est vous;
Je l'ose dans ces Vers soutenir devant tous :
Clio sur son giron, à l'exemple d'Homère,
Vient de les retoucher attentive à vous plaire :
On dit qu'elle et ses Sœurs, par l'ordre d'Apollon,

Transportent dans Anet tout le sacré Vallon ; 190
Je le crois. Puissions-nous chanter sous les ombrages
Des arbres dont ce lieu va border ses rivages !
Puissent-ils[12] tout d'un coup élever leurs sourcis
Comme on vit autrefois Philémon et Baucis !

FABLE XXVI

LA MATRONE D'ÉPHÈSE[1]

S'il est un conte usé, commun, et rebattu[2],
C'est celui qu'en ces vers j'accommode à ma guise.
— Et pourquoi donc le choisis-tu ?
Qui t'engage à cette entreprise ?
N'a-t-elle point déjà produit assez d'écrits ? 5
Quelle grâce aura ta Matrone
Au prix de celle de Pétrone ?
Comment la rendras-tu nouvelle à nos esprits ?
— Sans répondre aux censeurs, car c'est chose infinie,
Voyons si dans mes Vers je l'aurai rajeunie. 10

Dans Éphèse il fut autrefois
Une dame en sagesse et vertus sans égale,
Et selon la commune voix
Ayant su raffiner sur l'amour conjugale.
Il n'était bruit que d'elle et de sa chasteté : 15
On l'allait voir par rareté :
C'était l'honneur du sexe : heureuse sa patrie !
Chaque mère à sa bru l'alléguait pour Patron[3] ;
Chaque époux la prônait à sa femme chérie ;
D'elle descendent ceux de la Prudoterie[4], 20
Antique et célèbre maison.
Son mari l'aimait d'amour folle.
Il mourut. De dire comment,

Ce serait un détail frivole ;
25 Il mourut, et son testament
N'était plein que de legs qui l'auraient consolée,
Si les biens réparaient la perte d'un mari
Amoureux autant que chéri.
Mainte veuve pourtant fait la déchevelée,
30 Qui n'abandonne pas le soin du demeurant,
Et du bien qu'elle aura fait le compte en pleurant.
Celle-ci par ses cris mettait tout en alarme ;
Celle-ci faisait un vacarme,
Un bruit, et des regrets à percer tous les cœurs ;
35 Bien qu'on sache qu'en ces malheurs
De quelque désespoir qu'une âme soit atteinte,
La douleur est toujours moins forte que la plainte,
Toujours un peu de faste[5] entre parmi les pleurs.
Chacun fit son devoir de dire à l'affligée
40 Que tout a sa mesure, et que de tels regrets
Pourraient pécher par leur excès :
Chacun rendit par là sa douleur rengrégée[6]
Enfin ne voulant plus jouir de la clarté
Que son époux avait perdue,
45 Elle entre dans sa tombe, en ferme volonté
D'accompagner cette ombre aux enfers descendue
Et voyez ce que peut l'excessive amitié ;
(Ce mouvement aussi va jusqu'à la folie)
Une esclave en ce lieu la suivit par pitié,
50 Prête à mourir de compagnie.
Prête, je m'entends bien ; c'est-à-dire en un mot
N'ayant examiné qu'à demi ce complot,
Et jusques à l'effet courageuse et hardie.
L'esclave avec la Dame avait été nourrie.
55 Toutes deux s'entr'aimaient, et cette passion
Était crue avec l'âge au cœur des deux femelles :
Le monde entier à peine eût fourni deux modèles
D'une telle inclination.

Comme l'esclave avait plus de sens que la Dame,
Elle laissa passer les premiers mouvements, 60
Puis tâcha, mais en vain, de remettre cette âme
Dans l'ordinaire train des communs sentiments.
Aux consolations la veuve inaccessible
S'appliquait seulement à tout moyen possible
De suivre le défunt aux noirs et tristes lieux : 65
Le fer aurait été le plus court et le mieux,
Mais la Dame voulait paître encore ses yeux
Du trésor qu'enfermait la bière,
Froide dépouille, et pourtant chère.
C'était là le seul aliment 70
Qu'elle prît en ce monument.
La faim donc fut celle des portes
Qu'entre d'autres de tant de sortes,
Notre veuve choisit pour sortir d'ici-bas.
Un jour se passe, et deux sans autre nourriture 75
Que ses profonds soupirs, que ses fréquents hélas,
Qu'un inutile et long murmure
Contre les Dieux, le sort, et toute la nature.
Enfin sa douleur n'omit rien,
Si la douleur doit s'exprimer si bien. 80

Encore un autre mort faisait sa résidence
Non loin de ce tombeau, mais bien différemment,
Car il n'avait pour monument
Que le dessous d'une potence.
Pour exemple aux voleurs on l'avait là laissé. 85
Un Soldat bien récompensé
Le gardait avec vigilance.
Il était dit par Ordonnance
Que si d'autres voleurs, un parent, un ami
L'enlevaient, le Soldat nonchalant, endormi 90
Remplirait aussitôt sa place,
C'était trop de sévérité ;
Mais la publique utilité

Défendait que l'on fît au garde aucune grâce.
95 Pendant la nuit il vit aux fentes du tombeau
Briller quelque clarté, spectacle assez nouveau.
Curieux il y court, entend de loin la Dame
    Remplissant l'air de ses clameurs.
Il entre, est étonné, demande à cette femme,
100 Pourquoi ces cris, pourquoi ces pleurs,
    Pourquoi cette triste musique,
Pourquoi cette maison noire et mélancolique.
Occupée à ses pleurs à peine elle entendit
    Toutes ces demandes frivoles,
105 Le mort pour elle y répondit;
    Cet objet sans autres paroles
    Disait assez par quel malheur
La Dame s'enterrait ainsi toute vivante.
« Nous avons fait serment, ajouta la suivante,
110 De nous laisser mourir de faim et de douleur. »
Encor que le soldat fût mauvais orateur,
Il leur fit concevoir ce que c'est que la vie.
La dame cette fois eut de l'attention;
    Et déjà l'autre passion
115 Se trouvait un peu ralentie.
Le temps avait agi. « Si la foi du serment,
Poursuivit le soldat, vous défend l'aliment,
    Voyez-moi manger seulement,
Vous n'en mourrez pas moins. » Un tel tempérament
120 Ne déplut pas aux deux femelles :
    Conclusion qu'il obtint d'elles
Une permission d'apporter son soupé;
Ce qu'il fit; et l'esclave eut le cœur fort tenté
De renoncer dès lors à la cruelle envie
125 De tenir au mort compagnie.
« Madame, ce dit-elle, un penser m'est venu :
Qu'importe à votre époux que vous cessiez de vivre?
Croyez-vous que lui-même il fût homme à vous suivre
Si par votre trépas vous l'aviez prévenu?

Non, Madame, il voudrait achever sa carrière. 130
La nôtre sera longue encor si nous voulons.
Se faut-il à vingt ans enfermer dans la bière?
Nous aurons tout loisir d'habiter ces maisons.
On ne meurt que trop tôt; qui nous presse? attendons ;
Quant à moi je voudrais ne mourir que ridée. 135
Voulez-vous emporter vos appas chez les morts?
Que vous servira-t-il d'en être regardée?
Tantôt en voyant les trésors
Dont le Ciel prit plaisir d'orner votre visage,
Je disais : « hélas! c'est dommage, 140
« Nous-mêmes nous allons enterrer tout cela. »
À ce discours flatteur la Dame s'éveilla.
Le Dieu qui fait aimer prit son temps; il tira
Deux traits de son carquois; de l'un il entama
Le soldat jusqu'au vif; l'autre effleura la Dame : 145
Jeune et belle elle avait sous ses pleurs de l'éclat,
Et des gens de goût délicat
Auraient bien pu l'aimer, et même étant leur femme.
Le garde en fut épris : les pleurs et la pitié,
Sorte d'amours ayant ses charmes, 150
Tout y fit : une belle, alors qu'elle est en larmes
En est plus belle de moitié.
Voilà donc notre veuve écoutant la louange,
Poison qui de l'amour est le premier degré;
La voilà qui trouve à son gré 155
Celui qui le lui donne; il fait tant qu'elle mange,
Il fait tant que de plaire, et se rend en effet
Plus digne d'être aimé que le mort le mieux fait.
Il fait tant enfin qu'elle change;
Et toujours par degrés, comme l'on peut penser : 160
De l'un à l'autre il fait cette femme passer;
Je ne le trouve pas étrange :
Elle écoute un amant, elle en fait un mari;
Le tout au nez du mort qu'elle avait tant chéri.
Pendant cet hyménée un voleur se hasarde 165

D'enlever le dépôt commis aux soins du garde.
Il en entend le bruit ; il y court à grands pas ;
Mais en vain, la chose était faite.
Il revient au tombeau conter son embarras,
170 Ne sachant où trouver retraite.
L'esclave alors lui dit le voyant éperdu :
« L'on vous a pris votre pendu ?
Les Lois ne vous feront, dites-vous, nulle grâce ?
Si Madame y consent j'y remédierai bien.
175 Mettons notre mort en la place,
Les passants n'y connaîtront rien. »
La Dame y consentit. Ô volages femelles !
La femme est toujours femme ; il en est qui sont belles,
Il en est qui ne le sont pas.
180 S'il en était d'assez fidèles,
Elles auraient assez d'appas.

Prudes vous vous devez défier de vos forces.
Ne vous vantez de rien. Si votre intention
Est de résister aux amorces,
185 La nôtre est bonne aussi ; mais l'exécution
Nous trompe également ; témoin cette Matrone.
Et n'en déplaise au bon Pétrone,
Ce n'était pas un fait tellement merveilleux
Qu'il en dût proposer l'exemple à nos neveux [7].
190 Cette veuve n'eut tort qu'au bruit qu'on lui vit faire,
Qu'au dessein de mourir, mal conçu, mal formé ;
Car de mettre au patibulaire,
Le corps d'un mari tant aimé,
Ce n'était pas peut-être une si grande affaire.
195 Cela lui sauvait l'autre ; et tout considéré,
Mieux vaut Goujat [8] debout, qu'Empereur enterré.

FABLE XXVII

BELPHÉGOR[1]

NOUVELLE TIRÉE DE MACHIAVEL
À MADEMOISELLE DE CHAMPMESLÉ

[De votre nom j'orne le frontispice
Des derniers vers que ma Muse a polis.
Puisse le tout, ô charmante Philis,
Aller si loin que notre los franchisse
La nuit des temps : nous la saurons dompter, 5
Moi par écrire, et vous par réciter.
Nos noms unis perceront l'ombre noire ;
Vous régnerez longtemps dans la mémoire
Après avoir régné jusques ici
Dans les esprits, dans les cœurs même aussi. 10
Qui ne connaît l'inimitable actrice
Représentant ou Phèdre ou Bérénice,
Chimène en pleurs, ou Camille en fureur ?
Est-il quelqu'un que votre voix n'enchante ?
S'en trouve-t-il une autre aussi touchante ? 15
Une autre enfin allant si droit au cœur ?
N'attendez pas que je fasse l'éloge
De ce qu'en vous on trouve de parfait ;
Comme il n'est point de grâce qui n'y loge,
Ce serait trop ; je n'aurais jamais fait. 20
De mes Philis vous seriez la première.
Vous auriez eu mon âme tout entière,
Si de mes vœux j'eusse plus présumé ;
Mais en aimant qui ne veut être aimé ?
Par des transports n'espérant pas vous plaire, 25
Je me suis dit seulement votre ami ;
De ceux qui sont Amants plus d'à demi :
Et plût au sort que j'eusse pu mieux faire !
Ceci soit dit : venons à notre affaire.]

30 Un jour Satan, Monarque des enfers,
Faisait passer ses sujets en revue.
Là confondus tous les états divers,
Princes et Rois, et la tourbe menue,
Jetaient maint pleur, poussaient maint et maint cri,
35 Tant que Satan en était étourdi.
Il demandait en passant à chaque âme :
« Qui t'a jetée en l'éternelle flamme ? »
L'une disait : « Hélas c'est mon mari » ;
L'autre aussitôt répondait : « C'est ma femme. »
40 Tant et tant fut ce discours répété,
Qu'enfin Satan dit en plein Consistoire :
« Si ces gens-ci disent la vérité
Il est aisé d'augmenter notre gloire.
Nous n'avons donc qu'à le vérifier.
45 Pour cet effet il nous faut envoyer
Quelque démon plein d'art et de prudence ;
Qui non content d'observer avec soin
Tous les hymens dont il sera témoin,
Y joigne aussi sa propre expérience. »
50 Le Prince ayant proposé sa sentence,
Le noir Sénat suivit tout d'une voix.
De Belphégor aussitôt on fit choix.
Ce Diable était tout yeux et tout oreilles,
Grand éplucheur, clairvoyant à merveilles,
55 Capable enfin de pénétrer dans tout,
Et de pousser l'examen jusqu'au bout.
Pour subvenir aux frais de l'entreprise,
On lui donna mainte et mainte remise[2],
Toutes à vue, et qu'en lieux différents
60 Il pût toucher par des correspondants.
Quant au surplus, les fortunes humaines,
Les biens, les maux, les plaisirs et les peines,
Bref ce qui suit notre condition,
Fut une annexe à sa légation.
65 Il se pouvait tirer d'affliction,

Par ses bons tours et par son industrie,
Mais non mourir, ni revoir sa patrie,
Qu'il n'eût ici consumé certain temps :
Sa mission devait durer dix ans.
Le voilà donc qui traverse et qui passe 70
Ce que le Ciel voulut mettre d'espace
Entre ce monde et l'éternelle nuit;
Il n'en mit guère, un moment y conduit.
Notre Démon s'établit à Florence,
Ville pour lors de luxe et de dépense. 75
Même il la crut propre pour le trafic.
Là sous le nom du seigneur Roderic,
Il se logea, meubla, comme un riche homme;
Grosse maison, grand train, nombre de gens;
Anticipant tous les jours sur la somme 80
Qu'il ne devait consumer qu'en dix ans.
On s'étonnait d'une telle bombance.
Il tenait table, avait de tous côtés
Gens à ses frais, soit pour ses voluptés,
Soit pour le faste et la magnificence. 85
L'un des plaisirs où plus[3] il dépensa
Fut la louange : Apollon l'encensa;
Car il est maître en l'art de flatterie.
Diable n'eut donc tant d'honneurs en sa vie.
Son cœur devint le but de tous les traits 90
Qu'amour lançait : il n'était point de belle
Qui n'employât ce qu'elle avait d'attraits
Pour le gagner, tant sauvage fût-elle :
Car de trouver une seule rebelle,
Ce n'est la mode à gens de qui la main 95
Par les présents s'aplanit tout chemin.
C'est un ressort en tous desseins utile.
Je l'ai jà dit[4], et le redis encor;
Je ne connais d'autre premier mobile
Dans l'Univers, que l'argent et que l'or. 100
Notre envoyé cependant tenait compte

De chaque hymen, en journaux[5] différents;
L'un, des époux satisfaits et contents,
Si peu rempli que le Diable en eut honte.
105 L'autre journal incontinent fut plein.
À Belphégor il ne restait enfin
Que d'éprouver la chose par lui-même.
Certaine fille à Florence était lors;
Belle, et bien faite, et peu d'autres trésors;
110 Noble d'ailleurs, mais d'un orgueil extrême;
Et d'autant plus que de quelque vertu
Un tel orgueil paraissait revêtu.
Pour Roderic on en fit la demande.
Le Père dit que Madame Honnesta,
115 C'était son nom, avait eu jusque-là
Force partis; mais que parmi la bande
Il pourrait bien Roderic préférer,
Et demandait temps pour délibérer.
On en convient. Le poursuivant s'applique
120 À gagner celle où ses vœux s'adressaient.
Fêtes et bals, sérénades, musique,
Cadeaux[6], festins, bien fort apetissaient,
Altéraient fort le fonds de l'ambassade.
Il n'y plaint rien, en use en grand Seigneur,
125 S'épuise en dons : l'autre se persuade
Qu'elle lui fait encor beaucoup d'honneur.
Conclusion, qu'après force prières,
Et des façons de toutes les manières,
Il eut un oui de Madame Honnesta.
130 Auparavant le Notaire y passa :
Dont Belphégor se moquant en son âme :
« Hé quoi, dit-il, on acquiert une femme
Comme un Château! Ces gens ont tout gâté. »
Il eut raison : ôtez d'entre les hommes
135 La simple foi, le meilleur est ôté.
Nous nous jetons, pauvres gens que nous sommes,
Dans les procès en prenant le revers.

Les si, les cas, les Contrats sont la porte
Par où la noise entra dans l'Univers :
N'espérons pas que jamais elle en sorte. 140
Solennités et lois n'empêchent pas
Qu'avec l'Hymen Amour n'ait des débats.
C'est le cœur seul qui peut rendre tranquille.
Le cœur fait tout, le reste est inutile.
Qu'ainsi ne soit, voyons d'autres états. 145
Chez les Amis tout s'excuse, tout passe ;
Chez les Amants tout plaît, tout est parfait ;
Chez les Époux tout ennuie, et tout lasse.
Le devoir nuit, chacun est ainsi fait.
Mais, dira-t-on, n'est-il en nulles guises 150
D'heureux ménage ? après mûr examen,
J'appelle un bon, voire un parfait hymen,
Quand les conjoints se souffrent leurs sottises.

Sur ce point-là c'est assez raisonné.
Dès que chez lui le Diable eut amené 155
Son épousée, il jugea par lui-même
Ce qu'est l'hymen avec un tel démon :
Toujours débats, toujours quelque sermon
Plein de sottise en un degré suprême.
Le bruit fut tel que Madame Honnesta 160
Plus d'une fois les voisins éveilla :
Plus d'une fois on courut à la noise :
« Il lui fallait quelque simple bourgeoise,
Ce disait-elle : un petit trafiquant
Traiter ainsi les filles de mon rang ! 165
Méritait-il femme si vertueuse ?
Sur mon devoir je suis trop scrupuleuse :
J'en ai regret, et si je faisais bien... »
Il n'est pas sûr qu'Honnesta ne fît rien :
Ces prudes-là nous en font bien accroire. 170
Nos deux Époux, à ce que dit l'histoire,
Sans disputer n'étaient pas un moment.

Souvent leur guerre avait pour fondement
Le jeu, la jupe ou quelque ameublement,
175 D'été, d'hiver, d'entre-temps, bref un monde
D'inventions propres à tout gâter.
Le pauvre Diable eut lieu de regretter
De l'autre enfer la demeure profonde.
Pour comble enfin Roderic épousa
180 La parenté de Madame Honnesta,
Ayant sans cesse et le père, et la mère,
Et la grand'sœur avec le petit frère,
De ses deniers mariant la grand'sœur,
Et du petit payant le Précepteur.
185 Je n'ai pas dit la principale cause
De sa ruine infaillible accident[7];
Et j'oubliais qu'il eut un Intendant.
Un Intendant? Qu'est-ce que cette chose?
Je définis cet être, un animal
190 Qui comme on dit sait pêcher en eau trouble,
Et plus le bien de son maître va mal,
Plus le sien croît, plus son profit redouble;
Tant qu'aisément lui-même achèterait
Ce qui de net au Seigneur resterait :
195 Dont par raison bien et dûment déduite
On pourrait voir chaque chose réduite[8]
En son état, s'il arrivait qu'un jour
L'autre devînt l'Intendant à son tour,
Car regagnant ce qu'il eut étant maître,
200 Ils reprendraient tous deux leur premier être.
Le seul recours du pauvre Roderic,
Son seul espoir, était certain trafic
Qu'il prétendait devoir remplir sa bourse,
Espoir douteux, incertaine ressource.
205 Il était dit que tout serait fatal
À notre époux, ainsi tout alla mal.
Ses agents tels que la plupart des nôtres,
En abusaient : il perdit un vaisseau,

Et vit aller le commerce à vau-l'eau,
Trompé des uns, mal servi par les autres. 210
Il emprunta. Quand ce vint à payer,
Et qu'à sa porte il vit le créancier,
Force lui fut d'esquiver par la fuite,
Gagnant les champs, où de l'âpre poursuite
Il se sauva chez un certain fermier, 215
En certain coin remparé de fumier.
À Matheo, c'était le nom du Sire,
Sans tant tourner il dit ce qu'il était;
Qu'un double mal chez lui le tourmentait,
Ses créanciers, et sa femme encor pire : 220
Qu'il n'y savait remède que d'entrer
Au corps des gens, et de s'y remparer,
D'y tenir bon : irait-on là le prendre?
Dame Honnesta viendrait-elle y prôner
Qu'elle a regret de se bien gouverner? 225
Chose ennuyeuse, et qu'il est las d'entendre.
Que de ces corps trois fois il sortirait
Sitôt que lui Matheo l'en prierait;
Trois fois sans plus, et ce pour récompense
De l'avoir mis à couvert des Sergents. 230
Tout aussitôt l'Ambassadeur commence
Avec grand bruit d'entrer au corps des gens.
Ce que le sien, ouvrage fantastique,
Devint alors, l'histoire n'en dit rien.
Son coup d'essai fut une fille unique 235
Où le Galant se trouvait assez bien;
Mais Matheo moyennant grosse somme
L'en fit sortir au premier mot qu'il dit.
C'était à Naples[9], il se transporte à Rome;
Saisit un corps : Matheo l'en bannit, 240
Le chasse encore : autre somme nouvelle.
Trois fois enfin, toujours d'un corps femelle,
Remarquez bien, notre Diable sortit.
Le Roi de Naples avait lors une fille,

245 Honneur du sexe, espoir de sa famille;
Maint jeune Prince était son poursuivant.
Là d'Honnesta Belphégor se sauvant,
On ne le put tirer de cet asile.
Il n'était bruit aux champs comme à la ville
250 Que d'un manant qui chassait les esprits.
Cent mille écus d'abord lui sont promis.
Bien affligé de manquer cette somme
(Car ces trois fois l'empêchaient d'espérer
Que Belphégor se laissât conjurer)
255 Il la refuse : il se dit un pauvre homme,
Pauvre pécheur, qui sans savoir comment,
Sans dons du Ciel, par hasard seulement,
De quelques corps a chassé quelque Diable,
Apparemment chétif, et misérable,
260 Et ne connaît celui-ci nullement.
Il a beau dire; on le force, on l'amène,
On le menace, on lui dit que sous peine
D'être pendu, d'être mis haut et court
En un gibet, il faut que sa puissance
265 Se manifeste avant la fin du jour.
Dès l'heure même on vous met en présence
Notre Démon et son Conjurateur.
D'un tel combat le Prince est spectateur.
Chacun y court; n'est fils de bonne mère
270 Qui pour le voir ne quitte toute affaire.
D'un côté sont le gibet et la hart,
Cent mille écus bien comptés d'autre part.
Matheo tremble, et lorgne la finance.
L'esprit malin voyant sa contenance
275 Riait sous cape, alléguait les trois fois;
Dont Matheo suait dans son harnois,
Pressait, priait, conjurait avec larmes.
Le tout en vain : plus il est en alarmes,
Plus l'autre rit. Enfin le manant dit
280 Que sur ce Diable il n'avait nul crédit.

On vous le happe, et mène à la potence.
Comme il allait haranguer l'assistance,
Nécessité lui suggéra ce tour :
Il dit tout bas qu'on battît le tambour,
Ce qui fut fait ; de quoi l'esprit immonde 285
Un peu surpris au manant demanda :
« Pourquoi ce bruit ? coquin, qu'entends-je là ? »
L'autre répond : « C'est Madame Honnesta
Qui vous réclame, et va pour tout le monde
Cherchant l'époux que le Ciel lui donna. » 290
Incontinent le Diable décampa,
S'enfuit au fond des enfers, et conta
Tout le succès qu'avait eu son voyage :
« Sire, dit-il, le nœud du mariage
Damne aussi dru qu'aucuns autres états. 295
Votre grandeur voit tomber ici-bas,
Non par flocons, mais menu comme pluie,
Ceux que l'hymen fait de sa confrérie ;
J'ai par moi-même examiné le cas.
Non que de soi la chose ne soit bonne ; 300
Elle eut jadis un plus heureux destin ;
Mais comme tout se corrompt à la fin,
Plus beau fleuron n'est en votre Couronne. »
Satan le crut : il fut récompensé,
Encor qu'il eût son retour avancé ; 305
Car qu'eût-il fait ? ce n'était pas merveilles
Qu'ayant sans cesse un Diable à ses oreilles,
Toujours le même et toujours sur un ton,
Il fût contraint d'enfiler la venelle ;
Dans les enfers encore en change-t-on ; 310
L'autre peine est à mon sens plus cruelle.
Je voudrais voir quelques gens[10] y durer.
Elle eût à Job fait tourner la cervelle.
De tout ceci que prétends-je inférer ?
Premièrement je ne sais pire chose 315
Que de changer son logis en prison :

En second lieu si par quelque raison
Votre ascendant à l'hymen vous expose,
N'épousez point d'Honnesta s'il se peut;
320 N'a pas pourtant une Honnesta qui veut.

FABLE XXVIII

LES FILLES DE MINÉE[1]

SUJET TIRÉ DES MÉTAMORPHOSES *D'OVIDE*

Je chante dans ces Vers les Filles de Minée,
Troupe aux arts de Pallas dès l'enfance adonnée,
Et de qui le travail fit entrer en courroux
Bacchus, à juste droit de ses honneurs jaloux.
5 Tout Dieu veut aux humains se faire reconnaître.
On ne voit point les champs répondre aux soins du [Maître,
Si dans les jours sacrés autour de ses guérets
Il ne marche en triomphe à l'honneur de Cérès.
La Grèce était en jeux pour le fils de Sémèle.
10 Seules on vit trois sœurs condamner ce saint zèle.
Alcithoé l'aînée ayant pris ses fuseaux,
Dit aux autres : « Quoi donc toujours des Dieux nou- [veaux?
L'Olympe ne peut plus contenir tant de têtes,
Ni l'an fournir de jours assez pour tant de Fêtes.
15 Je ne dis rien des vœux dus aux travaux divers
De ce Dieu qui purgea de monstres l'Univers;
Mais à quoi sert Bacchus, qu'à causer des querelles?
Affaiblir les plus sains? enlaidir les plus belles?
Souvent mener au Styx par de tristes chemins?
20 Et nous irions chommer la peste des humains?
Pour moi, j'ai résolu de poursuivre ma tâche.
Se donne qui voudra ce jour-ci du relâche;
Ces mains n'en prendront point. Je suis encor d'avis

Que nous rendions le temps moins long par des récits.
Toutes trois tour à tour racontons quelque histoire; 25
Je pourrais retrouver sans peine en ma mémoire
Du Monarque des Dieux les divers changements;
Mais, comme chacun sait tous ces événements,
Disons ce que l'amour inspire à nos pareilles :
Non toutefois qu'il faille en contant ses merveilles, 30
Accoutumer nos cœurs à goûter son poison;
Car, ainsi que Bacchus, il trouble la raison.
Récitons-nous les maux que ses biens nous attirent. »
Alcithoé se tut, et ses sœurs applaudirent.
Après quelques moments, haussant un peu la voix, 35
« Dans Thèbes, reprit-elle, on conte qu'autrefois
Deux jeunes cœurs s'aimaient d'une égale tendresse :
Pyrame, c'est l'amant, eut Thisbé pour maîtresse :
Jamais couple ne fut si bien assorti qu'eux;
L'un bien fait, l'autre belle, agréables tous deux, 40
Tous deux dignes de plaire, ils s'aimèrent sans peine;
D'autant plus tôt épris, qu'une invincible haine
Divisant leurs parents ces deux Amants unit,
Et concourut aux traits dont l'Amour se servit.
Le hasard, non le choix, avait rendu voisines 45
Leurs maisons où régnaient ces guerres intestines;
Ce fut un avantage à leurs désirs naissants.
Le cours en commença par des jeux innocents :
La première étincelle eut embrasé leur âme,
Qu'ils ignoraient encor ce que c'était que flamme. 50
Chacun favorisait leurs transports mutuels,
Mais c'était à l'insu de leurs parents cruels.
La défense est un charme; on dit qu'elle assaisonne
Les plaisirs, et surtout ceux que l'amour nous donne.
D'un des logis à l'autre, elle instruisit du moins 55
Nos Amants à se dire avec signes leurs soins.
Ce léger réconfort ne les put satisfaire;
Il fallut recourir à quelque autre mystère.
Un vieux mur entrouvert séparait leurs maisons,

60 Le temps avait miné ses antiques cloisons.
Là souvent de leurs maux ils déploraient la cause;
Les paroles passaient, mais c'était peu de chose.
Se plaignant d'un tel sort, Pyrame dit un jour :
« Chère Thisbé, le Ciel veut qu'on s'aide en amour;
65 « Nous avons à nous voir une peine infinie;
« Fuyons de nos parents l'injuste tyrannie :
« J'en ai d'autres en Grèce, ils se tiendront heureux
« Que vous daigniez chercher un asile chez eux;
« Leur amitié, leurs biens, leur pouvoir, tout m'invite
70 « À prendre le parti dont je vous sollicite.
« C'est votre seul repos qui me le fait choisir,
« Car je n'ose parler, hélas! de mon désir;
« Faut-il à votre gloire en faire un sacrifice?
« De crainte de vains bruits faut-il que je languisse?
75 « Ordonnez, j'y consens; tout me semblera doux;
« Je vous aime, Thisbé, moins pour moi que pour vous
« — J'en pourrais dire autant, lui repartit l'Amante;
« Votre amour étant pure, encor que véhémente,
« Je vous suivrai partout : notre commun repos
80 « Me doit mettre au-dessus de tous les vains propos;
« Tant que de ma vertu je serai satisfaite,
« Je rirai des discours d'une langue indiscrète,
« Et m'abandonnerai sans crainte à votre ardeur,
« Contente que je suis des soins de ma pudeur. »
85 Jugez ce que sentit Pyrame à ces paroles;
Je n'en fais point ici de peintures frivoles.
Suppléez un peu d'art que le Ciel mit en moi :
Vous-mêmes peignez-vous cet Amant hors de soi.
« Demain, dit-il, il faut sortir avant l'Aurore;
90 « N'attendez point les traits que son char fait éclore;
« Trouvez-vous aux degrés du Terme de Cérès :
« Là, nous nous attendrons; le rivage est tout près :
« Une barque est au bord; les Rameurs, le vent même,
« Tout pour notre départ montre une hâte extrême;
95 « L'augure en est heureux, notre sort va changer;

« Et les Dieux sont pour nous, si je sais bien juger. »
Thisbé consent à tout ; elle en donne pour gage
Deux baisers par le mur arrêtés au passage.
Heureux mur ! tu devais servir mieux leur désir ;
Ils n'obtinrent de toi qu'une ombre de plaisir. 100
Le lendemain Thisbé sort, et prévient[2] Pyrame ;
L'impatience, hélas ! maîtresse de son âme,
La fait arriver seule et sans guide aux degrés ;
L'ombre et le jour luttaient dans les champs azurés.
Une lionne vient, monstre imprimant la crainte ; 105
D'un carnage récent sa gueule est toute teinte.
Thisbé fuit, et son voile, emporté par les airs,
Source d'un sort cruel, tombe dans ces déserts.
La lionne le voit, le souille, le déchire,
Et l'ayant teint de sang, aux forêts se retire. 110
Thisbé s'était cachée en un buisson épais.
Pyrame arrive, et voit ces vestiges tout frais.
Ô Dieux ! que devient-il ? Un froid court dans ses [veines ;
Il aperçoit le voile étendu dans ces plaines :
Il le lève ; et le sang, joint aux traces des pas, 115
L'empêche de douter d'un funeste trépas.
« Thisbé, s'écria-t-il, Thisbé, je t'ai perdue,
« Te voilà par ma faute aux Enfers descendue !
« Je l'ai voulu ; c'est moi qui suis le monstre affreux
« Par qui tu t'en vas voir le séjour ténébreux : 120
« Attends-moi, je te vais rejoindre aux rives sombres ;
« Mais m'oserai-je à toi présenter chez les Ombres ?
« Jouis au moins du sang que je te vais offrir,
« Malheureux de n'avoir qu'une mort à souffrir. »
Il dit, et d'un poignard coupe aussitôt sa trame. 125
Thisbé vient ; Thisbé voit tomber son cher Pyrame.
Que devint-elle aussi ? tout lui manque à la fois,
Les sens, et les esprits, aussi bien que la voix.
Elle revient enfin ; Clothon pour l'amour d'elle
Laisse à Pyrame ouvrir sa mourante prunelle. 130
Il ne regarde point la lumière des Cieux ;

Sur Thisbé seulement il tourne encor les yeux.
Il voudrait lui parler, sa langue est retenue;
Il témoigne mourir content de l'avoir vue.
135 Thisbé prend le poignard; et, découvrant son sein,
« Je n'accuserai point, dit-elle, ton dessein;
« Bien moins encor l'erreur de ton âme alarmée;
« Ce serait t'accuser de m'avoir trop aimée.
« Je ne t'aime pas moins : tu vas voir que mon cœur
140 « N'a non plus que le tien mérité son malheur.
« Cher Amant, reçois donc ce triste sacrifice. »
Sa main et le poignard font alors leur office :
Elle tombe, et tombant range ses vêtements,
Dernier trait de pudeur, même aux derniers moments
145 Les Nymphes d'alentour lui donnèrent des larmes;
Et du sang des Amants teignirent par des charmes
Le fruit d'un Mûrier proche, et blanc jusqu'à ce jour,
Éternel monument d'un si parfait amour. »
Cette histoire attendrit les Filles de Minée :
150 L'une accusait l'Amant, l'autre la destinée,
Et toutes d'une voix conclurent que nos cœurs
De cette passion devraient être vainqueurs.
Elle meurt quelquefois avant qu'être contente;
L'est-elle? elle devient aussitôt languissante :
155 Sans l'hymen on n'en doit recueillir aucun fruit,
Et cependant l'hymen est ce qui la détruit.
« Il y joint, dit Clymène, une âpre jalousie,
Poison le plus cruel dont l'âme soit saisie.
Je n'en veux pour témoin que l'erreur de Procris.
160 Alcithoé ma sœur, attachant vos esprits,
Des tragiques amours vous a conté l'élite;
Celles que je vais dire ont aussi leur mérite.
J'accourcirai le temps ainsi qu'elle, à mon tour.
Peu s'en faut que Phébus ne partage le jour,
165 À ses rayons perçants opposons quelques voiles :
Voyons combien nos mains ont avancé nos toiles.
Je veux que sur la mienne, avant que d'être au soir,

Un progrès tout nouveau se fasse apercevoir :
Cependant donnez-moi quelque heure de silence,
Ne vous rebutez point de mon peu d'éloquence; 170
Souffrez-en les défauts; et songez seulement
Au fruit qu'on peut tirer de cet événement.

Céphale aimait Procris, il était aimé d'elle;
Chacun se proposait leur hymen pour modèle.
Ce qu'Amour fait sentir de piquant et de doux 175
Comblait abondamment les vœux de ces Époux.
Ils ne s'aimaient que trop; leurs soins et leur tendresse
Approchaient des transports d'Amant et de Maîtresse;
Le Ciel même envia cette félicité :
Céphale eut à combattre une Divinité. 180
Il était jeune et beau, l'Aurore en fut charmée;
N'étant pas à ces biens chez elle accoutumée.
Nos belles cacheraient un pareil sentiment :
Chez les Divinités on en use autrement.
Celle-ci déclara son amour[3] à Céphale. 185
Il eut beau lui parler de la foi conjugale;
Les jeunes Déités qui n'ont qu'un vieil Époux
Ne se soumettent point à ces lois comme nous.
La Déesse enleva ce Héros si fidèle :
De modérer ces feux il pria l'Immortelle. 190
Elle le fit; l'amour devint simple amitié :
« Retournez, dit l'Aurore, avec votre moitié :
« Je ne troublerai plus votre ardeur ni la sienne;
« Recevez seulement ces marques de la mienne
« (C'était un javelot toujours sûr de ses coups.) 195
« Un jour cette Procris qui ne vit que pour vous,
« Fera le désespoir de votre âme charmée,
« Et vous aurez regret de l'avoir tant aimée. »
Tout Oracle eſt douteux, et porte un double sens :
Celui-ci mit d'abord notre Époux en suspens : 200
« J'aurai regret aux vœux que j'ai formés pour elle?
« Et comment? n'eſt-ce point qu'elle m'eſt infidèle?

« Ah finissent mes jours plutôt que de le voir !
« Éprouvons toutefois ce que peut son devoir. »
205 Des Mages aussitôt consultant la science,
D'un feint adolescent il prend la ressemblance ;
S'en va trouver Procris, élève jusqu'aux Cieux
Ses beautés qu'il soutient être dignes des Dieux ;
Joint les pleurs aux soupirs, comme un Amant sait faire,
210 Et ne peut s'éclaircir par cet art ordinaire.
Il fallut recourir à ce qui porte coup,
Aux présents ; il offrit, donna, promit beaucoup,
Promit tant, que Procris lui parut incertaine.
Toute chose a son prix : voilà Céphale en peine ;
215 Il renonce aux cités, s'en va dans les forêts,
Conte aux vents, conte aux bois ses déplaisirs secrets :
S'imagine en chassant dissiper son martyre ;
C'était pendant ces mois où le chaud qu'on respire
Oblige d'implorer l'haleine des Zéphirs.
220 « Doux Vents, s'écriait-il, prêtez-moi des soupirs,
« Venez, légers Démons par qui nos champs [fleurissent :
« Aure[4], fais-les venir ; je sais qu'ils t'obéissent ;
« Ton emploi dans ces lieux est de tout ranimer. »
On l'entendit : on crut qu'il venait de nommer
225 Quelque objet de ses vœux, autre que son Épouse.
Elle en est avertie, et la voilà jalouse.
Maint voisin charitable entretient ses ennuis :
« Je ne le puis plus voir, dit-elle, que les nuits.
« Il aime donc cette Aure, et me quitte pour elle ?
230 « – Nous vous plaignons ; il l'aime, et sans cesse il [l'appelle ;
« Les échos de ces lieux n'ont plus d'autres emplois
« Que celui d'enseigner le nom d'Aure à nos bois.
« Dans tous les environs le nom d'Aure résonne.
« Profitez d'un avis qu'en passant on vous donne.
235 « L'intérêt qu'on y prend est de vous obliger. »
Elle en profite, hélas ! et ne fait qu'y songer.

Les Amants sont toujours de légère croyance.
S'ils pouvaient conserver un rayon de prudence,
(Je demande un grand point, la prudence en amours)
Ils seraient aux rapports insensibles et sourds; 240
Notre Épouse ne fut l'une ni l'autre chose.
Elle se lève un jour; et lorsque tout repose,
Que de l'aube au teint frais la charmante douceur
Force tout au sommeil, hormis quelque Chasseur,
Elle cherche Céphale; un bois l'offre à sa vue. 245
Il invoquait déjà cette Aure prétendue.
« Viens me voir, disait-il, chère Déesse, accours :
« Je n'en puis plus, je meurs, fais que par ton secours
« La peine que je sens se trouve soulagée. »
L'Épouse se prétend par ces mots outragée; 250
Elle croit y trouver, non le sens qu'ils cachaient,
Mais celui seulement que ses soupçons cherchaient.
Ô triste jalousie! ô passion amère!
Fille d'un fol amour, que l'erreur a pour mère!
Ce qu'on voit par tes yeux cause assez d'embarras, 255
Sans voir encor par eux ce que l'on ne voit pas.
Procris s'était cachée en la même retraite
Qu'un Faon de Biche avait pour demeure secrète :
Il en sort; et le bruit trompe aussitôt l'Époux.
Céphale prend le dard toujours sûr de ses coups, 260
Le lance en cet endroit, et perce sa jalouse;
Malheureux assassin d'une si chère Épouse.
Un cri lui fait d'abord soupçonner quelque erreur;
Il accourt, voit sa faute, et tout plein de fureur,
Du même javelot il veut s'ôter la vie. 265
L'Aurore et les Destins arrêtent cette envie.
Cet office lui fut plus cruel qu'indulgent :
L'infortuné Mari sans cesse s'affligeant,
Eût accru par ses pleurs le nombre des fontaines,
Si la Déesse enfin, pour terminer ses peines, 270
N'eût obtenu du Sort que l'on tranchât ses jours;
Triste fin d'un Hymen bien divers en son cours.

Fuyons ce nœud, mes Sœurs, je ne puis trop le dire.
Jugez par le meilleur quel peut être le pire.
275 S'il ne nous eſt permis d'aimer que sous ses lois,
N'aimons point. » Ce dessein fut pris par toutes trois.
Toutes trois, pour chasser de si triſtes pensées,
À revoir leur travail se montrent empressées.
Clymène, en un tissu riche, pénible, et grand,
280 Avait presque achevé le fameux différend
D'entre le Dieu des eaux et Pallas la savante.
On voyait en lointain une ville naissante.
L'honneur de la nommer, entre eux deux conteſté,
Dépendait du présent de chaque Déité.
285 Neptune fit le sien d'un symbole de guerre.
Un coup de son trident fit sortir de la terre
Un animal fougueux, un Coursier plein d'ardeur.
Chacun de ce présent admirait la grandeur.
Minerve l'effaça, donnant à la contrée
290 L'Olivier, qui de paix eſt la marque assurée;
Elle emporta le prix, et nomma la Cité.
Athène offrit ses vœux à cette Déité;
Pour les lui présenter on choisit cent pucelles,
Toutes sachant broder, aussi sages que belles.
295 Les premières portaient force présents divers.
Tout le reſte entourait la Déesse aux yeux pers.
Avec un doux souris elle acceptait l'hommage.
Clymène ayant enfin reployé son ouvrage,
La jeune Iris commence en ces mots son récit :

300 « Rarement pour les pleurs mon talent réussit,
Je suivrai toutefois la matière imposée.
Télamon pour Cloris avait l'âme embrasée :
Cloris pour Télamon brûlait de son côté.
La naissance, l'esprit, les grâces, la beauté,
305 Tout se trouvait en eux, hormis ce que les hommes
Font marcher avant tout dans ce siècle où nous sommes
Ce sont les biens, c'eſt l'or, mérite universel.

Ces Amants, quoique épris d'un désir mutuel,
N'osaient au blond Hymen sacrifier encore;
Faute de ce métal que tout le monde adore. 310
Amour s'en passerait; l'autre état ne le peut :
Soit raison, soit abus, le Sort ainsi le veut.
Cette loi, qui corrompt les douceurs de la vie,
Fut par le jeune Amant d'une autre erreur suivie.
Le Démon des Combats vint troubler l'Univers. 315
Un Pays contesté par des Peuples divers
Engagea Télamon dans un dur exercice.
Il quitta pour un temps l'amoureuse milice.
Cloris y consentit, mais non pas sans douleur.
Il voulut mériter son estime et son cœur. 320
Pendant que ses exploits terminent la querelle,
Un parent de Cloris meurt, et laisse à la Belle
D'amples possessions et d'immenses trésors :
Il habitait les lieux où Mars régnait alors.
La belle s'y transporte, et partout révérée, 325
Partout, des deux partis Cloris considérée,
Voit de ses propres yeux les champs où Télamon
Venait de consacrer un trophée à son nom.
Lui de sa part accourt; et tout couvert de gloire
Il offre à ses amours les fruits de sa victoire. 330
Leur rencontre se fit non loin de l'élément
Qui doit être évité de tout heureux Amant.
Dès ce jour l'âge d'or les eût joints sans mystère;
L'âge de fer en tout a coutume d'en faire.
Cloris ne voulut donc couronner tous ces biens 335
Qu'au sein de sa Patrie, et de l'aveu des siens.
Tout chemin, hors la mer, allongeant leur souffrance,
Ils commettent aux flots cette douce espérance.
Zéphyre les suivait, quand presque en arrivant
Un Pirate survient, prend le dessus du vent [5], 340
Les attaque, les bat. En vain par sa vaillance
Télamon jusqu'au bout porte la résistance.
Après un long combat son parti fut défait;

Lui pris; et ses efforts n'eurent pour tout effet
345 Qu'un esclavage indigne. Ô Dieux, qui l'eût pu croire!
Le sort sans respecter ni son sang ni sa gloire,
Ni son bonheur prochain, ni les vœux de Cloris,
Le fit être forçat aussitôt qu'il fut pris.

Le destin ne fut pas à Cloris si contraire;
350 Un célèbre Marchand l'achète du Corsaire;
Il l'emmène; et bientôt la Belle, malgré soi,
Au milieu de ses fers range tout sous sa loi.
L'Épouse du Marchand la voit avec tendresse.
Ils en font leur Compagne, et leur fils sa Maîtresse.
355 Chacun veut cet Hymen : Cloris à leurs désirs
Répondait seulement par de profonds soupirs.
Damon, c'était ce fils, lui tient ce doux langage :
« Vous soupirez toujours, toujours votre visage
« Baigné de pleurs nous marque un déplaisir secret.
360 « Qu'avez-vous? vos beaux yeux verraient-ils à regret
« Ce que peuvent leurs traits et l'excès de ma flamme?
« Rien ne vous force ici; découvrez-nous votre âme;
« Cloris, c'est moi qui suis l'esclave, et non pas vous.
« Ces lieux, à votre gré, n'ont-ils rien d'assez doux?
365 « Parlez, nous sommes prêts à changer de demeure;
« Mes parents m'ont promis de partir tout à l'heure.
« Regrettez-vous les biens que vous avez perdus?
« Tout le nôtre est à vous, ne le dédaignez plus.
« J'en sais qui l'agréeraient; j'ai su plaire à plus d'une;
370 « Pour vous, vous méritez toute une autre fortune.
« Quelle que soit la nôtre, usez-en, vous voyez
« Ce que nous possédons, et nous-même à vos pieds. »
Ainsi parle Damon, et Cloris toute en larmes
Lui répond en ces mots accompagnés de charmes :
375 « Vos moindres qualités, et cet heureux séjour
« Même aux Filles des Dieux donneraient de l'amour;
« Jugez donc si Cloris, esclave et malheureuse,
« Voit l'offre de ces biens d'une âme dédaigneuse.

« Je sais quel eſt leur prix ; mais de les accepter,
« Je ne puis ; et voudrais vous pouvoir écouter. 380
« Ce qui me le défend, ce n'eſt point l'esclavage ;
« Si toujours la naissance éleva mon courage,
« Je me vois, grâce aux Dieux, en des mains où je puis
« Garder ces sentiments malgré tous mes ennuis.
« Je puis même avouer (hélas ! faut-il le dire ?) 385
« Qu'un autre a sur mon cœur conservé son empire.
« Je chéris un Amant, ou mort ou dans les fers ;
« Je prétends le chérir encor dans les enfers.
« Pourriez-vous eſtimer le cœur d'une inconſtante ?
« Je ne suis déjà plus aimable ni charmante, 390
« Cloris n'a plus ces traits que l'on trouvait si doux,
« Et doublement esclave eſt indigne de vous. »
Touché de ce discours, Damon prend congé d'elle :
« Fuyons, dit-il en soi ; j'oublierai cette Belle,
« Tout passe, et même un jour ses larmes passeront : 395
« Voyons ce que l'absence et le temps produiront. »
À ces mots il s'embarque ; et quittant le rivage,
Il court de mer en mer, aborde en[6] lieu sauvage ;
Trouve des malheureux de leurs fers échappés,
Et sur le bord d'un bois à chasser occupés. 400
Télamon, de ce nombre, avait brisé sa chaîne ;
Aux regards de Damon il se présente à peine,
Que son air, sa fierté, son esprit, tout enfin
Fait qu'à l'abord Damon admire son deſtin,
Puis le plaint, puis l'emmène, et puis lui dit sa flamme. 405
« D'une Esclave, dit-il, je n'ai pu toucher l'âme :
« Elle chérit un mort ! un mort, ce qui n'eſt plus
« L'emporte dans son cœur ! mes vœux sont superflus. »
Là-dessus, de Cloris il lui fait la peinture.
Télamon dans son âme admire l'aventure, 410
Dissimule, et se laisse emmener au séjour
Où Cloris lui conserve un si parfait amour.
Comme il voulait cacher avec soin sa fortune,
Nulle peine pour lui n'était vile et commune.

415 On apprend leur retour, et leur débarquement;
Cloris se présentant à l'un et l'autre Amant,
Reconnaît Télamon sous un faix qui l'accable;
Ses chagrins le rendaient pourtant méconnaissable;
Un œil indifférent à le voir eût erré[7],
420 Tant la peine et l'amour l'avaient défiguré.
Le fardeau qu'il portait ne fut qu'un vain obstacle;
Cloris le reconnaît, et tombe à ce spectacle;
Elle perd tous ses sens et de honte et d'amour.
Télamon d'autre part tombe presque à son tour;
425 On demande à Cloris la cause de sa peine :
Elle la dit, ce fut sans s'attirer de haine;
Son récit ingénu redoubla la pitié
Dans des cœurs prévenus d'une juste amitié.
Damon dit que son zèle avait changé de face[8].
430 On le crut. Cependant, quoi qu'on dise et qu'on fasse,
D'un triomphe si doux l'honneur et le plaisir
Ne se perd qu'en laissant des restes de désir.
On crut pourtant Damon. Il restreignit son zèle
À sceller de l'Hymen une union si belle;
435 Et par un sentiment à qui rien n'est égal,
Il pria ses parents de doter son Rival.
Il l'obtint, renonçant dès lors à l'Hyménée.
Le soir étant venu de l'heureuse journée,
Les noces se faisaient à l'ombre d'un ormeau :
440 L'enfant d'un voisin vit s'y percher un corbeau :
Il fait partir de l'arc une flèche maudite,
Perce les deux Époux d'une atteinte subite.
Cloris mourut d'un coup, non sans que son Amant
Attirât ses regards en ce dernier moment.
445 Il s'écrie, en voyant finir ses destinées :
« Quoi! la parque a tranché le cours de ses années?
« Dieux, qui l'avez voulu, ne suffisait-il pas
« Que la haine du Sort avançât mon trépas? »
En achevant ces mots, il acheva de vivre;
Son amour, non le coup, l'obligea de la suivre; 450

Blessé légèrement il passa chez les morts;
Le Styx vit nos Époux accourir sur ses bords;
Même accident finit leurs précieuses trames;
Même tombe eut leurs corps, même séjour leurs âmes.
Quelques-uns ont écrit (mais ce fait est peu sûr) 455
Que chacun d'eux devint statue et marbre dur.
Le couple infortuné face à face repose.
Je ne garantis point cette métamorphose :
On en doute. – On le croit plus que vous ne pensez,
Dit Clymène; et cherchant dans les siècles passés 460
Quelque exemple d'amour et de vertu parfaite,
Tout ceci me fut dit par un[9] sage Interprète.
J'admirai, je plaignis ces Amants malheureux;
On les allait unir; tout concourait pour eux;
Ils touchaient au moment; l'attente en était sûre; 465
Hélas! il n'en est point de telle en la nature;
Sur le point de jouir tout s'enfuit de nos mains;
Les Dieux se font un jeu de l'espoir des humains.
– Laissons, reprit Iris, cette triste pensée.
La Fête est vers sa fin, grâce au Ciel, avancée; 470
Et nous avons passé tout ce temps en récits,
Capables d'affliger les moins sombres esprits!
Effaçons, s'il se peut, leur image funeste :
Je prétends de ce jour mieux employer le reste;
Et dire un changement, non de corps, mais de cœur : 475
Le miracle en est grand; Amour en fut l'auteur :
Il en fait tous les jours de diverse manière.
Je changerai de style en changeant de matière.

Zoon plaisait aux yeux, mais ce n'est pas assez :
　　Son peu d'esprit, son humeur sombre, 480
　　Rendaient ces talents mal placés :
Il fuyait les cités, il ne cherchait que l'ombre,
Vivait parmi les bois, concitoyen des ours,
Et passait sans aimer les plus beaux de ses jours.
485 Nous avons condamné l'amour, m'allez-vous dire;

J'en blâme en nous l'excès ; mais je n'approuve pas
Qu'insensible aux plus doux appas,
Jamais un homme ne soupire.
Hé quoi, ce long repos est-il d'un si grand prix ?
490 Les morts sont donc heureux ; ce n'est pas mon avis.
Je veux des passions ; et si l'état le pire
Est le néant, je ne sais point
De néant plus complet qu'un cœur froid à ce point.
Zoon n'aimant donc rien, ne s'aimant pas lui-même,
495 Vit Iole endormie, et le voilà frappé ;
Voilà son cœur développé.
Amour, par son savoir suprême,
Ne l'eut pas fait amant, qu'il en fit un héros.
Zoon rend grâce au Dieu qui troublait son repos :
500 Il regarde en tremblant cette jeune merveille.
À la fin Iole s'éveille :
Surprise et dans l'étonnement,
Elle veut fuir, mais son Amant
L'arrête, et lui tient ce langage :
505 « Rare et charmant objet, pourquoi me fuyez-vous ?
« Je ne suis plus celui qu'on trouvait si sauvage :
« C'est l'effet de vos traits, aussi puissants que doux :
« Ils m'ont l'âme et l'esprit, et la raison donnée.
« Souffrez que vivant sous vos lois
510 « J'emploie à vous servir des biens que je vous dois. »
Iole à ce discours encor plus étonnée,
Rougit, et sans répondre elle court au hameau,
Et raconte à chacun ce miracle nouveau.
Ses Compagnes d'abord s'assemblent autour d'elle :
515 Zoon suit en triomphe, et chacun applaudit.
Je ne vous dirai point, mes sœurs, tout ce qu'il fit,
Ni ses soins pour plaire à la Belle.
Leur hymen se conclut : un Satrape voisin,
Le propre jour de cette fête,
520 Enlève à Zoon sa conquête.
On ne soupçonnait point qu'il eût un tel dessein.

Zoon accourt au bruit, recouvre ce cher gage,
Poursuit le ravisseur, et le joint, et l'engage
En un combat de main à main.
Iole en eſt le prix, aussi bien que le juge. 525
Le Satrape vaincu trouve encor du refuge
En la bonté de son rival.
Hélas ! cette bonté lui devint inutile ;
Il mourut du regret de cet hymen fatal.
Aux plus infortunés la tombe sert d'asile. 530
Il prit pour héritière, en finissant ses jours,
Iole qui mouilla de pleurs son Mausolée.
Que sert-il d'être plaint quand l'âme eſt envolée ?
Ce Satrape eût mieux fait d'oublier ses amours. »
La jeune Iris à peine achevait cette hiſtoire ; 535
Et ses sœurs avouaient qu'un chemin à la gloire,
C'eſt l'amour : on fait tout pour se voir eſtimé ;
Eſt-il quelque chemin plus court pour être aimé ?
Quel charme de s'ouïr louer par une bouche
Qui même sans s'ouvrir nous enchante et nous touche. 540
Ainsi disaient ces Sœurs. Un orage soudain
Jette un secret remords dans leur profane sein.
Bacchus entre, et sa cour, confus et long cortège :
« Où sont, dit-il, ces Sœurs à la main sacrilège ?
Que Pallas les défende, et vienne en leur faveur 545
Opposer son Égide à ma juſte fureur :
Rien ne m'empêchera de punir leur offense :
Voyez ; et qu'on se rie après de ma puissance. »
Il n'eut pas dit, qu'on vit trois monſtres au plancher[10].
Ailés, noirs et velus, en un coin s'attacher. 550
On cherche les trois Sœurs ; on n'en voit nulle trace :
Leurs métiers sont brisés, on élève en leur place
Une Chapelle au Dieu, père du vrai Neƈtar.
Pallas a beau se plaindre, elle a beau prendre part
Au deſtin de ces Sœurs par elle protégées ; 555
Quand quelque Dieu voyant ses bontés négligées,
Nous fait sentir son ire, un autre n'y peut rien :

L'Olympe s'entretient en paix par ce moyen.
Profitons, s'il se peut, d'un si fameux exemple.
560 Chômons : c'est faire assez qu'aller de Temple en Temple
Rendre à chaque Immortel les vœux qui lui sont dus :
Les jours donnés aux Dieux ne sont jamais perdus.

FABLE XXIX

LE JUGE ARBITRE, L'HOSPITALIER, ET LE SOLITAIRE[1]

Trois Saints, également jaloux de leur salut,
Portés d'un même esprit, tendaient à même but.
Ils s'y prirent tous trois par des routes diverses[2].
Tous chemins vont à Rome : ainsi nos Concurrents
5 Crurent pouvoir choisir des sentiers différents.
L'un, touché[3] des soucis, des longueurs, des traverses
Qu'en apanage on voit aux Procès attachés,
S'offrit de les juger sans récompense aucune[4],
Peu soigneux d'établir ici-bas sa fortune.
10 Depuis qu'il est des Lois, l'Homme[5], pour ses péchés,
Se condamne à plaider la moitié de sa vie.
La moitié ? les trois quarts, et bien souvent le tout.
Le conciliateur crut qu'il viendrait à bout
De guérir cette folle et détestable envie[6].
15 Le second de nos Saints choisit les Hôpitaux.
Je le loue ; et le soin de soulager ces[7] maux
Est une charité que je préfère aux autres[8].
Les Malades d'alors, étant tels que les nôtres,
Donnaient de l'exercice au pauvre Hospitalier ;
20 Chagrins, impatients, et se plaignant sans cesse[9] :
« Il a pour tels et tels un soin particulier ;
Ce sont ses amis ; il nous laisse. »

Ces plaintes[10] n'étaient rien au prix de l'embarras
Où se trouva réduit l'Appointeur de débats[11] :
Aucun n'était content ; la Sentence arbitrale 25
À nul des deux ne convenait :
Jamais le Juge ne tenait
À leur gré la balance égale.
De semblables discours rebutaient l'Appointeur[12] :
Il court aux Hôpitaux, va voir leur[13] Directeur. 30
Tous deux ne recueillant que plainte et que murmure,
Affligés, et contraints de quitter ces emplois,
Vont confier leur peine au silence des bois[14].
Là sous d'âpres rochers, près d'une source pure,
Lieu respecté des vents, ignoré du Soleil, 35
Ils trouvent l'autre Saint, lui demandent conseil.
« Il faut, dit leur ami, le prendre de soi-même[15].
Qui mieux que vous sait vos besoins ?
Apprendre à se connaître est le premier des soins
Qu'impose à tous mortels la Majesté[16] suprême. 40
Vous êtes-vous connus dans le monde habité ?
L'on ne le peut qu'aux lieux pleins de tranquillité :
Chercher ailleurs ce bien est une erreur extrême.
Troublez l'eau ; vous y voyez-vous ?
Agitez celle-ci. – Comment nous verrions-nous ? 45
La vase est un épais nuage
Qu'aux effets du cristal nous venons d'opposer.
– Mes Frères, dit le Saint, laissez-la reposer ;
Vous verrez alors votre image.
Pour vous mieux contempler demeurez au désert[17]. » 50
Ainsi parla le Solitaire.
Il fut cru, l'on suivit ce conseil salutaire.
Ce n'est pas qu'un emploi ne doive être souffert.
Puisqu'on plaide, et qu'on meurt, et qu'on devient [malade,
Il faut des Médecins, il faut des Avocats. 55
Ces secours, grâce à Dieu, ne nous manqueront pas ;
Les honneurs et le gain, tout me le persuade.
Cependant on s'oublie en ces communs besoins[18].

Ô vous dont le Public emporte tous les soins,
60 Magiﬅrats, Princes et Miniﬅres,
Vous que doivent troubler mille accidents siniﬅres,
Que le malheur abat, que le bonheur corrompt,
Vous ne vous voyez point, vous ne voyez personne.
Si quelque bon moment à ces pensers vous donne,
65 Quelque flatteur vous interrompt.
Cette leçon sera la fin de ces Ouvrages :
Puisse-t-elle être utile aux siècles à venir !
Je la présente aux Rois, je la propose aux Sages ;
Par où saurais-je mieux finir ?

APPENDICE

FABLES NON RECUEILLIES

LE SOLEIL ET LES GRENOUILLES[1]

IMITATION DE LA FABLE LATINE

Les Filles du limon tiraient du Roi des Astres
Assistance et protection.
Guerre ni pauvreté, ni semblables désastres
Ne pouvaient approcher de cette Nation.
Elle faisait valoir en cent lieux son empire. 5
Les Reines des étangs, Grenouilles veux-je dire,
Car que coûte-t-il d'appeler
Les choses par noms honorables[2] ?
Contre leur bienfaiteur osèrent cabaler,
Et devinrent insupportables. 10
L'imprudence, l'orgueil, et l'oubli des bienfaits,
Enfants de la bonne fortune,
Firent bientôt crier cette troupe importune ;
On ne pouvait dormir en paix :
Si l'on eût cru leur murmure, 15
Elles auraient par leurs cris
Soulevé grands et petits
Contre l'œil de la Nature.
Le Soleil, à leur dire, allait tout consumer,
Il fallait promptement s'armer, 20
Et lever des troupes puissantes.
Aussitôt qu'il faisait un pas,
Ambassades Croassantes
Allaient dans tous les États.

25 À les ouïr, tout le monde,
Toute la machine ronde
Roulait sur les intérêts
De quatre méchants marais.
Cette plainte téméraire
30 Dure toujours; et pourtant
Grenouilles devraient[3] se taire,
Et ne murmurer pas tant :
Car si le Soleil se pique,
Il le leur fera sentir.
35 La République aquatique
Pourrait bien s'en repentir[4].

LA LIGUE DES RATS[1]

Une Souris craignait un Chat,
Qui dès longtemps la guettait au passage.
Que faire en cet état? Elle, prudente et sage,
Consulte son Voisin : c'était un maître Rat,
5 Dont la rateuse Seigneurie
S'était logée en bonne Hôtellerie,
Et qui cent fois s'était vanté, dit-on,
De ne craindre de Chat ou Chatte
Ni coup de dent, ni coup de patte.
10 « Dame Souris, lui dit ce Fanfaron,
Ma foi, quoi que je fasse,
Seul je ne puis chasser le Chat qui vous menace;
Mais assemblant tous les Rats d'alentour,
Je lui pourrai jouer d'un mauvais tour. »
15 La Souris fait une humble révérence,
Et le Rat court en diligence
À l'Office, qu'on nomme autrement la Dépense,
Où maints Rats assemblés

Faisaient, aux frais de l'Hôte, une entière bombance.
        Il arrive les sens troublés, 20
        Et les poumons tout essoufflés.
« Qu'avez-vous donc ? lui dit un de ces Rats. Parlez.
— En deux mots, répond-il, ce qui fait mon voyage,
C'est qu'il faut promptement secourir la Souris,
                Car Raminagrobis 25
    Fait en tous lieux un étrange ravage.
        Ce Chat, le plus diable des Chats,
S'il manque de Souris, voudra manger des Rats. »
Chacun dit : « Il est vrai. Sus, sus, courons aux armes. »
Quelques Rates, dit-on, répandirent des larmes. 30
N'importe, rien n'arrête un si noble projet ;
        Chacun se met en équipage ;
Chacun met dans son sac un morceau de fromage,
Chacun promet enfin de risquer le paquet.
        Ils allaient tous comme à la fête, 35
        L'esprit content, le cœur joyeux.
        Cependant le Chat, plus fin qu'eux,
    Tenait déjà la Souris par la tête.
        Ils s'avancèrent à grands pas
        Pour secourir leur bonne Amie. 40
        Mais le Chat, qui n'en démord pas,
Gronde et marche au-devant de la troupe ennemie.
        À ce bruit, nos très prudents Rats,
        Craignant mauvaise destinée,
Font, sans pousser plus loin leur prétendu fracas, 45
        Une retraite fortunée.
        Chaque Rat rentre dans son trou ;
Et si quelqu'un en sort, gare encor le Matou.

LE RENARD ET L'ÉCUREUIL[1]

Il ne se faut jamais moquer des misérables,
Car qui peut s'assurer d'être toujours heureux?
Le sage Ésope dans ses fables
Nous en donne un exemple ou deux;
5 Je[2] ne les cite point, et certaine chronique
M'en fournit un plus authentique.
Le renard se moquait un jour de l'écureuil,
Qu'il voyait assailli d'une forte tempête :
« Te voilà, disait-il, près d'entrer au cercueil
10 Et de ta queue en vain tu te couvres la tête.
Plus tu t'es approché du faîte[3],
Plus l'orage te trouve en butte à tous ses coups.
Tu cherchais les lieux hauts et voisins de la foudre :
Voilà ce qui t'en prend; moi qui cherche des trous,
15 Je ris, en attendant que tu sois mis en poudre[4]. »
Tandis qu'ainsi le renard se gabait[5],
Il prenait maint pauvre poulet
Au gobet[6];
Lorsque l'ire du Ciel à l'écureuil pardonne :
20 Il n'éclaire plus, ni ne tonne;
L'orage cesse; et le beau temps venu,
Un chasseur ayant aperçu
Le train de ce renard autour de sa tanière :
« Tu paieras, dit-il, mes poulets. »
25 Aussitôt nombre de bassets
Vous fait déloger le compère.
L'écureuil l'aperçoit qui fuit
Devant la meute qui le suit.
Ce plaisir ne lui dure guère,
30 Car bientôt il le voit aux portes du trépas.
Il le voit; mais il n'en rit pas,
Instruit par sa propre misère.

DOSSIER

CHRONOLOGIE SUCCINCTE

1621. *8 juillet :* baptême de Jean de La Fontaine, fils de Charles de La Fontaine et de Françoise Pidoux, en l'église Saint-Crépin de Château-Thierry, en Champagne.

1641. *27 avril :* après avoir poursuivi ses études jusqu'à la troisième au collège de sa ville natale, et les avoir terminées dans un collège parisien, La Fontaine est reçu à l'Oratoire, à Paris : il y restera dix-huit mois.

1647. *10 novembre :* après avoir étudié le droit à Paris, et fréquenté, avec François de Maucroix, le groupe de la Table Ronde, qui réunit autour de Pellisson, Tallemant des Réaux, Antoine Rambouillet de La Sablière, Charpentier, Cassandre, etc., La Fontaine épouse, par-devant notaire, Marie Héricart, de La Ferté-Milon, plus jeune que lui d'une douzaine d'années, et parente lointaine de Racine.

1652. *20 mars :* La Fontaine est reçu en qualité de maître particulier triennal des eaux et forêts du duché de Château-Thierry.

1653. *30 octobre :* baptême de Charles de La Fontaine, fils de Jean et de Marie Héricart, en l'église Saint-Crépin de Château-Thierry.

1654. *17 août :* achevé d'imprimer de *L'Eunuque*, première œuvre publiée par La Fontaine, comédie en cinq actes et en vers adaptée de Térence.

1658 : après avoir perdu son père en avril, La Fontaine, dans le second semestre de cette année, offre à Foucquet son poème d'*Adonis*, calligraphié par Nicolas Jarry.

1659 : avant juin, La Fontaine passe avec Foucquet contrat pour la « pension poétique » dont il s'acquittera tous les trois mois jusqu'à la chute du surintendant. Vers la même époque, il reçoit commande du *Songe de Vaux*.

1661. *17 août :* fête donnée à Vaux-le-Vicomte en l'honneur du roi par le surintendant Foucquet, et dont La Fontaine enverra dès le 22 une relation à Maucroix.
5 septembre : arrestation à Nantes de Foucquet.

1662. La Fontaine est condamné à une forte amende pour usurpation de noblesse : il a pris dans plusieurs contrats le titre d'écuyer. C'est sans doute aussi en 1662 qu'a été publiée sans lieu ni date l'Élégie aux Nymphes de Vaux, écrite en faveur de Foucquet.

1663. *30 janvier :* La Fontaine écrit à Foucquet pour répondre aux apostilles que le surintendant a mises à son *Ode au Roi*.
23 août : La Fontaine quitte Paris, accompagnant Jannart, oncle de sa femme et substitut de Foucquet dans sa charge de procureur général au parlement, envoyé en exil à Limoges.

1664. *14 janvier :* La Fontaine prend un privilège pour ses *Nouvelles en vers.*
14 juillet : La Fontaine prête serment en qualité de gentilhomme servant chez la duchesse douairière d'Orléans.
10 décembre : achevé d'imprimer des *Nouvelles en vers tirée*[*s*] *de Boccace et de l'Arioste* par M. de L. F., Paris, Claude Barbin, 1665.

1665: *10 janvier :* achevé d'imprimer des *Contes et Nouvelles en vers*, de M. de La Fontaine, Paris, Barbin, 1665.

1666. *21 janvier :* achevé d'imprimer de la *Deuxième Partie des Contes et Nouvelles en vers*, de M. de La Fontaine, Paris, Louis Billaine ou Claude Barbin, 1646 [*sic*].

1667. *6 juin :* privilège du premier recueil des *Fables*.

1668. *31 mars :* achevé d'imprimer des *Fables choisies mises en vers par M. de La Fontaine*, Paris, Claude Barbin qui s'est associé Denys Thierry, 1668. Cette édition in-4° sera suivie la même année d'une édition in-12 en 2 vol., chez les mêmes éditeurs (achevé d'imprimer du 19 octobre).

1669. *31 janvier :* achevé d'imprimer des *Amours de Psyché et de Cupidon*, par M. de La Fontaine, Paris, Barbin, 1669, que suit le poème d'*Adonis*, imprimé pour la première fois avec d'importantes retouches.

1670. *20 décembre :* achevé d'imprimer du *Recueil de poésies chrétiennes et diverses*, dédié à Mgr le prince de Conti par M. de La Fontaine, Paris, Pierre Le Petit, 1671, 3 vol.

1671. *21 janvier :* La Fontaine donne quittance au duc de Bouillon pour le remboursement de ses charges de maître particulier triennal (achetée en 1652), de maître ancien des eaux et forêts et de capitaine des chasses (héritées de son père en 1658).

27 janvier : achevé d'imprimer des *Contes et Nouvelles en vers de M. de La Fontaine. Troisième Partie*, Paris, Barbin, 1671.

16 février : privilège des *Fables nouvelles et autres poésies.*

12 mars : achevé d'imprimer des *Fables nouvelles et autres poésies*, qui contiennent notamment, outre huit fables inédites, les quatre élégies inspirées par Clymène.

1672. Entre le *17 février* et le *9 mars :* publication en feuille volante du *Curé et le Mort*. Vers la même époque, et sous la même forme, paraît *Le Soleil et les Grenouilles. Imitation de la fable latine*, Paris, Jean et René Guignard, 1672, ou F. Muguet, s. d., sous la signature D.L.F.

3 avril : mort de la duchesse douairière d'Orléans. Quelques mois plus tard, sans doute en 1673, La Fontaine sera accueilli par Mme de La Sablière, qui l'hébergera près de vingt ans.

1673. Publication, sans privilège ni achevé d'imprimer, du *Poème de la captivité de saint Malc*, par M. de La Fontaine, Paris, Claude Barbin, 1673.

1674. Publication sans achevé d'imprimer, privilège ni permission, des *Nouveaux Contes de M. de La Fontaine*, Mons, Gaspard Migeon, 1674. La même année, La Fontaine compose, pour Lulli, le livret de *Daphné*. Éconduit, il exhalera son dépit dans la satire du *Florentin*.

1675. *5 avril :* sentence de police rendue par La Reynie contre les *Nouveaux Contes*, ordonnant saisie de l'édition et interdisant la vente.

1677. *29 juillet :* privilège pris par La Fontaine pour une nouvelle édition des *Fables*. Enregistré le 3 août, ce privilège sera barré puis enregistré de nouveau le 2 septembre.

1678. *3 mai :* achevé d'imprimer des deux premiers tomes (Livres I-VI) et du troisième (Livres VII-VIII actuels) des *Fables choisies mises en vers*, par M. de La Fontaine, Paris, Denys Thierry et Claude Barbin, 1678.

1679. *15 juin :* achevé d'imprimer du quatrième tome (Livres IX-XI actuels) des *Fables choisies mises en vers*, par M. de La Fontaine, Paris, Denys Thierry et Claude Barbin, 1679.

1681. *1er août :* achevé d'imprimer des *Épîtres de Sénèque, nouvelle traduction par feu Mr Pinterel, revue et imprimée par les soins de M. de La Fontaine*, Paris, Claude Barbin, 1681.

1682. *24 janvier :* achevé d'imprimer du *Poème du Quinquina et autres ouvrages en vers de M. de La Fontaine*, Paris, Denys Thierry ou Claude Barbin, 1682. Outre *Daphné* et les deux actes d'une *Galatée* inachevée, ce recueil contient *La Matrone d'Éphèse* et *Belphégor* publiés pour la première fois.

1683. *15 novembre :* élection de La Fontaine à l'Académie française, suspendue le lendemain par le roi, qui maintint sa décision jusqu'à l'élection de Boileau le 15 avril suivant.

1684. *2 mai :* réception de La Fontaine à l'Académie française. Au cours de cette séance, La Fontaine lit son *Discours à Madame de La Sablière* (« Désormais que ma Muse aussi bien que mes jours... »).
1er juillet : réception de Boileau à l'Académie française. Au cours de la séance, La Fontaine lit *Le Renard, le Loup, et le Cheval.*

1685. *22 janvier :* exclusion de Furetière de l'Académie française. La Fontaine compte parmi ceux qui votent contre lui.
28 juillet : achevé d'imprimer des *Ouvrages de prose et de poésie des sieurs de Maucroix et de La Fontaine*, Paris, Claude Barbin, 2 vol. Outre cinq nouveaux contes, ce recueil contient, entre autres, dix fables inédites qui, avec *Daphnis et Alcimadure, Philémon et Baucis, Les Filles de Minée*, publiés également pour la première fois ici, prendront place dans les *Fables choisies* de 1694.

1687. *5 février :* permis d'imprimer pour l'épître à Huet, Paris, André Pralard, 1687, probablement composée depuis 1674, mais à laquelle la Querelle des Anciens et des Modernes redonne toute son actualité.

1690. *Décembre :* le *Mercure Galant* publie *Les Compagnons d'Ulysse.*

1691. *Février :* le *Mercure Galant* publie *Les Deux Chèvres.*
Mars : le *Mercure Galant* publie *Le Thésauriseur et le Singe*, sans nommer l'auteur, de même que pour la fable précédente, et à la différence des *Compagnons d'Ulysse.*
28 novembre : première représentation d'*Astrée*, tragédie, musique de Colasse, livret de La Fontaine.

1692. *18 septembre :* privilège des *Fables choisies mises en vers par M. de La Fontaine et par lui revues, corrigées et augmentées*, pris au nom du libraire Pierre Trabouillet, qui en cède le droit à Denys Thierry et Claude Barbin. Ce privilège sera enregistré le 21 octobre.
28 décembre : privilège pris pour les *Fables choisies*, par M. de La Fontaine, qui seront publiées sous la date de 1694 (actuel Livre XII). Ce privilège sera enregistré le 20 février 1693.
Décembre : le *Mercure Galant* publie, anonyme, *La Ligue des Rats*, qui ne sera pas recueillie par La Fontaine.

1693. *6 janvier :* mort de Mme de La Sablière. La Fontaine trouve un nouveau gîte auprès de M. et Mme d'Hervart.
12 février : tombé gravement malade vers la mi-décembre précédente, La Fontaine, « converti » par l'abbé Poujet, abjure solennellement ses *Contes*, en présence d'une délégation de l'Académie.
1er juin : achevé d'imprimer du *Recueil de vers choisis*, du P. Bouhours, où paraît pour la première fois *Le Juge arbitre, l'Hospitalier et le Solitaire.*
1er septembre : achevé d'imprimer des *Fables choisies*, par M. de La Fontaine (actuel Livre XII), Paris, Claude Barbin, 1694.

1695. *13 avril :* mort de La Fontaine à Paris, rue Plâtrière, à l'hôtel d'Hervart. Il sera inhumé le lendemain au cimetière des Saints-Innocents.

NOTICE

La publication des *Fables* s'échelonne sur un quart de siècle, de 1668 à 1693. Lorsque, le 6 juin 1667, le privilège en est pris au nom du libraire Barbin, de moitié avec son confrère Denys Thierry, le poète va sur ses quarante-six ans. Naguère pensionné par Foucquet, il vient de conquérir la notoriété avec ses *Contes et Nouvelles en vers*, dont deux parties, après un premier essai à la fin de 1664, ont paru en 1665 et 1666. On ne sait quand il s'est mis à composer des fables. *Le Meunier, son Fils et l'Âne* semble une des plus anciennes; elle peut remonter jusqu'à 1647, année où Maucroix, d'avocat, devient chanoine, et où La Fontaine se laisse marier par son père. Mais il est également permis de supposer qu'elle n'a été écrite qu'après l'épître latine dans laquelle Huet, en 1660, insère lui aussi l'apologue. Le projet de donner tout un recueil de fables, et de marcher ainsi, en français, sur les traces de Phèdre, ne dut de toute manière être conçu qu'à une époque plus tardive. En 1663, selon les uns, sur la foi de la séquence recueillie par Conrart dans ses manuscrits, et constituée par une dizaine de fables qui prendront place dans les Livres I ou III. En 1667 seulement, suivant les autres, de sorte que le gros du recueil n'aurait été écrit qu'entre le moment où fut pris le privilège et celui de l'impression. En l'absence de preuve décisive, on peut, sans invraisemblance, opter pour l'une ou l'autre de ces deux dates, avec toutefois, semble-t-il, une plus forte probabilité pour la seconde. Le choix n'est pas indifférent : si l'idée des *Fables* est née dès 1663, leur genèse se rattache plus directement aux péripéties et aux conséquences de l'affaire Foucquet, et elles risqueront davantage d'apparaître comme l'ouvrage d'un opposant qui renoue avec l'inspiration souvent politique de Phèdre. Si au contraire on les date de 1667, on y verra plutôt l'adroite utilisation par le poète d'une conjoncture favorable, puisque le Dauphin, né en 1661, approche alors de ses sept ans, et qu'on ne saurait lui dédier de livre plus adapté à son âge, ni mieux manifester ainsi, à toutes fins utiles, le zèle d'un loyal sujet. Tout La Fontaine tient en cette ambiguïté de sa démarche, que rien ne permet de dissiper.

Quelques fables circulèrent avant l'impression, comme l'attestent les premiers mots de la *Préface* et les notes mises à la suite de *La Mort et le Malheureux* ou du *Loup plaidant contre le Renard*, ainsi que les copies du recueil Conrart, celles du manuscrit conservé à la Bibliothèque Sainte-Geneviève et celles des billets adressés à Maucroix. *L'Homme et son Image, Le Lion amoureux, Le Bûcheron et Mercure* ne durent pas non plus paraître sans que La Fontaine ait obtenu l'aveu de La Rochefoucauld, de Mlle de Sévigné, et du mystérieux M.L.C.D.B., identifié en général avec Brienne, à qui les trois pièces sont respectivement dédiées. Ces premiers essais reçurent un accueil des plus encourageants, en dépit des réserves et des critiques formulées par des experts tels que l'avocat Olivier Patru : orfèvre en la matière depuis qu'il avait développé, en 1659, dans ses lettres à Olinde (la précieuse Mlle Le Vieux) quelques apologues d'Ésope, il craignait que l'emploi du vers n'otât à la fable la brièveté qui lui est essentielle. En effet, s'il nous apparaît aujourd'hui évident, grâce à La Fontaine, que la poésie puisse revendiquer le genre comme de son apanage, il n'en allait pas de même jusqu'à lui, comme en témoigne en 1674 encore le silence gardé sur la fable par Boileau dans son *Art poétique*. Haudent, Guéroult, Corrozet, au siècle précédent, avaient bien essayé d'acclimater la fable en vers dans notre langue, mais leur tentative était restée sans lendemain. Phèdre, édité en 1596 par Pierre Pithou, avait bien suscité quelques imitateurs, mais uniquement en latin; encore cette tradition de la fable poétique, de Jacques Régnier et de ses *Apologi Phaedrii* en 1643 à Ménage et à ses *Fabulae aesopiae* de 1652, tendait-elle à s'étioler. Réfugié surtout dans les collèges, l'apologue retournait à la prose, sous l'influence de ses multiples traducteurs, depuis le savoureux Jean Meslier, principal du collège de Laon, en 1629, ou Jean Baudoin et son *Ésope moralisé* de 1631, à Pierre Millot, professeur à Bourg-en-Bresse, en 1646, et à Isaac Le Maistre de Sacy, pourvoyeur de Port-Royal et de ses petites écoles, en 1647 : La Fontaine vint l'en tirer.

Divisées en six livres, les *Fables choisies mises en vers par M. de La Fontaine* parurent en 1668, avec un achevé d'imprimer du 31 mars, en un somptueux volume in-4°, illustré, à raison d'une par fable, de gravures signées François Chauveau. Le succès fut immédiatement si vif, que l'ouvrage, dès la même année, fut réédité en deux volumes in-12. La mode était lancée : aux *Fables et Histoires allégoriques* de Mme de Villedieu et aux *Œuvres* de Saint-Glas *contenant plusieurs fables d'Ésope mises en vers*, parues, les unes et les autres en 1670, succédèrent en 1671 les *Fables morales et nouvelles* de Furetière, précédées d'un avis *Au Lecteur* faussement amène à l'égard de La Fontaine, puis en 1677 l'*Ésope du temps* de Desmay et en 1678 les *Fables d'Ésope* mises en quatrains par Benserade pour le Labyrinthe de Versailles. Ensuite viendront les Boursault, les Daubaine, les Le Noble, avant Houdar de La Motte, qui se posera en face de La Fontaine comme le fabuliste des Modernes.

L'*Épilogue* qui terminait le Livre VI semblait mettre aux *Fables* un point final et ne laissait pas espérer qu'elles eussent jamais de suite. De Phèdre et d'Ésope, le poète avait pris la fleur; il n'entendait pas épuiser cette matière. Mais on sait ce que vaut la parole des faiseurs de vers, et surtout du plus volage d'entre eux. Dès le 16 février 1671 privilège est pris pour un volume de *Fables nouvelles et autres poésies* qui sort des presses le 12 mars. Ce supplément provisoire au précédent recueil ne lui ajoute que huit pièces qui font, chez La Rochefoucauld, le régal de Mme de Sévigné, avant qu'elles n'aillent s'intégrer, en 1678 et 1679, aux trois premiers des cinq livres nouveaux. Suivent, en 1672, deux fables isolées, parues en feuilles volantes, qu'inspire l'actualité : l'une traite sur le mode de l'humour noir l'aventure du curé de Boufflers; l'autre, traduite du P. Commire, apporte la contribution du fabuliste à la campagne d'opinion qui prépare la France à la guerre contre les Provinces-Unies; il ne la réunira jamais aux autres.

Rien de tout cela n'annonce encore la mise en chantier d'un recueil comparable en importance au précédent. Après *Psyché* en 1669, après les *Poésies chrétiennes et diverses*, auxquelles La

Fontaine collabore en 1670, et qui se terminent sur seize fables prises dans les six premiers Livres, après la *Troisième partie des Contes et Nouvelles en vers*, publiée au début de 1671, l'activité du poète va se disperser entre le poème de *Saint Malc* en 1673, le livret de *Daphné* et les *Nouveaux Contes* en 1674.

Vers la fin de cette année-là seulement, semble-t-il, se précise un retour aux fables dont la dédicace de *Tircis et Amarante* à la nièce de La Rochefoucauld manifeste l'intention. Une copie manuscrite date la pièce du 11 décembre : l'indication paraît plausible. Selon le recueil Trallage, *Les Animaux malades* auraient aussi été composés la même année, et *Le Rat* [...] *retiré du monde* en 1675.

Le 29 juillet 1677, un nouveau privilège est accordé pour quinze ans à La Fontaine, qui déclare le céder à Claude Barbin et Denys Thierry. Registré le 3 août, il sera barré et registré de nouveau le 2 septembre. Le 3 mai suivant s'achève, en format in-12, l'impression des trois premiers volumes, dont deux contiennent les six Livres de 1668, et le dernier deux Livres inédits : intitulés « premier » et « second », et correspondant à nos actuels Livres VII et VIII, ils forment la *Troisième Partie*. Le dernier tome, qui constitue la *Quatrième partie*, et comprend nos Livres IX à XI, originellement numérotés de III à V, ne paraîtra qu'en 1679, plus d'un an après, avec un achevé d'imprimer daté du 15 juin. Des *Errata*, placés à la fin des tomes II, III et IV, remédient à d'assez nombreuses fautes d'impression. Des cartons, que ne comportent pas tous les exemplaires, apportent en outre des corrections de dernière heure. Chaque fable, cette fois encore, est ornée d'une gravure de Chauveau, de Nicolas Guérard ou d'autres graveurs, non identifiables, car beaucoup ne sont pas signées.

L'*Avertissement* qui introduit aux nouveaux Livres, souligne leur originalité par rapport aux précédents : l'esthétique, librement empruntée naguère à Quintilien, de la narration égayée par des traits nouveaux et familiers, cède la place à une manière plus personnelle et plus large, qui étend davantage les circonstances du récit. Une autre innovation porte sur les sources : la tradition orientale relaie le fonds ésopique à peu près uniquement exploité jusqu'alors. La fable, surtout, s'ouvre aux idées philosophiques et marche avec son temps : *Un Animal dans la Lune* s'interroge sur la valeur de la connaissance sensible ; le *Discours à*

Madame de La Sablière débat amplement, contre Descartes, la question de l'âme des bêtes; une réflexion de La Rochefoucauld inspire le *Discours* que La Fontaine dédie à l'auteur des *Maximes*... À la morale un peu courte du Phrygien se substitue une sagesse d'inspiration épicurienne où se reconnaît, dominante, l'influence gassendiste du salon de Mme de La Sablière.

Le « second recueil », au surplus, est mis sous l'invocation de Mme de Montespan : à elle seule, cette dédicace à la mère d'un bâtard légitimé, le petit duc du Maine, alors âgé de huit ou neuf ans, marque assez le gauchissement des fables vers plus de souple liberté.

Il n'est pas sûr cependant que les contemporains de La Fontaine se soient tous montrés aussi sensibles que nous, non pas même à la supériorité du nouveau recueil sur le précédent, mais à ce qui simplement les distingue l'un de l'autre. « Ses premières fables sont plus estimées que les dernières », constate Adrien Baillet en 1686 dans ses *Jugements des savants*. On peut, il est vrai, récuser le témoignage de ce janséniste sévère. Mais que penser de Maucroix qui, en 1704 encore, avoue sa perplexité sur ce que veut dire son ami quand il parle de l'air et du tour un peu différents qu'il a prétendu donner au « second recueil »? N'en a-t-il donc jamais subi, des *Deux Pigeons* au *Songe d'un habitant du Mogol* et à tant d'autres pièces, le charme incomparable?

La carrière du fabuliste peut, dès lors, paraître à juste titre parvenue à son terme. Les circonstances et sans doute aussi son démon le poussant, vont cependant amener La Fontaine à la prolonger par un dernier Livre, qui s'élabore pour l'essentiel en deux temps.

Après son élection, si difficilement acquise, à l'Académie française, il publie, conjointement avec Maucroix, en 1685, sous le titre d'*Ouvrages de prose et de poésie*, deux volumes de mélanges dédiés, sur le conseil de Mme de La Sablière, au procureur général Achille de Harlay, et dont le privilège porte la date du 1er février, l'achevé d'imprimer celle du 28 juillet. Dans le tome second, consacré à ses propres œuvres, prennent place, presque d'entrée, dix fables nouvelles, apparentées par le ton et le contenu à celles de 1678 et 1679. L'une d'entre elles, *Le Renard, le Loup, et le Cheval*, a été lue avec beaucoup de succès par son auteur à l'Académie le jour de la réception de Boileau, le 1er juillet 1684. Plusieurs rendent hommage à des protectrices et à des amies, comme Mme de La Sablière ou Mme Harvey;

d'autres, plus satiriques, semblent se référer à divers incidents contemporains.

Ensuite s'intercale, isolée, l'ample fable double du *Milan, le Roi, et le Chasseur*, œuvre de circonstance, dédiée en manière d'épithalame au prince de Conti, qui, le 29 juin 1688, épousait la petite-fille de Condé, et dont le mariage, après une disgrâce causée par son imprudence, scellait la réconciliation, au moins officiellement, avec le roi.

Enfin, quelques années plus tard, le fabuliste devenu vieux se remet une nouvelle et dernière fois au travail, à l'instigation sans doute de Fénelon, nommé le 16 août 1689 précepteur du jeune duc de Bourgogne, qui, fils du Dauphin, était né le 6 août 1682. Afin de se proportionner à l'intelligence de l'enfant, le poète renoue, par-delà le « second recueil », avec l'inspiration des fables qu'il avait autrefois offertes au père. De cette ultime série, le *Mercure Galant* offre à ses lecteurs, de temps à autre, un échantillon inédit : *Les Compagnons d'Ulysse* y paraît en décembre 1690, puis, coup sur coup, *Les Deux Chèvres* et *Du Thésauriseur et du Singe* en février et mars 1691.

Mais le dernier volume de *Fables choisies* ne verra le jour qu'après la grave maladie qui frappe La Fontaine vers la mi-décembre 1692, la « conversion » qui lui est consécutive, et l'abjuration solennelle des *Contes*, devant une délégation de l'Académie, le 12 février 1693. Il suit de près un nouveau tirage, corrigé, des quatre tomes antérieurs, dont le privilège, pris le 18 septembre 1692, a été registré le 21 octobre ; le libraire Pierre Trabouillet en a cédé les droits à ses confrères Claude Barbin et Denys Thierry. Le volume qui rassemble la dernière gerbe sort à son tour des presses le 1er septembre 1693, sous le millésime de l'année suivante, en format in-12, avec un privilège daté du 28 décembre 1692, accordé pour six ans à Claude Barbin, et des illustrations analogues à celles des Livres précédents. La mention « Livre VII » comme titre courant et l'indication « Tome III » en bas de page semblent marquer l'intention de rattacher cette partie-ci aux deux les plus anciennes et de mettre ainsi comme entre parenthèses les deux publiées dans l'intervalle.

Ce Livre ultime comprend, outre toutes les fables composées depuis 1679, deux contes, *La Matrone d'Éphèse* et *Belphégor*, publiés en 1682 à la suite du *Quinquina*, deux sujets tirés des *Métamorphoses, Philémon et Baucis* et *Les Filles de Minée*, parus dans les *Ouvrages de prose et de poésie* de 1685, ainsi qu'une imitation de Théocrite, *Daphnis et Alcimadure*, qui en provient également.

L'ensemble, un peu composite, se clôt sur la fable du *Juge arbitre*. Le P. Bouhours en avait obtenu la primeur pour son *Recueil de vers choisis*, dont le privilège date du 7 mars 1693 et l'achevé d'imprimer du 1er juin : ce joyau y voisinait, curieusement, avec *Le Soleil et les Grenouilles* de 1672, que le confrère du P. Commire n'avait pas craint d'exhumer. Aboutissement de toute une existence, où le souvenir de Mme de La Sablière, tout récemment disparue après une fin de vie édifiante, rejoint celui, désormais plus lointain, du surintendant Foucquet, cette parabole poétique qui réconcilie la sagesse avec la sainteté met à l'œuvre son point final et lui apporte sa conclusion.

Il ne semble pas que La Fontaine ait laissé derrière lui de fables inédites, sinon l'allégorie du *Renard et l'Écureuil*, inspirée par Foucquet, qu'Édouard Fournier a révélée en 1861 dans son *Esprit des autres* : encore ne peut-on la lui attribuer en toute certitude. De manuscrit, ne nous est guère parvenu qu'un premier état du *Renard, les Mouches, et le Hérisson*, publié par Walckenaer en 1820, et si différent du texte définitif qu'il ne permet pas de reconstituer, même par conjecture, les étapes intermédiaires. Sous la transparence des *Fables* se dérobent toujours à nous les arcanes de leur création, et l'histoire de l'œuvre ne comporte pour ainsi dire point de prolongement posthume.

Ajoutons, pour finir, un mot sur les sources. Nombreuses, variées, elles se recoupent souvent. Sans se perdre dans ce dédale, on se contentera ici de résumer à grands traits le passé du genre.

D'Ésope, fondateur mythique de l'apologue en prose, dont on situe l'existence, au plus tard, dans la Grèce du VIe siècle avant notre ère, et de Phèdre, principal représentant de la fable en vers dans la littérature latine, qui, affranchi par Auguste, écrivit sous le règne de Tibère, dérive une tradition qui se perpétue jusqu'au Bas-Empire grâce à d'obscurs adaptateurs, tels qu'Avianus (IIe ou IVe siècle), confondu par La Fontaine avec le géographe Avienus Rufus, et Aphthonius (IIIe ou Ve siècle). Recueillie à Byzance, elle y est continuée par un abréviateur comme Ignatius Magister ou Ignace le Diacre (IXe siècle), celui-là même que La Fontaine, sous le nom de Gabrias, prend pour le véritable Babrius, poète grec du IIe siècle dont l'œuvre ne sera retrouvée, au mont Athos, qu'au XIXe siècle, ou par un compilateur comme le moine Maxime Planude qui, au XIVe siècle, écrivit une *Vie* d'Ésope et recueillit ses apologues.

Des humanistes prennent ensuite le relais, tels que l'Italien Laurent Bevilacqua, dit Abstemius (*Hecatomythium, sive centum fabulae ex graeco in latinum versae*, avec trente apologues ésopiques traduits en latin par Laurent Valla, Venise, 1495, *Hecatomythium secundum*, Venise, 1499), l'Allemand Joachim Kammermeister, dit Camerarius, biographe et traducteur d'Ésope (1500-1574), le Franc-Comtois Gilbert Cousin, dit Cognatus (1506-1567), auteur de la *Narrationum Sylva* (Bâle, 1567).

En France, la même époque voit succéder aux *Ysopets* et *Avionnets* du Moyen Âge, dont le plus connu est, au XIIIe siècle, l'*Ysopet* de Marie de France, des recueils dus à l'imprimeur-libraire Gilles Corrozet (1510-1568), translateur des *Fables du tres-ancien Esope phrygien en rythme françois* (Paris, 1542), à Guillaume Haudent (*Trois cent soixante et six apologues d'Ésope mis en rythme françoise*, Rouen, 1547), au Normand Guillaume Guéroult (*Le premier livre des emblèmes*, Lyon, 1550), à Philibert Guide, dit Hégémon (1535-1595), dont la *Colombière et maison rustique* (Paris, 1583) contient quelques fables morales.

D'Italie arrivent en outre, sans compter les *Emblèmes* du jurisconsulte André Alciat (1492-1550) publiés en 1531, traduits par Jehan Lefèvre dès 1534, puis par Barthélemy Aneau à Lyon en 1549, et par Claude Mignaut en 1583, les *Fabulae* de François Philelphe (Venise, 1480), les *Centum fabulae ex antiquis auctoribus delectae et carminibus explicatae* (Rome, 1564) de Gabriel Faërne (mort en 1561), qui seront traduites par Charles Perrault, et les *Cento favole morali* de Jean-Marie Verdizotti (vers 1530-vers 1607), parues à Venise en 1570 avec des estampes tirées de ses propres dessins.

À la fin du XVIe siècle, en 1596 exactement, Pierre Pithou publie pour la première fois les fables de Phèdre ; quelques années plus tard, en 1610, Isaac Nével et rassemble, sous le titre de *Mythologia aesopica*, un ample corpus de tout le fonds gréco-latin alors connu, qui sera réédité en 1660. Au cours du XVIIe siècle, les traductions françaises en prose, souvent accompagnées d'abondants commentaires, se multiplient, on l'a vu, depuis celle de Jean Meslier, principal du collège de Laon (*Fabulae gallicae, latinae, graecae*, Paris, 1629), jusqu'à celle de Pierre Millot, professeur à Bourg-en-Bresse (*Les Fables d'Ésope*, Bourg-en-Bresse, 1646, avec une *Vie d'Ésope* par Méziriac), sans oublier l'Ésope traduit par Pierre de Boissat et moralisé par Jean Baudoin, qui connut de nombreuses rééditions.

La Fontaine puise à toutes mains. S'il ignore sans doute la fable médiévale, et trouve vieillie la langue utilisée par ses devanciers du XVIe siècle, il ne se prive pas d'emprunter aux sources les plus diverses, anciennes et modernes, italiennes ou françaises, tant pour les sujets que pour le détail de l'expression ou le commentaire moral : ample « matière », dont il entend bien ne prendre que « la fleur ».

En 1678, son horizon s'élargit. Il découvre l'Orient à travers Bidpaï, brahmane légendaire qu'il appelle Pilpay et confond plus ou moins avec Lokman. Ce fonds indien tire son origine du *Pancha-Tantra*, vaste recueil en cinq livres, comme l'indique le titre sanscrit, qui paraît s'être constitué vers le début de notre ère, et qu'a popularisé la version connue sous le nom d'*Hitopadeça*. Traduites en arabe au VIIIe siècle dans le *Livre de Calila et Dimna*, où deux chacals se les content, ces fables sont venues à la connaissance de La Fontaine surtout grâce au *Livre des lumières ou la conduite des Rois* (Paris, 1644), traduit de Bidpaï-Pilpay par l'orientaliste Gilbert Gaulmin (1585-1665), sous le pseudonyme de David Sahid d'Ispahan. Il a trouvé quelques autres sujets de provenance orientale dans le *Specimen Sapientiae Indorum veterum* publié à Rome en 1666 par le P. Pierre Poussines, jésuite. Il a pu connaître également les *Paraboles de Sendabar* ou Sindbad, recueil persan qui remonte au premier siècle avant Jésus-Christ, en particulier par la traduction qu'en avait donnée son compatriote champenois Pierre de Larivey, plus connu par ses comédies, dans *Deux livres de filosofie fabuleuse* (Lyon, 1579).

Ainsi se découvre, de proche en proche, par-delà les *Fables* de La Fontaine, un immense arrière-pays : terres arides, pour la plupart, dont il n'a guère lui-même que pressenti toute l'étendue, mais d'où, seul ou presque, il a su faire jaillir, miraculeusement, la poésie.

NOTES

P. 21 À MONSEIGNEUR LE DAUPHIN

1. Socrate. Cf. la *Préface*, p. 24.
2. M. de Périgny, précepteur du Dauphin depuis le 9 septembre 1666, qui mourra en 1670 et sera remplacé par Bossuet.
3. Allusion à la campagne de Flandre en 1667, et à celle de Franche-Comté en 1668, qui eut lieu en février.

P. 24 PRÉFACE

1. L'avocat Patru, oracle en matière de grammaire et de langue, dont les lettres de 1659 à Olinde (Mlle Le Vieux) contiennent plusieurs apologues d'Ésope développés en prose.
2. Sans condamner le mot, Richelet, dans son *Dictionnaire*, en 1680, lui préfère « brièveté ».
3. C'est-à-dire : « du laconisme ».
4. *Phédon* 60b-61b, contaminé avec Plutarque, *Comment il faut que les jeunes gens lisent les poètes* (*Œuvres morales et mêlées*, J. Stœr, 1604, 2 vol., t. I, f° 10 B-C).
5. C'est-à-dire : « peut-être ».
6. Un moyen terme.
7. En réalité Avianus, auteur de quarante-deux fables composées entre le IIIe siècle de notre ère et le Ve.
8. En échange. Cf., plus bas : « se récompenser d'ailleurs ».
9. *Institution oratoire*, IV, II, 116.
10. Cette définition rappelle celle que Mlle de Scudéry don-

nait dans le *Grand Cyrus* (Paris, A. Courbé, 1649-1653, 20 vol., t. XX, p. 887) de cette « galanterie » qui « se mêle même quelquefois aux choses les plus sérieuses et qui donne un charme inexplicable [...] à tout ce que l'on dit ». Cf. Cicéron, *De Oratore*, III, 8, 30.

11. Selon Huet (*Lettre-traité sur l'origine des romans*, édition Fabienne Gégou, Paris, Nizet, 1971, p. 103), c'est Aristophane, dans *Les Guêpes*, qui restreint l'apologue de type ésopique aux seuls animaux.

12. *Épître aux Pisons*, v. 149-150.

P. 31 LA VIE D'ÉSOPE LE PHRYGIEN

1. Selon Méziriac, auteur d'une *Vie d'Ésope* publiée en 1646, certains, comme Aphthonius, l'ont cru Lydien et natif de Sardes ou de Samos, d'autres, comme Hérodote, l'ont dit originaire de Mesambrie en Thrace.

2. VAR. (1678, etc.) : *« de quoi ».*

3. Comme l'observe Sainte-Beuve dans son article sur « La Fontaine » (*Revue de Paris*, 20 septembre 1829, *Œuvres*, Pléiade, t. I, 1949, p. 718), « le moine grec ne vivait guère plus de deux siècles avant le règne de Louis le Grand ». On sait aujourd'hui que sa *Vie d'Ésope* dérive en grande partie de l'*Histoire d'Abiqar*, légende araméenne qui remonte à une date beaucoup plus ancienne, et qu'elle n'offre par conséquent aucune garantie de vérité historique.

4. Je n'ai pas non plus...

5. Sans qu'il payât rien. Le « sou pour livre » représente le droit de douane.

6. Pas d'apparence de raison.

7. Sans lui garder rancune.

8. Le second service.

9. « Récréation gaie et libre qu'on prend, riant, chantant et faisant bonne chère avec ses amis » (Richelet, *Dictionnaire français*). Le sujet sous-entendu est naturellement Xantus.

10. VAR. (1678) : « *de* terre »; (1692) : « dans *la* terre ».

11. « Faire savoir par un acte ou cri public ce qu'on veut faire connaître au peuple, aux étrangers » (Furetière, *Dictionnaire universel*, 1690).

12. Résoudre.

13. VAR. (1678) : « sans *chercher de plus grandes preuves* ».

14. VAR. (1668 in-12, 1678) : « que Lycérus *était le vainqueur* ».

15. VAR. (1668 in-12, 1678) : « *au* hannissement ». « Hannissement », selon Richelet, concurrence « hennissement ». Cf., plus loin, « hannir », seule forme donnée par Richelet pour « hennir ».

16. « Tout l'équipage d'une personne, comme habits, linge, coffre » (Richelet).

17. VAR. (1678) : « *rapporter* ».

P. 53 I, 1. LA CIGALE ET LA FOURMI

1. SOURCE : Ésope, *La Cigale et les Fourmis*, *Les Fourmis et l'Escarbot*.

2. La récolte du mois d'août.

3. Capital.

4. Le sens a paru douteux. Il faut entendre, semble-t-il, « être prêteuse est le défaut qu'elle a le moins », plutôt que : « n'être pas prêteuse est le plus petit de ses défauts ». Mais il est permis d'hésiter.

P. 54 I, 2. LE CORBEAU ET LE RENARD

1. SOURCES : Ésope, même titre; Phèdre, I, 13.

2. VAR. (Manuscrit – non autographe – de la Bibliothèque Sainte-Geneviève) : « Monsieur *le* Corbeau ».

3. VAR. (Ms. Sainte-Geneviève) :
« Le Corbeau, *tout piqué*, *tout* honteux, *tout* confus. »

I, 3. LA GRENOUILLE QUI SE VEUT FAIRE AUSSI GROSSE QUE LE BŒUF

1. VAR. (Ms. Sainte-Geneviève) : « La Grenouille *tâchant de devenir* aussi grosse que le Bœuf »; (Version manuscrite figurant

dans le recueil de Conrart, conservé à la Bibliothèque de l'Arsenal) : « La Grenouille qui veut *ressembler au* Bœuf ».

2. SOURCES : Horace, *Satires*, II, 2, v. 314-320, pour le dialogue. Phèdre, I, 24, pour le récit, et peut-être Martial, *Épigrammes*, X, 79, v. 9-10, pour la moralité.

3. VAR. (Ms. Conrart) : « S'enfle, s'étend et se travaille. »

4. VAR. (Ms. Conrart et Ms. Sainte-Geneviève) : *« Non point. »*

P. 55 I, 4. LES DEUX MULETS

1. SOURCE : Phèdre, II, 7.

2. « Pour faire de cet apologue un emblème régulier, commente le P. Menestrier (*L'Art des emblèmes*, Paris, 1684, p. 28), il ne faut que peindre ces deux mulets, l'un couché par terre et blessé, après que les voleurs lui ont enlevé sa charge ; et l'autre chargé de son sac d'avoine, et ajouter ce vers à la peinture : *Il n'est pas toujours bon d'avoir un haut emploi.* » Voir Georges Couton, *La Poétique de La Fontaine*, Paris, Presses Universitaires de France, 1957, p. 6.

P. 56 I, 5. LE LOUP ET LE CHIEN

1. SOURCES : Ésope, même titre, à travers Phèdre, III, 7.

2. « Cancre : misérable, coquin, maraud » (Richelet, qui cite cet exemple).

3. C'est-à-dire « hères », au sens de « pauvres hères ».

4. « Lippée signifie au propre autant de viande qu'on en peut emporter avec la lippe ou les lèvres » (Furetière). Le mot ne s'emploie pas seul et n'entre guère que dans l'expression « chercheur de franches lippées » pour désigner un écornifleur.

P. 57 I, 6. LA GÉNISSE, LA CHÈVRE ET LA BREBIS, EN SOCIÉTÉ AVEC LE LION

1. SOURCE : Phèdre, I, 5.

2. « Ongle, ou griffe du Lion : l'un et l'autre se dit », observe Richelet.

P. 58 I, 7. LA BESACE

1. SOURCES : Avianus, *La Guenon et Jupiter*, librement interprété, pour la présentation générale du bestiaire, plus Ésope, *Les deux Besaces*, à travers Phèdre, IV, 10, pour l'idée et l'image qui donnent son titre à la fable.

P. 59 I, 8. L'HIRONDELLE ET LES PETITS OISEAUX

1. SOURCE : non directement Ésope (*L'Hirondelle et les Oiseaux*), mais une version anonyme du même apologue qui figure p. 500 dans la *Mythologia aesopica* de Névelet. Le rapprochement avec Cassandre vient de Baudoin, *Fables d'Ésope phrygien traduites et moralisées*, 18, *De l'Arondelle et des autres Oiseaux* : voir René Jasinski, *La Fontaine et le premier recueil des « Fables »*, Paris, Nizet, 1965-1966, 2 vol., t. I, pp. 235 sq.

2. Féminin archaïque et dialectal.

3. « C'est ôter et séparer les méchantes herbes, dit Richelet, de celles qui sont bonnes et qui servent. »

4. Coste donne « couvert », au sens de « ensemencé », pour un « terme assez usité à la campagne ».

5. « Les oiseliers de Paris, signale Richelet, ne connaissent pas le mot [...], qui apparemment est un mot de Château-Thierry. » À la place, ils disent « trébuchet, collet, lacet ou lacs ».

P. 61 I, 9. LE RAT DE VILLE ET LE RAT DES CHAMPS

1. SOURCE : Horace, *Satires*, II, 6, 79-117. La Fontaine supprime le repas chez le Rat des champs qui forme chez le poète latin le premier épisode : ici l'invitation du « rustique » suit celle du « citadin ». La même disposition strophique se retrouve dans *Le Satyre et le Passant* (V, 7) : les deux fables se répondent à distance.

P. 62 I, 10. LE LOUP ET L'AGNEAU

1. SOURCES : Ésope, même titre; Phèdre, I, 1. Dans *Le Page disgracié* de Tristan l'Hermite (Paris, T. Quinet, 1643), le narrateur conte la fable à un petit prince afin de le distraire un jour qu'il est malade, en changeant à sa prière le dénouement de façon à ne pas l'effrayer.

Il est curieux de voir Napoléon, à Sainte-Hélène, s'inscrire en faux contre la maxime que « La raison du plus fort est toujours la meilleure » (Las Cases, *Mémorial de Sainte-Hélène*, Paris, Bourdin, 1842, 2 vol., t. I, pp. 780-781). Gide, pour sa part, admire « particulièrement *Le Loup et l'Agneau*, cette merveille. Pas un mot de trop; pas un trait, pas un des propos du dialogue, qui ne soit révélateur. C'est un objet parfait » (*Journal*, 22 mai 1943, Pléiade, 1954, p. 243).

2. « Tout à l'heure » : à l'heure même. Ce distique manque dans le manuscrit de la Bibliothèque Sainte-Geneviève.

3. VAR. (Ms. Sainte-Geneviève) : « survint ».

4. VAR. (Ms. Conrart). Au lieu des v. 19-26, on ne trouve que ce distique :

« *Ne me cherche point de raison*
Car tout à l'heure il faut que je me venge. »

P. 63 I, 11. L'HOMME ET SON IMAGE

1. SOURCE : cette allégorie paraît avoir été inspirée à La Fontaine par le *Discours* de La Chapelle-Bessé sur les *Réflexions, Sentences et Maximes morales*, où on lit : « au lieu de se fâcher contre le miroir qui nous fait voir nos défauts, au lieu de savoir mauvais gré à ceux qui nous les découvrent, ne vaudrait-il pas mieux nous servir des lumières qu'ils nous donnent pour connaître l'amour-propre et l'orgueil, et pour nous garantir des surprises continuelles qu'ils font à notre raison? » (La Rochefoucauld, *Maximes* [...], édition Jean Lafond, Folio n° 728, p. 268.

2. M. le duc de La Rochefoucauld, l'auteur des *Maximes*, dont la première édition avouée a été imprimée en 1664 et a paru sous le millésime de 1665.

3. Cf. l'expression latine *« se ipse amans sine rivali »* qu'on trouve dans une lettre de Cicéron à son frère Quintus (III, 8, 4)

et qu'Horace applique, dans son *Épître aux Pisons* (v. 444), à ceux qui refusent les avis d'un conseiller sincère.

4. Le mot désigne, selon Furetière, le lit d'une rivière ou d'un ruisseau.

P. 64 I, 12. LE DRAGON À PLUSIEURS TÊTES, ET LE DRAGON À PLUSIEURS QUEUES

1. SOURCE : « Paroles remarquables d'Imbraym, truchement et ambassadeur du Grand Turc, lorsque Maximilien II fut élu empereur [en 1564] », dans *Le Chasse-ennui* de Louis Garon, Lyon, Cl. Larjot, 1668, 2e centurie, LV, pp. 165-167. Voir Jacqueline Plantié, « L'aboutissement de la tradition facétieuse dans une fable et un conte de La Fontaine », *Revue d'Histoire littéraire de la France*, 1984, pp. 531-534. Bien que cette fable n'appartienne pas au fonds ésopique, elle sera réduite en quatrain par Benserade, en 1678, et figurera dans le Labyrinthe de Versailles. La couleur orientale ne doit pas tromper. Elle rappelle, sans doute, la menace que le Turc fit peser sur Vienne en 1664 jusqu'à la bataille de Saint-Gotthardt, qui fut remportée avec l'aide des Français. Mais ce qui pourrait bien plutôt être évalué à travers cette fable, c'est, au moment de la guerre dite de Dévolution, le rapport de forces entre la France de Louis XIV et l'Empire.

2. « Chiaous [...] C'est un officier de la Porte du Grand Seigneur, qui fait l'office d'huissier. Le Grand Seigneur a coutume d'en choisir quelqu'un de ce rang pour envoyer en ambassade vers les autres princes » (Furetière).

P. 65 I, 13. LES VOLEURS ET L'ÂNE

1. SOURCES : Ésope, *Le Lion et l'Ours*, qui se disputent un faon de biche et épuisés par la lutte ne peuvent empêcher le Renard de s'en emparer. Les personnages humains apparaissent dans les *Adages* d'Érasme *(De Asino et Viatoribus)*, chez Corrozet (103, *De deux Compagnons et d'un Âne*) et Haudent (II, 51).

2. Le Transylvain désigne le prince élu par la nation elle-

même sous la pression du Turc. La Hongrie, de son côté, revendique cette province.

3. Quatrième. Après la victoire remportée sur les Turcs à Saint-Gotthard, on a pu croire que la Transylvanie reviendrait à l'Empereur. Elle devait cependant rester en définitive vassale de l'Empire ottoman.

I, 14. SIMONIDE PRÉSERVÉ PAR LES DIEUX

1. SOURCE : Phèdre, IV, 26. L'histoire se trouve aussi chez Cicéron (*De Oratore*, II, 86), Quintilien (*Institution oratoire*, XI, 2), Valère-Maxime (I, 8).

2. Le poète Simonide de Céos (VIe et Ve siècles avant J.-C.).

3. C'est-à-dire au mot de Malherbe choisi par La Fontaine pour thème de sa réflexion.

4. On ne saurait faillir en louant...

5. Qu'ils gratifient les poètes.

P. 68

I, 15. LA MORT ET LE MALHEUREUX
I, 16. LA MORT ET LE BÛCHERON

1. SOURCE : Ésope, *Le Vieillard et la Mort*, traité par Patru dans une lettre à Olinde (29 octobre 1659). La Fontaine en propose deux versions : l'une dépouillée jusqu'à l'abstraction de toute circonstance particulière, mais agrémentée, en guise de moralité, d'un bon mot de Mécène, trouvé chez Sénèque (*Épîtres à Lucilius*, CI, édition F. et P. Richard, Paris, Garnier, 1945, 3 vol., t. III, p. 122) ou dans les *Essais* de Montaigne (II, 37, *Essais*, t. II, éd. Pierre Michel, Folio n° 290, p. 537); l'autre, au contraire, qui vaut surtout par les détails admirablement évocateurs du récit, et qui réintroduit le trait final de l'apologue ésopique, précédemment négligé, mais qui expédie la leçon en quatre heptasyllabes.

2. Un homme d'esprit doublé d'un aimable épicurien.

3. VAR. (Ms. Conrart) :
« *Va-t'en de grâce* ô Mort*; car je* t'en *dis* autant. »

4. On pense plutôt qu'à Patru, à Boileau, qui semble avoir

voulu montrer l'exemple à La Fontaine dans son *Bûcheron et la Mort*.

5. Sa chaumière. « Chaumine » est un archaïsme.
6. Cela ne te demandera pas longtemps.

P. 69 I, 17. L'HOMME ENTRE DEUX ÂGES, ET SES DEUX MAÎTRESSES

1. SOURCES : Ésope, *Le Grison et ses Maîtresses*; Phèdre, II, 2.
2. D'âge moyen.
3. Déjà grisonnant.
4. S'adresser au bon endroit.
5. « Testonner : peigner les cheveux, les friser, les accommoder avec soin » (*Dictionnaire de l'Académie française*, 1694).

P. 70 I, 18. LE RENARD ET LA CIGOGNE

1. SOURCES : Ésope dans les *Propos de table* de Plutarque (I, 1); Phèdre, I, 26.
2. « Méchant potage » (Furetière).
3. VAR. (1678, etc.) : « *la* politesse ».

P. 71 I, 19. L'ENFANT ET LE MAÎTRE D'ÉCOLE

1. SOURCE : à défaut d'Ésope *(L'Enfant qui se baigne)* que La Fontaine, semble-t-il, ne pouvait connaître, une fable de Lokman dont la traduction latine, signalée par R. Jasinski, *op. cit.*, t. I (1965), p. 291, a paru en 1615.
2. « Petit sot, petit impertinent » (Richelet). « Ce mot se dit d'un enfant et veut dire étourdi, badin, sot, et qui n'a point de conduite », précise le même *Dictionnaire* dans l'édition de 1706 (Amsterdam, Jean Elzevir).

P. 72 I, 20. LE COQ ET LA PERLE

1. SOURCES : Phèdre, III, 12. La Fontaine retranche la morale mais double le récit d'un second couplet.

2. C'est ici le contraire de « fausse ».

P. 73 I, 21. LES FRELONS ET LES MOUCHES À MIEL

1. SOURCE : Phèdre, III, 13.

2. La Fontaine substitue par erreur aux Bourdons du modèle les Frelons qui ne peuvent être confondus avec les Abeilles.

3. La comparaison d'un procès avec un ours léché par sa mère vient de Rabelais, *Tiers Livre*, XLII (éd. Pierre Michel, Folio n° 462, p. 491).

4. Termes de Palais dont le premier désigne des écritures où l'on contredit les pièces produites par la partie adverse et le second des sentences qui sans préjuger du fond ordonnent qu'on apporte des preuves sur quelque point de procédure par titres ou par témoins.

5. Le personnage, et son intervention, ont été ajoutés par La Fontaine à son modèle. Chez Phèdre, l'épreuve est proposée par la Guêpe.

P. 74 I, 22. LE CHÊNE ET LE ROSEAU

1. SOURCE : Ésope, *Le Roseau et l'Olivier*.

P. 76 II, 1. CONTRE CEUX QUI ONT LE GOÛT DIFFICILE

1. SOURCE : Phèdre, IV, 7. Mais, au lieu d'une excursion hors de la fable, La Fontaine en tente deux pour désarmer les critiques irréductibles, l'une vers l'épopée, à l'imitation de Virgile (*Énéide*, II, v. 13-20 et 260-264), l'autre vers la poésie pastorale et l'idylle.

2. Cf. Phèdre, Prologue du Livre I, v. 5-7.

3. VAR. (1678) : « *ces* haut style » corrigé en « *si* haut style » à l'*Errata*.

P. 78 II, 2. CONSEIL TENU PAR LES RATS

1. SOURCE : Abstemius, *Les Souris voulant pendre une sonnette au cou du Chat*. Cf. Jacques Régnier, *Apologi phaedrii*, Dijon, P. Palliot, 1643, I, 1, *Mures et Felis*, p. 11.

2. Nom tiré de Rabelais (Quart Livre, LVII).

3. Son soûl.

P. 79 II, 3. LE LOUP PLAIDANT CONTRE LE RENARD PAR-DEVANT LE SINGE

1. SOURCE : Phèdre, I, 10. VAR. (Ms. Sainte-Geneviève) : « Le Loup *et* le Renard *plaidant devant* le Singe. »

2. Cité en justice.

3. VAR. (Ms. Sainte-Geneviève) : « *Il ne s'était point présenté* [...] *un* fait plus embrouillé. »

4. On dit que le roi tient son lit de justice quand la séance du Parlement se déroule en sa présence, et revêt ainsi toute sa solennité.

5. VAR. (Ms. Sainte-Geneviève) : « Tous deux », ce qui suppose que « payerez » compte pour trois syllabes.

6. Les deux derniers vers manquent dans le ms. de Sainte-Geneviève. Peut-être ont-ils été ajoutés pour donner satisfaction aux « personnes de bon sens » dont parle la note.

P. 80 II, 4. LES DEUX TAUREAUX ET UNE GRENOUILLE

1. SOURCE : Phèdre, I, 30, qui permet à La Fontaine de se hausser sans effort jusqu'au ton des *Géorgiques* (III, v. 215-241) pour l'évocation du combat entre les deux Taureaux.

2. La Fontaine confond « croasser » avec « coasser ». De son temps déjà, pourtant, l'usage distingue les deux verbes.

3. L'édition de 1668 in-4° porte « pas », corrigé à la main en « plus ».

4. La Fontaine déplace la moralité du début, où elle se trouve chez Phèdre, à la fin, et lui substitue un distique imité librement d'Horace (*Épîtres*, I, 2, v. 14).

P. 81 II, 5. LA CHAUVE-SOURIS ET LES DEUX BELETTES

1. SOURCE : Ésope, *La Chauve-souris et les Belettes*.
2. Qu'est-ce qui... ?
3. « On s'en sert pour marquer et distinguer les partis », note Furetière.

P. 82 II, 6. L'OISEAU BLESSÉ D'UNE FLÈCHE

1. SOURCE : Ésope, *L'Aigle frappé d'une flèche*.
2. « Vieux mot qui se disait des flèches et des matras auxquels on mettait des plumes pour les mieux conduire dans l'air » (Richelet).
3. La périphrase vient d'Horace (*Odes*, I, 3, v. 27). Japet est le père de Prométhée, qui, comme le rappelle la *Préface* des *Fables*, forma l'homme et composa notre espèce en prenant la qualité dominante de chaque bête (voir p. 28).

II, 7. LA LICE ET SA COMPAGNE

1. SOURCE : Phèdre, I, 19. La lice est la femelle du chien de chasse.

P. 83 II, 8. L'AIGLE ET L'ESCARBOT

1. SOURCE : Ésope, même titre. Ici commence une des séquences thématiques les plus importantes du premier recueil : de part et d'autre de *L'Âne chargé d'éponges, et l'Âne chargé de sel*, se répondent deux couples de fables illustrant l'idée que, ennemis ou amis, les « plus petits que soi » ne doivent pas être méprisés. L'étude des sources révèle en outre qu'il existe une liaison secondaire entre L'*Astrologue qui se laisse tomber dans un puits* et la fable de *La Colombe* d'une part, celle de *L'Âne chargé d'éponges* de l'autre.
2. Ce vers manque dans l'édition de 1678 et les exemplaires non cartonnés de 1692.

P. 85 II, 9. LE LION ET LE MOUCHERON

1. SOURCE : Ésope, *Le Cousin et le Lion.*
2. On connaît l'invective de Malherbe contre le maréchal d'Ancre : « Va-t'en à la malheure, excrément de la terre » (*Prophétie du dieu de Seine, Poésies*, édition Antoine Adam, Poésie/Gallimard, 1982, p. 181). Mais il convient aussi de citer Saint-Amant (*Rome ridicule*, XCV, v. 1 : « Peuple, l'excrément de la terre ») et surtout Scarron (*Le Virgile travesti*, édition Jean Serroy, Classiques Garnier, 1988, Livre premier, v. 178, p. 75) : « Un rat qui n'est qu'un excrément. »
3. Il commence par prendre du champ.
4. Choisit son moment.

P. 86 II, 10. L'ÂNE CHARGÉ D'ÉPONGES, ET L'ÂNE CHARGÉ DE SEL

1. SOURCES : Faërne, *Asini duo*, ou Verdizotti, mais aussi Plutarque, *Quels animaux sont les plus avisés, ceux de la terre ou ceux des eaux*, XV, où l'exemple voisine avec celui de la perdrix sauvant ses petits, peut-être à travers Montaigne (*Apologie de Raimond Sebond*, *Essais*, II, 12, Folio n° 290, p. 182).
2. « Boire d'autant : boire beaucoup » (Académie, 1694).
3. Burent avec elle, et autant qu'elle. Pour ces expressions bachiques, cf. cette *Chanson* de Saint-Amant : « Et ne crois pas qu'il se trouve en la vie / Un tel plaisir que de boire d'autant; / Fais-moi raison, mon cher ami Faret » (*Œuvres complètes*, édition Ch.-L. Livet, Paris, 1855, 2 vol., t. I, p. 240).

P. 87 II, 11. LE LION ET LE RAT
II, 12. LA COLOMBE ET LA FOURMI

1. SOURCES : Ésope, *Le Lion et le Rat reconnaissant*, que Marot avait traité dans une célèbre épître à son ami Lyon; Ésope, *La Fourmi et la Colombe.*
2. VAR. (1678 et éd. suivantes) : « *Ce* ».
3. S'enfuit.

P. 89 II, 13. L'ASTROLOGUE QUI SE LAISSE TOMBER DANS UN PUITS

1. SOURCE : un quatrain du pseudo-Gabrias (22), développé par Faërne. Le P. Menestrier, dans son *Art des emblèmes* (p. 29), observe que c'est un « apologue dont on peut aisément faire un emblème » (voir G. Couton, *La Poétique de La Fontaine*, p. 6). Alciat, de fait, avant La Fontaine, avait composé un emblème *In Astrologos*, que Claude Le Petit, dans sa traduction (1583), rapprochait de l'apologue ésopique sur *L'Oiseleur et la Vipère*, sorte de variation sur le thème de *La Colombe et la Fourmi* : le Croquant présente avec l'Astrologue une double image de « ceux qui bâillent aux chimères », à laquelle répondra, dans le « second » recueil, le couple formé par la Laitière et le Curé (VII, 9 et 10). L'aventure de l'Astrologue, selon Platon (*Théétète*, 174a), suivi par Diogène Laërce et Montaigne (*Essais*, II, 12, Folio n° 290, p. 267), serait arrivée au philosophe Thalès.
2. Cf. Virgile, *Énéide*, I, v. 262. Tristan, dans son *Églogue maritime* (v. 442), en 1634, parlait de « Livre des destinées ».
3. Sinon. Cf. le tour du v. 20.
4. Connus et goûtés par anticipation.
5. Les alchimistes en même temps.
6. « Celui qui s'attache à la contemplation des choses relevées et difficiles » (Richelet).

P. 90 II, 14. LE LIÈVRE ET LES GRENOUILLES

1. SOURCE : Ésope, *Les Lièvres et les Grenouilles*.
2. Rongé par le doute.

P. 91 II, 15. LE COQ ET LE RENARD

1. SOURCE : une facétie de Pogge (LXXIX), traduite par Guillaume Tardif sous le titre que lui a conservé La Fontaine, et mise en vers par Guillaume Guéroult à la suite de son *Premier Livre des emblèmes*.
2. Les feux de joie.
3. Nous dirions aujourd'hui : prend le large.

P. 92 II, 16. LE CORBEAU VOULANT IMITER L'AIGLE

1. SOURCE : Ésope, *L'Aigle, le Choucas et le Berger.*
2. Telle que la peint Ovide dans ses *Métamorphoses* (XIII, v. 766).
3. Cf. le vers d'Horace (*Épîtres*, I, 7, v. 98) qui sert de conclusion à l'apologue du Mulot entré dans un grenier, et à l'historiette du crieur Volteius Menas, dont s'inspirera *Le Savetier et le Financier.*

P. 93 II, 17. LE PAON SE PLAIGNANT À JUNON

1. SOURCE : Phèdre, III, 18.
2. VAR. (Ms. Sainte-Geneviève) : « des *tons* ».
3. Nuancé. Cf. le *Grand Cyrus*, t. XVI, pp. 681-682 : « l'arc-en-ciel n'a pas des couleurs si éclatantes, ni si bien nuées que celles qu'on y voit. »
4. Te pavanes.
5. Cf. Guez de Balzac à M. de Forgues, 7 mars 1634 : « Je trouve les émeraudes de vos paons d'aussi grand prix que celles des lapidaires. »
6. VAR. (Ms. Sainte-Geneviève) : « *Dis-moi* quelque oiseau. »

P. 94 II, 18. LA CHATTE MÉTAMORPHOSÉE EN FEMME

1. SOURCE : Ésope, *La Chatte et Aphrodite.*
2. Hypocondriaque.
3. La première métaphore vient d'Horace (*Épîtres*, I, 2, v. 69-70), la seconde peut-être de Plutarque (*Comment il faut nourrir les enfants*) ou de Pierre Charron (*De la Sagesse*) : voir Louis Roche, *La Vie de Jean de La Fontaine*, Paris, Plon, 1913, p. 405.
4. Autre souvenir d'Horace (*Épîtres*, I, 10, v. 24-25), mais détourné du sens que donne à l'image le poète latin.
5. Armés de bâtons. Le mot est dans *Le Virgile travesti* de Scarron, Livre premier, v. 1729, p. 116.

P. 96 II, 19. LE LION ET L'ÂNE CHASSANT

1. SOURCES : Phèdre, I, 11, qui suivait lui-même Ésope, *Le Lion et l'Âne chassant de compagnie.*

P. 97 II, 20. TESTAMENT EXPLIQUÉ PAR ÉSOPE

1. SOURCE : ce supplément à la *Vie d'Ésope* vient de Phèdre (IV, 5).
2. Pour vérification.
3. À condition qu'elles donneraient.
4. La part qui lui revient.
5. « Style de la pratique », note Chamfort. Le mot « fait très bien en cet endroit ».
6. Le verbe, selon le *Dictionnaire* de l'Académie (1694), « régit aussi l'accusatif de la chose sur quoi on prend conseil », qui peut ainsi devenir sujet à la voix passive.
7. « Contrat qui se fait entre particuliers, où l'on s'oblige respectivement les uns envers les autres » (Richelet).
8. Immédiatement exigible en entier.
9. VAR. (1678, etc.) : « on *composa* ».
10. Maison de campagne, ainsi appelée chez les bourgeois, explique Furetière, « parce qu'ils sont obligés d'y recevoir leurs amis, et leur faire bonne chère ».
11. Les cuvettes pour y jeter les eaux sales, les brocs pour y mettre du vin.
12. « Bouche signifie aussi chez le roi et les princes, ce qui regarde leur boire et leur manger » (Furetière).
13. « La chose qui est l'objet du penchant ou de l'affection de quelqu'un » (Académie, 1694).
14. Que le cas se produisit.

P. 100 III, 1. LE MEUNIER, SON FILS ET L'ÂNE

1. Nous substituons ici le titre définitif, sous lequel la fable est connue, à celui de 1668, qui portait : « et *leur* Âne ».
2. SOURCE : les *Mémoires* de Racan sur la vie de Malherbe,

restés inédits jusqu'en 1672, mais que La Fontaine a pu connaître dès 1652 par Pellisson, en 1657 par Tallemant, ou en 1666 par Ménage. La fable est dédiée à Maucroix qui, d'avocat, était devenu chanoine en 1647, l'année même où La Fontaine se laissait marier par son père, de sorte qu'à vingt ans près il est impossible d'en dater la composition. Huet, d'autre part, a dédié en 1660 à Ménage « une épître à la manière d'Horace où il décrit très sensément la peine où se met un homme qui veut plaire à tout le monde dans la conduite de sa vie » (Chapelain à Huygens, 6 mai 1660, *Lettres*, édition Tamizey de Larroque, Paris, Imprimerie Nationale, 1880-1883, 2 vol., t. II, p. 85), et que termine un apologue dont Chapelain (à Huet, 2 mars 1660, *ibid.*, t. II, p. 86) dit qu'il « ne pouvait être ni mieux imaginé ni mieux exprimé ni mieux placé » : il s'agit précisément, avec quelques variantes dans les circonstances et la disposition des épisodes, du sujet traité ici en français par La Fontaine.

3. À Monsieur de Maucroix (François de Maucroix, 1619-1708, ami de longue date, et qui le restera toujours).

4. Cf. Du Lorens, *Satires* (Paris, 1646, XXIII, p. 181) : « Or ce champ ne se peut en sorte moissonner / Que d'autres après nous n'y trouvent à glaner. »

5. La fiction.

6. À qui rien ne doit échapper.

7. À quoi tendre.

8. Ce spectacle.

9. Cf. le *Grand Cyrus*, t. XVII, pp. 352-353 : « Aussi bien est-ce une folie d'entreprendre de pouvoir agir selon la fantaisie de tous ceux qui nous connaissent [...] de sorte que qui voudrait contenter tant de personnes à la fois s'exposerait sans doute à passer fort mal son temps. »

10. « Adieu, cruelle Jeanne. / Si vous ne m'aimez pas, / Je monte sur mon âne, / Pour galoper au trépas. / — Courez, ne bronchez pas, / Nicolas; / Surtout n'en revenez pas. »

11. Cf. Cicéron, *De Republica*, VI, 16 : « *sed loquentur tamen* ». Le mot est cité par Racine dans la *Préface* de *Britannicus*.

P. 103 III, 2. LES MEMBRES ET L'ESTOMAC

1. SOURCE : Tite-Live, II, XXXII. La fable vient d'Ésope *(L'Estomac et les Pieds)*.

2. Messer Gaster est un personnage de Rabelais, dans le *Quart Livre* (LVII).

3. Lui donne des gages.

4. Lui permet de subsister.

5. La plèbe. C'est le mot dont se sert Amyot pour la désigner dans sa traduction de la *Vie de Coriolan* (VII), où Plutarque évoque l'épisode.

6. Les contributions directes et indirectes.

P. 104 III, 3. LE LOUP DEVENU BERGER

1. SOURCE : Verdizotti, *Il Lupo e le Pecore*.

2. Plaisante adaptation du proverbe « coudre la peau du renard à celle du lion », qui signifie joindre la ruse à la force.

3. « Saye courte, sans manches, que portent assez communément les hommes de village », glose Nicot en 1606.

P. 105 III, 4. LES GRENOUILLES QUI DEMANDENT UN ROI

1. SOURCE : Phèdre (I, 2), qui développait un apologue d'Ésope *(Les Grenouilles qui demandent un roi)*.

2. VAR. (Ms. Conrart) : *« dessus le dos »*.

3. Vous auriez dû.

4. VAR. (Ms. Conrart) : « Vous *deviez tout* premièrement. »

P. 107 III, 5. LE RENARD ET LE BOUC

1. SOURCE : Ésope, même titre, imité par Phèdre (IV, 9).

2. Le stratagème, ou le « secret » (cf. le v. 20).

P. 108 III, 6. L'AIGLE, LA LAIE ET LA CHATTE

1. SOURCE : Phèdre, II, 4.
2. Leurs petites affaires. Richelet donne le mot comme appartenant à la conversation familière et au « style le plus bas ».
3. « Vieux mot qui signifie l'état d'une femme en couches. Il est hors d'usage » (Furetière).
4. De nourriture.

P. 109 III, 7. L'IVROGNE ET SA FEMME

1. SOURCE : Ésope, *La Femme et l'Ivrogne*.
2. « Terme d'Église. Torches, cierges et flambeaux qui servent à l'enterrement d'une personne et qu'on met autour du corps ou de sa représentation » (Richelet).
3. « Brouet ou bouillon chaud » (Académie, 1694, qui donne le mot pour « vieux »).
4. Le mot désigne dans les couvents la religieuse chargée de l'économat. Donc : l'intendante.

P. 110 III, 8. LA GOUTTE ET L'ARAIGNÉE

1. SOURCE : un « conte de vieille » inséré par Pétrarque dans une lettre (III, XIII) à Jean Colonna, et qui, admis par Nicolas Gerbel dans son *Æsopi phrygii vita et fabulae* (Paris, Antoine Bonnemère, 1535), a passé de là dans différents recueils, comme les *Narrationes aesopicae* de Camerarius (Leipzig, 1570) ou les *Contes et Baliverneries d'Eutrapel*, de Noël du Fail.
2. Étroites. « Case » : « une méchante petite maison » (Richelet). Cf. la « case chaumine » dont parle Rabelais, *Tiers Livre*, XVII, Folio n° 462, p. 237.
3. À la courte paille.
4. Archaïsme pour : l'Araignée.
5. S'y établit.
6. La pauvre bestiole. Le mot manque aux dictionnaires du temps.

P. 112 III, 9. LE LOUP ET LA CIGOGNE

1. SOURCES : Ésope, *Le Loup et le Héron*; Phèdre, I, 8.
2. « Régal et bonne chère qu'on fait avec ses amis » (Richelet).
3. « Mot de raillerie pour dire celle qui fait l'office d'opérateur » (Richelet, qui cite ce vers en exemple), c'est-à-dire de charlatan « qui ordinairement vend, ou fait vendre du baume et d'autres sortes de drogues sur un théâtre dans les places publiques des villages » *(ibid.)*.

III, 10. LE LION ABATTU PAR L'HOMME

1. SOURCE : Ésope, *L'Homme et le Lion voyageant de compagnie*.
2. L'artiste.
3. L'auteur de l'œuvre.

P. 113 III, 11. LE RENARD ET LES RAISINS

1. SOURCES : Ésope, même titre; Phèdre, IV, 3.
2. Visiblement.

III, 12. LE CYGNE ET LE CUISINIER

1. SOURCES : Ésope, *Le Cygne pris pour l'Oie*. Le sujet se retrouve chez Faërne (25) et Verdizotti *(Del Cigno e dell'Occa)*, auquel La Fontaine emprunte son début et sa moralité.
2. « C'est un lieu rempli de plusieurs sortes de volatiles et de quadrupèdes », dira La Fontaine, dans *Psyché* (Livre premier, *Œuvres diverses*, éd. P. Clarac, Pléiade, Paris, Gallimard, 1968, p. 128), sur celle de Versailles, que visitent les « quatre amis ».
3. Ce vers et le précédent sont imités de Virgile, *Géorgiques*, I, v. 383-387.
4. Un coup de trop.
5. C'est-à-dire « près de », comme l'indique le second hémistiche. Le XVIIe confond les deux locutions.
6. Imité d'Horace, *Odes*, III, 1, v. 40.

P. 114 III, 13. LES LOUPS ET LES BREBIS

1. SOURCE : Ésope, *Les Loups et les Moutons*.
2. Jeunes loups. Le mot n'est guère attesté que par ce passage.

P. 115 III, 14. LE LION DEVENU VIEUX

1. SOURCE : Phèdre, I, 21. VAR. (Ms. Conrart) : « Le Lion *accablé de vieillesse*. »
2. Bravourc. C'est la vaillance des preux. Le mot, à l'époque de La Fontaine, tend à sortir de l'usage.
3. VAR. (Ms. Conrart) : « *au combat* accourir ».

P. 116 III, 15. PHILOMÈLE ET PROGNÉ

1. SOURCE : Ésope, *Le Rossignol et l'Hirondelle*, adapté en vers par Babrius dans le seul fragment authentique de son œuvre qui fut alors connu. Sur la légende de Philomèle et Progné, voir les *Métamorphoses* d'Ovide (VI, v. 412-674).

P. 117 III, 16. LA FEMME NOYÉE

1. SOURCE : depuis le Pogge (LXe facétie) qu'enjolive G. Tardif, jusqu'à Charles Perrault, qui traduit Faërne, ce fabliau se retrouve dans de nombreux recueils. La Fontaine suit, semble-t-il, Verdizotti (53). Voir sur cette fable Marc Soriano, « Des *Contes* aux *Fables* », *Europe*, mars 1972, pp. 100-106.
2. VAR. (1678, etc.) : « *dans* ».
3. Nous dirions aujourd'hui : « l'inclinaison » (cf. « pente », immédiatement auparavant dans le même vers).
4. L'expression se trouve déjà dans le *Grand Cyrus*, t. XIX, p. 785.
5. Infailliblement.

P. 118 III, 17. LA BELETTE ENTRÉE DANS UN GRENIER

1. SOURCES : Ésope, *Le Renard au ventre gonflé*; Horace, *Épîtres*, I, 7, v. 29-33, où le personnage, mal déterminé, paraît être un mulot.

2. Seule forme donnée par Richelet, qui cite cet exemple et se réfère à *L'Avare* de Molière, I, 4. « Quelques-uns disent fluet », note Furetière.

3. « Se dit des soldats qui vivent chez leurs hôtes avec une entière liberté, sans compter ni payer » (Richelet).

4. « Grande chère » (Furetière).

5. Furetière ne donne que « maflé », « qui a le visage plein et large, ou la taille grossière ».

6. Voir *Conseil tenu par les Rats*, II, 2, v. 6 et la note.

7. Et notamment aux financiers cités à comparaître devant la chambre de justice instituée en 1661 à l'instigation de Colbert après l'arrestation de Foucquet.

P. 119 III, 18. LE CHAT ET UN VIEUX RAT

1. SOURCES : Ésope, *Le Chat et les Rats* pour la première partie de la fable (v. 1-34), Phèdre, IV, 2, pour la seconde partie (v. 35-53). L'idée du jumelage a pu être inspirée à La Fontaine, comme le suggère R. Jasinski, *op. cit.*, t. II, pp. 75-76, par la gravure illustrant chez Baudoin l'apologue ésopique *Du Chat et des Rats* et représentant le Chat non pendu, mais enfariné, comme la Belette que Phèdre met en scène.

2. Voir *Conseil tenu par les Rats*, II, 2, v. 1, et la note.

3. Cf. Sarasin, *La Souris* (*Œuvres choisies*, Paris, A. Courbé, 1657, *Poésies*, pp. 58-59) : « L'Amour avait juré sa perte, / Comme aussi sa mère Vénus, / Qui, sitôt qu'ils furent venus, / Mirent une armée en campagne / De chats et de Chypre et d'Espagne, / De chats sauvages, de matous; / Bouchèrent jusqu'aux moindres trous, / Où les souris ont leurs tanières, / Tendirent mille souricières / Semèrent de la mort-aux-rats, / Remplirent d'eau bassins et plats. »

4. Plafond en planches.

5. Chez Bonaventure Des Périers (*Nouvelles récréations et joyeux devis*, XXI, *Conteurs français du XVI*e *siècle*, édition Pierre Jourda, Pléiade, Paris, Gallimard, 1965, p. 420), un curé désigne le chat par l'adjectif latin « *mitis* », « car vous savez bien qu'il n'est rien si privé qu'un chat », explique-t-il.

6. « Affiner : se dit aussi figurément en morale des niais qu'on rend plus fins en leur faisant quelque tromperie » (Furetière). Le terme ajoute donc à « les trompe » l'idée qu'il « leur en fait voir ».

7. « Terme de meunier. Manière de coffre sans couvercle où tombe la farine » (Richelet).

8. À la suite de cette fable prenaient place en 1668 *L'Œil du Maître* et *L'Alouette et ses Petits*, reportés en 1678 à la fin du Livre suivant. Nous avons laissé les deux pièces à l'endroit où on les trouve habituellement.

P. 121 IV, 1. LE LION AMOUREUX

1. SOURCE : Ésope, *Le Lion amoureux et le Laboureur*.

2. Née le 10 octobre 1646, Marguerite-Françoise de Sévigné allait, le 29 janvier 1669, épouser le comte de Grignan.

3. Redoutable.

4. « La tête d'un sanglier, d'un ours, d'un loup et autres bêtes mordantes » (Furetière).

5. « Parenté » (Richelet, qui cite un vers de Mainard où figure l'expression « haut parentage »).

6. Peut-être.

P. 123 IV, 2. LE BERGER ET LA MER

1. SOURCE : Ésope, même titre. Quelques détails semblent empruntés à une autre fable d'Ésope, *Le Naufragé et la Mer*, de sujet voisin.

2. Sans inquiétudes : c'était pour lui la sécurité.

3. C'est-à-dire qu'avec l'argent de sa vente, il acheta des marchandises afin de se lancer dans le commerce maritime. La question était d'actualité : à l'instigation de Colbert s'était créée en 1664 la Compagnie des Indes Orientales et Occidentales. Celle du Levant allait être constituée en 1670.

P. 124 IV, 3. LA MOUCHE ET LA FOURMI

1. SOURCE : Phèdre, IV, 25. Saint François de Sales, de son côté, assimilait « les hommes attachés au monde à des mouches qui passent leur temps à importuner les créatures, qui oublient de s'assurer gîte et provende pour l'hiver », tandis qu'il comparait les « âmes cloîtrées » aux « abeilles chastes et laborieuses qui terminent leur vie dans l'abondance, lorsqu'elles ont fini de butiner sur les fleurs » (lettre du 22 mars 1611, *Œuvres*, édition d'Annecy, 1892-1964, 27 vol., t. XV, p.35).

2. Avant toi.

3. Richelet définit ainsi cet « ajustement » : « Petit morceau de taffetas noir de la grandeur d'environ l'aile d'une mouche que quelques dames, et de fois à d'autres, que de jeunes hommes portent sur le visage dans la pensée que cela leur donne un petit air plus agréable. »

4. En font autant. Les profanes : ceux qui pénètrent dans le sanctuaire sans en avoir le droit.

5. Cf. la satire en prose latine de Sarasin, *Attici secundi G. Orbilius Musca sive bellum parasiticum*, où sont rappelés *Le Parasite* et l'*Éloge de la Mouche*, de Lucien : « Aussi est-ce à bon droit que Lucien, qui s'est moqué de tout, a composé l'éloge de cet art d'abord, puis de la Mouche, qui en est le symbole, et le surnom de notre famille » (*Œuvres*, Paris, A. Courbé, 1656, *Poésies*, pp. 184-185).

6. « Sorte d'espion de ville [...] Il y en a qui disent aussi mouche au même sens » (Richelet).

7. En hiver (quand ce sera l'été dans l'hémisphère sud).

P. 126 IV, 4. LE JARDINIER ET SON SEIGNEUR

1. SOURCE : sur un canevas fourni peut-être par Camerarius (*Mala mutata pejoribus*), La Fontaine brode librement, puisant dans ses souvenirs de voyage en Limousin et son expérience champenoise de quoi donner vie et vérité à l'apologue.

2. C'est-à-dire : qui habitait le « bourg » (v. 10), mais possédait à la campagne (« en certain village », v. 3) un « jardin » et un « clos » (v. 4).

3. Assez bien tenu, assez coquet.

4. Cette variété, note Richelet, « sert à faire des bordures ».
5. Lui seul, en effet, possède le droit de chasse.
6. « Grande bouchée » (Richelet, édition de 1706).
7. Du fichu.
8. Expression rabelaisienne (*Gargantua*, XI, Folio n° 246, p. 131 ; cf. *Quart Livre*, X, *Œuvres complètes*, édition J. Boulenger, Pléiade, Paris, Gallimard, 1942, p. 567).
9. Sa « famille » aussi. Le sens du mot est précisé par l'hémistiche suivant. Pour le tour, cf. la fable précédente, v. 27.
10. Abasourdi.
11. Termes de chasse. « Quêter », c'est chercher la bête, la « lancer », c'est la débusquer de son gîte (cf. au v. 47 : « gîté »).
12. Expression proverbiale dont le Jardinier garde prudemment pour lui la suite : « qui ne plaisent qu'à ceux qui les font ».

P. 128 IV, 5. L'ÂNE ET LE PETIT CHIEN

1. SOURCE : Ésope, même titre.
2. C'est l'idéal mondain de l'honnêteté, tel que l'a défini, par exemple, le *Grand Cyrus*, t. XVIII, p. 981 : « Mais ce que je veux principalement est que chacun connaisse son talent, et s'en contente : c'est pourquoi je veux que ceux à qui la Nature a donné une certaine naïveté soit en leurs actions, soit aux mouvements de leur visage, soit même en leurs expressions, ne se mêlent point de vouloir faire plus qu'elle, puisqu'il est vrai que l'Art, qui la perfectionne quelquefois, gâte tout en ces occasions. »
3. Imitation de Virgile (*Énéide*, VI, v. 129-130) : *« Pauci quos aequus amavit / Juppiter... »*
4. L'expression remonte au Moyen Âge (voir la *Farce de Martin Bâton qui rabat le caquet des femmes*), figure chez Rabelais (*Tiers Livre*, XII, Folio n° 462, p. 189), et se retrouve chez le Métel d'Ouville dans *L'Élite des Contes* (édition G. Brunet, Paris, Jouaust, 1883, 2 vol., t. I, p. 130, *Autre dispute d'un homme avec sa femme*).

P. 129 IV, 6. LE COMBAT DES RATS ET DES BELETTES

1. SOURCES : Ésope, même titre, et surtout Phèdre, IV, 6, à travers la traduction de Le Maistre de Sacy.

2. Voleur de miette, et voleur de morceau : les deux noms viennent de la *Batrachomyomachie*. Artarpax a été forgé sur le même modèle, à partir d'Artophage ou d'Artépiboule (mangeur ou guetteur de pain). Ratapon, au v. 11, est une création de fantaisie.

3. De toutes ses forces : c'est le sauve-qui-peut.

4. Un plumet.

P. 130 IV, 7. LE SINGE ET LE DAUPHIN

1. SOURCE : Ésope, même titre.

2. *Histoire naturelle*, IX, 8.

3. Faillit lui devoir...

4. Arion. « Renommer : rendre considérable, donner du renom » (Richelet).

5. « On a appelé quelquefois maire un simple juge », observe Furetière.

6. Village, à cette époque, aux environs de Paris.

P. 132 IV, 8. L'HOMME ET L'IDOLE DE BOIS

1. SOURCE : Ésope, *L'Homme qui a brisé une statue*. Patru avait inséré l'apologue, avec un ample commentaire, dans sa Lettre troisième à Olinde, datée du 21 octobre 1659.

2. Cf. Psaume CXV, verset 6.

3. Le genre masculin a pour lui l'étymologie, remarque Ménage dans ses *Observations sur Malherbe* en 1666, mais l'usage, « qui est l'arbitre souverain des langues », a fixé le mot au féminin. Patru, comme La Fontaine, opte, dans sa Lettre à Olinde, pour le masculin.

P. 133 IV, 9. LE GEAI
PARÉ DES PLUMES DU PAON

1. SOURCES : Ésope, *Le Choucas et les Oiseaux*, et surtout *Le Choucas et les Pigeons*; Horace, *Épîtres*, I, 3, v. 15-20; Phèdre, I, 3.

2. Cf. Boisrobert, *Épîtres*, Paris, A. Courbé, 1659, VIII, à Scarron (1652), v. 103-104, p. 91, sur Mazarin : « [...] cet homme bafoué, Sifflé, vendu, moqué, joué [...] » (voir D. Biard, *Le Style des Fables de La Fontaine*, Paris, Nizet, 1970, p. 174).

IV, 10. LE CHAMEAU
ET LES BÂTONS FLOTTANTS

1. SOURCES : deux apologues d'Ésope, *Le Chameau vu pour la première fois*, inséré par Patru dans sa Lettre deuxième à Olinde (15 octobre 1659); *Les Voyageurs et les Broussailles*.

2. Ce spectacle. Cf. l'anecdote de Lucien à laquelle se réfère Rabelais dans le *Prologue* du *Tiers Livre* : « À la production du chameau, tous furent effrayés et indignés » (Folio n° 462, p. 75).

3. « Espèce de chameau plus petit et plus vite que les chameaux ordinaires » (Richelet qui, du chameau, dit qu'il « a une grosse bosse sur le dos, et quelquefois deux »). On ne distingue donc pas nettement, au XVIIe siècle, le chameau et le dromadaire.

4. Devient, à la longue, familier à nos yeux. Cf. Ésope, *Le Renard qui n'avait jamais vu de Lion*, moralité.

5. Cf. la devise donnée à Corilas par Stelle dans l'*Astrée*, Troisième partie, V, t. III, p. 262 : « De loin qu'est-ce? de près, rien. »

P. 134 IV, 11. LA GRENOUILLE ET LE RAT

1. SOURCE : Ésope, *Le Rat et la Grenouille*.

2. Merlin l'enchanteur. Voir le *Premier volume de Merlin*, f° XLII : « telz cuident engigner [pensent faire donner dans le piège] ung autre qui s'engignent eux mesmes ».

3. « La viande chaude qu'on donne aux oiseaux du gibier qu'ils ont pris » (Furetière). La locution appartient à la langue de la fauconnerie, comme « curée » à celle de la vénerie.

4. Se retourne contre... Cf. Lucrèce, *De Natura Rerum*, V, v. 1151-1152.

P. 136 IV, 12. TRIBUT ENVOYÉ PAR LES ANIMAUX À ALEXANDRE

1. SOURCE : Gilbert Cousin, *De Jovis Ammone oraculo* (*Narrationum Sylva*, Bâle, 1567, p. 98).

2. Cf. Virgile, *Énéide*, IV, v. 173-188, pour cette allégorie de la Renommée.

3. Assujettie à ... (cf. : « homme lige »).

4. L'édition in-4° de 1668 porte : « *bien* plus libre », corrigé à la main dans l'édition in-12 parue la même année, et rectifié en 1678 dans le texte imprimé.

5. Bonne chère.

6. La Fontaine reprend textuellement le proverbe, d'origine espagnole, qui termine la Satire XII de Mathurin Régnier.

P. 138 IV, 13. LE CHEVAL S'ÉTANT VOULU VENGER DU CERF

1. SOURCES : Stésichore, allégué par Aristote dans sa *Rhétorique* (II, XX, 5) et suivi par Horace dans ses *Épîtres* (I, 10, v. 34-43).

2. Cf. Horace, *Satires*, I, 3, v. 100; Lucrèce, *De Natura Rerum*, V, v. 937-938.

3. De chaises de poste. VAR. (Ms. Sainte-Geneviève) : « Tant de *chariots*. »

P. 139 IV, 14. LE RENARD ET LE BUSTE

1. SOURCES : Ésope, *Le Renard et le Masque*; Phèdre (I, 7), ainsi qu'un emblème d'Alciat (*Mentem, non formam plus pollere*).

2. Pour le sens, cf. *Tartuffe*, I, 1, v. 70 : « Tout son fait, croyez-moi, n'est rien qu'hypocrisie. »

3. Cf. dans *L'Homme de cour* de B. Gracian, traduit par Amelot de La Houssaye (Paris, 1684, Lyon, F. Barbier, 1696, p. 55, Maxime XLVIII, *L'Homme de grand fond*) : « Il y a des gens qui n'ont que la façade [...] Il leur est facile d'en tromper d'autres, qui n'ont aussi, comme eux, que l'apparence ; mais ils sont la fable des gens de discernement, qui ne tardent guère à découvrir qu'ils sont vides au-dedans. »

P. 140

IV, 15. LE LOUP, LA CHÈVRE, ET LE CHEVREAU
IV, 16. LE LOUP, LA MÈRE, ET L'ENFANT

1. SOURCES : pour la fable 15, l'anonyme de Névelet, *Le Chevreau et le Loup* ; pour la fable 16, Ésope, *Le Loup et la Vieille*. Le dénouement tragique a été ajouté par La Fontaine.
2. Mot inconnu à Paris, signale Richelet, mais usité en province « et principalement en quelques endroits de Champagne ».
3. « Enseigne : marque qu'on donne afin de reconnaître une personne ou une chose. » « Mot du guet : c'est une parole qui sert à discerner les amis d'avec les ennemis » (Richelet).
4. Du même coup.
5. « Quelque occasion, quelque hasard, quelque rencontre avantageuse » (Furetière).
6. « Provisions de vivres » (Furetière).
7. Ce mot, selon Ménage, que cite Furetière, se dit par corruption de « fourche ferrée ».
8. Le tiennent en respect.
9. Exclamation populaire : « Dieu ait pitié de moi ! »
10. « Beaux sires Loups, n'écoutez pas une mère tançant son fils qui crie. »

P. 142 IV, 17. PAROLE DE SOCRATE

1. SOURCE : Phèdre, III, 9, intitulé *Socratis dictum* dans l'édition de Sacy, ainsi que le rappelle Ph. A. Wadsworth, *Young La Fontaine* (Evanston, Northwestern University Press, 1952, p. 183).
2. L'aspect extérieur, par opposition aux « dedans ».
3. Les pièces.

P. *142* IV, 18. LE VIEILLARD ET SES ENFANTS

1. SOURCE : Ésope, *Les Enfants désunis du Laboureur*. Selon Plutarque (*Du trop parler*, XII ; *Dits notables des anciens Rois, Princes et Capitaines, Œuvres morales et mêlées*, f°s 95H et 192C), Scilure, roi des Tartares, aurait, avant de mourir, proposé l'épreuve à ses quatre-vingts fils. Huet, dans sa *Lettre-traité sur l'origine des romans*, attribue à un roi de Perse « voulant exhorter en mourant ses enfants à la concorde », « la similitude d'un paquet de flèches qu'on ne peut rompre que séparément ». La pièce de La Fontaine, composée tout entière en alexandrins comme la fable du *Meunier*, pourrait être ancienne et se rapporter aux difficultés dans lesquelles se débattit le poète après la mort de son père en 1658, et en particulier à ce qui s'est passé à cette occasion entre son frère et lui.

2. Souvenir de Phèdre, *Épilogue* du Livre II, v. 25-26 : *« neque enim notare singulos mens est mihi, / Verum ipsam vitam et mores hominum ostendere »* (« mon intention n'est pas de toucher aux personnes, mais de peindre la vie même et les mœurs des hommes »).

3. Autre souvenir de Phèdre, *ibid.*, v. 7 : *« nec haec invidia, verum est aemulatio »* (« Ce n'est point de l'envie, mais de l'émulation »).

4. VAR. (Ms. Sainte-Geneviève) : « les ».

5. « S'éclater », selon Richelet, « se dit du bois », et signifie « se fendre ».

6. VAR. (Ms. Sainte-Geneviève) : « qu'*entre vous on* s'accorde ».

7. VAR. *ibid.* : « Chacun de ses *enfants*. »

8. VAR. *ibid.* : « Il *tient*. »

9. « Embarras domestique qui vient du peu de soin qu'on a ou que l'on a eu de son bien. " Affaire ", en ce sens, n'est en usage qu'au pluriel » (Richelet).

10. VAR. (Ms. Sainte-Geneviève) : *« Et le triumvirat. »*

11. Quelques jours à peine après la mort de son père en avril 1658, La Fontaine se voit réclamer par son frère Claude sa part d'héritage, au lieu de la rente viagère stipulée par un acte passé entre eux une dizaine d'années plus tôt. Le cadet exigera son dû par sommation d'huissier.

12. « Terme de Palais. C'est recommencer un procès » (Richelet).

13. « Erreur » : vice de forme. « Défaut » : une condamnation par défaut.

14. Conclure un arrangement à l'amiable : « Quand les gens sont las de plaider, c'est lors qu'ils sont disposés à s'accommoder » (Furetière).

P. 144 IV, 19. L'ORACLE ET L'IMPIE

1. SOURCE : Ésope, *Le Fourbe*.

2. Tout aussitôt.

3. Le mot a été dit de Jodelle, en 1573, par L'Estoile, dans ses *Mémoires*, où on lit que l'auteur de la *Cléopâtre* était « sans aucune crainte de Dieu, qu'il ne croyait que par bénéfice d'inventaire » (édition Petitot, t. I, p. 83).

P. 145 IV, 20. L'AVARE QUI A PERDU SON TRÉSOR

1. SOURCE : Ésope, *L'Avare*, avec quelques emprunts à Phèdre, IV, 21, bien que le sujet en soit tout différent; en outre, des ressemblances précises avec *Il Targa* de Cesare Pavesi (Venise, 4e édition, 1587) ont été signalées par A. Adam (*Histoire de la littérature française au* XVIIe *siècle*, Paris, Domat, t. IV, 1954, p. 39). Sur ce thème de l'avarice, La Fontaine a été précédé par Boileau dans la Satire IV (v. 60-81 de la version primitive); il est suivi de peu par Molière, dont *L'Avare* sera créé le 9 septembre 1668.

2. Le mot, attribué à Bion par Diogène Laërce, avait été mis en œuvre par Mlle de Scudéry au t. IX du *Grand Cyrus* (p. 158) : « car que servent les trésors où l'on n'ose toucher? — Ils servent, reprit Mexaris, à savoir qu'on les possède. — Ou plutôt, reprit Doralise, à en être possédé ».

3. Plaisir. Le mot est vieux.

4. Son bien. Autre archaïsme.

5. Il aurait fallu vraiment le prendre bien à l'improviste pour ne pas le trouver en train de songer...

6. Un terrassier.

7. En votre secrétaire.

8. Telle est la ponctuation de 1668. En 1678, les deux points et la virgule, à la fin des vers 35 et 36, se trouvent intervertis. Erreur ? Correction ?

P. 146 IV, 21. L'ŒIL DU MAÎTRE

1. SOURCE : Phèdre, II, 8. La Fontaine emprunte son titre au sous-titre de Sacy : « L'œil du maître est le plus clairvoyant » (voir Geneviève Delassault, « Le Maistre de Sacy et La Fontaine traducteurs de Phèdre », *Revue des Sciences humaines*, 1952, p. 289). Sur la place primitive de cette fable, et de la suivante, voir p. 467, la note 8 sur *Le Chat et un vieux Rat*, III, 18.

2. VAR. (1668 in-12, 1678, etc.) : « *point* ».

3. VAR. (1678) : « *corps* ». Les deux graphies donnent un sens plausible. Pour la plus ancienne, cf. le *Discours à Madame de La Sablière*, IX, v. 73 : « vieux Cerf, et de dix cors ».

4. Le Maître, identifié par la périphrase, qui vient de Phèdre, avec Argus, le gardien d'Io.

5. Le mot désigne les toiles d'araignée.

6. Sur les larmes du cerf quand il est effrayé, voir Plutarque, *Questions naturelles*, XX.

7. Se réjouit.

P. 147 IV, 22. L'ALOUETTE ET SES PETITS AVEC LE MAÎTRE D'UN CHAMP

1. SOURCE : Aulu-Gelle, *Nuits attiques*, II, 29, suivant un modèle ésopique perdu, dont Huet rappelle (*Lettre-traité sur l'origine des romans*, p. 105) qu'il avait été traduit par Ennius dans ses *Satires*. Adapté par Avianus, Faërne (96), Haudent (I, 194), le sujet avait été repris en vers latins par Ménage dans une pièce recueillie parmi ses *Miscellanea* de 1652.

2. Ne compte que sur toi-même.

3. Imitation de Lucrèce, *De Natura Rerum*, I, v. 10-21.

4. Forme probablement dialectale, pour « nichée ».

5. « Rendre service » (Richelet).

P. 150 V, 1. LE BÛCHERON ET MERCURE

1. SOURCES : Ésope, *Le Bûcheron et Hermès* ; Rabelais, *Quart Livre, Prologue de l'Auteur* (*Œuvres complètes*, pp. 526-536).

2. On voit généralement sous ces initiales, depuis Louis Roche (*La Vie de Jean de La Fontaine*, p. 228), le comte de Brienne.

3. Une attention trop scrupuleuse au détail du style.

4. La Fontaine, avant Boileau (*Art poétique*, I, v. 202), traduit Horace, Épître aux Pisons, v. 447-448 : « *ambitiosa / Recidet ornamenta* ».

5. Telle est du moins l'opinion d'Horace (*Satires*, I, 10, v. 14-15) : « *Ridiculum acri / Fortius ac melius magnas plerumque secat res.* »

6. « De sa cognée dépendait son bien et sa vie », disait Rabelais (*Œuvres complètes*, p. 526) : « La mort, six jours après le rencontrant sans cognée, avecques son dail [sa faulx] l'eût fauché et sarclé de ce monde. »

7. Bûcherons. Le mot est attesté au Moyen Âge sous la forme « bosquillons », avec une nuance péjorative.

P. 152 V, 2. LE POT DE TERRE ET LE POT DE FER

1. SOURCE : Ésope, *Les Pots*, d'où Faërne a tiré sa première fable. Si la pièce précédente, comme Rabelais (*loc. cit.*, p. 526) l'indique, possédait, dans la Bible, son équivalent au *Livre des Rois* (VI, 5-7), celle-ci a pu, dès avant La Fontaine, être rapprochée de l'*Ecclésiastique* (XIII, 2-3).

2. Tour archaïque : il ferait sagement.

3. Cf. Faërne, I, v. 13 : « *dura* [...] *cutis.* »

4. Chaque fois qu'ils rencontrent un accident de terrain un peu brutal.

P. 153 V, 3. LE PETIT POISSON ET LE PÊCHEUR

1. SOURCE : Ésope, *Le Pêcheur et le Picarel*.
2. Le *e* s'élide dans la prononciation.
3. VAR. (1678, etc.) : *« en »*.
4. Graphie ancienne pour l'impératif du verbe « tenir ». Cf. Meslier (*Æsopi Fabulae*, Paris, S. Cramoisy, 1629, p. 124) : « Celui-là est mal-aisé [*sic*, sans doute pour « malavisé »] qui n'aime mieux aujourd'hui un tiens que deux tu l'auras. »

P. 154 V, 4. LES OREILLES DU LIÈVRE

1. SOURCE : au Renard et au Singe de Faërne (97), La Fontaine substitue le Lièvre et le Grillon. Saadi (*Gulistan ou l'Empire des roses*, traduit par André du Ryer en 1634) conte un apologue semblable (I, p. 53), dont un Renard, comme chez le fabuliste italien, est le protagoniste.
2. « Hôpital pour les fous » (Richelet).

P. 155 V, 5. LE RENARD AYANT LA QUEUE COUPÉE

1. SOURCE : Ésope, *Le Renard écourté*.
2. « Écourter : [...] couper quelques extrémités, comme de la queue, ou des oreilles » (Richelet).

P. 156 V, 6. LA VIEILLE ET LES DEUX SERVANTES

1. SOURCE : Ésope, *La Femme et ses Servantes*.
2. « Terme poétique, que nos vieux poètes donnaient pour épithète aux Parques qu'ils s'imaginaient présider à la vie et en filer le cours : de sorte qu'ils disaient pour souhaiter une vie heureuse à quelqu'un : " Que ses jours soient filés d'or et de soie " » (Furetière).
3. Paraissaient brouillonnes en comparaison.

4. La déesse de la mer, qui, le matin, lâche la barrière aux chevaux du Soleil.

5. Rouets? Parties de rouets? Dévidoirs, comme le suggère la gravure de Chauveau?

6. Cf. Voiture, à Mlle de Rambouillet, Lettre CIII, *Œuvres*, t. I, p. 229 : « Et soupir deçà; et soupir delà; et vous en aurez. »

7. « Mot burlesque. Il signifie prendre, attraper ce qu'on peut » (Richelet). Furetière ajoute : « comme avec une griffe ou main crochue ».

8. Leur condition.

P. 157 V, 7. LE SATYRE ET LE PASSANT

1. SOURCE : Ésope, *L'Homme et le Satyre*.

2. « Couverture de tapisserie, de drap, de serge ou d'étoffe de soie qu'on met sur des chaises garnies et rembourrées » (Richelet). Cf. *Psyché*, *Œuvres diverses*, p. 197 : « sans autre tapis de pied, qu'un peu de mousse étendue ». Voir aussi le *Voyage en Limousin*, Lettre du 25 août 1663, stances sur le jardin de Mme C. à Clamart, *ibid.*, p. 535.

3. « Vieux mot pour dire inviter, et qui ne se dit que parmi les gens de certaines provinces de France » (Richelet) ou « en fait de quelques cérémonies » (Furetière).

P. 158 V, 8. LE CHEVAL ET LE LOUP

1. SOURCES : pour le Loup, Ésope, *L'Âne faisant semblant de boiter et le Loup*; pour le Cheval, Corrozet (32, *Du Lion et du Cheval*) ou Haudent (143, *D'un Lion et d'un Cheval*).

2. Pour qui.

3. « Mot burlesque pour dire qui est sûr, qui est assuré : *Le Paradis vous est hoc, / Pendez le rosaire au croc* » (Richelet).

4. Une tumeur.

5. Forme populaire pour herboriste, selon Richelet.

P. 159 V, 9. LE LABOUREUR ET SES ENFANTS

1. SOURCE : Ésope, même titre.
2. « Fonds » est pris au figuré, et désigne le travail, qui risque le moins de ne pas se révéler payant.
3. Rentré la moisson.

P. 160 V, 10. LA MONTAGNE QUI ACCOUCHE

1. SOURCES : Horace, *Épître aux Pisons*, v. 136-139 (cf. Boileau, *Art poétique*, III, v. 270-274); Phèdre, IV, 24. L'expression *« ridiculus mus »* était depuis longtemps devenue proverbiale. Bernier l'applique en 1650 à une courte dissertation de J.-B. Morin contre Gassendi. On trouve, dix ans plus tard, sous la plume de Chapelain dans une lettre à Huygens (26 août 1660, *Lettres*, édition citée, t. II, p. 95) : « Je me doutais bien toujours que cette montagne enfanterait une souris. »

V, 11. LA FORTUNE ET LE JEUNE ENFANT

1. SOURCES : Ésope, *Le Voyageur et la Fortune*, et plus sûrement, semble-t-il, Régnier, *Satire* XIV, v. 85-100.
2. « On dit [...] pendant mes classes pour dire pendant que j'ai étudié au collège » (Richelet).
3. Un homme raisonnable.
4. VAR. (1668 in-12, 1678, etc.) : *« Échos. »* Le vers, avec la graphie primitive, signifie que, dans nos récriminations, c'est toujours la Fortune qui écope à notre place. La modification donne à la phrase un sens nettement moins satisfaisant.

P. 161 V, 12. LES MÉDECINS

1. SOURCES : Ésope, *Le Malade et le Médecin*, dont La Fontaine pouvait s'inspirer pour son Médecin Tant-mieux, et *Le Médecin et le Malade*, d'où il a pu tirer la repartie finale de sa fable (v. 10). Mais il convient peut-être de chercher l'origine de cette épigramme dans *Le Page disgracié* de Tristan L'Hermite. On y lit en

effet (édition Auguste Dietrich, Paris, Plon, 1898, pp. 34-35), à propos du petit prince dont il a été question déjà, p. 450, dans la note I sur *Le Loup et l'Agneau* : « Les plus excellents médecins furent appelés à sa maladie; et comme ceux de cette profession ne s'accordent jamais guères en leurs jugements, ils donnèrent de différents avis sur la manière de le traiter durant son mal et ne cessèrent pas leur dispute après qu'il eut cessé de vivre. »

P. 162 V, 13. LA POULE AUX ŒUFS D'OR

1. SOURCE : Ésope, même titre.

V, 14. L'ÂNE PORTANT DES RELIQUES

1. SOURCE : Ésope, *L'Âne qui porte une statue de dieu.*
2. « Marcher avec affectation et témoignage d'orgueil, comme font les fanfarons » (Furetière).
3. Nous dirions : « Ce n'est pas à vous, c'est à l'idole que cet honneur se rend et que la gloire en est due. »

P. 163 V, 15. LE CERF ET LA VIGNE

1. SOURCE : Ésope, *La Biche et la Vigne.*
2. En Italie, beaucoup plus qu'en Champagne.
3. En défaut.

V, 16. LE SERPENT ET LA LIME

1. SOURCES : Ésope, non *La Vipère et la Lime*, dont les circonstances sont différentes, mais *La Belette et la Lime*; Phèdre, IV, 8. Tanneguy Le Fèvre, dans une polémique contre le *Journal des Savants* au sujet de ses Lettres latines, venait, en 1666, de renvoyer ses lecteurs à l'apologue de Phèdre, et de paraphraser en vers français la première des deux fables ésopiques mentionnées ci-dessus (voir R. Jasinski, *op. cit.*, t. II, pp. 240-241).
2. VAR. (1678) : un point-virgule après « toi »; une virgule après « folle » rattache le vers à ce qui suit.

3. « En termes de médecine, un poids de dix grains ou d'un demi-scrupule » (Richelet).

4. Chapelain écrivait à Heinsius, le 25 octobre 1663 (*Lettres*, t. II, p. 332) : « Ce sont vos épigrammes et vos élégies qui sont de louables ouvrages auxquels la dent de l'envie ne mordrait qu'inutilement. » Cf. aussi Horace, *Satires*, II, 1, v. 74-79, passage où le satirique justifie contre ses détracteurs sa conception du genre.

P. 164 V, 17. LE LIÈVRE ET LA PERDRIX

1. SOURCE : non Ésope, en dépit du v. 3, mais Phèdre, I, 9. Les quatre premiers vers sont identiques à ceux du *Renard et l'Écureuil*, fable allégorique en faveur du Surintendant Foucquet.

2. Cf. Donneau de Visé, *Zélinde ou la Contre-critique de l'École des femmes*, Paris, G. de Luyne, 1663, Scène 8, pp. 99-100 : « Il ne se faut jamais moquer des heureux ni des misérables, puisqu'il est impossible d'arrêter le bonheur des uns, et qu'un honnête homme ne se doit point moquer des autres. » Ce dernier précepte se trouve en effet dans *L'Honnête homme à la cour* de Faret (voir sur ce point J.-C. Tournand, *Introduction à la vie littéraire du XVII*e *siècle*, Paris-Montréal, Bordas, 1970, p. 139).

3. VAR. (1678, etc.) : *« Rustaut. »* La correction se trouve portée, d'une écriture ancienne, sur certains exemplaires de l'édition originale (1668 in-4°).

P. 165 V, 18. L'AIGLE ET LE HIBOU

1. SOURCE : Verdizotti, 17, et accessoirement Abstemius, 114.

2. Ce pronom renvoie au Hibou, si l'on considère le v. 32, à l'Aigle, si on se reporte au modèle fourni par Verdizotti. Le drame ne peut se situer qu'à l'heure indécise où le rapace diurne et le rapace nocturne sont susceptibles de se trouver en chasse (« en pâture ») tous deux en même temps.

P. 166 V, 19. LE LION S'EN ALLANT EN GUERRE

1. SOURCE : Abstemius, 95, traduit par Raphaël Trichet du Fresne dans ses *Figures diverses tirées des fables d'Ésope et autres* (Paris, 1659).
2. De secrètes intelligences.

P. 167 V, 20. L'OURS ET LES DEUX COMPAGNONS

1. SOURCES : Ésope, *Les Voyageurs et l'Ours*, et surtout Commynes (*Mémoires*, IV, 3, édition Jean Dufournet, Folio n° 1078, p. 279), selon qui l'apologue aurait été conté par l'Empereur d'Allemagne, en guise de réponse, aux ambassadeurs de Louis XI venus lui proposer de partager avec le roi de France les dépouilles de Charles le Téméraire : dans son récit apparaît pour la première fois le marché passé pour vendre la peau de l'ours, qui se retrouve dans la version d'Abstemius (49). L'expression « disputer de la peau de l'Ours » (Monluc, *Commentaires*, Pléiade, 1964, p. 169), ou vendre « comme on dit, la peau premier qu'avoir pris la bête » (*Printemps d'Yver, Conteurs français du XVIe siècle*, p. 1148) était devenue proverbiale.
2. Le personnage de Rabelais (*Quart Livre*, V-VIII).
3. Le rompre.
4. Quant à se retourner contre l'Ours pour lui demander des dommages et intérêts...
5. Retient son souffle.
6. Ne remue.
7. VAR. (1678, etc.) : « *s*'approchait ».

P. 168 V, 21. L'ÂNE VÊTU DE LA PEAU DU LION

1. SOURCES : Ésope, *L'Âne revêtu de la peau du Lion et le Renard*, et surtout *L'Âne qui passait pour être un Lion*. À la peau de l'Ours, La Fontaine coud celle du Lion, dans un diptyque placé en regard de celui qui ouvre le Livre suivant. Dans les deux cas, il joint à un premier récit plus circonstancié ou plus

poétique une fable plus courte, qui respecte davantage la brièveté exigée par Patru pour le genre ésopique. Il confronte ainsi les deux manières dont on peut concevoir la fable en vers, non sans déjà pencher pour celle, plus développée, qui s'épanouira librement dix années plus tard dans le « second » recueil.

2. Celle qui distingue les héros : la vaillance (cf. le v. 14).

3. Le bâton : cf. *L'Âne et le petit Chien*, IV, 5, v. 27.

4. L'extérieur d'un « cavalier », au sens que prenait alors le mot, de traîneur d'épée aux allures conquérantes.

P. 170 VI, 1. LE PÂTRE ET LE LION
VI, 2. LE LION ET LE CHASSEUR

1. SOURCES : pour la première fable, Ésope, *Le Bouvier et le Lion*, pour la seconde, un quatrain du pseudo-Gabrias (en réalité Ignatius Magister, ou Ignace le Diacre, moine byzantin du IXe siècle après J.-C.) qui porte le numéro 36 dans le recueil de Névelet.

2. L'idée est développée par Phèdre, IV, 2, v. 1-5.

3. Cette doctrine vient d'Horace, *Épître aux Pisons*, v. 343-344. Huet rappelle, dans sa *Lettre-traité sur l'origine des romans*, p. 107, que Macrobe distingue « les fables qui sont seulement pour le plaisir de celles qui instruisent en délectant », parmi lesquelles il range du reste « celles de Pétrone et d'Apulée ».

4. Voir Phèdre, III, *Prologue*, v. 60 : « [...] puisque notre brièveté déplaît à certains ».

5. Le pseudo-Gabrias que Névelet, à la fin de sa *Préface*, identifiait avec Ignatius Diaconus, ou Magister.

6. Leur plan pour le déroulement de l'histoire.

7. VAR. (1678, etc.) : *« de »*.

P. 172 VI, 3. PHÉBUS ET BORÉE

1. SOURCES : Ésope, *Borée et le Soleil*, imité par Avianus (4) et Verdizotti (18). Plutarque, *Préceptes de mariage* (*Œuvres morales et mêlées*, f° 148F), imité par Philibert Hégémon (Fable 6; cf. son Emblème 27, « Plus par douceur que par force »).

2. L'arc-en-ciel. Écharpe : « morceau de taffetas dont les

femmes se couvrent la tête et les épaules contre la pluie » (Richelet).

3. Cf. Virgile, *Géorgiques*, I, v. 115 : « *incertis mensibus* ». Il s'agit du printemps et de l'automne.

4. « Ébat, divertissement » (Richelet).

5. Qui a gagé, et qui souffle comme s'il était gagé pour le faire.

6. Cf. Scarron, *Le Virgile travesti*, Livre deuxième, v. 1244-1245, p. 183 : « Enfin cette horrible tempête / Fait périr aussi les maisons »; Livre quatrième, v. 1099-2003, où sont évoqués les vains efforts du vent; Livre cinquième, v. 49-50, p. 388, où l'on trouve un naufrage conté en vers burlesques.

7. VAR. (1678, etc.) : « *du* ».

8. Richelet ne connaît que *balandran* (« mot comique pour dire un gros manteau pour le mauvais temps »), qu'emploient Régnier (Satire XIV, v. 134) et Scarron (*Le Virgile travesti*, Livre premier, v. 2425, p. 134).

P. 173 VI, 4. JUPITER ET LE MÉTAYER

1. SOURCES : Faërne (98), Verdizotti (99), ou Targa (104). Perrault, dans la *Préface* de ses *Contes* (Folio, n° 1281, p. 50), rapprochera de ce sujet celui de ses *Souhaits ridicules*.

2. Nécessitait des frais.

3. Formulait une autre restriction.

4. VAR. (1678, etc.) : « *les* ».

5. Bonne vendange.

6. Le mot désigne, selon Furetière, les « fermiers des terres seigneuriales ».

7. « Une certaine qualité dans l'air, laquelle sert à le tempérer et à en corriger les défauts » (Richelet).

8. Cf. l'*Astrée*, Deuxième partie, XI, t. II, p. 442 : « Teutatès sait mieux ce qu'il nous faut que nous-mêmes. »

P. 174 VI, 5. LE COCHET, LE CHAT, ET LE SOURICEAU

1. SOURCE : Verdizotti, 21.
2. « Fonder la cuisine : établir de quoi vivre » (Richelet).

P. 176 VI, 6. LE RENARD, LE SINGE, ET LES ANIMAUX

1. SOURCE : Ésope, *Le Renard et le Singe élu roi.*
2. Une prison. Le mot, qui est archaïque, désigne ici plutôt une chambre forte.
3. L'idée vient d'Audin *(Fables héroïques, Le Lion couronné).* Voir R. Jasinski, *op. cit.*, t. II, pp. 294-295.
4. « Se prend aussi en général pour toute sorte de couronne de prince absolu et souverain » (Richelet).
5. « Aspirer avidement après quelque chose » (Richelet, qui donne le mot, en ce sens, pour « bas et un peu comique »).

P. 177 VI, 7. LE MULET SE VANTANT DE SA GÉNÉALOGIE

1. SOURCE : Ésope, *La Mule.* Voir aussi Plutarque, *Banquet des sept sages*, V, où l'apologue est conté de manière un peu différente.

P. 178 VI, 8. LE VIEILLARD ET L'ÂNE

1. SOURCE : Phèdre, I, 15.
2. VAR. (Ms. Sainte-Geneviève) :

« Un Vieillard, *en chemin faisant*
Aperçut un pré *verdoyant :*
Il y lâche *son Âne*, et le *Baudet* se rue
Au travers de l'herbe menue
Se *grattant*, *vautrant* et frottant » etc.

3. La moralité a été diversement interprétée. Il ne semble pas qu'elle présente le caractère politiquement subversif que certains lui ont attribué.

VI, 9. LE CERF SE VOYANT DANS L'EAU

1. SOURCES : Ésope, *Le Cerf à la source et le Lion*; Phèdre, I, 12.

2. Leur reflet : cf. Théophile, *La Solitude*, v. 4.

P. 179 VI, 10. LE LIÈVRE ET LA TORTUE

1. SOURCE : Ésope, *La Tortue et le Lièvre*.

2. C'est la devise de Maître Tubal Holopherne, dans le *Gargantua* de Rabelais (XXI, Folio n° 246, p. 189). C'est aussi celle de Maucroix (Épître à Cassandre, *Œuvres diverses*, édition L. Paris, Paris, J. Techener, 1854, 2 vol., t. I, p. 69) : « Courir bien et partir à point / Sauve le moule du pourpoint. »

3. C'est plus que n'en prescrit Furetière (« deux grains », le grain désignant une mesure de poids), mais moins que les « six grains » dont Alcmène aurait besoin, selon Sosie, dans l'*Amphitryon* de Molière (II, 2, v. 940). Horace, dans ses *Satires*, évoque un fou auquel il a suffi de trois grains pour le guérir, à son regret, de ses chimères.

4. Cf. Tristan, *Le Page disgracié*, p. 181 : « Je marchais d'un pas aussi grave que si j'eusse été quelque sénateur. »

5. C'est le *« festina lente »* cher à Auguste, selon Suétone (*Auguste*, 25) et Aulu-Gelle. Cf. le conseil donné par la Tortue de Voiture, dans les *Étrennes de quatre animaux* (*Œuvres*, t. II, p. III : « Soit que vous poursuiviez évêché, femme ou fille, / Faites tous comme moi, hâtez-vous lentement, / Ne formez qu'un dessein, suivez-le constamment. » Voir aussi Chapelain à Balzac, 5 février 1640, *Lettres*, t. I, p. 567, à propos des courriers : « ils se hâtent lentement ».

P. 180 VI, 11. L'ÂNE ET SES MAÎTRES

1. SOURCE : Ésope, *L'Âne et le Jardinier*.

2. « Dénombrement certain des officiers et domestiques du roi : être couché sur l'état de la maison du roi » (Richelet). Le Charbonnier a été substitué par La Fontaine au Potier qui, dans le tiercé d'Ésope, occupait la deuxième place.

P. 181 VI, 12. LE SOLEIL ET LES GRENOUILLES

1. SOURCES : Ésope, même titre; Phèdre, I, 6.
2. Ce début transpose dans le registre burlesque les v. 7-8 de l'ode dédiée par Malherbe à la Reine Marie de Médicis sur sa bienvenue en France.

P. 182 VI, 13. LE VILLAGEOIS ET LE SERPENT

1. SOURCES : Ésope, *Le Laboureur et le Serpent*; Phèdre, IV, 20. La Fontaine modifie le dénouement, et fait périr l'ingrat, au lieu du bienfaiteur, sans doute sous l'influence de la traduction donnée par Baudoin dans ses *Fables d'Ésope phrygien traduites et moralisées*.
2. « Bien immeuble d'une personne » (Richelet).
3. « On a aussi appelé insectes les animaux qui vivent après qu'ils sont coupés en plusieurs parties comme [...] les lézards, serpents, vipères, etc. » (Furetière).

P. 183 VI, 14. LE LION MALADE ET LE RENARD

1. SOURCE : Ésope, *Le Lion vieilli et le Renard*. Voir aussi Horace, *Épîtres*, I, 1, v. 70-75.

P. 184
VI, 15. L'OISELEUR, L'AUTOUR, ET L'ALOUETTE

1. SOURCE : Abstemius, 3.
2. Le mirage.
3. 1678 : « maligne ».

P. 185 VI, 16. LE CHEVAL ET L'ÂNE

1. SOURCE : Ésope, même titre.
2. La charge.

VI, 17. LE CHIEN QUI LÂCHE SA PROIE POUR L'OMBRE

1. SOURCES : Ésope, *Le Chien qui porte de la viande*; Phèdre, I, 4.

2. Cf. l'*Astrée*, Troisième partie, IX, t. III, p. 470 : « Ce ne sont, dit Hylas, que les esprits peu sages qui courent après l'ombre du bien, et laissent le bien même »; Jean-Pierre Camus dans *La pieuse Julie*, Paris, J. Bessin, 1640, p. 125 : « laissant aller, comme le chien de la fable, le morceau qu'il tient pour courir après la vaine ombre d'un plus grand bien qu'il y peut désirer, mais non pas espérer, mais y aspirer, nullement le posséder ».

P. 186 VI, 18. LE CHARTIER EMBOURBÉ

1. « Charretier, chartier. Ce mot est de trois ou de deux syllabes, mais plus ordinairement de trois » (Richelet).

2. SOURCE : Ésope, *Le Bouvier et Héraklès*.

3. Le nom se trouve déjà dans *La Rome ridicule* de Saint-Amant (XXVIII, v. 5). MM. L. Petit et Ch. Chassé ont rappelé, l'un dans la *Revue d'Histoire littéraire de la France* en 1951 (pp. 468-471), l'autre dans *XVIIe siècle* en 1963 (n° 61, pp. 54-58), que cette ville était alors, comme Limoges, un lieu d'exil, et avait vu passer notamment les PP. Caussin, confesseur de Louis XIII, jésuite, et Desmares, prédicateur suspect de jansénisme, oratorien, M. Singlin, le directeur de Port-Royal, et Roquesante, l'un des juges de Foucquet, considéré comme trop favorable à l'accusé.

4. L'expression « jurer comme un chartier embourbé », donnée pour proverbiale par Richelet, apparaît souvent dans *Le Virgile travesti* de Scarron (Livre II, v. 1286, III, v. 740, V, v. 861, VI, v. 1142, pp. 184, 256, 409, 503). Cf. aussi son *Typhon*.

5. Cf. l'*Astrée*, Deuxième partie, VII, t. II, p. 284 : « les dieux n'aident guère à ceux qui ne s'aident point eux-mêmes »; Troisième partie, I, t. III, p. 30. Voir encore Quatrième partie, VII, t. IV, p. 352.

P. 187 VI, 19. LE CHARLATAN

1. SOURCE : Abstemius, 133.
2. Un vendeur de mithridate, comme l'opérateur Barry.
3. Cf. Gabriel Guéret, *Le Parnasse réformé* (2e édition, Paris, 1669, p. 61), à propos des « faiseurs de rhétorique », comme Bary, Richesource, Lesclache : « Tous les carrefours sont tapissés de leurs affiches, et j'en ai vu une qui doit persuader tout le monde de l'extravagance de ces orateurs en chambre. »
4. « Sot, niais » (Richelet).
5. « Se faire passer maître, docteur, etc. : c'est-à-dire se faire recevoir » (Richelet).
6. La robe de docteur.
7. VAR. (1678) : *« dans »*.
8. « Ce mot se dit en parlant des actes qu'on soutient en Sorbonne lorsqu'on prend ses degrés : *être sur les bancs*; *il a bien fait sur les bancs*, c'est-à-dire : il a fort bien répondu en faisant ses actes pour prendre ses degrés » (Richelet).
9. L'impératif présente évidemment une valeur adversative : « Quoique nous soyons aujourd'hui bien buvants, bien mangeants », c'est-à-dire : « que nous nous portions bien ». Cf. Scarron, *Le Virgile travesti*, Livre premier, v. 2386, p. 133 : « Énée en peine si ses gens / Étaient bien buvants et mangeants » (l'expression équivaut à : « s'ils étaient en vie »); Livre troisième, v. 2114, p. 292 : « Tous bien buvants et bien mangeants. »
10. Un sur trois.

P. 188 VI, 20. LA DISCORDE

1. SOURCE : l'allégorie de la Discorde remonte à Homère (*Iliade*, IV, v. 440, etc.) et à Hésiode (*Les Travaux et les jours*, v. 11 sq., etc.), puis émigre chez Virgile (*Énéide*, VIII, v. 702-703) et chez l'Arioste (*Roland furieux*, XIV, LXXVI-LXXXVI, et XVIII, XXVI-XXXVII) qui la loge parmi les moines : c'est là que la découvre inopinément l'archange Michel, envoyé à sa recherche.
2. Cf. Régnier, Satire VI, v. 115 : « Lors du tien et du mien naquirent les procès. »

3. Arrivait avant elle.
4. VAR. (1668 in-12, 1678, etc.) : « assinée ».

P. 189 VI, 21. LA JEUNE VEUVE

1. SOURCE : Abstemius, 14.
2. Cf. Corneille, *Nicomède* : « Je n'aime point si mal que de ne pas vous suivre / Sitôt qu'entre mes bras vous cesserez de vivre »; Guillaume Colletet, dans les vers composés par lui avant de mourir sous le nom de sa veuve, pour expliquer le silence de la prétendue poétesse : « Jusque dans le tombeau, je vous suis, cher époux. »
3. VAR. (1678, etc.) : « *sait* ».
4. Vénus y enverra Psyché puiser une cruchée d'eau, non pas pour elle, mais pour deux ou trois de ses amies (*Psyché*, Livre second, *Œuvres diverses*, p. 233). Cf. Tallemant des Réaux, *Le Célibat*, dont M. Roger Zuber nous a aimablement communiqué la transcription encore inédite, d'après les Manuscrits Favart conservés à la Bibliothèque de Reims, en nous autorisant (qu'il en soit remercié) à la citer ici, v. 83-84, au sujet du veuvage : « La plus sèche femelle en bref il la remet / Elle est carpe laitée et fut hareng sauret ! »

P. 191 ÉPILOGUE

1. SOURCES : les épilogues des Livres II et IV dans Phèdre.
2. Voilà qu'il est bientôt temps...
3. Thème élégiaque fréquent chez Mme de Villedieu (Élégie I : « Principe souverain de tout ce qui respire, / Impérieux tyran dont je chéris l'empire [...]; Élégie II : « Amour, cruel Amour, barbare inexorable, / Tyran, que t'ai-je fait pour être misérable ? » Cf. *Les Désordres de l'amour*, en 1676 : « Mais l'Amour, ce Tyran des plus illustres âmes [...] », *Œuvres*, t. II, pp. 191 et 200, t. I, p. 2).
4. Dans *Psyché* (*Œuvres diverses*, p. 174), c'est Acante qui encourage Polyphile à continuer, et à peindre « les malheurs et les félicités » de son héroïne dans la seconde partie de son histoire. Damon désignerait-il ici la même personne que cet

Acante dans lequel on a cru pouvoir reconnaître Pellisson, sorti depuis peu de la Bastille et rentré en faveur auprès de Louis XIV (voir J.-D. Hubert, « La Fontaine et le mystère des deux Acante », *Revue d'Histoire littéraire de la France*, 1966, pp. 223-237)?

P. 193 LIVRE SEPTIÈME

1. Nous adoptons la numérotation traditionnellement admise depuis l'édition Charpentier de 1709. En 1678 et 1692, ce Livre constitue le « premier » de la « Troisième Partie ».

AVERTISSEMENT

1. Maucroix pourtant n'y verra « nulle différence », ajoutant : « je crois que notre ami n'a pas trop pesé ses paroles en cette occasion » (au P... de la C. de J..., 30 mars 1704, *Lettres*, édition René Kohn, Paris, Presses Universitaires de France, 1962, p. 180).

2. Respectivement constituées par les Livres I à III et IV à VI, depuis l'édition in-12 de 1668, en deux volumes, rééditée en 1678 en même temps que le premier tome du « second » recueil.

3. Ou Bidpaï, lu dans *Le Livre des lumières ou la conduite des rois*, traduit en français par David Sahib d'Ispahan [l'orientaliste Gaulmin], Paris, Siméon Piget, 1644.

4. Les fables attribuées à ce brahmane légendaire, qui dérivent du *Panchatantra* et de l'*Hitopadeça*, ont été traduites du sanskrit en pehlvi, puis en arabe dans *Le Livre de Kalila et Dimna*, en syriaque, hébreu, grec, persan, turc, latin, etc.

5. L'identification de Lokman avec Ésope, fondée dans l'avis « Au Lecteur » du *Livre des lumières* sur les ressemblances entre la *Vie* du premier par Mir-Khand et celle du second par Planude, est affirmée par Huet dans sa *Lettre-traité sur l'origine des romans*, p. 54 : « Ce Lokman si renommé dans tout l'Orient n'était autre qu'Ésope. » La Fontaine seul propose de fondre en un seul personnage collectif, l'Indien, le Grec et l'Arabe. Lokman avait été traduit en prose latine par Erpenius dès 1615 ; il fut mis en vers dans cette même langue par Tanneguy Le Fèvre (Saumur, 1673).

P. 195 À MADAME DE MONTESPAN

1. Maîtresse du roi depuis la « nuit de Compiègne » en 1667, elle reste, malgré une sérieuse alerte en 1675, à l'apogée de sa faveur, avant de se trouver bientôt compromise dans l'affaire des Poisons. Elle protège La Fontaine : en 1674, de connivence avec sa sœur Mme de Thianges, elle a cherché, en vain, à l'imposer comme librettiste à Lulli. Dans la *Chambre du Sublime*, offerte, s'il faut en croire une tradition établie sur des fondements somme toute assez minces et légers, en 1675 comme étrennes à son fils, le petit duc du Maine, le poète figurait auprès de Racine et de Boileau.

2. C'est Mercure qui, selon Philostrate dans sa *Vie d'Apollonios de Tyane*, V, 15 (*Romans grecs et latins*, édition Pierre Grimal, Pléiade, 1958, p. 1186), a donné la fable à Ésope. Voir aussi, sur le charme de l'apologue, son utilité morale, la manière dont Ésope conduit son auditoire où il veut, *ibid.*, V, 14, pp. 1184-1185.

3. Cette apothéose d'Ésope rappelle celle d'Épicure, dans le *De Natura Rerum* de Lucrèce (V, v. 1-12).

4. La Fontaine, pour tout ce début, s'inspire de Quintilien, *Institution oratoire*, V, XI, 19.

5. Souvenir homérique (*Iliade*, I, v. 604).

6. On a pu voir, non sans vraisemblance, dans ce mot à double entente, une discrète allusion au roi.

7. Honoré de votre faveur (cf. « Favorisez » au v. 14 et « faveur » au v. 36).

P. 197 VII, 1. LES ANIMAUX MALADES DE LA PESTE

1. SOURCES : la triple confession du Lion, absous par le Renard, du Loup et de l'Âne dérive d'une tradition médiévale et chrétienne qu'on suit chez les sermonnaires (Holkot, Barleta, Raulin), puis chez les fabulistes ou les auteurs d'emblèmes (Philelphe, 12, Haudent, II, 60, Guéroult, Emblème 15 et *Fable morale du Lion, du Loup et de l'Âne*), ainsi que chez les conteurs (Larivey dans sa traduction de Straparole, *Facétieuses nuits*, XIII, 1). Non plus religieuse et dirigée contre le clergé, mais politique

et visant les ministres et conseillers des rois, la satire découle d'une source orientale, attestée dans le *Panchatantra*, l'*Hitopadeça*, le *Livre de Kalila et Dimna* et le *Livre des lumières* (pp. 118-122). Une copie manuscrite — non autographe — de la fable dans le recueil Trallage (collection réunie par Jean-Nicolas de Trallage, et conservée à la Bibliothèque de l'Arsenal) porte la date de « 1674 ».

2. Outre Lucrèce (*De Natura Rerum*, VI, v. 1135-1283), cette évocation de la peste rappelle l'*Iliade* (I, v. 8-10 et 43-53), *Œdipe-roi* (v. 22-30), Thucydide (II, 2, 47-54), les *Géorgiques* (III, v. 474-566) et Boccace (*Décaméron*, préambule de la *Première Journée*) sans parler du *Premier Livre des Rois* (verset 12).

3. Allusion à la *devotio* romaine, dont l'exemple le plus célèbre est fourni par les trois Décius, père, fils et petit-fils (voir Tite-Live, VIII, IX, 1 ; X, XXVIII, 12, etc.).

4. « Non seulement les jugements de cour, mais les jugements de ville », commente Chamfort, qui rapproche de cette moralité les v. 130-131 du *Prologue* dans l'*Amphitryon* de Molière : « Selon ce que l'on peut être, / Les choses changent de nom. » La Fontaine rejoint ici Régnier (Satire III, v. 77-78), qui s'inspirait lui-même de Juvénal (Satire XIII, v. 103-105).

P. 199 VII, 2. LE MAL MARIÉ

1. SOURCE : Ésope, *Le Mari et la Femme acariâtre*.

2. Cf. *Le Printemps d'Yver, Conteurs français du XVI*e *siècle*, p. 1154 : « Il y a si grande inimitié entre beauté et bonté, que jamais l'une ne demeure avec l'autre en une maison. »

3. Cf. Scarron, Épître à Mme de Revel qui prouve qu'il existe « des personnes / Qui sont belles et, de plus, bonnes / (Je dis bonnes, car sans bonté / Je me moque de la beauté, / Et je tiens pires que Gorgones / Les belles qui ne sont pas bonnes, / Qu'au lieu d'adorer à genoux / On devrait assommer de coups) » (v. 7-14, *Œuvres*, Paris, G. de Luyne, 1654, p. 135).

4. J. S. Spink dans *La Libre Pensée française de Gassendi à Voltaire* (Paris, Éditions sociales, 1966, traduction Paul Meier, p. 183) observe que « les poètes épicuriens restaient généralement célibataires ».

5. Dont vous voulez qu'il soit...

P. 201 VII, 3. LE RAT QUI S'EST RETIRÉ DU MONDE

1. SOURCE : inconnue. La copie manuscrite du recueil Trallage date la fable de mai 1675. C'est le moment où le clergé régulier refuse de contribuer pour 300 000 livres au « don gratuit » destiné à subvenir aux dépenses militaires qu'entraîne alors la Guerre de Hollande.

2. Cf. *Tartuffe*, I, 4, v. 234.

3. Un derviche, un moine turc.

P. 202 VII, 4. LE HÉRON. LA FILLE

1. SOURCES : pour *Le Héron*, Straparole, *Facétieuses nuits*, VIII, énigme 1, non traduite par Louveau et Larivey; pour *La Fille*, Francesco Colonna, *Le Songe de Poliphile* (Paris, J. Kerver, 1546, Livre second, f°s 141-142) : cf. Jeanne Flore, *Comptes amoureux* (Lyon, 1574), III, édition du Bibliophile Jacob (Turin, 1870, et Genève, Slatkine Reprints, 1971), pp. 80-90.

2. Cf. Voiture, Lettre de la Carpe au Brochet, *Œuvres*, t. I, p. 303.

3. Cf. Horace, *Satires*, II, 6, v. 87. Il s'agit du Rat de ville, invité par son congénère des champs.

4. « Rebuter : rejeter comme une chose dont on ne veut point, parce qu'elle ne plaît pas, et qu'il y a quelque chose à dire » (Richelet).

5. Cf. Tallemant des Réaux, *Le Célibat*, v. 71-73 : « Au-dessous de vingt ans, la fille en priant Dieu / Dit : " Donne-moi, Seigneur, un mari de bon lieu, / Riche, spirituel, beau, vaillant, agréable " » (d'après la transcription de M. Roger Zuber, qui a restitué à des Réaux ces vers attribués autrefois à Conrart).

6. Sur tout.

7. Cf. *Le Printemps d'Yver, Conteurs français du* XVIe *siècle*, p. 1253 : « filles jeunes sont de requête, mais l'âge les fait mépriser »; Corneille, *Le Menteur*, II, 2, v. 435-436 et 439 : « Chaque moment d'attente ôte de notre prix / Et fille qui vieillit tombe dans le mépris [...] / Le temps n'est pas un dieu qu'elle puisse braver [...] ».

8. Cf. Horace, Épîtres, II, 2, v. 55-56.

9. Cf. Dassoucy, *Aventures*, édition Émile Colombey, Paris, A. Delahays, 1858, p. 134 : « certaines précieuses, de celles pourtant qui ne sont pas si précieuses qu'on ne les puisse approcher ».

10. Cf. le *Grand Cyrus*, t. XI, pp. 103-104 : « pour l'ordinaire, les fort belles personnes cessent d'être rigoureuses et fières lorsqu'elles commencent de cesser d'être belles »; *Le Célibat* (transcription de M. Roger Zuber), v. 76-78 : « Enfin lorsque le temps commence à la presser, / Qu'elle se sent vieillir, qu'elle approche de trente : / " Un tel qu'il te plaira, Seigneur, je m'en contente ". »

11. « Terme populaire, qui se dit des gens mal faits, mal bâtis, et incommodés, soit en leur personne, soit en leur fortune » (Furetière, qui donne ces exemples : « Cet homme a un corps malotru et mal disposé, qui ne promet pas une longue vie », « malotru chicaneur, qui est insolvable »). « Pauvre malheureux qui est en un état qui fait pitié », dit Richelet.

P. 204 VII, 5. LES SOUHAITS

1. SOURCE : peut-être la tradition orientale, alors inédite, mais que Bernier, revenu des Indes en 1669, après un séjour de douze ans, pouvait en avoir rapportée. Cependant le conte s'enracine dans un terroir beaucoup plus proche puisqu'on le trouve, jumelé avec celui qui servira de source à *La Laitière et le pot au lait*, VII, 9, dans les *Cent nouvelles nouvelles*, non encore imprimées à cette époque, du Messin Philippe de Vigneulles.

2. Cf. Chapelain, à Bernier, 13 novembre 1661, *Lettres*, t. II, p. 172 : « cette fameuse partie de la terre [...] qui peut passer pour un terrestre paradis entre l'Inde et le Gange ».

3. D'un bourgeois assez aisé.

P. 206 VII, 6. LA COUR DU LION

1. SOURCES : Guéroult, *Premier Livre des emblèmes, Du Lion, du Renard et de la Brebis*, à la suite de l'emblème II; ou mieux, Jacques Régnier, *Apologi Phaedrii*, I, 33. Selon Jean Starobinski, « Sur la flatterie », *Nouvelle Revue de Psychanalyse*, automne 1971,

p. 144, « cette fable peut passer pour un commentaire ironique du chapitre XXIII du *Prince* de Machiavel ».

2. « Les rois tenaient autrefois leur cour plénière, quand ils mandaient les principaux de leur État auprès d'eux » (Furetière).

3. Le singe savant de Brioché.

4. Vers sans rime, peut-être à la suite d'une modification du précédent.

5. Sénèque, dans sa *Consolation à Polybe*, Dion Cassius dans ses *Histoires*, rappellent que Caligula fit périr ceux qui pleuraient sa sœur Drusilla pour ne pas croire à son apothéose, et ceux qui se réjouissaient, pour n'avoir pas pris le deuil.

6. Dire quoi que ce soit.

P. 207 VII, 7. LES VAUTOURS ET LES PIGEONS

1. SOURCE : Abstemius (96).

2. En émeute, ou en émoi : cf. *Les Poissons et le Cormoran*, X, 3, v. 19.

3. Les rossignols.

4. Colombes ou pigeons.

5. Recourbé.

6. Cf. Saint-Amant, *Moïse sauvé, Œuvres complètes*, t. II, p. 319 : « Déjà le sang en pleut. »

7. « Épris : saisi, pris, enflammé » (Richelet).

8. « Accommoder » (Richelet).

9. « Apaiser, accorder » (Richelet).

P. 209 VII, 8. LE COCHE ET LA MOUCHE

1. SOURCE : Phèdre, III, 6, vivifié par des souvenirs du voyage en Limousin (voir la Lettre du 30 août 1663, *Œuvres diverses*, pp. 536-538). Cideville a noté ce jugement de Fontenelle : « Une mouche arrivant sur un coche s'écriait : “ Oh ! que j'élève de poussière ! ” M. de Fontenelle disait qu'il aimait mieux cette idée toute simple, que revêtue des circonstances que lui prête M. de La Fontaine dans sa fable : il vaut mieux laisser à deviner à son lecteur que de lui expliquer tout »

(voir Alain Niderst, *Fontenelle à la recherche de lui-même*, Paris, Nizet, 1972, p. 597). Mais Fontenelle confond le sujet traité par La Fontaine avec une fable d'Abstemius (16) déjà mise en quatrain par Benserade et dont il tirera lui-même un quatrain. La fable de La Fontaine est la deuxième des huit *Fables nouvelles* publiées en 1671.

2. VAR. (1671) : « *Fait à fait* que », locution vivante naguère encore en Champagne (information aimablement communiquée par le colonel Raymond Josse, savant biographe du fabuliste). C'est-à-dire : « à mesure que ».

3. « Officier considérable qui dans un jour de combat reçoit du général le plan et la forme qu'il veut donner à son armée, la disposition des corps de cavalerie et d'infanterie, l'assiette de l'artillerie et l'ordre qu'on doit tenir au combat. Ensuite le sergent de bataille avec les maréchaux de camp disposent l'armée selon que le général l'a prescrit » (Richelet, d'après les *Discours militaires* de Praissac).

4. En terrain plat.

5. Moralité empruntée à Phèdre, II, 5, v. 1-4.

P. 210 VII, 9. LA LAITIÈRE ET LE POT AU LAIT

1. SOURCE : comme *Les Animaux malades*, cette fable se situe au confluent d'une double tradition : orientale, qui va du *Panchatantra* au *Livre de Kalila et Dimna*, et que La Fontaine pouvait connaître par le *Specimen Sapientiae Indorum veterum* du P. Poussines, publié à Rome en 1666; et celle, européenne, qui aboutit notamment à Philippe de Vigneulles (78e nouvelle) et à Bonaventure des Périers (*Nouvelles récréations et joyeux devis*, XII, *Comparaison des Alquemistes* [Alchimistes] *à la bonne femme qui portait une potée de lait au marché*).

On pourra comparer les rêves de Perrette avec ceux du Compère Pierre, dans le conte de *La Jument*, paru dans la série de 1674, tandis qu'on rapprochera de Messire Jean, autre personnage de ce conte, le Curé Chouart de la fable suivante.

2. Allusion à « la farce du pot au lait » dont parle Rabelais dans *Gargantua*, XXXIII (Folio n° 246, p. 279)? Le héros en était un cordonnier, mais, à cette variante près, le sujet revenait au même.

3. Une agréable illusion, un agréable vagabondage de l'imagination.

4. « S'écarter : s'éloigner, s'égarer, se détourner » (Richelet).

5. Le roi de Perse.

P. 211 VII, 10. LE CURÉ ET LE MORT

1. SOURCE : un événement réel. L'accident — un carrosse versé — serait banal s'il ne s'était produit au cours d'un convoi mortuaire et si le prêtre qui accompagnait le corps n'avait été décapité par le cercueil, comme le raconte Mme de Sévigné dans une lettre à sa fille du 26 février 1672 (*Correspondance*, édition Roger Duchêne, Pléiade, 3 vol., t. I, 1972, p. 446). Le défunt était le comte de Boufflers, gendre de Mme du Plessis-Guénégaud, décédé le 14 février. Le 9 mars, Mme de Sévigné envoie à Mme de Grignan la fable que La Fontaine avait composée sur ce sujet, et qui fut publiée en feuille volante. L'épistolière, à cette date, ne connaît pas encore la fable du pot au lait.

2. Cf. Dassoucy, *Aventures d'Italie*, p. 281, *À S. A. R. Mgr le duc de Savoie* : « Quand une fois par male-mort / Dans la bière un homme s'endort, / Toutes les cloches d'une ville, / Ni pour cent francs, ni pour cent mille, / Ne le pourraient pas réveiller », etc.

3. VAR. (1672) : « Et des versets et des répons
Et des psaumes et des leçons. »
Les leçons, que Richelet définit comme un « terme de bréviaire », sont, dit-il, « de petites parties du Vieux ou du Nouveau Testament ».

4. Nom rabelaisien (*Pantagruel*, XXI, Folio n° 387, p. 299; *Quart Livre*, LII, *Œuvres complètes*, p. 679).

5. VAR. (1672) : « *pu* ».

6. VAR. (1672) : « lui semblait ».

7. VAR. (1672) : « *frais* »; inadvertance qui laissait le v. 21 sans rime.

8. Richelet écrit « propret » mais classe le mot comme s'il s'orthographiait « propet », et donne pour définition : « qui a une propreté [au sens d'élégance] étudiée ». Donc : assez recherchée dans sa parure.

9. VAR. (1672), après ce vers : « *Voilà la bière renversée.* »

10. Dans son cercueil plombé.
11. VAR. (1672) : « *emmène* ».
12. VAR. (1672) : « *Messire Jean* ».
13. VAR. (1672) : « *sans* ».
14. VAR. (1672) : « *farce* ».

P. 213 VII, 11. L'HOMME QUI COURT APRÈS LA FORTUNE, ET L'HOMME QUI L'ATTEND DANS SON LIT

1. SOURCE : la fable développe le double thème indiqué dans le vers 27 du *Berger et la Mer*, IV, 2. Mais au lieu de se fonder sur l'intérêt, elle met en cause, plus profondément, la recherche du bonheur, opposant à tous les démons de l'inquiétude, les joies simples d'une vie unie et cachée.

2. Souvenir de Lucrèce, *De Natura Rerum*, II, v. 1-13. Cf. Bernier, *Abrégé de la philosophie de Gassendi* (Lyon, 1678, 8 vol., t. VI, p. 403) : « qui [des courtisans] n'envie le repos de ceux qu'il voit comme du milieu de quelque mer agitée de bourrasques et de tempêtes, jouir dans un port assuré et paisible d'une douce tranquillité ? qui ne songe souvent à sa retraite ? »

3. Thème d'origine épicurienne. Cf. Guez de Balzac, lettre du 29 décembre 1636 : « Ô bienheureux repos, en quelle partie de la terre habites-tu, et quand te pourrai-je trouver ? Je ne demande que cette seule chose [...] Je ne désire ni approbation, ni louanges, ni gloire, ni biens, ni dignités. *Quid concupiscam quaeres ergo ? Dormire* », etc., et lettre du 6 juin 1646 (*Œuvres*, t. I, pp. 738 et 516) : « L'oisiveté est appelée la viande des dieux, et des hommes semblables aux dieux, mais c'est quand Scipion et Laelius la goûtent ensemble. »

4. La formule vient de l'Évangile selon saint Luc (IV, 24). Devenue proverbiale, elle se trouve aussi bien sous la plume de Monluc (*Commentaires*, p. 27), que de Montaigne (*Essais*, III, 2, Folio n° 291, p. 49 : « Nul n'a été prophète non seulement en sa maison, mais en son pays, dit l'expérience des histoires »), de Scarron (*Dom Japhet d'Arménie*, I, 1, v. 45-46 : « Comme dans son pays on n'est jamais prophète, / Il en est à la fin délogé sans

trompette »), de Chapelain (à Ferrari, 27 janvier 1667, *Lettres*, t. II, p. 498 : « *Nemo in patria propheta* »).

5. Au sens de : « cupide ».

6. Cf. Bourdaloue, *Sermon sur la fausse conscience, Œuvres complètes*, édition Demonville, Paris, 1823-1824, 5 vol., t. II, p. 69 : « C'est à la cour où cette divinité du monde, je veux dire la fortune, exerce sur les esprits des hommes, et ensuite sur leur conscience, un empire plus absolu. »

7. Un mirage trompeur.

8. Le plus grand port de l'Inde, selon Tavernier. Depuis 1667, la Compagnie des Indes, fondée à l'instigation de Colbert, y avait établi le siège de son gouvernement général.

9. Paraphrase d'Horace, *Odes*, I, 3, v. 9-16.

10. Thème développé par Racan dans ses *Stances* sur la retraite.

11. Seule forme que connaisse Furetière, pour « ouï-dire » que donne Richelet.

12. Cette décision. Cf. le *Portrait* de Le Pays par lui-même (*Amitiés, Amours et Amourettes*, Paris, Ch. de Sercy, 1685, p. 388) : « Pour aller chercher la Fortune, / Je ne sais si l'on doit prodiguer force pas / [...] Mais [...] / [...] de mon esprit fier je ne puis obtenir / De sortir de chez moi pour la chercher chez elle. »

13. Cf. le proverbe : « La fortune vient en dormant » et Saint-Amant, sonnet du *Paresseux*, v. 10 : « [...] Que je crois que les biens me viendront en dormant. » Voir déjà Lucien, traduit par Perrot d'Ablancourt, *Timon ou le Misanthrope*, *Œuvres*, Paris, Augustin Courbé, 1654, t. I, p. 35 : « Il y a des gens à qui les biens viennent en dormant. »

P. 215 VII, 12. LES DEUX COQS

1. SOURCE : Ésope, *Les Deux Coqs et l'Aigle*.

2. Voir le chant XXI de l'*Iliade*. Le Xanthe n'est autre que le fleuve Scamandre.

3. Passage inspiré de Virgile, *Géorgiques*, III, v. 224-234.

P. 217 VII, 13. L'INGRATITUDE ET L'INJUSTICE DES HOMMES ENVERS LA FORTUNE

1. SOURCE : Abstemius, 198.
2. Commis.
3. Le prix qu'il voulut.
4. « Fréter : terme de mer. Louer un navire pour porter de la marchandise » (Richelet). Le marchand avait confié sa cargaison à un navire qui tenait mal la mer.

P. 218 VII, 14. LES DEVINERESSES

1. SOURCE : l'actualité. La fable s'inscrit en effet entre l'exécution de la Brinvilliers en 1676 et le procès de la Voisin en 1679-1680.
2. Engouement.
3. Cf. dans les *Mémoires de Henriette-Sylvie de Molière* (Œuvres de Mme de Villedieu, t. VII, pp. 167-168) le récit d'une consultation chez la Voisin. La duchesse de Bouillon fut soupçonnée d'être allée lui demander, ainsi que le raconte Mme de Sévigné à sa fille le 31 janvier 1680, un peu de poison pour se débarrasser d'un vieux mari qui la faisait mourir d'ennui, et une invention pour épouser le jeune homme qui l'accompagnait — et qui n'était autre que son neveu Vendôme. Mystification innocente, imaginée par plaisanterie pour mettre à l'épreuve le don de la devineuse à la mode, comme le prétendit l'accusée pour se défendre lors de son interrogatoire ? Il se peut. La protectrice de La Fontaine n'en fut pas moins éclaboussée par le scandale.
4. « On dit aussi au figuré, et en riant : *il est fou à vingt-quatre carats*, c'est-à-dire au suprême degré » (Richelet, édition de 1706).
5. Une charge pour son mari.
6. Mon alphabet, ainsi nommé à cette époque, selon Richelet, « à cause qu'il y a une croix au-devant ».
7. Le mobilier et les ustensiles.
8. Attire le client.
9. Au Palais de justice, une robe d'avocat.

P. 220 VII, 15. LE CHAT, LA BELETTE, ET LE PETIT LAPIN

1. SOURCE : Pilpay, *Livre des lumières*, pp. 251-253. Il existe aussi, au Moyen Âge, une tradition européenne de la fable.

2. Jean et Guillaume, selon Étienne Pasquier (*Recherches de la France*, livre VIII, cité par Noël Richard, *La Fontaine et les « Fables » du deuxième recueil*, Paris, A.-G. Nizet, 1972, p. 169, d'après Mario Roustan dans son édition des *Fables*, p. 583, n. 9), sont « deux noms desquels nous baptisons en commun ceux qu'estimons de peu d'effet ».

3. Raminagrobis est, dans le *Tiers Livre* de Rabelais (XXI-XXIII), un vieux poète. Mais Rominagrobis est, pour Voiture, « Prince des Chats » (À Mme l'abbesse*** pour la remercier d'un chat qu'elle lui avait envoyé, Lettre CLIII, *Œuvres*, t. I, p. 319). Richelet opte pour la première forme, comme plus douce et plus usitée, quoique l'autre s'emploie aussi. Il définit ce nom comme « un mot burlesque imaginé pour se moquer de celui qui affecte un air grave » et il en donne cet exemple de Sarasin tiré du *Directeur* (*Œuvres choisies, Poésies*, p. 67) : « [...] s'il vient près de vous en Raminagrobis, / Marchander votre cœur [...] ». Noël du Fail, dans ses *Contes et Discours d'Eutrapel* (XI, *Débats et accords entre plusieurs honnêtes gens, Œuvres facétieuses*, édition J. Assézat, Paris, P. Daffis, 1874, 2 vol., t. II, p. 25), applique l'expression à un juge : « en faisant bien le Raminagrobis »; Le Boulanger de Chalussay, dans *Élomire hypocondre* (II, 6, dernier vers), se sert de Rominagrobis pour désigner un médecin charlatan.

4. Robinet, dans sa Lettre en vers du 9 février 1669, appliquait l'expression au Tartuffe de Molière : « cet hypocrite / Lequel, faisant la chattemite », etc.

5. Référence aux Chats fourrés de Rabelais (*Cinquième Livre*, XI-XV) ou de Pascal (*Pensées*, édition Michel Le Guern, Folio n° 936, fragment 41, p. 78).

6. Cf. *Tartuffe*, I, 4, v. 234.

7. Archiduc des Chats fourrés, chez Rabelais, *loc. cit.*

P. 221 VII, 16. LA TÊTE ET LA QUEUE DU SERPENT

1. SOURCES : Ésope, *La Queue et le Corps du Serpent*; Plutarque, *Vies d'Agis et de Cléomène*, II.

2. La préséance.

3. La formule est ironique : je m'y refuse.

4. Cf. l'adage latin : « *In cauda venenum.* »

5. Cf. Juvénal (Satire x, v. III), cité par Bernier, *Abrégé de la philosophie de Gassendi*, Lyon, Anisson, Posuel et Rigaud, 1684, 7 vol., t. VII, p. 407 : « *Magnaque Numinibus vota exaudita malignis* » (« les vœux de grandeur sont exaucés par des dieux malins »).

6. Le mot prend, au XVIIe siècle, l'un ou l'autre genre, suivant les cas.

P. 223 VII, 17. UN ANIMAL DANS LA LUNE

1. SOURCE : l'incident sur lequel Samuel Butler composa une satire, demeurée inédite jusqu'en 1759, contre la Royal Academy de Londres.

2. Dans l'Antiquité, Démocrite, selon qui, rappelle Montaigne (*Essais*, II, XII, Folio n° 290, p. 330), « les sujets n'avaient du tout rien de ce que nous y trouvions », ou Hippocrate, cité par Bernier dans son *Abrégé de la philosophie de Gassendi*, 1684, t. IV, p. 474 : « Mais qu'Hippocrate a bien dit *que l'Expérience est trompeuse* et qu'il la faut examiner par la Raison, puisqu'il intervient tant de choses différentes qui la peuvent rendre fautive. » Au XVIIe siècle, Descartes, dans ses *Principes de la Philosophie*, publiés en latin dès 1644, puis en 1647 dans la traduction française (I, *Des Principes de la Connaissance humaine*, § 4, « Pourquoi on peut douter de la vérité des choses sensibles »), et Malebranche, dans sa *Recherche de la vérité*, dont le Livre premier, paru en 1674, était consacré aux *Erreurs des sens*.

3. Dans l'Antiquité, Héraclite, qui professait, suivant Montaigne *(loc. cit.)*, « que toutes choses avaient en elles les visages qu'on y trouvait », ou Épicure et Lucrèce, dont Malebranche *(loc. cit.)* réfute l'opinion sur la grandeur réelle du Soleil et de la

Lune qui correspondrait à leur largeur apparente d'un pied ou deux. Au XVIIe siècle, Gassendi qui professe, dans son *Philosophiae epicuriae Syntagma* (1649, III, p. 5 a), que le sens ne se trompe jamais (*« Sensus nunquam fallitur »*) et Bernier dans son *Abrégé de la philosophie de Gassendi*, qui commence à paraître en 1674.

4. Cf. Malebranche, *loc. cit.*, I, XIV, § 3, « l'erreur ne se rencontre pas dans nos sensations mais seulement dans nos jugements » (*Œuvres* de Malebranche, t. I, Paris, Pléiade, édition Geneviève Rodis-Lewis (et Germain Malbreil), p. 120).

5. L'aspect extérieur par opposition à la « configuration », ou structure interne, suivant la terminologie de Malebranche.

6. C'est-à-dire : « Comment l'œil de la nature m'apparaîtrait-il... »

7. Suivant une méthode qui remonte à Archimède et que Gassendi lui a reprise.

8. Cf. Gassendi (qui écrivit par ailleurs une *Vie de Copernic*), *Dissertations en forme de paradoxes contre les aristotéliciens*, I-II, édition Bernard Rochot, Paris, Vrin, 1959, *Préface*, p. 14 : « Là [dans le Livre IV], après avoir attribué le repos aux étoiles fixes et au soleil, le mouvement au contraire est reconnu à la terre comme à une des planètes »; Chapelain, à Balzac, 19 février 1640, *Lettres*, t. I, p. 575 : « j'ai bien du plaisir à croire que je suis sur la terre comme dans un vaisseau et que je voyage perpétuellement par les lieux autour de ce bel astre que vous aimez tant », etc. Voir aussi sa lettre du 20 octobre 1640 à Gassendi (*ibid.*, t. I, p. 707) sur le *Philolaus, seu de vero systemate mundi* d'Ismaël Boulliau (1639), où est examinée la mobilité de la terre.

9. La machine du soleil.

10. Exemple traditionnel d'illusion des sens qui se trouve dans l'*Astrée* (Troisième partie, V, t. III, p. 267) : « dedans l'eau un bâton bien droit lui semblera tortu », et qui se retrouve, avec celui de la dimension apparente du soleil, dans la *Logique de Port-Royal* (I, II, édition C. Jourdain, Paris, Hachette, 1846, p. 90).

11. Question examinée et tranchée dans le même sens par Plutarque, *De la face qui apparaît dedans le rond de la Lune*.

12. Sur les taches de la Lune, cf. l'*Abrégé* de Bernier, allégué par R. Jasinski, « Sur la philosophie de La Fontaine dans les Livres VII à XII des *Fables* », *Revue d'Histoire de la Philosophie et*

d'Histoire générale de la Civilisation, 1934, p. 221. Voir aussi Saint-Amant, *Épître à Melay*, v. 16.

13. De Hollande, entre la France, les Provinces-Unies, l'Empire, l'Espagne, la Suède.

14. Charles II, fondateur de la Royal Society et protecteur éclairé des sciences. Cf. Chapelain à Bernier, 9 décembre 1662, *Lettres*, t. II, pp. 266-267 : « En Angleterre, la physique fleurit, j'entends la physique pratique. Notre assemblée de chez M. de Monmort à Paris en ayant fait, par émulation, éclore une autre à Londres où il entre quantité d'Igbis [*sic*, pour Kenelm Digby], de Moraens et d'autres habiles milords, et que le Roi lui-même appuie de son autorité et entretient de ses gratifications, pour faire des expériences qui servent à la découverte de la nature et pour mieux connaître le ciel. » Voir aussi, sur la Société Royale de Londres, Chapelain à Carrel de Sainte-Garde, 6 février 1664, *ibid.*, t. II, p. 350.

15. Cf. Chapelain, à Huet, 31 juillet 1665, *Lettres*, t. II, p. 406 : « Les Anglais ont encore plus âprement qu'eux [les Danois] pris la matière physique à cœur. Ils y travaillent en corps. Ils ont l'appui et la bourse du roi et une belle émulation entre eux. Nous n'en sommes pas là encore. En ce que nous faisons, il n'y a que de bonnes intentions, et des montres de ce que nous pourrons faire quand le bon vent soufflera. D'autres choses plus nécessaires occupent la prudence du Prince et celle-ci aura sa saison. »

16. Les Muses.

P. 226 VIII, I. LA MORT ET LE MOURANT

1. SOURCE : Abstemius, 99.

2. Sur le thème du sage prêt à partir, cf. l'*Astrée*, Deuxième partie, XII, t. II, p. 552 : « ayant vécu un si long âge que quatre-vingt-dix-neuf ans avec toute sorte de félicité selon ma condition, à savoir riche des biens de fortune autant qu'autre de mon état, heureux en enfants, bien aimé de tous les voisins, estimé de chacun, je ne suis pas résolu d'attendre la centième année, pour donner loisir au désastre de me faire mourir malheureux », etc.

3. À l'heure même.

4. Un fils de ses petits-enfants.

5. Pris en traître.

6. Le discours de la Mort paraphrase de près celui que la Nature tient à l'homme dans le *De Natura Rerum* de Lucrèce, Livre III, v. 944-975.

7. Cf. Caton dans le *De Senectute* de Cicéron (XXIII) : « Je sors de la vie comme d'un lieu de passage, non comme de ma demeure. »

8. Souvenir de Lucrèce, *De Natura Rerum*, Livre III, v. 951.

9. Inconsidéré.

P. 228 VIII, 2. LE SAVETIER ET LE FINANCIER

1. SOURCES : le Savetier dérive de Bonaventure Des Périers (*Nouvelles récréations et joyeux devis*, XIX, histoire du Savetier Blondeau), le Financier d'Horace (*Épîtres*, I, 7, anecdote de l'avocat Philippe et du crieur public Volteius Menas). L'idée de les confronter vient d'une fable dont on suit la trace au Moyen Âge et au XVIIe siècle et dont la version la plus proche de La Fontaine se trouve dans l'*Ésope allemand* de Burkhard Waldis (IV, 82), édité de nombreuses fois entre 1548 et 1623.

2. Cf. le chevalier d'Aceilly, épigramme du Savetier (*Bibliothèque poétique*, Paris, Briasson, 1745, 4 vol., t. II, p. 139) : « Le savetier de notre coin / Rit, chante et boit, sans aucun soin ; / Nulle affaire ne l'importune ; / Pourvu qu'il ait un cuir entier, / Il se moque de sa fortune, / Et se rit de tout le quartier. »

3. Nous adoptons ici le texte que portent les exemplaires cartonnés de l'édition publiée en 1692. Celui de 1678 laissait sans rime le v. 27 :

« [...] toujours
Il s'entremêle certains jours
Qu'il faut *chomer* [...] »

4. Dès 1666, Louis XIV et Colbert s'employèrent à les réduire, en dépit des résistances opposées par la Compagnie du Saint-Sacrement. Dix-sept ayant été retranchées, il en restait trente-huit, en sus des dimanches.

P. 229 VIII, 3. LE LION, LE LOUP, ET LE RENARD

1. SOURCE : Ésope, même titre. Cette fable est la première des huit *Fables nouvelles* publiées en 1671.

P. 231 VIII, 4. LE POUVOIR DES FABLES

1. SOURCE : un apologue ésopique mettait en scène *L'Orateur Démade*, qui philippisait. Le personnage, dans le *Prooemium* d'Abstemius, ne portait pas de nom, ce qui a permis à La Fontaine de substituer au modèle primitif, sinon Démosthène, à qui Plutarque, dans ses *Vies des dix orateurs* (VIII), prête un subterfuge semblable, du moins un ennemi de Philippe qui parle pour l'indépendance d'Athènes avec autant de conviction que l'auteur du *Discours pour la Couronne*. Voir aussi Desmay, *L'Ésope du temps*, 2, *L'Éloge de la fable, ou la Nature plus éloquente que l'Art*.

2. Paul de Barrillon a présenté ses lettres de créance à Charles II le 1er septembre 1677. Sa nomination comme ambassadeur de France en Angleterre a été annoncée par la *Gazette de France* dès le 15 mai. Il a pour mission de rallier le souverain anglais à Louis XIV, en dépit du Parlement et de l'opinion. Ami de Mme de Sévigné et de Mme de Lafayette, Barrillon fréquente aussi le salon de Mme de La Sablière, où La Fontaine l'a rencontré.

3. Dont elle doit avouer qu'ils vous sont dus.

4. Cf. Quintilien, dans le passage de son *Institution oratoire* (XII, x, 61 sq.) où il parle du style sublime : « Ici, l'orateur évoquera jusqu'aux morts » (*« Hic orator et defunctos excitabit »*), etc.

5. Cf. Horace, *Épîtres*, I, I, v. 76 (*« Belua multorum es capitum »*, que Gabriel Naudé, dans ses *Considérations politiques sur les coups d'État*, Rome, 1639, p. 162, paraphrasait ainsi : « Bête à plusieurs têtes, vagabonde, errante, folle, étourdie, sans conduite, sans esprit ni jugement. »)

6. Non sans doute sous la forme que lui donnera Perrault, mais sous celle qu'il présente chez Bonaventure Des Périers dans la dernière nouvelle de ses *Nouvelles Récréations et joyeux devis*, avec un épisode semblable à celui des fourmis, au Livre second de *Psyché* (*Œuvres diverses*, pp. 238-240).

7. Ainsi Guez de Balzac, *Les Premières Lettres*, Lettre XIX, t. I, pp. 86-87 : « Le monde est si vieux, et a vu tant de choses, qu'il ne saurait plus rien voir de nouveau. »

P. 233 VIII, 5. L'HOMME ET LA PUCE

1. SOURCE : Ésope, *La Puce et l'Athlète*.
2. Faire intervenir, mettre en branle.
3. Tu aurais bien dû...

P. 234 VIII, 6. LES FEMMES ET LE SECRET

1. SOURCE : Abstemius, 129. Des anecdotes semblables se rencontrent chez Plutarque *(Du trop parler)*, Noël du Fail (*Contes et Discours d'Eutrapel*, XXXIII), Rabelais (*Tiers Livre*, XXXIV), Henri Estienne (*Apologie pour Hérodote*).

2. Cf. l'*Astrée*, Troisième partie, IV, t. III, p. 180 : « la plupart des femmes ne savent rien taire », etc. ; Gombauld, énigme sur le secret : « Les femmes sans beaucoup de peine / Ne sauraient me garder la foi » (*Recueil de Poésies chrétiennes et diverses*, Paris, Pierre Le Petit, 1671, 3 vol., t. II, p. 232) ; Quinault, *La Mère coquette*, I, 1, Laurette à Champagne : « Ce m'est un grand fardeau que le moindre secret. »

3. Cf. l'*Astrée*, Quatrième partie, t. IV, p. 521 : « le blâme que l'on donne aux femmes sur le chapitre de l'indiscrétion peut bien être dû à quelques hommes », etc.

P. 235 VIII, 7. LE CHIEN QUI PORTE À SON COU LE DÎNÉ DE SON MAÎTRE

1. SOURCE : d'Alsace et d'Allemagne, où elle semble prendre naissance au début du XVIIe siècle, cette fable voyageuse transite par les Pays-Bas puis émigre jusqu'en Angleterre, où elle apparaît chez Kenelm Digby et Antoine Legrand. De là elle passe dans le *Troisième et dernier Discours sceptique* de Samuel Sorbière, daté du 31 décembre 1656 et dédié à l'abbé de Marolles. Brossette, dans une lettre du 21 décembre 1706 à Boileau, donne

explicitement ce texte pour source à la fable de La Fontaine, bien qu'il échafaude ensuite tout un roman pour attribuer le mérite de lui avoir servi de modèle à une version en vers composée par un de ses compatriotes lyonnais, M. de Puget.

2. Furetière donne « atourner », au sens de « orner et parer une dame », comme « hors d'usage dans le sérieux ».

3. Le texte porte ici deux points auxquels nous substituons une virgule, que paraît appeler le sens.

4. « Mot populaire », selon Richelet : « On dit en sa place morceau de chair ou de pain qu'on attrape, dont on se saisit à la hâte, et le plus souvent à la dérobée [...] Cette maison a été pillée dans une sédition, chacun en a emporté son lopin. »

5. « Officier des plus considérables de la ville de Paris ou d'autres villes, qui fait garder et observer les arrêts, les édits et les règlements intervenus sur le fait de la police et du commerce [...] Il y a à Paris un Prévôt des Marchands et quatre Échevins » (Richelet).

6. « Faire sa main : faire un gain, un profit injuste dans quelque emploi ou commission » (Furetière).

P. 236 VIII, 8. LE RIEUR ET LES POISSONS

1. SOURCE : Abstemius, 118. Voir aussi Athénée, *Banquet des Sophistes* (I, 6d ou 11) : une anecdote semblable aurait eu lieu à la table du tyran Denys l'Ancien et aurait eu pour héros le poète et gourmet Philoxène de Cythère, à qui le même auteur attribue la plaisante repartie mise en vers par La Fontaine dans le conte du Glouton.

2. « Suspendre : tenir en suspens » (Richelet).

3. Sérieux : c'est un pince-sans-rire, amateur au surplus d'humour noir.

4. L'Amérique.

P. 237 VIII, 9. LE RAT ET L'HUÎTRE

1. SOURCE : on a longtemps considéré comme le texte le plus proche une épigramme d'Antiphile, dans l'*Anthologie palatine* (IX, 86) qu'Alciat avait librement imitée dans son emblème

XCIV, comme le signale dans son commentaire Claude Mignault, en plaçant la scène dans un cellier, et en imaginant que les Huîtres constituaient des pièges tendus à dessein contre les Rats. De la même épigramme dérive aussi, semble-t-il, un apologue de Gilbert Cousin dans sa *Narrationum Sylva* (p. 69). Mais la véritable origine semble être fournie par un sonnet inséré dans un recueil anonyme, *Les Fables d'Aesope et d'autres en rime française* [...], Harlem, Gilles Romain, 1595, sous ce titre : « Le Rat domestique et l'Ouytre » (f° C6 v°) : voir Gianni Mombello, *Le Raccolte francesi di favole esopiane dal 1480 alla fine del secolo XVI*e, Genève, Slatkine, 1981, pp. 146-148. La fable de La Fontaine est la quatrième des huit *Fables nouvelles* publiées en 1671.

2. Son soûl. Cf. p. 78, note 3 du *Conseil tenu par les Rats*.

3. Souvenir de Rabelais, *Gargantua*, XXXIII (Folio n° 246, p. 277).

4. À tort et à travers.

5. VAR. (1671) : « *au* lacs ».

P. 239 VIII, 10. L'OURS ET L'AMATEUR DES JARDINS

1. SOURCE : Pilpay, *Livre des Lumières*, pp. 135-137.

2. Séparés du monde.

3. Cf. Balzac, Lettre du 6 juin 1646, *Œuvres*, t. I, p. 516 : « La solitude est véritablement une belle chose, mais il y aurait un plaisir d'avoir un ami fait comme vous, à qui on pût dire quelquefois que c'est une belle chose »; Antoine Menjot, le médecin épicurien oncle de Mme de La Sablière, Lettre à Madame N... touchant Madame l'abbesse de N..., *Opuscules posthumes*, première partie, p. 100 : « La solitude devient insupportable avec le temps, à moins que de fois à autre elle ne soit mêlée des conversations du monde. »

4. Mot forgé par La Fontaine qui modernise « émoucheteur », appliqué par Rabelais dans *Pantagruel*, XV (Folio n° 387, p. 217), à un Renard.

5. Cf. Scarron, *Plus d'effets que de paroles* (*Nouvelles tragi-comiques*, édition Roger Guichemerre, Paris, Nizet, 1986, p. 311) : « enfin tous ces insectes ailés qu'on peut appeler les parasites de l'air ».

6. C'est la moralité de Pilpay : « les gens d'esprit disent qu'il vaut mieux avoir un sage ennemi qu'un ignorant ami ». Mais cf. aussi Saint-Évremond, *L'Amitié sans amitié* (*Œuvres en prose*, édition René Ternois, Paris, Marcel Didier, 4 vol., t. III, 1966, p. 275) : « je ne me satisfais pas d'une bonne volonté nuisible ; je veux que cette bonne volonté soit accompagnée de discrétion et de prudence. L'affection d'un homme ne raccommode point ce que sa sottise a gâté. Je lui rends grâce de son zèle impertinent, et lui conseille d'en faire valoir le mérite parmi les sots. Si les lumières de l'entendement ne dirigent les mouvements du cœur, les amis sont plus propres à nous fâcher qu'à nous plaire, plus capables de nous nuire que de nous servir » ; et surtout Bernier, *Abrégé de la philosophie de Gassendi*, édition de 1684, t. VII, pp. 570-571 : « l'on doit faire un choix discret et prudent des amis », etc. L'idée de jumeler *L'Ours et l'Amateur des jardins* avec *Les Deux Amis* a pu être suggérée à La Fontaine par la lecture de ce passage.

P. 241 VIII, 11. LES DEUX AMIS

1. SOURCE : Pilpay, *Livre des Lumières*, pp. 224-226.
2. Sur cet Eldorado africain conquis par les Portugais au XVIIe siècle, situé le long du canal de Mozambique et sur les rives du Zambèze, on peut consulter H. Busson, *Littérature et théologie*, Paris, Presses Universitaires de France, 1962, pp. 160-161. Cf. Dassoucy, *Aventures d'Italie*, p. 246 : « J'en eusse plutôt trouvé [du pain] au royaume du Monomotapa. »
3. Outre Montaigne (*Essais*, I, XXVIII), on peut citer Chapelain à Gassendi, 30 août 1639 (*Lettres*, t. I, p. 490) : « La profession que nous faisons de la belle philosophie et de cet amour si rare de la sagesse nous unissant d'inclination et d'intérêt, et, si je l'ose dire, ne faisant de nous qu'une même chose, si l'un de nous remerciait l'autre de ses bons offices, c'est comme s'il s'en remerciait lui-même. »
4. Cf. le songe de Thyrsis, dans *La Maison de Sylvie* (Théophile de Viau, *Œuvres poétiques*, édition Guido Saba, Paris, Garnier, 1990, pp. 314-318), Ode V.
5. Cf. Épicure, Maxime 27 : « De tous les biens que la sagesse nous procure pour le bonheur de toute notre vie, celui

de l'amitié est de beaucoup le plus grand. » Voir aussi Bernier, *Abrégé de la philosophie de Gassendi* (1684), t. VII, pp. 568 sq.; Boisrobert, *Discours à M. de Bernières en forme de satire* (*Le Cabinet des Muses*, Rouen, 1619, pp. 514 sq.) : « Qu'on trouve peu d'amis en ce siècle où nous sommes / Qu'aujourd'hui la franchise est rare entre les hommes »; Tristan, *L'Orphée*, v. 2 : « Où l'ami véritable est un trésor si rare » (*Les Amours*, p. 145); Mlle Desjardins, *Le Favori* (IV, 5, *Œuvres* de Mme de Villedieu, t. II, p. 552) : « Ah! juste Ciel, faut-il qu'en ce siècle barbare, / Un véritable ami soit devenu si rare? »; Chapelain, à Balzac, 2 décembre 1640, *Lettres*, t. I, p. 725 : « Il n'y a rien de si doux dans la vie que l'amitié. »

6. VAR. (corrigée à l'*Errata*) : *« Une ombre »*.

7. Cf. Virgile : *« Et, qui amant, ipsi somnia fingunt »* (« Et ceux qui aiment se forgent d'eux-mêmes des songes »).

P. 242 VIII, 12. LE COCHON, LA CHÈVRE ET LE MOUTON

1. SOURCE : Ésope, *Le Cochon et les Moutons*. L'apologue, dont La Fontaine s'inspire à travers la version d'Aphtonius, se trouve dans la *Vie d'Ésope*, de Planude, et chez Lokman.

2. « Vieux mot qui signifiait autrefois un cocher ou celui qui menait un char ou une charrette » (Furetière).

3. Le célèbre farceur du Pont-Neuf, associé de l'opérateur Mondor.

4. « Honnête : [...] qui sait vivre » (Furetière). Cf. le vers suivant.

5. « Espèce de petite étable où l'on met des cochons » (Richelet).

6. À l'inverse de ses modèles qui justifient le Cochon de pousser des cris, La Fontaine lui donne tort au nom d'une sagesse qui dépasse la prudence vulgaire pour rejoindre l'ataraxie épicurienne. Cf. Chapelain, à Balzac, 22 avril 1640, (*Lettres*, t. I, p. 606) : « Je suis d'accord avec vous touchant les vicieuses anticipations de maux et vous me faites souvenir de ce que j'ai dit plusieurs fois déjà, que cette prudence dont l'homme se glorifie par-dessus tous les animaux est un des plus grands bourreaux de sa vie. » (Voir aussi la lettre du 6 mai, *ibid.*, t. I,

p. 615); La Mothe le Vayer, *Prose chagrine* (Paris, A. Courbé, 1661) : « Mais puisque ces mêmes malheurs ne se peuvent éviter, étant si fort attachés que nous le disons à la condition de notre vie, pourquoi les augmenterons-nous par notre impatience et par un chagrin déraisonnable? » (*Œuvres*, Dresde, M. Groell, 1756-1759, 14 vol., t. V, p. 372); Bernier, *Abrégé de la philosophie de Gassendi* (1684), t. IV, p. 480 : « [...] si nous avons à être misérables nous ne le serons pas avant le temps », etc.

P. 243 VIII, 13. TIRCIS ET AMARANTE

1. SOURCE : aucune qui soit connue. Une copie manuscrite porte la date du 11 décembre 1674.

2. Gabrielle-Françoise, avant-dernière des quatre filles de Louis-Roger Brûlart, marquis de Sillery, qui épousera, le 23 mai 1675, Louis de Thibergeau, chevalier, puis marquis de La Motte-au-Maine. Si sa famille paternelle eſt champenoise, elle eſt, par sa mère, une La Rochefoucauld, nièce de l'auteur des *Maximes*. Sur elle et sur cette fable, voir l'article de Roger Zuber, « Madame de Thibergeau, La Fontaine et La Rochefoucauld », *Mélanges Pintard*, Paris, Klincksieck, 1975, pp. 322-338.

3. Après les *Fables* de 1668, le fabuliſte a cédé la place, de nouveau, au conteur, qui a par deux fois récidivé : en 1671, avec la *Troisième Partie des Contes et Nouvelles en vers*, en 1674, avec les *Nouveaux Contes*, les plus audacieux.

4. VAR. (1678) : « *Soient personnages de* rime. » Nous suivons le texte de 1692.

5. « Le haut bout d'une table : c'eſt l'endroit le plus honorable » (Richelet).

6. Tout y eſt en effet « voilé », mais « de gaze », comme dans *Le Tableau* (v. 20), de sorte que devant ces traits qui « disent et ne disent pas » (*ibid.*, v. 6), les « beaux esprits » préféreront feindre de ne pas comprendre.

7. La rime exige le pluriel, qu'une main ancienne a du reſte rétabli sur certains exemplaires de la Bibliothèque nationale.

8. VAR. (1678) « *de* ».

P. 245 VIII, 14. LES OBSÈQUES DE LA LIONNE

1. SOURCE : Abstemius, 148.

2. « Prévôt : est aussi un grand officier dans les ordres militaires, qui a le soin des cérémonies » (Furetière).

3. Cf. Mlle Desjardins, *Le Favori* (III, 3, *Œuvres* de Mme de Villedieu, t. II, p. 534) : « Allez, vil Courtisan, caméléon de Cour. »

4. Des animaux-machines, comme ceux de Descartes, ou les nouveaux hommes évoqués en 1674 dans le *Prologue* de *Daphné* (v. 31-38).

5. *Proverbes*, XVI, 14; cf. aussi XX, 2.

6. Richelet donne la forme en concurrence avec « Champs Élysées » qui, néanmoins, a pour soi « le bel usage ».

7. Au sens étymologique de « vivant en familiarité avec ». Richelet donne pour définition : « Hanter ».

P. 247 VIII, 15. LE RAT ET L'ÉLÉPHANT

1. SOURCE : Phèdre, I, 29, rectifié en 1647 à l'usage du public scolaire par Le Maistre de Sacy, qui substitue à l'Âne et au Sanglier de la fable originelle les deux autres personnages. La donnée ainsi modifiée avait été mise en vers dès 1670 par Saint-Glas. À La Fontaine revient l'invention du dénouement.

2. La plus petite mesure de poids, qui sert à peser les matières précieuses.

P. 248 VIII, 16. L'HOROSCOPE

1. SOURCES : pour la première anecdote, Ésope, *L'Enfant et son Père*; pour celle d'Eschyle, Valère-Maxime, IX, 12, Élien, *Histoire des animaux*, VII, 16, Pline l'Ancien, X, 3, Gilbert Cousin, *Narrationum Sylva*, p. 65, Montaigne, *Essais*, I, 20 (Folio n° 289, p. 145), saint François de Sales, *Traité de l'amour de Dieu*, II, 3, *Œuvres*, Pléiade, 1969, p. 419, ou Dassoucy, *Pensées, Aventures*, p. 374.

2. Au sens étymologique : qui ne tenait pas en place.

3. Le mot compte pour une syllabe.

4. Terme d'astrologie qui désigne la rencontre de deux planètes dans la même « maison », c'est-à-dire dans le même signe.
5. De guerre générale.
6. L'immense éloignement et la vitesse du point (c'est-à-dire de la planète telle qu'elle nous apparaît dans le ciel).
7. Ininterrompue.
8. « Être retenu par quelque considération » (Richelet).
9. Le vieil Eschyle : il mourut âgé de quelque soixante-dix ans.
10. Cf. Bernier, *Abrégé de la philosophie de Gassendi* (1684), t. IV, pp. 486-487 : « il ne faut pas s'étonner si les astrologues rencontrent quelquefois dans leurs prédictions [...] C'est donc le pur hasard qui préside en tout ceci », et *ibid.*, t. VII, p. 702, par référence à Cicéron *(De divinatione)* : « Qui est celui qui tirant de l'arc tout le jour n'atteigne pas quelquefois le but ? »

P. 250 VIII, 17. L'ÂNE ET LE CHIEN

1. SOURCE : Abstemius, 109.

P. 252 VIII, 18. LE BASSA ET LE MARCHAND

1. SOURCE : inconnue. La signification politique de l'allégorie ne paraît guère douteuse : les Provinces-Unies ont cherché à se soustraire, en 1668, à la protection de Louis XIV ; à la veille des traités de Nimègue elles savent ce qu'il leur en coûte pour avoir voulu s'appuyer sur des alliés moins puissants.
2. Un pacha, ou gouverneur de province.
3. Prenant les devants.
4. Avec son médecin Philippe (voir Plutarque, *Vie d'Alexandre-le-Grand*, XXXII-XXXIII, et Quinte-Curce, III, 6).
5. C'est-à-dire que cette solution économique lui serait plus avantageuse.
6. S'en ressentit.
7. Aux États, à commencer par les Provinces-Unies.

P. 253 VIII, 19. L'AVANTAGE DE LA SCIENCE

1. SOURCE : Abstemius, 145.
2. Table ouverte.
3. Au troisième étage. Donc : dans une mansarde.
4. L'État, la collectivité.

P. 255 VIII, 20. JUPITER ET LES TONNERRES

1. SOURCE : Sénèque, *Questions naturelles*, II, 41, 43-44.
2. Cf. Lucrèce, *De Natura Rerum*, VI, v. 395-398.
3. « Prendre pied sur : se régler sur une chose » (*Dictionnaire de l'Académie*, 1694).
4. La périphrase vient d'Homère (*Iliade*, I, v. 511, IV, v. 30, *Odyssée*, I, v. 63, etc.).
5. « Ce mot se dit en parlant de foudre, et veut dire un corps fort dur qui sort d'entre deux nues » (Richelet).

P. 257 VIII, 21. LE FAUCON ET LE CHAPON

1. SOURCE : Pilpay, *Livre des Lumières*, pp. 112-113.
2. « Se dit proverbialement et ironiquement [...] pour dire : je ne ferai pas ce que vous me proposez » (Furetière).
3. Ce leurre, au sens où ce mot est employé en fauconnerie.

P. 258 VIII, 22. LE CHAT ET LE RAT

1. SOURCE : le P. Poussines, *Specimen Sapientiae Indorum veterum* (Rome, 1666), VIIIe Dissertation, p. 608.
2. « Rompre » (Richelet).
3. « Être alerte : façon de parler proverbiale qui signifie être au guet, être aux écoutes, être sur ses gardes » (Furetière). Chapelain juge le mot fort bon (*Lettres*, t. I, p. 93).

P. 260 VIII, 23. LE TORRENT ET LA RIVIÈRE

1. SOURCE : Abstemius, 5. Plutarque (*Vie de Fabius Maximus*, XXXVIII) applique l'opposition aux stratégies de Marcellus et du Cunctator contre l'envahisseur carthaginois. Boileau, dans son *Art poétique* (I, v. 166-169) tire de la double image une leçon de style. Desmay, dans son *Ésope du temps* (Paris, 1677), venait de traiter un sujet semblable (Fable 4, *Le Torrent ou l'humeur mélancolique et la gaillarde*). La fable du P. Commire, *Torrens et Fluvius*, dédiée à Montausier, commence à peu près comme celle de La Fontaine, mais la suite est toute différente.

2. Souvenir possible de Lucrèce, *De Natura Rerum*, V, v. 944 : « *Montibus a magnis decursus aquai.* »

3. VAR. (1678) : « *D'un* bruit *au loin porté tombait avec* fracas
Un Torrent *entre* des montagnes.
L'image du danger accompagnait ses pas. »

4. Cf. Desmay, fable citée : « L'ennemi le plus redoutable / N'est pas toujours celui qui fait le plus de bruit. »

P. 261 VIII, 24. L'ÉDUCATION

1. SOURCES : moins Ésope, *Les Deux Chiens*, que Plutarque, et, dans Plutarque, moins peut-être *Comment il faut nourrir les enfants* (*Œuvres morales et mêlées*, t. I, f° 2 D-E), que les *Dits notables des Lacédémoniens* (*ibid.*, t. I, f° 221 E-G). La Fontaine se souvient aussi d'Horace, *Odes*, IV, 4, v. 33-36, et de Boileau, Satire V, v. 34.

2. Éducation.

3. Le mot ne compte que pour deux syllabes.

4. On donne le nom de « tournebroche », dit Richelet, « à un chien qu'on a dressé à faire tourner une roue, dont le mouvement sert à faire tourner la broche ».

P. 262 VIII, 25. LES DEUX CHIENS ET L'ÂNE MORT

1. SOURCES : Ésope, *Les Chiens affamés*; Phèdre, I, 20.

2. Cf. Bernier, *Abrégé de la philosophie de Gassendi* (1684), t. VII, « De la connexion mutuelle des vertus », p. 298 : « ce

dogme de la connexion des vertus entre elles est commun non seulement à Épicure, à Aristote, à Platon, à saint Ambroise et à saint Grégoire, mais principalement aux Stoïciens ». Voir aussi l'*Astrée*, Première partie, XI, t. I, p. 439.

3. Cf. Sénèque, *Lettres à Lucilius*, XCV, t. III, p. 58, et Racine, *Britannicus*, I, 2, v. 219.

4. « Outrer : signifie aussi lasser, fatiguer, et se dit particulièrement des chevaux » (Richelet).

P. 263 VIII, 26. DÉMOCRITE ET LES ABDÉRITAINS

1. SOURCE : un recueil de vingt-trois lettres apocryphes adressées à Hippocrate ou écrites par lui, traduit et commenté en 1632 par Marcellin Bompart, médecin de Louis XIII, sous le titre : *Conférences d'Hippocrate et de Démocrite*. Les deux premières lettres émanent du sénat et du peuple d'Abdère qui adjurent Hippocrate de venir soigner Démocrite devenu fou. Dans une autre, Hippocrate raconte son entrevue avec le philosophe ; dans la dernière, Démocrite envoie au médecin un *Discours sur la folie*.

2. Imité d'Horace, *Odes*, III, 1, v. 1. Cf. Saint-Amant, *Épître à Villarnoul*, v. 183-184 (*Œuvres*, t. III, 1969, p. 141) : « Du sot Vulgaire ils [mes vers] détestent l'erreur ; / Ils ont surtout la bassesse en horreur. »

3. C'est-à-dire : ne voyant rien qu'à travers l'optique déformante de ses préjugés. Cf. Épicure, Lettre à Ménécée : « En effet, les affirmations de cette dernière [la foule] ne reposent pas sur des notions évidentes mais sur des conjectures trompeuses. » Bernier, *Abrégé de la philosophie de Gassendi* (1684), t. VII, pp. 714-715, évoque « la sottise et la bêtise du peuple qui ne raisonne point, et n'examine rien ».

4. C'est-à-dire : l'a fait sombrer dans le gâtisme.

5. C'est la théorie de la pluralité des mondes.

6. Accommoder les différends. Il fut juge arbitre avant d'être solitaire : « il parle à lui-même », c'est-à-dire s'entretient avec ses pensées.

7. Cf. Chapelain à Huet, 6 avril 1665, *Lettres*, t. II, p. 393 : « Je loue cet amour que vous avez pour l'anatomie. C'est par où le grand Démocrite commença et finit de philosopher. »

8. Les circonvolutions.

9. Au sens premier du latin « *volumen* » : « rouleau ».

10. Tout entier à ce qui l'occupait.

11. Cf. Chapelain à Gassendi, 7 décembre 1640, *Lettres*, t. I, p. 730 : « Jouissons d'abord de notre félicité sans consommer en paroles vaines et en préparatifs inutiles les heures que nous pouvons employer à de solides entretiens. »

12. La Fontaine a pu rencontrer l'adage dans l'*Astrée*, Quatrième partie, VI, t. IV, p. 339 : « N'est-il pas vrai que la voix du peuple, c'est la voix de Dieu? » et Cinquième partie, III, t. V, p. 120 : « Le plus souvent la voix du peuple est la voix des dieux. »

13. Cf. Dassoucy, *Aventures*, p. 113 : « Je sais bien que quelque sot me dira que la voix du peuple est la voix de Dieu, mais aussi je sais qu'il y aura quelque sage qui dira que la voix du peuple est la voix des sots. Ils ont tous raison, et ce serait folie de disputer contre une si constante vérité; mais le tout est de bien s'entendre », etc. Cf. aussi *ibid.*, p. 114.

P. 265 VIII, 27. LE LOUP ET LE CHASSEUR

1. SOURCE : Pilpay, *Livre des Lumières*, p. 216.

2. Cf. Épicure, Parole 14 : « Toi donc qui n'es pas maître du lendemain, tu diffères de jouir ! »

3. Cf. Perse, Satire V, v. 132-142, paraphrasé par Boileau, Satire VIII, v. 67-69; mais, dans ces deux passages, c'est la Mollesse, non la Sagesse, qui contrebalance l'Avarice.

4. Qui eût su se modérer : c'est le sens étymologique.

5. Le mot est donné comme vieux par Richelet, ainsi que tous ceux de la même famille, que « désir » et ses dérivés ont supplantés.

6. Flèche. Furetière donne le mot comme désuet.

7. À mon propos initial.

P. 267 IX, 1. LE DÉPOSITAIRE INFIDÈLE

1. SOURCES : l'histoire du Dépositaire vient de Pilpay, et suit, dans le *Livre des Lumières* (pp. 137-140), celle de l'Ours et

l'Amateur des jardins. On la trouve aussi chez Camerarius (385). La seconde anecdote s'apparente à l'épigramme du *Chou de Bretagne et de la Marmite d'Espagne* dans les *Contes d'Alix*. Selon Louis Arnould (« La Fontaine à la foire », *Bulletin de la Faculté des Lettres de Poitiers*, 1890, pp. 27-32), elle pourrait avoir été inspirée par une facétie de Bruscambille.

2. En vers.

3. Cf. Furetière, *Roman bourgeois*, édition Jacques Prévot, Folio n° 1277, p. 30 : « [...] les uns sages et les autres sots; et ceux-ci ont bien la mine de composer le plus grand nombre ».

4. Psaume CXVI (Vulgate, CXIV-CXV), verset 11, allégué par saint Paul, Épître aux Romains (III, 4). Cf. Scarron, *Le Roman comique*, I, 9, édition Jean Serroy, Folio n° 1644, p. 61 : « tout homme eſt sot en ce bas monde aussi bien que menteur, les uns plus les autres moins », et *Gazette burlesque*, n° 1, 14 janvier 1655 : « Mais qui Diable en ce monde ici, / Comme eux [les corneilles et choucas de Jacquemart], parfois, ne ment aussi? »

5. Cf. Lucien, *Le Menteur*, 2 : Homère et Hérodote non seulement « ont trompé ceux qui les écoutaient de leur temps, mais [...] leurs mensonges sont parvenus jusqu'à nous comme une succession gardée en dépôt de leurs vers admirables ».

6. Cf. Huet, *Lettre-traité sur l'origine des romans*, p. 133 : « [...] saint Auguſtin dit en quelque endroit [*Queſtions évangéliques*, II, 51] que ces faussetés qui sont significatives et enveloppent un sens caché, ne sont pas des mensonges, mais des figures de la vérité dont les plus sages et les plus saints personnages se sont servis. Ou si l'on veut appeler mensonge tout ce qui n'eſt pas conforme à la vérité, il faudra avoir recours à la diſtinction du philosophe Sextus Empiricus qui dit qu'il y a une grande différence entre mentir et dire un mensonge, et que le sage peut dire un mensonge, c'eſt-à-dire proposer une fiction pour établir la vérité, mais qu'il ne peut pas mentir, c'eſt-à-dire proposer une fiction pour détruire la vérité. »

7. Cf. dans l'*Anthologie palatine*, l'épigramme XXXIII du Livre IV, dont le v. 9, inspiré par Ésope, a été rendu ainsi par Grotius : *« Ille docet verum blanda sub imagine falsi. »* (« Celui-là enseigne la vérité sous l'agréable image du mensonge. »)

8. Cent livres.

9. Admirer, dit Richelet, « se prend quelquefois en mauvaise

part, et signifie être surpris, être étonné », comme le latin *admirari*.

10. « C'est le poids de cent livres » (Richelet).

11. C'est le conseil donné par Quintilien à l'avocat dans son *Institution oratoire* (VI, III, 79-80) : « *Sic eluditur et ridiculum ridiculo* [...] *mendacium quoque mendacio* » (« C'est ainsi qu'on repousse aussi le ridicule par le ridicule [...] le mensonge par le mensonge ») et il en donne un exemple emprunté à l'empereur Galba, assez semblable à l'anecdote de l'homme au pot.

P. 270 IX, 2. LES DEUX PIGEONS

1. SOURCE : Pilpay, *Livre des Lumières*, pp. 19-27.

2. Rappelons que des pigeons ou tourterelles figurent dans les armes de Mme de La Sablière, que Mme de Sévigné l'appelle « la tourterelle Sablière » et cite à son propos un vers de *La Tourterelle et le Ramier*, fable de Mme de Villedieu intermédiaire par son sujet entre *La Jeune Veuve* (VI, 21) et *Les Deux Pigeons* (à Mme de Grignan, 19 août [1676], *Lettres*, édition Roger Duchêne, Pléiade, 3 vol., t. II, 1974, p. 373). Ajoutons que Mme de La Sablière a surnommé La Fare « Philadelphe » (Mme de Sévigné, à Mme de Grignan, 4 août 1677, *loc. cit.*, t. II, p. 514) et que la rupture définitive intervient entre eux en 1679, l'année même où le fabuliste publie sa Quatrième partie, composée des Livres IX, X, XI. Sur l'attitude ultérieure de La Fare et sur celle de Mme de La Sablière, voir encore ce qu'écrit Mme de Sévigné le 14 juillet 1680. Cf. dans les *Poésies choisies* de La Fare (Paris, Dabo Tremblay, 1819, p. 48) cette confidence : « De Vénus Uranie, en ma verte jeunesse, / Avec respect j'encensai les autels, / Et je donnai l'exemple au reste des mortels / De la plus parfaite tendresse. / Cette commune loi qui veut que notre cœur / De son bonheur même s'ennuie / Me fit tomber dans la langueur / Qu'apporte une insipide vie. »

3. Cf. l'*Astrée*, Deuxième partie, I, t. II, p. 14, où sont exposées contradictoirement deux thèses : selon l'une, l'absence est la plus grande ennemie de l'amour; selon l'autre, la présence le tue encore bien mieux; mais cf. surtout le *Grand Cyrus*, t. III, p. 326 : « [...] et l'absence est un si grand mal à ceux qui savent véritablement aimer [...] » et t. V, pp. 99-100 : « l'absence est un grand mal ».

4. Votre résolution. Cf. le v. 18.

5. Le passage qui suit transpose les plaintes de Didon (*Énéide*, IV, v. 309-311).

6. « On dit qu'un oiseau de proie lie le gibier pour dire qu'il l'arrête avec sa serre » (Académie, 1694).

7. Tant bien que mal.

8. Cf. Épicure, cité à travers Sénèque par La Mothe le Vayer, *Cinq Dialogues*, Mons, 1673, f° a3 v° : *« Satis magnum alter alteri theatrum sumus »* (« Nous sommes l'un pour l'autre un assez grand théâtre »).

9. Le même hémistiche se rencontre déjà sous la plume de Mlle Desjardins, dans *Le Favori* (II, 1, *Œuvres* de Mme de Villedieu, t. II, p. 516) : « J'ai quelquefois aimé, car qui s'en peut défendre ? »

10. Une première ébauche de ce passage se trouve dans une lettre de juin 1671 – le poète va passer le seuil mélancolique de la cinquantaine – adressée de Château-Thierry à la duchesse de Bouillon (*Œuvres diverses*, p. 577).

11. Ou « Dame Cythère » (Vénus), comme dit Scarron dans *Le Virgile travesti*, Livre quatrième, v. 447, p. 314.

P. 272 IX, 3. LE SINGE ET LE LÉOPARD

1. SOURCE : Ésope, *Le Renard et la Panthère*. Le sujet venait d'être traité par Benserade dans son quatrain CXXI.

2. Cf. Plutarque, dans l'opuscule *Quelles passions ou maladies sont les pires, celles de l'âme ou celles du corps*, où il évoque cet apologue (*Œuvres morales et mêlées*, f° 146 E).

3. « Monnaie dont il ne reste plus que le nom », indique Richelet, comme aujourd'hui pour le sou. « On ne s'en sert ordinairement qu'au pluriel, au nombre de trois et de dix », précise en 1694 le *Dictionnaire* de l'Académie. Le « petit blanc » valait cinq deniers, le sou, douze.

4. Première rédaction, dans les rares exemplaires non cartonnés de 1679 : « Bigarrés en dehors, ne sont rien en dedans. »

P. 273 IX, 4. LE GLAND ET LA CITROUILLE

1. VAR. (1671) : *Du* Gland et *de* la Citrouille. »

2. SOURCE : Du *Candelaio*, comédie de Bruno de Nole (1582), traduite en français sous le titre de *Boniface et le Pédant* (1633, V, 20), le thème passe dans les *Rencontres et facéties du baron de Gratelard*, recueillies avec les *Œuvres* de Tabarin et souvent rééditées depuis 1622, puis, en 1671, l'année même où cette fable parut pour la première fois dans les *Fables nouvelles et autres poésies*, il se retrouve chez l'opérateur Desiderio Descombes.

3. Le nom paraît venir du *Pédant joué* (1645) de Cyrano de Bergerac, où il eſt porté par un paysan.

P. 274 IX, 5. L'ÉCOLIER, LE PÉDANT, ET LE MAÎTRE D'UN JARDIN

1. SOURCE : tout semble ici propriété du poète. La fable résulte d'une contamination de *L'Enfant et le Maître d'école* avec *Le Jardinier et son Seigneur*.

2. Cf. Virgile, *Géorgiques*, IV, v. 134.

P. 276

IX, 6. LE STATUAIRE ET LA STATUE DE JUPITER

1. SOURCES : non pas Avianus, 23, mais une mosaïque d'emprunts à Horace (*Satires*, I, 8, v. 1-4) pour la première ſtrophe, à Ovide (*Métamorphoses*, X, v. 243-297) pour l'avant-dernière, à Hérodote, peut-être, qui attribue à Homère et à Hésiode l'invention de la mythologie (II, 53), à Lucrèce surtout (*De Natura Rerum*, V, v. 1168-1239, et en particulier 1199-1200) qui montre comment la religion et les dieux sont sortis tout droit de l'imagination des hommes.

2. Cf. le *Grand Cyrus*, t. XII, 1651, p. 625 : « Il s'étonnait de l'honneur qu'ils rendaient à cette ſtatue : vu qu'elle était faite de l'or de ces grandes cuves qui leur avaient tant servi aux feſtins publics. » Voir aussi chez La Fontaine même (*Voyage en Limousin*, 12 septembre 1663, *Œuvres diverses*, p. 554) ce qu'il dit des deux captifs de Richelieu « dont Michel-Ange pouvait faire deux empereurs ».

3. Cf. Balzac, *Aristippe ou de la Cour*, Grenoble, Philippe Charvys, 1665, p. 142 : « Il adore ce qu'il a fait, et fait comme les Statuaires d'Athènes, qui faisaient leurs dieux de leurs ouvrages. »

4. Ne le céda guère en faiblesse au sculpteur.

P. 277 IX, 7. LA SOURIS MÉTAMORPHOSÉE EN FILLE

1. SOURCE : Pilpay, *Livre des Lumières*, pp. 279-281.

2. « Prêtre de la religion des Indiens idolâtres, successeurs des anciens Brachmanes » (Furetière).

3. Cf. Ovide, *Métamorphoses*, XV, v. 143-171.

4. Mes rayons.

5. La balle, au jeu de paume.

6. La Grande Mademoiselle, par exemple, qui, en 1670, voulut épouser Lauzun.

7. J'en tire argument.

8. Cf. sur ce système, outre le songe de Francion, dans le roman de Sorel (*Romanciers du XVIIe siècle*, pp. 143-144), Bernier, *Abrégé de la philosophie de Gassendi* (1684), t. VII, p. 681 : « Ces Philosophes ont donc tenu l'Âme du Monde comme un Océan inépuisable, d'où les Démons et les Âmes étaient tirés », etc.

9. Cf. Sarasin, *La Souris* : « [...] Lui donnons figure de femme / Pour la garantir de tous chats, / Quoique femme elle ne soit pas, / Et qu'elle soit en sa nature / Souris sous une autre figure » (*Œuvres choisies, Poésies*, p. 61).

10. Sa destination (cf. au v. 77 : « destin »).

P. 280 IX, 8. LE FOU QUI VEND LA SAGESSE

1. SOURCE : Abstemius, 184.

2. « Éventé : écervelé, étourdi » (Richelet).

3. « Substantif masculin. Celui qui est obligé à la garantie » (Richelet).

4. « Le hiéroglyphe est un symbole qui consiste en quelque figure d'animaux, ou de corps naturels » (Furetière) et qui, à la

différence de l'emblème, ou de la devise, signifie « sans l'aide des paroles » *(ibid.)*. « Tout purs » : « transparents, limpides ».

5. Bien avisés.

P. 281 IX, 9. L'HUÎTRE ET LES PLAIDEURS

1. SOURCE : Boileau conte la fable à la fin de son Épître I (1670), puis l'en détache pour en constituer l'essentiel de l'Épître II (1672); le satirique, selon Brossette, la tenait de son père; elle viendrait « d'une ancienne comédie italienne ». La Fontaine a publié sa version dans l'intervalle, en 1671, parmi les *Fables nouvelles et autres poésies*, où elle occupe la dernière place de la série. Le thème était annoncé dès 1668 à la fin des *Frelons et les Mouches à miel*, I, 21, v. 37-38.

2. « Recueillir ce qui est tombé à terre » (Richelet, qui constate qu'en ce sens on dit plutôt « ramasser »).

3. VAR. (1671) : *« dû »*.

4. VAR. (1671) : « l'œil bon. Dieu merci, ». Rappelons que le tiret, non plus que les guillemets, n'appartient à la ponctuation de La Fontaine.

5. Le personnage vient du *Tiers Livre* (XLI), où Rabelais le présente comme un « appointeur de procès » (Folio n° 462, p. 481). Le nom de Dandin a été réutilisé par Racine dans *Les Plaideurs*.

6. « Donner à quelqu'un son sac et ses quilles : proverbe pour dire lui donner son congé et le chasser » (Richelet). Ici, les plaideurs, une fois le juge nanti, sont mis hors de cour.

P. 282 IX, 10. LE LOUP ET LE CHIEN MAIGRE

1. SOURCE : Ésope, *Le Chien endormi et le Loup*, que Benserade, en 1678, avait réduit en quatrain (CXXVI).

2. « Terme de mer. C'est de l'argent donné au risque de la mer et dont l'intérêt se paie après le retour du navire » (Richelet).

3. Cf. *Le Petit Poisson et le Pêcheur*, V, 3.

4. L'adverbe renforce la négation.

5. Les tuant en bonne et due forme.

P. 283 IX, 11. RIEN DE TROP

1. SOURCE : Abstemius, 186.
2. Cette juste mesure (« tempérament ») a été prêchée par Horace (*Satires*, I, I, v. 106-107).
3. La superfluité et la luxuriance.
4. Cf. Virgile, *Géorgiques*, I, v. 111-112, conseillant de faire brouter le jeune blé aux moutons.

P. 284 IX, 12. LE CIERGE

1. SOURCE : Abstemius, 54.
2. Libre adaptation de Virgile, *Géorgiques*, IV, v. 219-221.
3. D'après la tradition (voir Diogène Laërce), une sandale de bronze.
4. Cf. Horace, *Épître aux Pisons*, v. 461-467.

P. 285 IX, 13. JUPITER ET LE PASSAGER

1. SOURCE : Ésope, *Le Trompeur*, imité par Haudent (II, 14).
2. Cf. Tristan L'Hermite, *La Mer*, strophe 18, v. 5-10 : « Ceux que le ciel a préservés / À l'heure se voyant sauvés / Reprennent aussitôt courage, / Et perdent leurs dévotions, / Et le souvenir de l'orage / Voyant voguer des alcyons. »
3. Cf. Boileau, Satire I, v. 162.

P. 286 IX, 14. LE CHAT ET LE RENARD

1. SOURCES : la tradition est ancienne. Le sujet se trouve chez Gilbert Cousin (*Narrationum Sylva*, p. 97), Haudent (II, 49), Jacques Régnier (*Apologi Phaedrii*, I, 28), Benserade (LXX).
2. « Patte pelue : ces mots se disent au figuré, d'un hypocrite qui est flatteur et trompeur » (Richelet).

P. 287 IX, 15. LE MARI, LA FEMME, ET LE VOLEUR

1. SOURCE : Pilpay, *Livre des Lumières*, pp. 259-260.

2. Le duc de Villa-Mediana, amoureux d'Élisabeth de France, épouse du roi d'Espagne Philippe IV. Voir Aarsen de Sommerdick, *Voyage d'Espagne* (Cologne, 1665, pp. 47 sq.), Tallemant (*Historiettes*, édition Antoine Adam, Pléiade, 2 vol., t. I, 1960, p. 187), Saint-Évremond (*Œuvres mêlées*, Paris, 1965, t. III, p. 306), etc. Un amoureux qui met le feu à sa maison pour obtenir un entretien avec sa maîtresse figure aussi dans les *Mémoires d'Henriette-Sylvie de Molière* (*Œuvres* de Mme de Villedieu, t. VII, p. 33). Voir *ibid.*, t. I, p. 488, un épisode analogue dans *Cléonice*.

P. 288 IX, 16. LE TRÉSOR, ET LES DEUX HOMMES

1. SOURCES : à l'origine un distique grec attribué à Platon par Diogène Laërce, imité par Ausone (Épigrammes 22 et 23), tourné en français par Vauquelin de La Fresnaye (*Poésies diverses*, Caen, 1612, p. 639), utilisé par les auteurs d'emblèmes (Alciat, Guéroult, *Premier Livre des Emblèmes*, p. 14) ou de fables (Gilbert Cousin, *Narrationum Sylva*, p. 62). La fable de La Fontaine est la troisième des huit *Fables nouvelles* publiées en 1671.

2. Qui ne leur plaît pas, qui ne les séduit pas.

3. D'en éprouver toutes les affres.

4. « Si ferai, si ferai-je : façons de parler basses dont on ne se sert que quand on répond en affirmant » (Académie, 1694).

5. Cf. l'*Astrée*, Troisième partie, VI, t. III, p. 305 : « Ainsi la fortune se plaît à se servir pour un contraire effet des choses que nous faisons à autre dessein. »

P. 290 IX, 17. LE SINGE ET LE CHAT

1. SOURCE : les *Jours caniculaires* (1588) de Simon Maioli, traduits de l'italien par F. de Rosset (1609, t. I, p. 325, *Singe du pape Jules II et son industrie*), ou le *Théâtre des Animaux* (Paris,

1644, p. 33, *D'un Singe et d'un petit Chat*). La locution « tirer les marrons du feu avec la patte du chat » était depuis longtemps proverbiale. La fable de La Fontaine a paru pour la première fois parmi les *Fables nouvelles* de 1671, où elle occupe la cinquième place.

2. « On dit ironiquement quand on voit deux ou trois personnes ensemble de même génie et qui ne valent pas grand chose : voilà un bon plat » (Académie, 1694).

3. Sur ce point ils ne craignaient personne.

P. 291 IX, 18. LE MILAN ET LE ROSSIGNOL

1. SOURCE : Ésope, *Le Rossignol et l'Épervier*. Voir aussi Hésiode, *Les Travaux et les Jours* (v. 202-212). Même titre que chez La Fontaine dans le *Théâtre des Animaux*, p. 51. La fable occupe en 1671 l'avant-dernière place des *Fables nouvelles*.

2. Son désir brutal (cf. « feux violents » au vers 10). Pour le mythe, cf. *Philomèle et Progné*, III, 15, v. 18-20.

3. Le proverbe remonte à l'Antiquité, passe par Rabelais (*Quart Livre*, LXIII, *Œuvres complètes*, p. 716), se retrouve chez Sorel dans *Le Berger extravagant*, et chez Dassoucy, *Aventures*, p. 43 : « si le ventre affamé qui n'a point d'oreilles pouvait parler ».

IX, 19. LE BERGER ET SON TROUPEAU

1. SOURCE : Abstemius, 127.

2. Faible, amorphe.

3. Souvenir de Rabelais (*Quart Livre*, VI, *Œuvres complètes*, p. 555).

P. 293 DISCOURS À MADAME DE LA SABLIÈRE

1. SOURCES : pour la réfutation de la thèse cartésienne des animaux-machines, les idées, selon R. Jasinski (« Sur la philosophie de La Fontaine dans les Livres VII à XII des *Fables* », *Revue d'Histoire de la Philosophie et d'Histoire générale de la Civilisa-*

tion, 1933 et 1934) viennent principalement de Bernier, et de son *Abrégé de la philosophie de Gassendi*, que La Fontaine a pu connaître avant même l'achèvement de sa publication complète en 1678; selon M.H. Busson, elles doivent plutôt être rapprochées de la position médiane adoptée sans rupture avec Aristote sur le problème de l'âme des bêtes par le P. Pardies, jésuite, en 1672, dans son *Discours de la connaissance des bêtes*, puis l'année suivante par J.-B. Du Hamel, oratorien, secrétaire perpétuel de l'Académie des Sciences depuis sa fondation en 1666, dans son traité *De corpore animato*. Les exemples invoqués par le fabuliste de manière à mettre la théorie qu'il combat en contradiction avec les données de l'expérience, sont pris à différents endroits. Le premier, celui du Cerf qui en « suppose » un plus jeune, peut avoir été tiré du *De corpore animato* (III, 2, p. 332), où se trouve, avec le même sens, le verbe *« supponere »*; pour celui de la Perdrix, qui vient ensuite, outre Aristote (*Histoire des Animaux*, IX, IX, 2), on peut hésiter entre Plutarque *(De l'amour et charité naturelle des pères et mères envers leurs enfants)*, saint François de Sales *(Traité de l'amour de Dieu*, VIII, 12) et, suivant M.-H. Busson, J.-C. Petitot (*La Divine Providence reconnue,* Dôle, 1656, II, 3, p. 64); celui des Castors provient soit du *De corpore animato* (III, 2, p. 331), soit de Nicolas Denys (*Description géographique et historique des côtes de l'Amérique septentrionale*, Paris, Barbin, 1672, t. II, p. 283) directement ou à travers le compte rendu donné en 1674 par le *Journal des Savants*, soit de Bernier (*Fin du Traité de l'Âme*, X-XI, publiée en 1674 à la suite de son *Abrégé*). Quant aux Boubacks ou Bobaques, il en était parlé dans la *Description des contrées du Royaume de Pologne* (Rouen, 1651) et dans la *Description d'Ukraine* (Rouen, 1660, p. 80) par G. Le Vasseur, sieur de Beauplan.

2. Née en 1640, ou quelques années plus tôt, Marguerite Hessein avait épousé en 1654 Antoine Rambouillet de La Sablière, dont elle avait eu trois enfants et dont elle vivait séparée depuis 1668. Aimable et cultivée, elle accueille dans son salon de la rue Neuve-des-Petits-Champs des cartésiens comme Rohault et des gassendistes comme son oncle Antoine Menjot, Bernier ou Roberval, rassemblant autour d'elle à peu près tout ce que Paris compte d'esprits libres et éclairés. Elle héberge La Fontaine depuis 1672 ou 1673. Bientôt abandonnée par La Fare, dont elle est devenue la maîtresse en 1676, elle finira

ses jours dans la retraite et la dévotion, avant de mourir au début de 1693.

3. Remplacent les louanges qu'on pourrait lui prodiguer, mais dont elle ne veut pas.

4. À tel point.

5. Il se figure le salon d'Iris comme un monde où l'on s'ennuie, et Iris elle-même comme une femme entichée de science [...] : cf. Boileau, Satire X, v. 425-437 : « Bon! c'est cette savante [...] », etc. Mais cette Philaminte moins le pédantisme sait être en même temps une Célimène moins la coquetterie. « Elle aimait la poésie, plus encore la philosophie, mais sans ostentation », dira d'elle l'abbé d'Olivet dans son *Histoire de l'Académie française* (édition Ch.-L. Livet, Paris, Didier, 1858, 2 vol., t. II, p. 300) et Charleval, après avoir souligné sa culture philosophique, lui écrit : « Il se fait chez vous un concours de philosophes et de courtisans qui est très propre à instruire les uns et à polir les autres » (cité par Menjot d'Elbenne, *op. cit.*, p. 150).

6. Cf. le *Grand Cyrus*, t. XIX, p. 727 : « toutes sortes de choses peuvent tomber à propos en conversation », et p. 728 : « il y a des occasions où les sciences mêmes peuvent y entrer de bonne grâce; et où les folies agréables peuvent aussi trouver leur place ».

7. Les cartésiens.

8. La comparaison avec une horloge se trouve déjà chez Descartes lui-même, *Discours de la méthode*, Cinquième partie, *Œuvres et Lettres*, édition André Bridoux, Pléiade, 1952, p. 166.

9. La donnée sensible.

10. « Selon nous » s'oppose à : « Au dire de ces gens » (les cartésiens) et désigne tous ceux qui croient à l'existence d'une sensibilité consciente chez les animaux.

11. Cf. Scarron, *Le Virgile travesti*, dédicace du Livre VII : « quelques spéculatifs de mauvaise humeur trouvent moins de différence entre un Duc et Pair et un duc à voler et corneille, qu'entre tel Duc qui vaut beaucoup et tel Duc qui ne vaut guère » (pp. 555-556); Dassoucy, *Aventures*, pp. 114-115 : « Et c'est de cette sorte d'animaux que saint Paul parle quand il dit qu'il y a plus de différence de l'homme à l'homme que de la bête à l'homme. » Cf. *ibid.*, p. 128. Voir aussi Plutarque (*Que les bêtes brutes usent de la raison, Œuvres morales et mêlées*, t. I, f° 277 H),

sur lequel Montaigne (*Essais*, I, XLII, *De l'inequalité qui est entre nous*, Folio nº 289, p. 365) surenchérit, prêt à dire « qu'il y a plus de distance de tel à tel homme qu'il n'y a de tel homme à telle bête ».

12. J'ai de plus qu'eux...

13. De science certaine.

14. « Cerf de dix cors : c'est un cerf qui a sept ans » (Richelet, d'après Salnove, *La Vénerie royale*, 1655).

15. En substitue un plus jeune pour que les chiens prennent le change (cf. le v. 78).

16. « Duvet qui couvre quelque sorte d'oiseau que ce soit » (Richelet).

17. Du pôle. Il s'agit du Canada.

18. Jean III Sobieski, élu roi de Pologne en 1674. En 1667, il avait repoussé une invasion turque, et en 1673, il avait écrasé les Ottomans à Choczin. La Fontaine tient de lui des détails qu'il va donner sur les boubaks non pas directement mais peut-être par l'intermédiaire de Chaulieu, qui avait fait partie de la délégation chargée de féliciter le nouveau monarque, et, au retour, en 1676, s'était lié avec Mme de La Sablière.

19. « Petit corps de cavalerie ou d'infanterie, commandé pour entrer dans le pays ennemi pour y faire des prisonniers, et obliger les ennemis à contribuer » (Richelet).

20. Descartes.

21. Une même réponse au stimulus.

22. Cf. Descartes, *Discours de la méthode*, Quatrième partie.

23. L'idée remonte à saint Jean Chrysostome. Saint Thomas d'Aquin, par suite d'une interprétation erronée d'Aristote en a même fait un article de foi, mais son opinion a été combattue par divers docteurs et notamment Cajetan, comme le rappelle Bernier dans son *Abrégé de la philosophie de Gassendi*, édition de Paris, t. IV, p. 223. Le capucin Yves de Paris, au XVIIe siècle, la professe encore. Peut-être La Fontaine se souvient-il aussi de Virgile, *Énéide*, IV, v. 727.

24. Non plus, comme au vers 44, du monde extérieur sur le système nerveux, qui provoque la sensation, mais de l'intérieur de l'âme sur les muscles, d'où procède le mouvement.

25. Mais il faut aussi... Cf. au vers 77 : « Cependant [...] »

P. 298 LES DEUX RATS, LE RENARD, ET L'ŒUF

1. SOURCES : l'ingénieux moyen de transport inventé par les Rats de La Fontaine était attribué aux boubaks par G. Le Vasseur, aux castors par Gabriel Sagard, récollet, dans son *Grand Voyage au pays des Hurons* (Paris, 1632, p. 319), aux marmottes (*« mures alpini »*) par Pline l'Ancien (*Histoire naturelle*, VIII, LV, 37) qui pourrait bien être la source génératrice non seulement de l'apologue, mais des autres exemples introduits auparavant dans le *Discours*, et par Jacques Spon, auteur d'une *Apologie des bêtes*, poème publié dans son *Voyage d'Italie, de Dalmatie, de Grèce et du Levant, fait aux années 1675 et 1676 par Jacques Spon et George Wheler* (Lyon, 1678).

2. Je le rendrais plus subtil. Cf. pour tout ce développement, Bernier, *Abrégé de la philosophie de Gassendi*, 1684, t. V, p. 456 : « Que l'âme semble plutôt être quelque substance très ténue, comme qui dirait la fleur de la matière »; *ibid.*, t. VI, p. 391 : « L'âme semble être par conséquent une espèce de feu très ténu ou une espèce de petite flamme »; mais aussi Lucrèce, *De Natura Rerum*, III, v. 177-189, etc.

3. *Sic.* On peut hésiter entre « tous tant » (cf. *Le Chien qui porte à son cou* [...], VIII, 7, v. 9), et « tout ce que nous sommes » (cf. *La Besace*, I, 7, v. 27).

4. Cf. l'*Astrée*, Troisième partie, x, t. III, pp. 531-532 : « Or la première sorte de vie est commune à l'homme avec tous les animaux, car tous en vivant produisent les mêmes actions, mais l'autre, le relevant par-dessus tout ce qui a corps, lui donne une autre espèce de vie, qui est commune avec ces pures pensées desquelles nous avons parlé. » Voir aussi Dassoucy, *Pensées* (où se trouve formulée, p. 384, l'idée d'une échelle des êtres) : « tenant ici bas un milieu entre les animaux et les Anges » (*Aventures*, p. 396).

5. « Délicat, faible » (Richelet).

6. Expression d'origine platonicienne. Cf. l'*Astrée*, Troisième partie, v, t. III, p. 267 : « Depuis que l'âme est enveloppée de ce corps que nous avons », etc.

P. 300 X, 1. L'HOMME ET LA COULEUVRE

1. SOURCE : Pilpay, *Livre des Lumières*, pp. 204-209. Une tradition européenne, bien attestée depuis le Moyen Âge, existe parallèlement, avec diverses variantes.

2. Souvenir possible de Virgile, *Bucoliques*, I, v. 38.

3. Autre réminiscence virgilienne (*Géorgiques*, II, v. 401-402).

4. Ou, comme le dit Sorel, dans *Francion* (édition de 1626), *Avertissement d'importance aux lecteurs, Romanciers du XVII*[e] *siècle*, p. 1261, « se [...] taire [...] afin de parler plus longtemps ».

P. 303 X, 2. LA TORTUE ET LES DEUX CANARDS

1. SOURCE : Pilpay, *Livre des Lumières*, pp. 124-126. Cf. Ésope, *La Tortue et L'Aigle*, mis en quatrain par Benserade (XCV).

2. « Imprudence » (Richelet).

3. « Parenté » (Richelet).

4. « Ce mot signifie race, extraction, mais il est un peu vieux » (Richelet).

P. 304 X, 3. LES POISSONS ET LE CORMORAN

1. SOURCE : Pilpay, *Livre des Lumières*, pp. 92-95.

2. L'émoi : cf. *Les Vautours et les Pigeons*, VII, 7, v. 1. La graphie reflète une prononciation ancienne, qui s'est oblitérée dans « émeute ».

3. En souci, en peine.

4. Pour le sens, cf. l'expression « c'est tout un ».

P. 305 X, 4. L'ENFOUISSEUR ET SON COMPÈRE

1. SOURCE : Abstemius, 169. Une ruse analogue pour récupérer son or est employée par Anselme dans *L'Étourdi* de Molière (II, 5).

2. Le mot apparaît déjà chez Marot dans une Épître (XLII, v. 49).

3. Ce qu'on a sous les yeux.

4. Cf. l'avare Amidor à son fils Ergaste qu'il considère comme un prodigue, dans *La Belle Plaideuse* (1655, I, 8) de Boisrobert : « Tu travailles, méchant, à te voler toi-même. »

P. 307 X, 5. LE LOUP ET LES BERGERS

1. SOURCE : un apologue d'Ésope rapporté brièvement par Plutarque dans *Le Banquet des sept Sages*, *Œuvres morales et mêlées*, t. I, f° 158 C, repris par Camerarius, 349, et Philibert Hégémon, 20.

2. Sur leur élimination depuis le Xe siècle grâce à une mesure prise par le roi Edgar, voir les textes cités par H. Busson dans *Littérature et théologie* (p. 177).

3. Synonyme de « galeux », selon Richelet.

4. Atteint du pourri, maladie spécifique du mouton, analogue à la clavelée.

5. Sur le régime végétarien, voir Bernier, *Abrégé de la philosophie de Gassendi* (1684), t. VII, p. 466.

6. L'expression appartient au style burlesque. Le croc, pour pendre la viande, la marmite pour la faire cuire.

P. 308 X, 6. L'ARAIGNÉE ET L'HIRONDELLE

1. SOURCE : Abstemius, 4.

2. Allusion à la métamorphose d'Arachné, contée par Ovide (*Métamorphoses*, VI, v. 1-145).

3. Cf., dans Virgile, *Énéide*, V, v. 213-217, le vol de la colombe.

4. Librement inspiré de Virgile, *Géorgiques*, IV, v. 16-17.

P. 309 X, 7. LA PERDRIX ET LES COQS

1. SOURCE : Ésope, *Les Coqs et la Perdrix*, que Benserade avait mis en quatrain pour le Labyrinthe de Versailles (LXI).

2. Cf. Benserade, v. 1-2 : « La Perdrix bien battue eut un dépit extrême / Que les Coqs peu galants la traitassent ainsi. »

3. Le mot se définit par opposition à « incivils » et « peu galants » : cf. « honnête », au vers 20, que Richelet définit par : « civil, plein d'honneur, galant ».

4. « Sorte de filet pour prendre les perdrix » (Richelet).

P. 310 X, 8. LE CHIEN À QUI ON A COUPÉ LES OREILLES

1. SOURCE : aucune qui soit connue. La mutilation du Chien a peut-être été imaginée par La Fontaine pour former pendant à celle de la Perdrix. Mais le réquisitoire contre l'Homme, cette fois, tourne court, puisque c'est pour son bien qu'on essorille le jeune dogue.

2. Que diriez-vous, si l'on vous faisait des choses pareilles?

3. À les mordre, à se jeter sur eux.

4. On le protège. Du latin *« munire »*, fortifier.

5. Archaïsme : d'accident fâcheux.

6. Le mot désigne une partie de l'armure et prolonge les métaphores militaires des vers précédents.

P. 311 X, 9. LE BERGER ET LE ROI

1. SOURCES : les *Six Voyages de Jean-Baptiste Tavernier qu'il a faits en Turquie, en Perse et aux Indes pendant l'espace de quarante ans* (Paris, Clouzier, 1676, I, 9, pp. 99-103), pour la fable principale; Pilpay, *Livre des Lumières*, pp. 152-160, pour l'apologue de l'Aveugle et du fouet.

2. Cf. Tristan L'Hermite, *Lettres mêlées*, LXXXVIII, édition Catherine Grisé, Genève, Droz, Paris, Minard, 1972, p. 200 : « J'ai toujours considéré l'Ambition comme un Démon capable de me faire perdre des avantages effectifs en me proposant des prospérités imaginaires. »

3. Cf. la dédicace de l'*Astrée, Au roi*, Première partie, t. I, p. 3 : « Ces grands rois, dont l'Antiquité se vante le plus, ont été pasteurs, qui ont porté la houlette et le sceptre d'une même main. »

4. Bien portant.

5. Métaphore d'origine homérique (*Iliade*, I, v. 623, etc.) et biblique (Samuel, II, v, 2).

6. Cf. Sannazar : « *Grata regum lubrica* »; d'Hesnault, dans le sonnet où il paraphrase Sénèque et le second chœur de *Thyeste* : « S'élève qui voudra, par force ou par adresse, / Jusqu'au sommet glissant des grandeurs de la cour » (v. 1-2).

7. « Lambeau : guenille » (Richelet).

8. Jupon : sorte de houppelande. Panetière : « grande poche ou [...] petit sac de cuir où les bergers mettent leur pain » (Richelet). Le terme est bien connu des lecteurs de l'*Astrée*. Les vrais bergers disent gibecière.

9. Objets mis provisoirement en dépôt.

P. 313 X, 10. LES POISSONS ET LE BERGER QUI JOUE DE LA FLÛTE

1. SOURCE : Ésope, *Le Pêcheur qui joue de la flûte*.

2. Cf. Théophile, *La Maison de Sylvie*, Ode II, strophe 1, v. 5-10, *Œuvres poétiques*, p. 302 : « Je penchais mes yeux sur le bord / D'un lit où la Naïade dort / Et regardant pêcher Sylvie / Je voyais battre les poissons / À qui plus tôt perdrait la vie / En l'honneur de ses hameçons. »

P. 314 X, 11. LES DEUX PERROQUETS, LE ROI, ET SON FILS

1. SOURCE : Le P. Poussines, *Specimen Sapientiae Indorum veterum*, pp. 608-611. Cf. Ésope, *Le Laboureur et le Serpent qui lui avait tué son fils*.

2. Élevés.

3. De tout le royaume.

4. Dans la barque de Charon. Ce perroquet rappelle celui de Mme du Plessis-Bellière, cousine de Foucquet : la mort de « l'oiseau parleur », en 1654, avait suscité, à l'instigation du Surintendant, une nuée de sonnets en bouts-rimés.

5. Le livre des destinées, où « tout est écrit ». Cf. *L'Astrologue qui se laisse tomber dans un puits*, II, 13, v. 10. L'opposition

de la providence et du destin, dans les vers qui suivent, renvoie aussi à cette fable.

6. Impie.

7. Du malheureux spectacle.

8. « Linges et médicaments nécessaires pour panser une plaie » (Richelet).

P. 316 X, 12. LA LIONNE ET L'OURSE

1. SOURCE : le P. Poussines, *Specimen Sapientiae Indorum veterum*, pp. 618-619.

P. 317 X, 13. LES DEUX AVENTURIERS ET LE TALISMAN

1. SOURCE : Pilpay, *Livre des Lumières*, pp. 62-66.

2. Pour le v. 1, cf. Ovide, *Tristes*, IV, III, v. 74; pour le v. 2, Horace, *Odes*, III, 3, v. 9. Il se peut aussi que La Fontaine se souvienne ici du célèbre apologue de Prodicos montrant Héraklès à la croisée de deux chemins dont l'un conduit au plaisir, l'autre à la gloire (voir Xénophon, *Mémorables*, II, 1, 21-34). Cf. la *Vie d'Ésope*, p. 43 : « Ésope leur dit que la Fortune présentait deux chemins aux hommes. »

3. Se dit proverbialement, selon Furetière, d'un homme qui « manque de résolution, quand il faut exécuter quelque entreprise, par timidité ». Donc : manquer de cran et déclarer forfait.

4. Sixte Quint.

P. 319 X, 14. DISCOURS À MONSIEUR LE DUC DE LA ROCHEFOUCAULD

1. SOURCE : La Rochefoucauld, comme l'indiquent le v. 58 et le dernier vers, bien que le premier donne au propos un tour plus personnel. Il existe une *Réflexion Du rapport des hommes avec les animaux*, où l'auteur des *Maximes* établit entre les espèces animales et les caractères humains une série de correspondances. On y trouve, entre autres, différentes variétés de chiens, dont

certains « plus ou moins inutiles », « aboient souvent » et « mordent quelquefois », puis, plus loin, des « lapins qui s'épouvantent et se rassurent en un moment » (*Maximes*, Folio nº 728, p. 180-181).

2. À la métaphysique spiritualiste qu'il récusait dans *La Souris métamorphosée en fille*, IX, 7, v. 65-66, La Fontaine substitue ici l'hypothèse matérialiste à laquelle l'a conduit la théorie des deux âmes exposées à la fin du *Discours à Madame de La Sablière*, permettant le passage dialectique d'une perspective à l'autre.

3. Ce double crépuscule, du soir et du matin, est un motif qu'on trouve chez Ovide (*Amours* I, 5, v. 5-6). Première esquisse dans le *Voyage en Limousin*, Lettre du 12 septembre 1663 (*Œuvres diverses*, p. 561).

4. Affronter — à leurs risques et périls.

5. Cf. *L'Astrée*, Troisième partie, I, t. III, p. 21 : « C'est un peu sage nocher, / Qui battu de même orage, / Contre le même rocher / Se perd d'un second naufrage. »

6. De leur district.

7. À ceux qui gouvernent les États.

8. « On dit aussi : c'est le droit du jeu, pour dire : on a accoutumé d'en user ainsi » (Furetière). En somme : la règle du jeu.

9. C'est la conduite à tenir, ce qu'il y a à faire.

10. Ce pluriel, grammaticalement correct, rime avec un singulier. Négligence ? Faute d'impression ?

11. Cf. Horace, Épître aux Pisons, v. 335-336 ; Boileau, *Art poétique*, I, v. 63.

P. 321 X, 15. LE MARCHAND, LE GENTILHOMME, LE PÂTRE, ET LE FILS DE ROI

1. SOURCE : le P. Poussines, *Specimen Sapientiae Indorum veterum*, p. 616.

2. La Fontaine admet encore la légende illustrée notamment par le tableau de Poussin : *L'Aumône à Bélisaire*.

3. Sens astrologique : sous des étoiles diverses, puisqu'ils sont placés plus ou moins haut dans la hiérarchie sociale.

4. Les Indes occidentales, comme le prouve le vers 25.

5. Chez les morts.

P. 324 XI, 1. LE LION

1. SOURCE : Eschyle, dans *Les Grenouilles* d'Aristophane (v. 1431 a-b et 1432). Le distique, cité par Valère-Maxime (VIII, II, 7), puis par Plutarque dans la *Vie d'Alcibiade*, a été rendu ainsi par Amyot : « Le mieux serait pour la chose publique, / Ne nourrir point de lion tyrannique ; / Mais puisqu'on veut le nourrir, nécessaire / Il est qu'on serve à ses façons de faire » (XXVII, *Les Vies des hommes illustres*, édition Gérard Walter, Pléiade, 2 vol., t. I, 1951, p. 435). La Fontaine détourne l'allégorie de son sens premier, pour l'appliquer à Louis XIV, « chéri de ses alliés et respecté de ses voisins », comme l'écrit Chapelain, dans son discours *Sur le traité par lequel le Roi a recouvré Dunkerque* (*Lettres*, t. II, p. 280), et aux adversaires que la guerre de Hollande a coalisés contre lui. Bien qu'un Léopard héraldique figure dans les armoiries de l'Angleterre, « Sultan Léopard », ici, semble plutôt représenter, sous un travesti oriental, l'empereur Léopold Ier.

2. Cf. Chapelain, à Ackenhausen, 16 mars 1671 (*Lettres*, t. II, p. 273) : « L'alarme que vous dites que la puissance du Roi donne à tous ses voisins [...] »

3. À lui seul. Cf., pour l'idée, *Le Bassa et le Marchand*, VIII, 18.

4. Après les traités de Nimègue (1678-1679), Louis XIV aura les mains libres pour pratiquer sa politique annexionniste des « réunions ».

5. Mal en prit au Sultan, à qui le conseil ne plut pas.

P. 326 XI, 2. POUR MONSEIGNEUR LE DUC DU MAINE

1. SOURCE : l'idée du rôle primordial tenu par l'Amour dans l'initiation à toute connaissance remonte au *Banquet* de Platon. Sur ce thème, le fabuliste a imaginé ici une transparente allégorie en l'honneur du fils légitimé de Louis XIV et de Mme de Montespan, enfant prodige dont Mme de Sévigné rapporte quelques traits d'esprit et dont avait paru au début de 1679 un volume d'*Œuvres diverses*.

P. 327 XI, 3. LE FERMIER, LE CHIEN, ET LE RENARD

1. SOURCE : Abstemius, 149.
2. Je me donne du mal.
3. Voir sur ce thème du Soleil rebroussant d'horreur, le *Thyeste* de Sénèque le tragique, v. 776-778 et 789-884.
4. Agamemnon, qui n'avait pas voulu rendre Chryséis à son père Chrysès, prêtre d'Apollon. Voir l'*Iliade*, I, v. 1-53.
5. Le « camp » : cf. le vers précédent.
6. Les armes d'Achille, attribuées à Ulysse. Voir l'*Ajax* de Sophocle et les *Métamorphoses* d'Ovide, XIII, v. 1-398.
7. « Sangler : fouetter, battre, donner quelques coups fortement avec une baguette, un bâton, ou avec le plat d'une épée » (Richelet).
8. « Méchant soldat », dit Furetière, qui donne cet exemple : « Ce régiment ne vaut rien, il n'est composé que de goujats, de pauvres drilles ». Le sens actuel de joyeux luron est attesté par Richelet.
9. Chef de famille, au sens du *paterfamilias* latin.
10. Cf. Épicure, maxime 58 : « Il faut s'affranchir de la servitude des occupations domestiques et de celle des affaires publiques. »

P. 329 XI, 4. LE SONGE D'UN HABITANT DU MOGOL

1. SOURCE : le poète persan Sadi, *Gulistan ou l'Empire des roses*, traduit en 1634 par André du Ryer.
2. Cf., sur ce thème, outre les *Stances* de Maucroix « Heureux qui sans souci d'augmenter son domaine », *Œuvres diverses*, t. I, pp. 78-79, le sonnet de l'épicurien d'Hesnault, inspiré du second chœur de *Thyeste* (v. 336-403), v. 4 : « Loin du monde et du bruit rechercher la sagesse » (ou version anonyme du même chœur dans *Le Mercure Galant* d'août 1672, p. 32-33 : « Loin du peuple et du bruit [...] »).
3. Le mouvement qui suit s'inspire d'un passage des *Géorgiques* (II, v. 458-502), déjà paraphrasé en prose par Marolles dans son *Cinquième Discours servant de réponse au Troisième sceptique de*

Monsieur de SS [Samuel Sorbière] (*Mémoires* de Marolles, t. III, pp. 56-57).

4. Les planètes.

5. « Sans soins » : sans les inquiétudes que donnent la cupidité ou l'ambition; « sans remords », puisqu'il aura mené la vie innocente et studieuse du sage.

P. 331 XI, 5. LE LION, LE SINGE, ET LES DEUX ÂNES

1. SOURCE : l'adage latin *« Asinus asinum fricat »*, appliqué, selon toute vraisemblance, aux ministres de Louis XIV qui se font donner du « Monseigneur ».

2. L'équivalent d'un licencié ès lettres et philosophie.

3. Professeur de collège.

4. Au sens d'égoïsme, comme chez La Rochefoucauld.

5. Jargon de l'école : de ce qui précède, je déduis...

6. Le beau-père de Lulli, et lui-même célèbre comme chanteur et comme musicien.

7. Cf. les « Deux vieux ânes qui s'entregrattent » dans l'épître *Fripelipes, valet de Marot, à Sagon*, v. 56.

8. « Ceux qui possèdent les premières dignités de l'État » (Académie, 1694) : « les ministres, les premiers magistrats » (Furetière).

9. Un sot.

10. Même expression, mais appliquée à un cheval, dans les *Aventures* de Dassoucy, p. 57. Cf. Chapelain, à Carlo Dati, 6 décembre 1669 (*Lettres*, t. II, p. 670), sur le roi et Colbert : « On ne se joue pas impunément à de semblables lions. »

P. 333 XI, 6. LE LOUP ET LE RENARD

1. SOURCE : à défaut du *Roman de Renart*, la version la plus proche reste celle de Jacques Régnier dans ses *Apologi Phaedrii*, I, 18.

2. « Finesse de matois, fourberie » (Furetière).

3. « De figure ronde et sphérique [...] On a dit [...] la rondeur orbiculaire du soleil, des astres, comme a dit Auvray dans ses *Satires* » (Furetière).

4. « Fort grande faim » (Richelet).
5. S'installe comme il peut.
6. Cf. Saint-Amant, *Le Fromage, Œuvres poétiques*, p. 73 : « Pourquoi toujours s'apetissant, / De lune devient-il croissant ? / Et pourquoi, si bas sous la nue, / S'éclipse-t-il à notre vue ? »
7. Cf. *ibid.* « Réponds, toi qui fais le devin, / Crois-tu qu'un manger si divin / Vienne d'une vache ordinaire ? / Non, non, c'est chose imaginaire. / Quant à moi, je crois qu'il soit fait / De la quintessence du lait / Qu'on tira d'Io transformée, / Qui fut d'un dieu la bien-aimée. »
8. Le remonte.
9. Cf. César, *Guerre des Gaules*, III, XVIII, 6 (« Les hommes en général croient volontiers ce qu'ils désirent »); Ovide, *Art d'aimer*, III, v. 674.

P. 335 XI, 7. LE PAYSAN DU DANUBE

1. SOURCE : Guevara, *L'Horloge des Princes* (1529), où l'histoire est attribuée à Marc-Aurèle. L'anecdote passe ensuite dans les *Histoires prodigieuses* (1561) de Boaistuau et le *Recueil mémorable d'aucuns cas merveilleux* (1564) de Marcouville, avant d'être délayée en 1680 par François Cassandre, un ancien habitué des réunions de la Table Ronde, dans ses *Parallèles historiques* (privilège du 10 mars 1679, cédé le 24 au libraire Thierry, l'éditeur des *Fables*).
2. « On ne croit pas que cette pièce soit de Marc-Aurèle », remarque à juste titre François Cassandre.
3. Leur cupidité. De même aux vers 30, 59 et 76. Cf. le vers 47.
4. Aux diverses formes de l'artisanat.
5. « Magistrats, dit Richelet, qui gouvernaient les provinces » conquises par les Romains.
6. Dignité créée par Constantin (donc après le règne de Marc-Aurèle), donnée à titre honorifique et personnel, qui fut confiée en particulier par les empereurs d'Orient ou les papes à des rois barbares, tels que ceux des Francs.

P. 338 XI, 8. LE VIEILLARD ET LES TROIS JEUNES HOMMES

1. SOURCE : Abstemius, 167, avec un seul jouvenceau, qui correspond au troisième de La Fontaine.

2. C'est-à-dire, selon Mario Roques (*Études de littérature française*, Paris, Droz, 1949, pp. 93-99), « faisait planter », comme le suggère la gravure accompagnant la fable, ou mieux « transplanter ».

3. Souvenir d'Horace, *Odes*, II, 16, v. 17-18.

4. Autre souvenir d'Horace, *Odes*, I, 4, v. 15, I, 8, v. 6-7. Mais, dès 1905, Mario Roques, dans la *Revue d'Histoire littéraire de la France*, observait que l'expression *« spes longas »* se trouve aussi dans les Épîtres de Sénèque à Lucilius (CI, t. III, p. 120).

5. « Retraite assurée et où apparemment on voit quelque espérance de repos. Il faut faire un établissement une fois en sa vie » (Richelet).

6. Même idée dans le *De senectute* de Cicéron, XIX, 67-68, et dans différentes odes d'Horace (I, 11, v. 8 ; IV, 7, v. 17-18), chez Sénèque le tragique (*Thyeste*, troisième chœur, v. 619-620) et Sénèque le philosophe (*Épîtres à Lucilius*, CI, début, t. III, p. 118), ou chez Bossuet (Carême du Louvre, 1662, Sermon sur la mort, etc.).

7. Souvenir de Virgile, *Géorgiques*, II, v. 58. Le vers était cité par Sénèque dans la LXXXVIe épître à Lucilius (t. II, p. 236). Cf. aussi le vers de Cecilius Statius que cite Cicéron dans le *De senectute*, VII, 24.

P. 339 XI, 9. LES SOURIS, ET LE CHAT-HUANT

1. SOURCE : Bernier rapporte le fait dans son *Abrégé de la philosophie de Gassendi*, édition de 1678, t. VII, p. 673, sur la foi de Jacques Gaffarel, qui prétend le tenir d'un augustin réformé vivant dans la forêt de Fontainebleau. Cette fable qui termine le « second recueil » forme une sorte de supplément au *Discours à Madame de La Sablière*.

2. Cf. Scarron, *La Foire Saint-Germain*, v. 21-27 ; Mlle de Scudéry, le *Grand Cyrus*, t. XVIII, p. 982 : « Je veux que ceux

qui font un conte ne l'annoncent point comme fort plaisant devant que de le faire. »

3. Souvenir probable d'Ovide, *Métamorphoses*, V, v. 550, ou de Virgile, *Énéide*, IV, v. 462-463.

4. « Mutiler » (Richelet).

5. Une progression.

P. 341 ÉPILOGUE

1. SOURCE : Coste, le premier, a rapproché cet *Épilogue*, pour le sizain final, des vers – peut-être apocryphes – qui terminent les *Géorgiques* (IV, v. 559-566).

2. Cf. Mme de Villedieu, *Le Papillon, le Frelon et la Chenille* : « Mais tout parle dans la Nature » (*Œuvres*, t. I, p. 352). Elle ajoutait, il est vrai : « Quand il s'agit d'obéir à l'Amour. »

P. 342 [À MONSEIGNEUR] LE DUC DE BOURGOGNE

1. Dans l'édition de 1693, le titre courant porte « Livre septième » : le dernier livre, offert au duc de Bourgogne, se rattache ainsi directement aux six qui ont été dédiés en 1668 à son père, par-delà le « second recueil » de 1678-1679.

2. Provinces-Unies, Empire, Espagne, Angleterre, Savoie, coalisés et engagés depuis 1688 pour les uns, 1689 pour les autres, dans la guerre à laquelle mettra fin le traité de Ryswick.

P. 344 XII, 1. LES COMPAGNONS D'ULYSSE

1. SOURCE : Homère, *Odyssée*, X, v. 135-399. Voir aussi Virgile, *Énéide*, VII, v. 10-24, Ovide, *Métamorphoses*, XIV, v. 154-307, Horace, *Épîtres*, I, 2, v. 23-26, Plutarque, *Que les bêtes brutes usent de la raison*, Gelli, *Circé* (Florence, 1549), Machiavel, *L'Âne d'or*. Tandis que La Fontaine suit plutôt Gelli, Fénelon dans ses *Dialogues des morts* (VI, *Ulysse et Grillus*) s'inspire davantage de Plutarque. La fable a paru d'abord en décembre 1690 dans le *Mercure Galant*.

2. VAR. (1690) : « *mes* ».

3. VAR. (*ibid.*) : « *et* ».

4. Le Dauphin, qui s'est illustré en 1688, au cours de sa première campagne, par la prise de Philippsbourg, que La Fontaine a célébrée.

5. En juin 1672.

6. L'exemple figure dans la grammaire latine de Despautère. Voiture s'en était déjà souvenu dans ses *Étrennes de quatre animaux* (*Œuvres*, t. II, p. 112) : « Par moi [c'est la Taupe qui parle] vous en voyez, *exemplum ut talpa*, / Qui pour être sans yeux n'évitent pas ses charmes. »

7. VAR. (1690) : « *ses* ».

8. VAR. (*ibid.*) : « *rendrais* ».

9. VAR. (*ibid.*) : « *que l'autre* ».

10. Cf. Théophile, *Satire première, Œuvres poétiques*, t. I, p. 84 : « Ce que tu trouves beau, mon œil le trouve laid. »

11. VAR. (1690) : « *belle et jeune* ».

12. VAR. (*ibid.*) : « *Laissons cette matière* ». La correction introduit un souvenir de Rabelais, *Nouveau Prologue* du *Quart Livre*, *Œuvres complètes*, p. 523.

13. Qu'il se plaint d'avoir perdus, par la faute du Loup.

14. Formule de Plaute (*Asinaria*, II, 4, v. 495) dont s'est souvenu Molière (*Misanthrope*, V, 1, v. 495) et surtout Hobbes (*De Cive*, 1642, épître dédicatoire).

15. Sommation.

16. VAR. (1690) : « *la chose* ».

17. Les six derniers vers, parus en 1690 dans le *Mercure Galant* n'ont pas été conservés en 1693.

P. 348 XII, 2. LE CHAT ET LES DEUX MOINEAUX

1. SOURCE : la fable s'apparente de loin à celle *Du Chien et du Chat* dans les *Fables nouvelles et morales* publiées en 1671 par Furetière. Mais elle rappelle aussi la donnée des *Deux Perroquets, le Roi et son Fils*, X, 11, v. 13-24, et peut avoir été imaginée par La Fontaine, ou lui avoir été suggérée par Fénelon.

2. Pleine de discernement.

3. Nous la baille belle.

4. « On se sert quelquefois de manger pour dire quereller fortement » (Académie, 1694).

P. 349 XII, 3. DU THÉSAURISEUR ET DU SINGE

1. SOURCES : la fable présente de lointaines ressemblances avec une anecdote qui remonte à Nicolas de Pergame (*Dialogus creaturarum moralizatus*, Dialogue 99) et passe, en particulier, chez Straparole (*Facétieuses nuits*, VIII, 4). Première publication dans le *Mercure Galant* de mars 1691.

2. VAR. (1691) : « Un Homme *accumulant* (On sait que cette *ardeur* / Va *toujours* jusqu'à la *fureur*). »

3. Périphrase pour désigner une île.

4. VAR. (1691) : *« souvent »*.

5. VAR. *(ibid.)* : *« quelques doublons souvent »*.

6. VAR. *(ibid.)* : *« auquel »*.

7. Monnaie anglaise, comme le jacobus. Les autres sont italiennes (ducats, ducatons, pistoles) ou espagnoles (doublons).

8. La Fontaine, à son habitude, écrit « métail ».

9. VAR. (1691), au lieu des v. 27-37 :

« S'il n'eût ouï l'Homme rentrer,
Eût jeté sans considérer
L'estime que l'on fait des biens de cette espèce,
Tous ces beaux ducats pièce à pièce;
Il les eût fait voler tous jusques au dernier. »

10. VAR. (*Œuvres posthumes*, 1696) : *« font »*.

P. 350 XII, 4. LES DEUX CHÈVRES

1. SOURCE : Pline l'Ancien, *Histoire naturelle*, VIII, LXXVI, 50. Le plongeon final a été ajouté par La Fontaine. La fable a paru pour la première fois dans le *Mercure Galant* de février 1691.

2. VAR. (1691) :

« Les Chèvres *ont une propriété*
C'est qu'ayant fort longtemps brouté,
Elles prennent l'essor et s'en vont en voyage

Vers les endroits du pâturage
Inaccessibles aux humains.
Est-il quelque lieu sans chemins,
Quelque rocher, *un* mont pendant en précipices,
Mesdames s'en vont *là* promener leurs caprices. »

3. VAR. *(ibid.)* :
« Quittèrent *certains* prés; chacune de sa part
L'une vers l'autre allait... »

4. VAR. *(ibid.)* : *« nos »*.

5. L'Île des Faisans, sur la Bidassoa. La rencontre eut lieu le 6 juin 1660.

6. VAR. (1691) : *« Sur »*.

7. VAR. *(ibid.)* « céder, *ayant pour devancières*
L'une ».

8. Cf. Théocrite, XI, Ovide, *Métamorphoses*, XIII, v. 738-897.

9. VAR. (1691) : *« à »*.

P. 352 XII, 5. LE VIEUX CHAT ET LA JEUNE SOURIS

1. SOURCE : pour satisfaire à la demande du jeune prince, La Fontaine semble avoir imaginé ce récit qui reprend, avec d'autres personnages, la situation du *Petit Poisson et le Pêcheur*, V. 3, du *Loup et le Chien maigre*, IX, 10, du *Milan et le Rossignol*, IX, 18.

P. 353 XII, 6. LE CERF MALADE

1. SOURCE : Lokman, *La Gazelle*, fable traduite d'arabe en latin d'abord en prose par Erpenius, dès 1615, puis en vers par Tanneguy Le Fèvre en 1673, et appliquée par Desmay dans son *Ésope du temps* (fable 5) en 1677, à la Hollande secourue par de ruineux alliés.

P. 354 XII, 7. LA CHAUVE-SOURIS, LE BUISSON, ET LE CANARD

1. SOURCE : Ésope, *La Chauve-Souris, la Ronce et la Mouette*, apologue qu'ont imité Haudent (I, 38), Faërne (II), G. Cousin (*Narrationum Sylva*, p. 45), Benserade (CXXIV).

2. Les « agents » sont des « courtiers » qui « s'entremettent entre les marchands négociants et banquiers, pour faciliter leur négoce de lettres et billets de change, et le débit de leurs marchandises en gros » (Furetière).

3. « C'eſt avoir fait cession de ses biens à ses " créanciers " » (Richelet).

4. Le capital.

5. Les huissiers.

6. Oiseau « plus petit que le canard », selon Richelet, mais qui en « approche », suivant Furetière.

P. 355 XII, 8. LA QUERELLE DES CHIENS ET DES CHATS, ET CELLE DES CHATS ET DES SOURIS

1. VAR. (*Œuvres poſthumes*, 1696) : « des Chats et des Chiens ».

2. SOURCE : Haudent, II, 61.

3. VAR. (1696) : « La Discorde *aux yeux de travers,*
Reine du monde sublunaire,
Rit de voir que notre univers
Eſt devenu son tributaire.
Commençons par les éléments :
Vous trouverez *qu'à tous moments*
Ils sont en *appointé contraire.* »

« Ils sont appointés contraires. Façon de parler proverbiale tirée du Palais. C'eſt-à-dire que les personnes à qui l'on applique ce proverbe sont brouillées ensemble » (Richelet). Au singulier pour la rime, « contraire » eſt pris ici adverbialement.

4. VAR. (1696) : *« leur emploi »*.

5. VAR. (*ibid.*) : *« Une »*.

6. VAR. (*ibid.*) : *« plus »*.

7. VAR. (*ibid.*) : *« vient »*.

8. Altercation. Le mot est donné comme archaïque par Furetière, comme, du reste, « chroniqueur ».

9. Se dit, selon Furetière, « des arrêts qui se donnent entre des officiers qui disputent sur les droits et les exercices de leurs charges ».

10. « Agent. C'est celui qui a embrassé les affaires d'un particulier de considération » (Richelet).

VAR. (1696) : *« Car en certain cabas où leurs gens* [...] *»*

11. « Filou adroit et rusé, qui trompe les autres » (Furetière).

12. « C'est tuer tout » (Richelet).

13. VAR. (1696) : *« En »*.

14. VAR. *(ibid.)* : « Ce que *j'ai toujours vu* ».

15. « Terme plaisant et burlesque, emprunté des Italiens, pour désigner un maître d'école qui, pour se rendre plus vénérable à ses écoliers, porte une longue barbe, *barbam colit* » (Coste).

P. 357 XII, 9. LE LOUP ET LE RENARD

1. SOURCE : La Fontaine, à la fin, se reconnaît redevable de son sujet au duc de Bourgogne, à qui Fénelon l'a sans doute donné comme thème d'une rédaction latine dont nous ne possédons que le début.

2. Imité d'Horace, *Satires*, I, I, V. I-8.

3. Cf. le chant XVI de l'*Iliade*.

P. 359 XII, 10. L'ÉCREVISSE ET SA FILLE

1. SOURCE : Ésope, *L'Écrevisse et sa mère*. Boursault avait introduit l'apologue, en 1690, dans son *Ésope à la ville* (III, 5). Le sujet avait été traité en 1685 par Daubaine (*Fables nouvelles en vers*, Paris, C. Blageart, *Les Deux Écrevisses*).

2. Cette idée accessoire.

3. La Ligue d'Augsbourg conclue en 1686 entre l'Empereur, l'Espagne, la Hollande, l'Électeur Palatin, celui de Saxe, les Cercles de Bavière, Souabe, Franconie, auxquels s'étaient jointes en 1687 la Savoie ainsi qu'une grande partie de l'Italie, et en 1689 l'Angleterre.

P. 360 XII, 11. L'AIGLE ET LA PIE

1. SOURCE : Abstemius, 26.
2. Dont on sait que je le sers.
3. Volteius Menas, un des modèles de « Sire Grégoire » dans *Le Savetier et le Financier*, VIII, 2. Voir Horace, *Épîtres*, I, 7, v. 64 sq. L'avocat Philippe, riche et blasé, a invité à sa table le pauvre crieur public, et se divertit de son babillage naïf.
4. « On dit de deux choses dépariées, qu'on porte ensemble, qu'elles sont de deux paroisses, comme deux bas, deux gants, un pourpoint et un haut-de-chausses de différente parure » (Furetière).

P. 361 XII, 12. LE MILAN, LE ROI, ET LE CHASSEUR

1. VAR. (*Œuvres posthumes*, 1696) : « Le Roi, le Milan. »
2. SOURCE : il existe de cette fable deux versions. Dans celle que La Fontaine a laissée inédite et qui a paru pour la première fois parmi les *Œuvres posthumes*, il donne l'histoire pour un pastiche de Pilpay. Dans le texte publié en 1694, il va jusqu'à la mettre, faussement, sous l'autorité du fabuliste indien. Elle est probablement de son invention. Cette longue pièce a été offerte en guise d'épithalame au prince François-Louis de Conti à l'occasion de son mariage avec Marie-Thérèse de Bourbon, petite-fille du grand Condé, le 29 juin 1688. Le prince en 1685 avait encouru la disgrâce de Louis XIV. Condé, avant de mourir, en décembre 1686, avait obtenu son pardon.
3. François-Louis de La Roche-sur-Yon, puis de Conti à la mort de son frère aîné Louis-Armand en 1685. Né en 1664, il était fils d'Anne-Marie Martinozzi, nièce de Mazarin et cousine de la duchesse de Bouillon.
4. VAR. (1696) : « qu'*aux bienfaiteurs des* hommes :
L'Âge d'Or *en fit voir quelques-uns* [...] »

Pour le vers 12, cf. Fontenelle, *Nouveaux Dialogues des morts*, seconde partie, 1684, *Hérostrate, Démétrius de Phalère* (édition Jean Dagen, Paris, Nizet, 1971, p. 257) : « [...] l'on doit compter pour des grâces tous les maux que vous n'avez pas faits » (Démétrius à Érostrate).

5. VAR. (1696) :
*« Ils devraient de bonté nous donner plus d'*exemples;
Car la valeur chez eux s'acquiert assez de temples.
Vous avez l'un et l'autre et ces dons précieux
Font qu'il n'est point d'honneurs où votre cœur n'aspire. »

6. Le poète promet à Conti l'apothéose après sa mort. Cf. Virgile, *Géorgiques*, I, v. 503-504.

7. VAR. (1696) : « ici doit ».

8. VAR. *(ibid.)* : *« les »*.

9. VAR. *(ibid.)* : *« Des »*.

10. VAR. *(ibid.)* : *« ses »*.

11. VAR. *(ibid.)* : *« d'un rare* esprit *ses »*.

12. VAR. *(ibid.)* : « *la* faire estimer / [...] *la* faire aimer. »

13. VAR. *(ibid.)* : *« de dire »*.

14. VAR. *(ibid.)*. Après le vers 35, on lit :
« Je change un peu la chose. Un peu? j'y change tout :
La critique en cela me va pousser à bout,
Car c'est une étrange femelle;
Rien ne nous sert d'entrer en raison avec elle.
Elle va m'alléguer que tout fait est sacré;
Je n'en disconviens pas, et me sais pourtant gré
D'altérer celui-ci; c'est à cette licence
Que je dois l'acte de clémence,
Par qui je donne aux rois des leçons de bonté.
Tous ne ressemblent pas au nôtre.
Le monde est un marchand mêlé;
L'on y voit de l'un et de l'autre.
Ici-bas le beau ni le bon
Ne sont estimés tels que par comparaison.
Louis seul est incomparable.
Je ne lui donne point quelque éloge affecté :
L'on sait que j'ai toujours entremêlé la fable
De quelque trait de vérité.
Revenons à l'Oiseau, le fait est mémorable. »

15. VAR. *(ibid.)* : *« Peut-être il* n'avait *lors »*.

16. Afin qu'il s'y perche.

17. VAR. (1696) : *« Chacun s'empresse, et tous* en vain. »

18. VAR. *(ibid.)* : *« Ce »*.

19. Réjouir par son présent.

20. VAR. (1696) : « *et* Courtisans ravis
D'admirer de tels *traits* ».

21. VAR. *(ibid.)*. Au lieu de ce vers, on lit :
« *Si je craignais quelque censure,*
Je citerais Pilpay touchant cette aventure.
Ses récits en ont l'air : il me serait aisé
De la tirer d'un lieu par le Gange arrosé. »

22. VAR. *(ibid.)* : « *de* Prince ou *de* Héros ».

23. D'après lui. Comme le rappelait *La Souris métamorphosée en fille*, IX, 7, v. 12, c'est Pythagore, plutôt, qui doit aux sages de l'Inde sa doctrine de la métempsycose.

24. « Substantif féminin pluriel qui se dit en général de tous les oiseaux », dit Furetière, qui distingue le mot de l'adjectif « volatile ».

25. VAR. (1696) :
« *Lorsque sur ce chasseur l'animal se rejette,*
Et de ses ongles tout d'acier,
Sauvage encore et tout grossier,
Happe le nez du pauvre Sire ».

26. Cédé.

27. L'idée vient d'Homère, *Iliade*, I, v. 599.

28. Cf. l'*Iliade*, I, v. 528.

29. VAR. (1696) : « des dieux. Jupiter rit aussi
Bien qu'Homère en ses vers lui donne un noir souci [*sic*]
Ce Poète assure en son Histoire
Qu'un ris inextinguible en l'Olympe éclata.
Petit ni grand n'y résista,
Quand [...] »

30. VAR. *(ibid.)* : « *s'en* vint *verser* ». Voir l'*Iliade*, I, v. 596-600.

31. VAR. *(ibid.)* : « *fût assez grave* ».

P. 365 XII, 13. LE RENARD, LES MOUCHES, ET LE HÉRISSON

1. SOURCE : un apologue d'Ésope, allégué par Aristote dans sa *Rhétorique* (II, xx, 6), et qui figure aussi chez Plutarque (*Si l'homme d'âge se doit encore entremettre et mêler des affaires publiques, Œuvres morales et mêlées*, t. I, f° 185 G-H). Il existe de la fable un

autre état, retrouvé manuscrit par Raynouard, secrétaire perpétuel de l'Académie française, dans la collection du baron Delessert, et publié par Walckenaer en 1820. En voici le texte *in extenso* :

Le Renard et les Mouches.

Un renard tombé dans la fange,
Et des Mouches presque mangé,
Trouvait Jupiter fort étrange
De souffrir qu'à ce point le Sort l'eût outragé.
Un Hérisson du voisinage,
Dans mes vers nouveau personnage,
Voulut le délivrer de l'importun essaim.
Le Renard aima mieux les garder, et fut sage.
« Vois-tu pas, dit-il, que la faim
Va rendre une autre troupe encor plus importune?
Celle-ci déjà soûle aura moins d'âpreté. »
Trouver à cette fable une moralité
Me semble chose assez commune,
On peut sans grand effort d'esprit
En appliquer l'exemple aux hommes :
Que de mouches voit-on dans le siècle où nous sommes!
Cette fable est d'Ésope, Aristote le dit.

P. 366 XII, 14. L'AMOUR ET LA FOLIE

1. SOURCE : le *Débat de Folie et d'Amour*, par Louise Labé. Le P. Commire a tiré du même sujet sa fable 12, *Dementia Amorem ducens*, imprimée en 1689.

L'Amour et la Folie, et toutes les pièces suivantes jusqu'à *Philémon et Baucis* inclusivement, ainsi que *Les Filles de Minée*, XII, 28, ont paru pour la première fois (ou pour la seconde, en ce qui concerne *Belphégor* et *La Matrone d'Éphèse*, déjà publiés avec le *Poème du Quinquina* en 1682) en 1685 dans les *Ouvrages de prose et de poésie des Sieurs de Maucroix et de La Fontaine.*

2. Cf. Théophile, *A M du Fargis*, v. 18-20, *Œuvres poétiques*, p. 123 : « Cette divinité, des dieux même adorée, / Ces traits d'or et de plomb, cette trousse dorée, / Ces ailes, ces brandons,

ces carquois, ces appas / Sont vraiment un mystère où je ne pense pas. » Voir aussi, dans le dialogue de Sarasin, *S'il faut qu'un jeune homme soit amoureux*, la discussion sur ce sujet entre Ménage et Chapelain (*Œuvres* de Sarasin, pp. 147-207), et, dans les portefeuilles Vallant (B.N. ms. f. fr. 17056, f°s 107-108), le texte intitulé : « Pourquoi l'Amour est peint les yeux bandés, nu et enfant. » En ce qui concerne ce dernier point, Cupidon se bornait à répondre, dans son dialogue avec Jupiter, chez Lucien, traduit par Perrot d'Ablancourt (*Œuvres*, Paris, Augustin Courbé, 1654, 2 vol., t. I, p. 68) : « Je m'en rapporte aux peintres et aux poètes qui me représentent toujours de la sorte. »

3. La décision.

P. 367 XII, 15. LE CORBEAU, LA GAZELLE, LA TORTUE, ET LE RAT

1. SOURCE : Pilpay, *Livre des Lumières*, pp. 226-232.
2. VAR. (1685) : *« Le Rat, le Corbeau, la Gazelle, et la Tortue »*.
3. « Elle avait pour amis les gens de la plus grande qualité », dira son article nécrologique dans le *Mercure Galant* de janvier 1693.
4. VAR. *(ibid.)* : *« maint »*.
5. VAR. *(ibid.)* : *« Avecque sa lenteur »*.
6. VAR. *(ibid.)* : « [...] la Tortue ; *il dit : « Consolons-nous :*
Nous souperons, malgré que Jupiter en aie [*sic*].
Je prétends qu'aujourd'hui ».
7. En ce qui le concerne.

P. 371 XII, 16. LA FORÊT ET LE BÛCHERON

1. SOURCES : l'idée remonte à Ésope *(Les Chênes et Zeus, Les Bûcherons et le Pin)* mais La Fontaine se rapproche davantage d'une tradition représentée notamment par Corrozet (39, *De la Forêt et du Rustique*), Haudent (I, 150, *D'un Rustique et d'un Bois*), Verdizotti (68, *Della Selva e'l Villano*), Benserade (XXXIX).

P. 372 XII, 17. LE RENARD, LE LOUP, ET LE CHEVAL

1. SOURCE : Régnier, Satire III, v. 216-256. La Fontaine a lu sa fable à l'Académie le jour de la réception de Boileau, le 1er juillet 1684. Très applaudie, suivant Perrault dans une lettre à Huet datée du lendemain, sa lecture, selon le *Mercure Galant* du même mois, fut même bissée. Ménage, l'année suivante, publiera, du même sujet, une version en vers latins dans ses *Modi di dire italiani*.

2. De filer, de prendre la fuite, de s'esquiver.

3. Décoche.

4. Et il part au galop.

5. Mal en point.

P. 373 XII, 18. LE RENARD ET LES POULETS D'INDE

1. SOURCES : la principale paraît Thomas Willis (*De Anima Brutorum*, Londres, 1672, pp. 164-165). Voir aussi Kenelm Digby (*Demonstratio Immortalitatis Animae Rationalis*, édition de 1644, p. 301, sur la façon dont le Renard fascine les Poules), J.-B. Du Hamel (*De Corpore animato*, Paris, 1673, p. 311, sur la manière de battre l'arbre avec sa queue pour en faire descendre la volaille), Nicolas Denys (*Description géographique et historique des Côtes de l'Amérique septentrionale*, Paris, 1672, t. II, p. 299, sur la ruse, connue depuis le Moyen Âge, qui consiste à faire le mort). Toutes ces sources ont été recensées par M. H. Busson (« Trois fables anglaises de La Fontaine », *Europe*, mai-juin 1959, pp. 184-198 ; *Littérature et théologie*, pp. 183-191).

P. 374 XII, 19. LE SINGE

1. SOURCE : aucune qui soit connue. On a supposé — sans preuves — que cette fable épigrammatique pouvait viser Furetière, exclu de l'Académie le 22 janvier 1685 pour concurrence au *Dictionnaire* dont elle possède le monopole. La Fontaine a voté l'exclusion de son ancien camarade : il en est résulté, entre

eux, une vive polémique, dont le *Second Factum* de Furetière, en mars 1685, quelques mois avant la publication des *Ouvrages de prose et de poésie*, a marqué le début.

P. 375 XII, 20. LE PHILOSOPHE SCYTHE

1. SOURCE : Aulu-Gelle, *Nuits attiques* (XIX, 12).
2. En Thrace, disent Aulu-Gelle et Gilbert Cousin (*Narrationum Sylva*, p. 85). Mais La Fontaine semble avoir songé au philosophe Anacharsis.
3. Cf. *Géorgiques*, IV, v. 125-146.
4. VAR. (1685) : « assez tôt ».
5. Qui manque de discernement.

P. 376 XII, 21. L'ÉLÉPHANT, ET LE SINGE DE JUPITER

1. SOURCE : Pline l'Ancien (*Histoire naturelle*, VIII, XXIX, 20) mentionnait les combats de l'éléphant et du rhinocéros. Mais La Fontaine pouvait tout aussi bien trouver le motif dans l'*Inventaire général des fantaisies de Tabarin* (*Œuvres* de Tabarin, t. II, p. 70) : « Ainsi le loup et la brebis se portent une haine secrète, l'éléphant et le rhinocéros se haïssent [...]. »
2. Ses lettres de créance.
3. Le mot désignait proprement la mission du légat, c'est-à-dire de l'envoyé du pape. La fable évoque les bons offices de l'Église et son entremise diplomatique dans les conflits européens.
4. Titre que les rois se donnent entre eux.
5. La patrie de l'Éléphant ; Rhinocère : celle du Rhinocéros.

P. 377 XII, 22. UN FOU ET UN SAGE

1. SOURCE : Phèdre, III, 5, où Ésope tient le rôle du Sage.
2. De rétribution.
3. « Grand valet de pied qui suit un homme à cheval » (Furetière).

4. « Ce mot se dit en colère. Il est bas et ne peut trouver sa place que dans le langage du peuple, ou le burlesque. Il signifie rompre l'échine d'une personne à force de coups » (Richelet).

P. 378 XII, 23. LE RENARD ANGLAIS

1. SOURCE : Kenelm Digby, *Demonstratio Immortalitatis Animae Rationalis*, ou mieux l'original anglais publié à Paris en 1644, et connu sans doute seulement en 1683 par l'intermédiaire de Mme Harvey (voir H. Busson, « Sur trois fables anglaises de La Fontaine », *Europe*, mai-juin 1959, *Littérature et théologie*, pp. 179-184). Le même récit figure chez Antoine Legrand, dans le *De Carentia Sensus et Cognitionis in Brutis* (Londres, 1675).

2. Veuve de sir Daniel Harvey, mort à Constantinople comme envoyé de Charles II, et sœur de Ralph Montaigu, ambassadeur d'Angleterre en France de 1669 à 1672, avec lequel elle est revenue en 1683 à Paris.

3. À exposer par le menu.

4. Les dépêches de Barrillon confirment ces éloges : « C'est une femme d'un esprit hardi et entreprenant, et qui a des liaisons et des commerces avec un grand nombre de gens de la cour et du parlement », écrit-il le 5 décembre 1680 (voir Léon Petit, *La Fontaine et Saint-Évremond*, Toulouse, Privat, 1953, pp. 45-46).

5. « Hardi à dire ce qu'il pense » (Richelet).

6. Allusion à l'amitié de Mme Harvey pour la duchesse de Mazarin réfugiée à Londres en 1672, et sa sœur la duchesse de Bouillon, exilée quinze mois à Nérac en 1680 et 1681 à la suite de l'affaire des Poisons.

7. Un gibet.

8. Voir sur les ruses du général carthaginois, Tite-Live, XXII, 16-17.

9. Les chiens qui, meilleurs et mieux dressés, conduisent les autres.

10. Les rappela pour les empêcher de continuer la chasse.

11. Autre terme de vénerie, comme aussi « appeler » au vers 41. « Clabauder » : aboyer hors des voies.

12. Vieux proverbe, qui signifiait mourir, selon Furetière. Les houseaux sont de hautes guêtres.

13. VAR. (1685) : « *Peu favorable* pour ma lyre ».
« *Tout long éloge eſt un projet* ».
C'eſt sans doute le bon texte, et celui de 1693 eſt probablement fautif.

14. Étrangères, éloignées.

15. Le roi d'Angleterre, Charles II.

P. 381 XII, 24. DAPHNIS ET ALCIMADURE

1. SOURCES : l'idylle XXIII, *L'Amant*, attribuée à Théocrite mais apocryphe. Voir aussi l'idylle III, *La Visite galante*, la deuxième des *Bucoliques* de Virgile, *Corydon*, et surtout, dans les *Métamorphoses* d'Ovide, l'hiſtoire d'Iphis et Anaxarète, XIV, v. 698-761.

2. Seconde fille de Mme de La Sablière, née le 20 janvier 1658, mariée le 10 mai 1678 à un conseiller au parlement de Rouen, dont elle reſte veuve en 1681. Fontenelle lui dédie en 1686 ses *Entretiens sur la pluralité des mondes*. Le 7 mai 1690, elle épouse le comte de Nocé, contre le gré de sa mère et des siens.

3. Latinisme (« *Non possum quin* ») : je ne puis m'empêcher de...

4. VAR. (1685) : « *ce* ».

5. Voir l'*Odyssée*, XI, v. 563-564; l'*Énéide*, VI, v. 469-476.

P. 383 XII, 25. PHILÉMON ET BAUCIS

1. SOURCE : Ovide, *Métamorphoses*, VIII, v. 620-724.

2. VAR. (1685) : « *Poème dédié* à Mgr le Duc de Vendôme ». Il s'agit de Louis-Joseph de Vendôme (1654-1710) petit-fils d'un bâtard d'Henri IV. La Fontaine l'a sans doute approché par l'entremise de la duchesse de Bouillon, qui eſt sa tante. En 1685, l'année où paraît le poème, appauvri par sa prodigalité, non sans que Chaulieu, son intendant, y ait pour sa part contribué, il a dû céder à Louis XIV le vaſte hôtel conſtruit à Paris par sa bisaïeule la duchesse de Mercœur, et se confiner dans Anet.

3. Prométhée.

4. L'idée vient d'Horace, *Épîtres*, I, 10, v. 32-33.

5. Pensée d'Épicharme qu'on trouve chez Montaigne (*Essais*, II, 20, Folio n° 290, p. 436), Voiture (au comte de Guiche, 15 octobre 1641, *Œuvres*, t. I, p. 255), et, plus platement, dans les *Lettres* de Chapelain (t. I, p. 77, à Boisrobert, 4 septembre 1634) : « la Fortune ne veut pas qu'un homme ait jamais de bien sans peine, et [...] il faut toujours qu'elle se paye de ses faveurs à nos dépens ».

6. Furetière donne la forme concurremment avec « escabeau ».

7. Apprivoisée. Une oie, chez Ovide.

8. « Se dit plus particulièrement des oiseaux délicats qu'on sert sur la table », dit Furetière, qui ne donne le mot qu'au pluriel.

9. VAR. (1685) : *« de »*.

10. Tous l'avaient mérité.

11. « Vieux mot qui signifiait enceinte, clôture de quelque lieu seigneurial, château ou maison noble, ou de l'Église » (Furetière).

12. VAR. (1685) : *« Pussent-ils »*.

P. 389 XII, 26. LA MATRONE D'ÉPHÈSE

1. SOURCE : Pétrone, *Satiricon* (CXI-CXII). Ce conte et le suivant ont paru pour la première fois en 1682 à la suite du *Poème du Quinquina*.

2. Outre Brantôme (*Les Dames galantes*, Septième Discours, édition Pascal Pia, Folio n° 1260, p. 615-619), et sans parler des innombrables fabulistes, conteurs, auteurs dramatiques antérieurs à lui, on peut citer Saint-Évremond, dont la version avait été réunie en 1664 à son *Jugement sur Sénèque, Plutarque et Pétrone*, et Bussy-Rabutin qui adressait sa traduction à Mme de Sévigné le 20 août 1677 en lui disant : « Le grand nombre des traductions qui en ont paru ne m'ont point rebuté » (*Lettres*, Paris, Florentin et Pierre Delaulne, 3e édition, 1700, t. I, p. 232).

3. La donnait en exemple.

4. Souvenir de Molière, *George Dandin*, I, 4 (cf. Folio n° 333, éd. Georges Couton, p. 139).

5. D'ostentation.

6. « Rengréger : augmenter le mal » (Richelet).

7. « Ceux qui naîtront après nous » (Richelet).
8. « Valet de soldat fantassin » (Richelet).

P. 395 XII, 27. BELPHÉGOR

1. SOURCE : Machiavel, *Novella piacevolissima* (1545), traduite en prose par Tanneguy Le Fèvre sous le titre du *Mariage de Belfégor* (s. l., 1661) et adaptée par Donneau de Visé dans ses *Diversités galantes* (1665). Le sujet n'était guère moins « usé » que celui du conte précédent. La pièce a paru pour la première fois en 1682, à la suite du *Quinquina*, précédée de la dédicace que le fabuliste a supprimée en 1693, à la célèbre interprète de Racine.
2. Lettres de change, payables à vue.
3. Le plus.
4. Déjà dit : dans *Joconde*, v. 261-299, *Le Faucon*, v. 1-20, *Le petit Chien qui secoue de l'argent et des pierreries*, v. 1-15, *Pâté d'anguille*, v. 115-133, *Le Magnifique*, v. 1-14.
5. Registres journaliers.
6. « Cadeau : grand repas » (Richelet, qui donne le mot comme supplanté en ce sens par « fête »).
7. Qui rendait sa ruine infaillible.
8. Par où on pourrait voir chaque chose ramenée à son état premier. Cf. Thomas Corneille, *Les Dames vengées* (1682), III, 8, Pasquin : « Les désordres des maîtres ne doivent pas moins contribuer à l'établissement des valets, que la ruine des grandes maisons à la fortune des intendants »; Dancourt, *Les Agioteurs* (1710), II, 9, D'Argentac : « Intendant d'une maison dont le bisaïeul était intendant de la mienne », etc.
9. Telle est bien ici et au vers 244 la graphie. La Fontaine, à la césure du décasyllabe, se donne parfois licence, comme les vieux poètes, de ne pas observer la règle de l'élision.
10. VAR. (1682) : *« quelque Saint »*.

P. 404 XII, 28. LES FILLES DE MINÉE

1. SOURCES : Ovide, *Métamorphoses*, IV, v. 1-415. Aux amours de Mars et de Vénus, que contait la deuxième des filles de Minyas, La Fontaine a substitué la légende de Céphale et Pro-

cris (*Métamorphoses*, VII, v. 661-758 et 794-862); l'histoire de la nymphe Salmacis et d'Hermaphrodite, choisie par la troisième des sœurs dans le modèle latin, est ici remplacée par la romanesque et tragique aventure de Télamon et Cloris, inspirée d'une épitaphe latine recueillie par Jean-Jacques Boissard dans la Quatrième partie de ses *Antiquités romaines* (Francfort, 1598, t. II, p. 49. Voir, dans les *Ouvrages de prose et de poésie*, de 1685, l'*Avertissement* à l'*Inscription tirée de Boissard*, *Œuvres diverses*, p. 769). Un dernier récit, ajouté au modèle et de tout autre caractère (Zoon et Iole), vient de Boccace (*Décaméron*, V, 1). Le sujet de la tapisserie à laquelle travaille Clymène rappelle, dans les *Métamorphoses* (VI, v. 70-82), le thème retenu par Pallas lorsqu'elle triomphe d'Arachné.

2. Le devance.

3. VAR. (*Ouvrages de prose et de poésie*, 1685) : *« ses pensers »*.

4. *« Aura »*, la brise.

5. « En termes de marine, on dit gagner le dessus du vent [...] pour dire prendre l'avantage du vent » (Furetière).

6. VAR. (1685) : *« un »*.

7. Ne l'eût pas reconnu en le voyant.

8. Que son amour s'était changé en amitié.

9. VAR. (1685) : *« le »*.

10. Au plafond. Les trois sœurs ont été métamorphosées en chauves-souris.

P. 420 XII, 29. LE JUGE ARBITRE, L'HOSPITALIER, ET LE SOLITAIRE

1. SOURCE : Arnauld d'Andilly, *Vies des saints Pères des déserts*, Paris, J. Camusat, t. II, 1653, p. 496 : « Que le repos de la solitude rend les hommes capables de connaître leurs péchés. » Le texte original est d'un Père grec anonyme, traduit en latin par Pélage (*De Vitis Patrum*, V, 2, *De Quiete*, dans la *Patrologie latine* de Migne, t. LXXIII. Voir Bernard Beugnot : « Autour d'un texte : l'ultime leçon des *Fables* », dans les *Mélanges* Pintard). La fable a paru pour la première fois dans le *Recueil de vers choisis* publié par le P. Bouhours (privilège du 7 mars 1693, achevé d'imprimer du 1er juin suivant).

2. VAR. (*Recueil de vers choisis*, 1693, *Œuvres posthumes*, 1696) : « Ils *suivirent pourtant* des routes *bien* diverses. »

3. VAR. (1696) : *« troublé »*.

4. L'Assemblée du Clergé, en 1670, invitait les évêques à constituer des « bureaux pour les accords », en utilisant l'aide bénévole « d'arbitres charitables ».

5. VAR. (1693, 1696). Manquent les v. 8-9, et le dixième commence ainsi : « *Se fit arbitre-né.* L'homme [...] »

6. VAR. *(ibid.)* : « cette *aveugle et perverse manie* ».

7. VAR. (1696) : *« les »*.

8. Rappelons que Mme de La Sablière, vers 1680, s'était retirée aux Incurables, dans l'intention d'y servir les malades, mais s'était vite trouvée rebutée par ses difficultés avec des administrateurs peu scrupuleux.

9. VAR. (1696). Après ce vers, on lit celui-ci :

« On les entendait s'écrier »,

et, au suivant : *« tel* et *tel »*.

10. VAR. (1693, 1696) : « propos ».

11. VAR. *(ibid.)* : « *des* débats ». Appointeur « se dit quelquefois de ces gens qui s'empressent à faire toutes sortes d'accommodements » (Furetière, qui rappelle Perrin et Tenot Dendin dans le *Tiers Livre* de Rabelais, XLI, Folio n° 462, p. 482 et suivantes).

12. VAR. *(ibid.)* : Au lieu des vers 25-28, se lit ce distique :

« Nul *ne lui savait gré*, l'arbitrale sentence
Toujours, selon leur compte, inclinait la balance ».

13. VAR. *(ibid.)* : *« le »*.

14. VAR. *(ibid.)* :

« Pour ne point retomber dans ce qu'ils ont souffert,
Cherchent à s'établir dans le fond d'un désert. »

15. VAR. *(ibid.)* :

« *Mes amis, leur* dit-*il, demandez-le à vous*-même. »

« Le prendre » : prendre conseil.

16. VAR. (1693, 1696) : *« Puissance »*.

17. VAR. (1693) : « Pour *mieux vous* contempler *habitez un lieu coi.* » (1696) : « vous *contenter* ».

18. VAR. (1693, 1696) :

« Ce n'est pas *que chacun doive fuir* un emploi.
Puisqu'on plaide et qu'on meurt, il faut *qu'on se propose*
D'avoir des appointeurs et d'autres gens aussi.

On n'en manque pas, Dieu *merci :*
L'ambition d'agir, et l'or, sur toute chose,
N'en font naître que trop pour les communs besoins. »

P. 425 LE SOLEIL ET LES GRENOUILLES

1. SOURCE : le P. Commire, *Sol et Ranae*, allégorie politique composée contre les Provinces-Unies à la veille de la guerre de Hollande (1672). La traduction de La Fontaine, signée D. L. F., a paru peu après en feuille volante (Paris, F. Muguet, ou Guignard, s. d.); elle a été reproduite sous le nom de La Fontaine en 1693 par le P. Bouhours, avec la version de Furetière, ainsi qu'une autre, anonyme, dans son *Recueil de vers choisis*. Nous suivons ce dernier texte.

2. Cf. Agrippa d'Aubigné, *Aventures du baron de Faeneste*, I, 1 (*Œuvres*, édition Henri Weber, Jacques Bailbé et Marguerite Soulié, Pléiade, 1969, p. 675) : « Encore ne coustera il rien de nommer les choses par noms honoravles. »

3. VAR. (*Œuvres posthumes*, 1696) : *« doivent »*.

4. La fable du P. Commire montre l'exécution de cette menace.

P. 426 LA LIGUE DES RATS

1. SOURCE : inconnue. La fable a été publiée sans nom d'auteur dans le *Mercure Galant* de décembre 1692. Qu'elle ait été recueillie en 1696 dans les *Œuvres posthumes* avec d'insignifiantes différences de texte (v. 8 : « Chat *ni* Chatte »; v. 13 : *« assemblons »*; v. 21 : « Et *tous les poumons* essoufflés »; v. 26 : « étrange *carnage* ») ne constitue pas une garantie absolue d'authenticité.

P. 428 LE RENARD ET L'ÉCUREUIL

1. SOURCE : cette allégorie paraît avoir été composée en faveur de Foucquet, dont l'écureuil était l'animal emblématique. Il est difficile d'en préciser la date. En juin 1665, la foudre

tombe sur Pignerol, épargnant par miracle le Surintendant. Les vers 19-20 se réfèrent-ils à cet événement? La fable se trouve dans les manuscrits de Conrart (tome XI, Arsenal, ms. 5418, p. 533). Son attribution à La Fontaine demeure contestée; elle se fonde sur l'identité des quatre premiers vers avec ceux du *Lièvre et la Perdrix*, v, 17.

2. Le manuscrit porte : « *Il* », par une évidente inadvertance.

3. Cf. la devise de Foucquet : « *Quo non ascendet?* »

4. Réduit en poussière.

5. « Se gaber : vieux mot qui entre quelquefois dans le burlesque, et qui signifie : se moquer » (Richelet).

6. « Terme populaire, qui ne se dit qu'en cette phrase : prendre un homme au gobet, pour dire : au gosier, au collet, l'emprisonner. En termes de fauconnerie, se dit d'une manière de chasser ou voler les perdrix avec l'autour ou l'épervier » (Furetière).

INDICATIONS BIBLIOGRAPHIQUES

I. *Éditions des Fables.*

Elles sont innombrables. Nous signalerons seulement, par ordre chronologique, en indiquant l'année et le nom de l'éditeur (le lieu est toujours Paris) :

1709, Charpentier : la première où les Livres soient numérotés de I à XII, selon l'usage moderne.
1715, Nion : premier essai, anonyme, de commentaires.
1743, David : première édition avec le commentaire de Coste.
1755-1759, Desaint et Saillant, 4 vol. : illustrations d'Oudry.
1818, Eymery, 2 vol. : commentaire de Nodier.
1838, Fournier et Perrotin : illustrations de Grandville.
1867, Hachette : illustrations de Gustave Doré.
1906, Jules Tallandier : illustrations de Benjamin Rabier.

Parmi les éditions scolaires ou savantes, on peut citer celles de : L. Clément (A. Colin, 1894), R. Radouant (Hachette, 1929), F. Gohin (« Les belles lettres », 1934, 2 vol.), V.-L. Saulnier (Éditions de Cluny, 1950, 2 vol.), G. Couton (Garnier, 1962), Roger Guichemerre (Didier, 1964), P. Michel et M. Martin (Bordas, 1964, 2 vol.), A. Adam (Garnier-Flammarion, 1966), Pierre Clarac (Librairie générale française, 1972), Jean-Pierre Collinet (Poésie/Gallimard, 1974, 2 vol.), Marc Fumaroli (Imprimerie nationale, 1985, 2 vol.), Maric-Madeleine Fragonard (Presses-Pocket, 1989), etc.

Il convient aussi de mentionner les principales éditions des *Œuvres complètes* procurées par :

Walckenaer (Nepveu, 1819-1821, 18 vol.).
Balzac (Sautelet, 1826).
Aimé-Martin (Roux-Dufort et Sautelet, 1826).
L. Moland (Garnier, 1852-1866, 7 vol.).
Ch. Marty-Laveaux (P. Daffis, 1857-1877, 5 vol.).
A. Pauly (Lemerre, 1875-1891, 6 vol.).
H. Régnier (Hachette, 1883-1892, 11 vol. et un album) : collection des Grands Écrivains de la France.
E. Pilon et F. Dauphin (Garnier, 1922-1927, 7 vol.).
J. Longnon (À la cité des livres, 1927-1929, 10 vol.).
L. Perceau (Briffaut, 1928-1933, 11 vol.).
J.-P. Collinet, P. Clarac (Gallimard, 2 vol., 1968 pour le tirage le plus récent du t. II, *Œuvres diverses*, 1991 pour l'édition nouvelle du t. I, *Fables et Contes*) : Bibliothèque de la Pléiade.
R. Delbiausse (Les Éditions nationales, 1947, 2 vol.) : les « Classiques verts ».
Jean Marmier (Éditions du Seuil, 1965) : « L'Intégrale ».

Parmi les éditions de morceaux choisis, il faut mentionner les *Œuvres choisies de La Fontaine* publiées par P. Clarac (Delalain, 1926), les *Fables choisies* éditées par Adrien Cart et Mme G. Fournier-Roussel (Larousse, 1934, 2 vol.), les *Fables et Œuvres choisies* commentées par Mario Roustan (Toulouse, Privat, Paris, Didier, 1935), les *Fables de La Fontaine (extraits)* présentées par Gaston Mauger (Hachette, 1938-1940, 3 vol.), les *Fables choisies* de Claude Dreyfus (Larousse, 1971, 2 vol.), Alain-Marie Bassy (Hatier, 1973), etc.

2. *Ouvrages généraux sur La Fontaine.*

Nous indiquons ici les principaux, par ordre de date. Le nom de l'éditeur est donné à la suite, entre parenthèses. Le lieu, quand il n'est pas mentionné, est toujours Paris :

1774 : Chamfort, *Éloge de La Fontaine* (Ruault).
1811 : Mathieu Marais, *Histoire de la vie et des ouvrages de La Fontaine* (Renouard ; rédigée vers 1723).
1820 : Walckenaer, *Histoire de la vie et des ouvrages de Jean de La Fontaine* (Nepveu).

1913 : Louis Roche, *La Vie de Jean de La Fontaine* (Plon).
1913-1914 : Gustave Michaut, *La Fontaine* (Hachette, 2 vol.).
1938 : Jean Giraudoux, *Les Cinq Tentations de La Fontaine* (Grasset).
1939 : Vittorio Lugli, *Il Prodigio di La Fontaine* (Messine, Principato, Milan, Regia Università).
1947 : Pierre Clarac, *La Fontaine, l'homme et l'œuvre* (Boivin ; nouvelle édition, Hatier, 1959).
1952 : Philip A. Wadsworth, *Young La Fontaine* (Evanston, Ill., Northwestern University Press).
1954 : Antoine Adam, *Histoire de la littérature française au* XVIIe *siècle*, t. IV (Domat).
1956 : abbé Caudal, *La Fontaine, le problème religieux dans sa vie et dans son œuvre* (thèse dactylographiée).
1961 : Pierre Clarac, *La Fontaine par lui-même* (Éditions du Seuil).
1962 : Renée J. Kohn, *Le Goût de La Fontaine* (P.U.F.)
Odette de Mourgues, *Ô Muse, fuyante proie...* (Corti).
1965 : Pierre Clarac, *Jean de La Fontaine* (Seghers).
1970 : Léon Petit, *La Fontaine à la rencontre de Dieu* (Nizet).
1970 : Jean-Pierre Collinet, *Le Monde littéraire de La Fontaine* (P.U.F. ; réédition : Genève-Paris, Slatkine Reprints, 1989).
1972 : numéro spécial de la revue *Europe* (mars).
1973 : Georges Mongrédien, *Recueil des textes et des documents du* XVIIe *siècle relatifs à La Fontaine* (C.N.R.S.).
1974 : James Allen Tyler : *A Concordance to the Fables and Tales of J. de La Fontaine* (Ithaca-London, Cornell University Press).
1976 : Jean Orieux, *La Fontaine, ou la vie est un conte* (Flammarion).
1986 : Marie-Odile Sweetser, *La Fontaine* (Twayne's World Authors Series, Boston, Twayne).
1987 : Raymond Josse, *Jehan de La Fontaine à Château-Thierry vu par un homme de son pays* (Château-Thierry, Société historique et archéologique).
Marcel Gutwirth, *Un merveilleux sans éclat : La Fontaine ou la poésie exilée* (Genève, Droz).
1988 : Jean-Pierre Collinet, *La Fontaine en amont et en aval* (Pise, Libreria Goliardiaca).
1990 : Roger Duchêne, *La Fontaine* (Arthème Fayard).

3. *Travaux consacrés aux Fables.*

Ils sont classés également par ordre chronologique, avec indication, entre parenthèses, de l'éditeur et du lieu, quand il ne s'agit pas de Paris :

1853 : Taine, *Essai sur les fables de La Fontaine* (devenu en 1861 *La Fontaine et ses fables*; Hachette. Voir Simon Jeune, *Poésie et système. Taine interprète de La Fontaine*, A. Colin, 1968).

1867 : Saint-Marc Girardin, *La Fontaine et les fabulistes* (Michel Lévy, 2 vol.).

1924 : Louis Arnould, *La Terre de France chez La Fontaine* (Tours, Mame).

1925 : Louis Guignot, « L'esprit juridique dans les fables de La Fontaine », *Revue d'Histoire littéraire de la France*, avril.

1926 : Félix Boillot, *Les Impressions sensorielles chez La Fontaine* (P.U.F.).

1929 : Ferdinand Gohin, *L'Art de La Fontaine dans ses fables* (Garnier; voir aussi du même auteur : *La Fontaine. Études et recherches*, Garnier, 1937).

René Bray, *Les Fables de La Fontaine* (Amiens, Malfère; nouvelle édition S.F.E.L.T., 1946).

1933-1934 : René Jasinski, « Sur la philosophie de La Fontaine dans les livres VII à XII des *Fables* », *Revue d'Histoire de la Philosophie*, 15 décembre 1933, 15 juillet 1934, article repris dans *À travers le* XVIIe *siècle* (Nizet, 1981, t. II, p. 75-120) sous le titre « Le gassendisme dans le second recueil des *Fables* ».

1935-1936 : Henri Busson, « La Fontaine et l'âme des bêtes », *Revue d'Histoire littéraire de la France*, janvier-mars 1935, avril-juin 1936 (voir aussi du même auteur, en collaboration avec Ferdinand Gohin, l'édition critique du *Discours à Madame de La Sablière sur l'âme des bêtes*, Genève, Droz, 1938).

1939 : Joseph Vianey, *La Psychologie de La Fontaine étudiée dans quelques fables* (Amiens, Malfère).

1949 : Pierre Clarac, « L'inquiétude de La Fontaine », *L'Information littéraire*, janvier-février 1949.

1950 : Émile Baudin, *La Philosophie morale des Fables de La Fontaine* (Neuchâtel, La Baconnière).

1951 : Pierre Clarac, « Variations de La Fontaine dans les six derniers livres des *Fables* », *L'Information littéraire*, janvier-février 1951.

Jean Fabre, « La Fortune et l'aventure dans les *Fables* de La Fontaine », *Bulletin de la Faculté des Lettres de Strasbourg*, mai-juin 1951.

1957 : Georges Couton, *La Poétique de La Fontaine* (P.U.F.).

1959 : Georges Couton, *La Politique de La Fontaine* (Les Belles Lettres).

1960 : Pierre Moreau, *Thèmes et variations dans le premier recueil des « Fables » de La Fontaine (1668)* (C.D.U.).

1961 : Simone Blavier-Paquot, *La Fontaine. Vues sur l'art du moraliste dans les Fables de 1668* (Les Belles Lettres).

1965 : Beverly S. Ridgely, « Astrology and astronomy in the *Fables* of La Fontaine », *Publications of the Modern Language Association*, juin 1965.

1966 : René Jasinski, *La Fontaine et le premier recueil des « Fables »* (Nizet, 2 vol.).

Gilles E. de La Fontaine, *La Fontaine dans ses Fables* (Montréal, Le Cercle du Livre de France).

1968 : Georges Chamarat, « Les Fables de La Fontaine, bréviaire du comédien », *Les Annales*, mai 1968.

1970 : Jean-Dominique Biard, *Le Style des Fables de La Fontaine* (Nizet; l'ouvrage a paru d'abord en anglais, Oxford, Blackwell, 1966).

Leo Spitzer, « L'art de la transition chez La Fontaine », dans *Études de style* (Gallimard ; l'étude a paru d'abord en allemand dans *Publication of Modern Language Association*, 1938).

Jacques Proust, « Remarques sur la disposition par livres des *Fables* de La Fontaine » dans *De Jean Lemaire de Belges à Jean Giraudoux* (Mélanges *Jourda*, Nizet).

1971 : Jacques-Henri Périvier, « Fondement et mode de l'éthique dans les *Fables* de La Fontaine », *Kentucky Romance Quarterly*, n° 3.

Carlo François, « Le Chat des *Fables* de La Fontaine », *Romance Notes*, Spring, 1971.

James Allen Tyler, *A Concordance to the Fables and Contes of J. de La Fontaine* (thèse, University of Virginia).

1972 : Noël Richard, *La Fontaine et les « Fables » du deuxième recueil* (Nizet).

Philip A. Wadsworth, « The art of allegory in La Fontaine's *Fables* », *French Review*, mai 1972.

Jean Marmier, « Les Livres VII à XII des *Fables* de La Fon-

taine et leurs problèmes », *L'Information littéraire*, novembre-décembre 1972.
1973 : Pierre Bornecque, *La Fontaine fabuliste* (S.E.D.E.S.).

Nous n'avons pas cité les articles portant sur des fables isolées. On trouvera une bibliographie plus étendue dans : Alexandre Cioranescu, *Bibliographie de la littérature française au* XVIIe *siècle*, t. II, Paris, C.N.R.S., 1966.

TABLE ALPHABÉTIQUE DES FABLES

FABLES

DOSSIER

DU MÊME AUTEUR

Dans la même collection

CONTES ET NOUVELLES EN VERS. *Édition présentée et établie par Alain-Marie Bassy.*

FABLES CHOISIES. *Édition présentée par Jean-Pierre Chauveau. Texte établi par Jean-Pierre Collinet.*

COLLECTION
FOLIO CLASSIQUE

Dernières parutions

5936 VICTOR HUGO : *Claude Gueux*. Édition d'Arnaud Laster.

5949 VOLTAIRE : *Le Siècle de Louis XIV*. Édition de René Pomeau. Préface de Nicholas Cronk.

5978 THÉRÈSE D'AVILA : *Livre de la vie*. Traduction de l'espagnol et édition de Jean Canavaggio.

6003 ALEXANDRE DUMAS : *Le Château d'Eppstein*. Édition d'Anne-Marie Callet-Bianco.

6004 GUY DE MAUPASSANT : *Les Prostituées. Onze nouvelles*. Édition de Daniel Grojnowski.

6005 SOPHOCLE : *Œdipe roi*. Traduction du grec ancien de Jean Grosjean. Édition de Jean-Louis Backès.

6025 AMBROISE PARÉ : *Des monstres et prodiges*. Édition de Michel Jeanneret.

6040 JANE AUSTEN : *Emma*. Traduction de l'anglais et édition de Pierre Goubert. Préface de Dominique Barbéris.

6041 DENIS DIDEROT : *Articles de l'Encyclopédie*. Choix et édition de Myrtille Méricam-Bourdet et Catherine Volpilhac-Auger.

6063 HENRY JAMES : *Carnets*. Traduction de l'anglais de Louise Servicen, révisée par Annick Duperray. Édition d'Annick Duperray.

6064 VOLTAIRE : *L'Affaire Sirven*. Édition de Jacques Van den Heuvel.

6065 VOLTAIRE : *La Princesse de Babylone*. Édition de Frédéric Deloffre, avec la collaboration de Jacqueline Hellegouarc'h.

6066 WILLIAM SHAKESPEARE : *Roméo et Juliette*. Traduction de l'anglais et édition d'Yves Bonnefoy.

6067 WILLIAM SHAKESPEARE : *Macbeth*. Traduction de l'anglais et édition d'Yves Bonnefoy.

6068 WILLIAM SHAKESPEARE : *Hamlet*. Traduction de l'anglais et édition d'Yves Bonnefoy.

6069 WILLIAM SHAKESPEARE : *Le Roi Lear*. Traduction de l'anglais et édition d'Yves Bonnefoy.

6092 CHARLES BAUDELAIRE : *Fusées, Mon cœur mis à nu et autres fragments posthumes*. Édition d'André Guyaux.

6106 WALTER SCOTT : *Ivanhoé*. Traduction de l'anglais et édition d'Henri Suhamy.

6125 JULES MICHELET : *La Sorcière*. Édition de Katrina Kalda. Préface de Richard Millet.

6140 HONORÉ DE BALZAC : *Eugénie Grandet*. Édition de Jacques Noiray.

6164 *Les Quinze Joies du mariage*. Traduction nouvelle de l'ancien français et édition de Nelly Labère.

6205 HONORÉ DE BALZAC : *La Femme de trente ans*. Édition de Jean-Yves Tadié.

6197 JACK LONDON : *Martin Eden*. Traduction de l'anglais et édition de Philippe Jaworski.

6206 CHARLES DICKENS : *Histoires de fantômes*. Traduction de l'anglais et édition d'Isabelle Gadoin.

6228 MADAME DE SÉVIGNÉ : *Lettres choisies*. Édition de Nathalie Freidel.

6244 VIRGINIA WOOLF : *Nuit et jour*. Traduction de l'anglais et édition de Françoise Pellan.

6247 VICTOR HUGO : *Le Dernier Jour d'un Condamné*. Édition de Roger Borderie.

6248 VICTOR HUGO : *Claude Gueux*. Édition d'Arnaud Laster.

6249 VICTOR HUGO : *Bug-Jargal*. Édition de Roger Borderie.

6250 VICTOR HUGO : *Mangeront-ils ?* Édition d'Arnaud Laster.

6251 VICTOR HUGO : *Les Misérables. Une anthologie*. Édition d'Yves Gohin. Préface de Mario Vargas Llosa.

6252 VICTOR HUGO : *Notre-Dame de Paris. Une anthologie*. Édition de Benedikte Andersson. Préface d'Adrien Goetz.

6268 VOLTAIRE : *Lettres choisies*. Édition de Nicholas Cronk.

6287 ALEXANDRE DUMAS : *Le Capitaine Paul*. Édition d'Anne-Marie Callet-Bianco.

6288 KHALIL GIBRAN : *Le Prophète*. Traduction de l'anglais et édition d'Anne Wade Minkowski. Préface d'Adonis.

6302 JULES MICHELET : *Journal*. Choix et édition de Perrine Simon-Nahum. Texte établi par Paul Viallaneix et Claude Digeon.

6325 MADAME DE STAËL : *Delphine*. Édition d'Aurélie Foglia.

6340 ANTHONY TROLLOPE : *Les Tours de Barchester*. Traduction de l'anglais de Christian Bérubé, révisée par Alain Jumeau. Édition d'Alain Jumeau.

6363 LÉON TOLSTOÏ : *Les Insurgés. Cinq récits sur le tsar et la révolution*. Traduction nouvelle du russe et édition de Michel Aucouturier.

6368 VICTOR HUGO : *Les Misérables*. Édition d'Yves Gohin.

6382 BENJAMIN CONSTANT : *Journaux intimes*. Édition de Jean-Marie Roulin.

6397 JORIS-KARL HUYSMANS : *La Cathédrale*. Édition de Dominique Millet-Gérard. Illustrations de Charles Jouas.

6405 JACK LONDON : *Croc-Blanc*. Traduction de l'anglais, postface et notes de Marc Amfreville et Antoine Cazé. Préface de Philippe Jaworski.

6419 HONORÉ DE BALZAC : *La Femme abandonnée*. Édition de Madeleine Ambrière-Fargeaud.

6420 JULES BARBEY D'AUREVILLY : *Le Rideau cramoisi*. Édition de Jacques Petit.

6421 CHARLES BAUDELAIRE : *La Fanfarlo*. Édition de Claude Pichois.

6422 PIERRE LOTI : *Les Désenchantées*. Édition de Sophie Basch. Illustrations de Manuel Orazi.

6423 STENDHAL : *Mina de Vanghel*. Édition de Philippe Berthier.

6424 VIRGINIA WOOLF : *Rêves de femmes. Six nouvelles*. Précédé de l'essai de Woolf « Les femmes et le roman » traduit par Catherine Bernard. Traduction de l'anglais et édition de Michèle Rivoire.

6425 CHARLES DICKENS : *Bleak House*. Traduction de l'anglais et édition de Sylvère Monod. Préface d'Aurélien Bellanger.

6439 MARCEL PROUST : *Un amour de Swann*. Édition de Jean-Yves Tadié.

6440 STEFAN ZWEIG : *Lettre d'une inconnue*. Traduction de l'allemand de Mathilde Lefebvre. Édition de Jean-Pierre Lefebvre.

6472 JAROSLAV HAŠEK : *Les Aventures du brave soldat Švejk pendant la Grande Guerre*. Traduction du tchèque de Benoit Meunier. Édition de Jean Boutan.

6510 VIRGINIA WOOLF : *Orlando*. Traduction de l'anglais et édition de Jacques Aubert.

6556 DENIS DIDEROT : *Histoire de Mme de La Pommeraye* précédé de *Sur les femmes*. Édition d'Yvon Belaval.

6533 ANTHONY TROLLOPE : *Le Directeur*. Traduction de l'anglais de Richard Crevier, révisée par Isabelle Gadoin. Édition d'Isabelle Gadoin.

6547 RENÉ DESCARTES : *Correspondance avec Élisabeth de Bohême et Christine de Suède*. Édition de Jean-Robert Armogathe.

6584 MIKHAÏL BOULGAKOV : *Le Maître et Marguerite*. Traduction du russe et édition de Françoise Flamant.

6585 GEORGES BERNANOS : *Sous le soleil de Satan*. Édition de Pierre Gille. Préface de Michel Crépu.

6586 STEFAN ZWEIG : *Nouvelle du jeu d'échecs*. Traduction de l'allemand de Bernard Lortholary. Édition de Jean-Pierre Lefebvre.

6587 FÉDOR DOSTOÏEVSKI : *Le Joueur*. Traduction du russe de Sylvie Luneau. Préface de Dominique Fernandez.

6588 ALEXANDRE POUCHKINE : *La Dame de Pique*. Traduction du russe d'André Gide et Jacques Schiffrin. Édition de Gustave Aucouturier.

6589 EDGAR ALLAN POE : *Le Joueur d'échecs de Maelzel*. Traduction de l'anglais de Charles Baudelaire. Chronologie et notes de Germaine Landré.

6590 JULES BARBEY D'AUREVILLY : *Le Dessous de cartes d'une partie de whist*. Suivi d'une petite anthologie du jeu de whist dans la littérature. Édition de Jacques Petit. Préface de Johan Huizinga.

6604 EDGAR ALLAN POE : *Eureka*. Traduction de l'anglais de Charles Baudelaire. Édition de Jean-Pierre Bertrand et Michel Delville.

6616 HONORÉ DE BALZAC : *Gobseck et autres récits d'argent* (*Gobseck, L'Illustre Gaudissart, Gaudissart II, Un homme d'affaires, Le Député d'Arcis*). Édition d'Alexandre Péraud.

6636 COLLECTIF : *Voyageurs de la Renaissance. Léon l'Africain, Christophe Colomb, Jean de Léry et les autres*. Édition de Grégoire Holtz, Jean-Claude Laborie et Frank Lestringant, publiée sous la direction de Frank Lestringant.

6637 FRANÇOIS-RENÉ DE CHATEAUBRIAND : *Voyage en Amérique*. Édition de Sébastien Baudoin.

6654 ANTOINE HAMILTON : *Mémoires du comte de Gramont*. Édition de Michel Delon.

6668 ALEXANDRE DUMAS : *Les Quarante-Cinq*. Édition de Marie Palewska.

6696 ÉSOPE : *Fables*, précédées de la *Vie d'Ésope*. Traduction du grec ancien de Julien Bardot. Édition d'Antoine Biscéré.

Impression Grafica Veneta
à Trebaseleghe, le 5 novembre 2019
Dépôt légal : novembre 2019
Premier dépôt légal dans la collection: mai 2015

ISBN : 978-2-07-046659-7./Imprimé en Italie

364151